bup
BERLIN UNIVERSITY PRESS

Vogel Phoenix
Die Stiftung Preußischer Kulturbesitz

Herausgegeben von Klaus-Dieter Lehmann,
Präsident der Stiftung Preußischer Kulturbesitz
Redaktion Wolfgang Kahlcke

Berlin University Press

Vogel Phoenix
Stiftung Preußischer Kulturbesitz

Erste Auflage im Oktober 2007

Gestaltung und Konzeption:
Groothuis, Lohfert, Consorten | glcons.de
Schrift
Borgis Joanna MT
Lithografie
Frische Grafik, Hamburg
Druck:
Beisner Druck, Buchholz i. d. Nordheide

Inhalt

Vorwort

Die Stiftung Preußischer Kulturbesitz ist fünfzig Jahre geworden, ein jugendliches Alter verglichen mit den Gründungsdaten ihrer Einrichtungen: Die Staatlichen Museen zu Berlin entstanden 1830, die Wurzeln der Staatsbibliothek reichen zurück bis 1661, die des Geheimen Preußischen Staatsarchivs bis 1282. Aber gerade darin liegt die Chance und Zukunftsfähigkeit dieses einzigartigen Kosmos der Kulturen. Das Dach der Stiftung wurde errichtet nach dem Inferno des Zweiten Weltkriegs, der die preußischen Museen und Bibliotheken in Berlin als Trümmerfeld zurückließ, und nach der Auflösung des Staates Preußen, auf dem Fundament einer neuen gesamtstaatlichen Ordnung.

Heute, 60 Jahre nach der Auflösung Preußens und 50 Jahre nach der Gründung der Stiftung Preußischer Kulturbesitz, ist der Weltort für Kunst und Kultur wieder aus der Asche entstanden, nicht als erkaltetes Geschichtsbild, sondern als lebendiger »Vogel Phoenix«, ein Sehnsuchtsziel für Millionen von Menschen aus aller Welt.

Die Gründung der Stiftung erfolgte durch die Verabschiedung des Gesetzes zur Errichtung einer Stiftung »Preußischer Kulturbesitz« am 25. Juli 1957. Es mag ein Zufall sein, dass das 50-jährige Jubiläum der Stiftung 2007 zusammenfällt mit dem 200-jährigen Jubiläum der größten Reformzeit Preußens 1807. Aber dann ist es ein sehr beziehungsvoller Zufall. Die Reformer schufen den Übergang vom Ständestand zur modernen Gesellschaft nicht nur durch neue rechtliche Rahmenbedingungen, sondern durch ein gesellschaftliches Leitbild, das die Bildung in den Mittelpunkt rückte.

Wir haben 1957 eine zweite Chance erhalten, diesen Kosmos der Bücher, Bilder, Schriften und Töne wiederherzustellen, zu ergänzen und zu pflegen und ihn in die Mitte der Gesellschaft zu tragen. Ermöglicht wurde das durch das weitsichtige und modern formulierte Errichtungsgesetz für die Stiftung mit der damals schon mitgedachten Wiedervereinigung Deutschlands und dem Einigungsvertrag von 1990, der dem Bund und allen sechzehn Ländern die Teilhabe an dieser nationalen Stiftung eröffnete. 1992 wurde dann das Erbe Preußens über verschiedene Phasen endgültig in unsere Verfassungswirklichkeit des kooperativen Föderalismus überführt.

Die Stiftung nimmt die 50. Wiederkehr ihres Gründungsjahres zum Anlass, ein Lesebuch herauszugeben. Es soll keine Abhandlung ihrer Geschichte sein, kein Nachschlagewerk zu ihrer Struktur, ihrer Trägerschaft, ihren Aufgaben, keine Bilanz, sondern soll ein persönliches, facettenreiches, kritisches, vielseitiges Bild der Stiftung aus dem Blickwinkel derjenigen zeigen, die bis heute mit der Stiftung zusammengearbeitet haben – als Wissenschaftler, Politiker, Freunde, Förderer, Kritiker, Sammler, Journalisten –, die ihr geholfen, die sie genutzt haben; die Stiftung zeigt sich in diesem Lesebuch nicht als mächtiger Kulturkonzern, sondern als ein Konzept, als »work in progess« von Anfang an und mit ihren Museen, Bibliotheken, Archiven und Forschungseinrichtungen als ein Ort für alle.

Gesetz zur Errichtung einer Stiftung „Preußischer Kulturbesitz" und zur Übertragung von Vermögenswerten des ehemaligen Landes Preußen auf die Stiftung.

Vom 25. Juli 1957.

Der Bundestag hat das folgende Gesetz beschlossen:

§ 1

(1) Unter dem Namen „Preußischer Kulturbesitz" wird eine rechtsfähige Stiftung des öffentlichen Rechts mit Sitz in Berlin errichtet, die mit dem Inkrafttreten dieses Gesetzes als entstanden gilt.

(2) Die Stiftung führt ein Dienstsiegel.

§ 2

(1) Eigentum und sonstige Vermögensrechte des ehemaligen Landes Preußen, die sich auf Gegenstände erstrecken, welche bis zum 9. Mai 1945 im Amtsbereich des Reichs- und Preußischen Ministers für Wissenschaft, Erziehung und Volksbildung oder im Amtsbereich des Preußischen Ministerpräsidenten verwaltet wurden, gehen mit dem Inkrafttreten dieses Gesetzes auf die Stiftung über, soweit es sich handelt

1. um Kulturgüter; hierzu gehören insbesondere Archiv-, Bibliotheks-, Museumsbestände und sonstige Kunstsammlungen oder wissenschaftliche Sammlungen einschließlich Inventar;
2. um Grundstücke, die überwiegend zur Unterbringung dieser Kulturgüter bestimmt waren oder dienten.

(2) Die Vorschriften des Absatzes 1 finden keine Anwendung

1. auf die Bestände der Bibliotheken und sonstigen Sammlungen der Hochschulen und staatlichen Lehranstalten sowie auf die dazugehörigen Grundstücke;
2. auf die Grundstücke, die der Verwaltung der preußischen staatlichen Schlösser und Gärten unterstanden;
3. auf das zu den unter Nummer 2 fallenden Grundstücken gehörige Inventar, soweit es nicht im einzelnen Bestandteil einer selbständigen Sammlung war oder ist;
4. auf Archivbestände, die nur von regionaler Bedeutung für das Land sind, in welchem sie sich befinden;
5. auf die Bestände der Staatlichen Kunstsammlungen in Kassel.

(3) Die Stiftung ist verpflichtet, auf sie nach Absatz 1 übergegangene Vermögenswerte, die nur von regionaler kultureller Bedeutung für ein bestimmtes Land sind, auf dieses Land zu übertragen.

§ 3

(1) Die Stiftung hat den Zweck, bis zu einer Neuregelung nach der Wiedervereinigung die ihr übertragenen preußischen Kulturgüter für das deutsche Volk zu bewahren, zu pflegen und zu ergänzen, unter Beachtung der Tradition den sinnvollen Zusammenhang der Sammlungen zu erhalten und eine Auswertung dieses Kulturbesitzes für die Interessen der Allgemeinheit in Wissenschaft und Bildung und für den Kulturaustausch zwischen den Völkern zu gewährleisten.

(2) Die Stiftung ist verpflichtet, die auf sie übergegangenen, aus kriegsbedingten Gründen aus Berlin verlagerten Kulturgüter alsbald zurückzuführen.

(3) Die Stiftung kann die Verwaltung zusammengehöriger Bestände der Kulturgüter anderen geeigneten Dienststellen oder sonstigen Einrichtungen auf deren Antrag übertragen.

(4) Die Stiftung kann sich die treuhänderische Verwaltung von Kulturgut übertragen lassen, das sich nicht in der Obhut des Berechtigten befindet.

§ 4

Die Stiftung erhält eine Satzung, die die Bundesregierung mit Zustimmung des Bundesrates errichtet und die sie in gleicher Weise ändern und ergänzen kann.

§ 5

Organe der Stiftung sind

1. der Stiftungsrat; ihm obliegt die Leitung der Stiftung;
2. der Kurator; er hat die Beschlüsse des Stiftungsrates auszuführen und die laufenden Angelegenheiten der Stiftung wahrzunehmen;
3. der Beirat; er hat den Stiftungsrat und den Kurator zu beraten.

§ 6

Der Stiftungsrat besteht aus Vertretern des Bundes und der in der Satzung zu bezeichnenden Länder. Das Nähere regelt die Satzung.

§ 7

Der Kurator wird auf Vorschlag des Stiftungsrates vom Bundespräsidenten bestellt oder ernannt.

§ 8

Die Mitglieder des Beirates sind vom Stiftungsrat aus dem Kreis von Sachverständigen zu berufen. Das Nähere regelt die Satzung.

§ 9

Die Stiftung untersteht der Aufsicht des Bundesministers des Innern.

§ 10

(1) Die Stiftung hat rechtzeitig vor Beginn eines jeden Geschäftsjahres einen Haushaltsplan aufzustellen. Der Haushaltsplan bedarf der Genehmigung des Bundesministers des Innern. Das Nähere regelt die Satzung.

(2) Die Haushalts- und Wirtschaftsführung der Stiftung unterliegt der Prüfung durch den Bundesrechnungshof.

§ 11

(1) Die nach dem Haushaltsplan zum Ausgleich etwaiger Fehlbeträge erforderlichen Mittel werden anteilig entsprechend dem satzungsmäßigen Stimmrecht vom Bund und von den in der Satzung bezeichneten Ländern zur Verfügung gestellt. Hierbei trägt jedes dieser Länder, soweit nichts anderes unter ihnen vereinbart ist, einen gleichen Teilbetrag. Die zur Verfügung zu stellenden Zuschüsse sind im Haushaltsplan in den Einnahmen nachzuweisen.

(2) Überschüsse sind dem Absatz 1 entsprechend anteilig an den Bund und die Länder bis zur Höhe der von diesen zur Verfügung gestellten Beträge abzuführen und in den Ausgaben nachzuweisen.

§ 12

(1) Die Geschäfte der Stiftung werden in der Regel durch Arbeitskräfte wahrgenommen, die durch privatrechtlichen Dienstvertrag angestellt sind.

(2) Planstellen für Beamte dürfen nur in dem Umfange eingerichtet werden, als sie für eine dauernde Tätigkeit zur Erfüllung hoheitsrechtlicher Aufgaben erforderlich sind.

§ 13

(1) Die Beamten der Stiftung sind mittelbare Bundesbeamte.

(2) Der Kurator und sein ständiger Vertreter sind, wenn sie nicht mit dem Ziele der Ernennung zu Beamten auf Lebenszeit berufen oder durch privatrechtlichen Dienstvertrag angestellt werden, auf die Dauer von zwölf Jahren zu berufen; Wiederernennung ist zulässig. Werden sie auf Zeit ernannt, so finden auf sie die für Beamte auf Lebenszeit geltenden Vorschriften des Bundesbeamtengesetzes entsprechende Anwendung.

(3) Oberste Dienstbehörde ist, soweit nicht die Zuständigkeit des Bundesministers des Innern begründet ist, für den Kurator und seinen ständigen Vertreter der Vorsitzende des Stiftungsrates, für die übrigen Beamten der Kurator.

§ 14

Mit Ausnahme des Kurators werden die Beamten der Stiftung vom Vorsitzenden des Stiftungsrates ernannt.

§ 15

Auf das Dienstverhältnis der Angestellten und Arbeiter der Stiftung finden die für die Angestellten und Arbeiter des Bundes jeweils geltenden gesetzlichen Vorschriften, Tarif- und Dienstordnungen sowie Tarifvereinbarungen und Tarifverträge Anwendung.

§ 16

Die Vorschriften des § 2 Abs. 1 dieses Gesetzes gelten nicht für Eigentum und sonstige Vermögensrechte, die nach dem 30. Januar 1933 einer Gewerkschaft, Genossenschaft, politischen Partei oder sonstigen demokratischen Organisation weggenommen worden sind.

§ 17

Unter die Vorschriften des § 2 Abs. 1 dieses Gesetzes fallen auch Eigentum und sonstige Vermögensrechte, die durch Gesetz für unübertragbar oder nur auf Grund besonderer Vereinbarung für übertragbar erklärt worden sind.

§ 18

Dingliche Rechte an Grundstücken und sonstigen Sachen und Rechten, auf die die Vorschriften des § 2 Abs. 1 dieses Gesetzes Anwendung finden, bleiben bestehen.

§ 19

Die Wirksamkeit rechtsgeschäftlicher Verfügungen, die vor dem Inkrafttreten dieses Gesetzes über Eigentum und sonstige Vermögensrechte der in § 2 Abs. 1 dieses Gesetzes bezeichneten Art getroffen worden sind, bleibt unberührt. Das gleiche gilt für Rechtsänderungen kraft Gesetzes, die vor dem 20. April 1949 eingetreten sind.

§ 20

Soweit zwischen den Beteiligten nichts anderes vereinbart wird, gilt für die Auseinandersetzung zwischen der Stiftung und den Ländern folgendes:

1. Ein Ersatz für Aufwendungen und Verwendungen, die bis zum Inkrafttreten dieses Gesetzes von den Ländern in bezug auf Eigentum und sonstige Vermögensrechte gemacht worden sind, auf die die Vorschriften des § 2 Abs. 1 dieses Gesetzes Anwendung finden, wird nicht geleistet. Den Ländern verbleiben bis zu diesem Zeitpunkt erzielte Nutzungen.
2. Aufwendungen und Verwendungen, die nach dem Inkrafttreten dieses Gesetzes in bezug auf Eigentum und sonstige Vermögensrechte gemacht worden sind, auf die die Vorschriften des § 2 Abs. 1 dieses Gesetzes Anwendung finden, sind von der Stiftung nach Maßgabe der Vorschriften des bürgerlichen Rechts zu erstatten. Nach diesem Zeitpunkt erzielte Nutzungen sind an die Stiftung abzuführen.
3. Unbeschadet der Vorschrift der Nummer 1 Satz 2 sind an die Stiftung ferner abzuführen alle sonstigen Vorteile, die ein Land auf Grund

eines Vermögenswertes, auf den die Vorschriften des § 2 Abs. 1 dieses Gesetzes Anwendung finden, oder als Ersatz für die Zerstörung, Beschädigung oder Entziehung eines solchen Vermögenswertes oder durch ein Rechtsgeschäft erworben hat, das sich auf einen solchen Vermögenswert bezieht.

§ 21

Der Bundesminister des Innern und der Kurator der Stiftung sind berechtigt, von allen Stellen, die seit dem 9. Mai 1945 mit der Verwaltung des unter die Vorschriften dieses Gesetzes fallenden Eigentums oder der unter die Vorschriften dieses Gesetzes fallenden sonstigen Vermögensrechte befaßt waren, Auskunft zu verlangen und Einsicht in die Akten und Unterlagen zu nehmen. Das gleiche Recht hat der Bundesrechnungshof.

§ 22

(1) Steht das Eigentum an einem Grundstück nach diesem Gesetz der Stiftung zu, so ist der Antrag auf Berichtigung des Grundbuchs von der Stiftung zu stellen. Der Antrag muß von dem Kurator oder seinem Vertreter unterschrieben und mit dem Siegel oder Stempel der Stiftung versehen sein. Zum Nachweis des Eigentums gegenüber dem Grundbuchamt genügt die in den Antrag aufzunehmende Erklärung, daß das Grundstück zum Vermögen der Stiftung gehört.

(2) Dies gilt entsprechend für sonstige im Grundbuch eingetragene Rechte.

§ 23

Soweit sich ein anhängiger Rechtsstreit durch dieses Gesetz erledigt, trägt jede Partei ihre außergerichtlichen Kosten und die Hälfte der gerichtlichen Auslagen. Die Gerichtsgebühren werden nicht erhoben.

§ 24

Gerichtsgebühren und andere Abgaben, die aus Anlaß und in Durchführung dieses Gesetzes entstehen, werden nicht erhoben. Bare Auslagen bleiben außer Ansatz.

§ 25

Dieses Gesetz gilt nach Maßgabe des § 13 Abs. 1 des Dritten Überleitungsgesetzes vom 4. Januar 1952 (Bundesgesetzbl. I S. 1) auch im Land Berlin.

§ 26

Dieses Gesetz tritt am Tage nach seiner Verkündung in Kraft.

Die verfassungsmäßigen Rechte des Bundesrates sind gewahrt.

Das vorstehende Gesetz wird hiermit verkündet.

Bonn, den 25. Juli 1957.

Der Bundespräsident

Theodor Heuss

Der Stellvertreter des ~~Der~~ Bundeskanzlers

Blücher

Der Bundesminister der Finanzen

Schäffer

Der Bundesminister des Innern

G. Schröder

Ansprache des Bundespräsidenten Horst Köhler anlässlich des Festaktes »50 Jahre Stiftung Preußischer Kulturbesitz« am 7. September 2007 in Berlin

Preußen ist untergegangen. Den Staat dieses Namens gibt es nicht mehr. Mehr noch: Auch die Erinnerung an Preußen ist aus dem Geschichtsbewusstsein der meisten verschwunden. Wer in Essen wohnt oder in Trier oder in Sigmaringen, wird kaum noch wissen, dass seine Heimat zu Preußen gehörte. Es gibt dazu keine wirkliche Beziehung. Was noch vor zwei Generationen jeder kannte: die Namen der preußischen Könige, die Schlachten der preußischen Geschichte, Anekdoten um Friedrich den »Großen«: all das ist heute bald niemandem mehr geläufig. Erst ist Preußen von der Landkarte verschwunden, dann auch aus dem Gedächtnis.

Auf der anderen Seite interessieren sich die Menschen neu für Preußen. Preußen erfährt zurzeit einen kleinen medialen Boom, in reich illustrierten Sonderausgaben von Magazinen oder in dem großen Preußen-Buch des australischen Historikers Christopher Clark, das ein Bestseller geworden ist. Man interessiert sich neu für Preußen, aber wie für etwas Fremdes, ganz neu zu Entdeckendes. Das ist vielleicht eine Chance.

Denn wie überreich das Erbe ist, das uns Preußen hinterlassen hat, das zeigt die Stiftung Preußischer Kulturbesitz.

»Preußischer Kulturbesitz« – das ist eine Formulierung, die auf den ersten Blick irritierend wirkt. Nicht etwa, weil heute noch jemand ernsthaft behaupten würde, Preußen und Kultur – das seien unversöhnliche Gegensätze. Nein, es ist das Wort »Kulturbesitz«, über das zumindest ich gestolpert bin. Kann man Kultur »besitzen«? Kann man ein kulturelles Erbe sein Eigen nennen? Ist Kultur nicht eher etwas, was jede Generation sich neu erwerben, sich neu erarbeiten muss?

Als vor 50 Jahren die Stiftung »Preußischer Kulturbesitz« gegründet wurde, ging es um Beides: Einerseits um die Bewahrung eines überreichen Erbes und darum, es zu sichern und für die Öffentlichkeit verfügbar zu machen. Andererseits aber war die Stiftung von Anfang an mehr als ein Nachlassverwalter. Im Gesetz zu ihrer Errichtung werden als ihre Aufgaben ausdrücklich auch die Ergänzung vorhandener Sammlungen, die wissenschaftliche Auswertung und der »Kulturaustausch zwischen den Völkern« genannt. Aufgaben und Zielsetzungen also, die weit über die bloße Bewahrung kultureller Besitztümer hinausgehen.

Was ist Preußens Erbe? Bis vor wenigen Jahren wurde die öffentliche Diskussion über diese Fragen überwiegend nach dem Muster Schwarz oder Weiß geführt, passenderweise also in den preußischen Farben: Für die einen war Preußen ein gewaltiger Kasernenhof – für die anderen eine Keimzelle der Toleranz und der Aufklärung. Die einen dachten bei Preußen an den Soldatenkönig, die anderen an Kant. Die einen sahen vor allem den autoritären Machtstaat – die anderen die Selbstbindung der Staatsgewalt an das Recht. Für die einen verkörperte Preußen den deutschen Sonderweg, der gradlinig in die Nazi-Diktatur mit allen ihren unsagbaren Verbrechen führte – für die anderen waren Preußen und sein Geist eine Quelle des Widerstands gegen Hitler.

Es ist gut, dass unser Preußen-Bild in den letzten Jahren differenzierter geworden ist und dass es ein neues Interesse für die preußische Geschichte gibt, das sich von politischer Instrumentalisierung freigemacht hat. Das neue Interesse an Preußen hat sicher auch etwas mit dem gewandelten Verhältnis vieler Deutscher zu ihrer Nation und ihrer Geschichte zu tun; gewiss aber auch mit der gewachsenen historischen Distanz, die uns einen weiteren Horizont verschafft.

Als Staat ist Preußen untergegangen. Aber in Gestalt von Gebäuden, Museen und Sammlungen, Bibliotheken und Archiven hat es uns ein Erbe hinterlassen, das von der Stiftung Preußischer Kulturbesitz bewahrt, gepflegt und ergänzt wird. Nirgendwo wirken Preußens Leistungen greifbarer fort als hier, in Kunst und Wissenschaft.

Unter den vielen kulturellen Einrichtungen unseres Landes ist die Stiftung »Preußischer Kulturbesitz« einzigartig. Und darum ist es angemessen, dass wir ihren 50. Geburtstag heute in so großem Rahmen feiern.

Einzigartig ist die Stiftung, weil sie das kulturelle Erbe eines Staates bewahrt, der die deutsche und europäische Geschichte der letzten 300 Jahre maßgeblich mit geprägt hat – mit allen ihren Höhen und Tiefen.

Einzigartig ist die Stiftung auch, weil sie gemeinsam vom Bund und den Ländern getragen wird. Diese Konstruktion war nicht unumstritten – sie hat meinem ersten Vorgänger im Amt des Bundespräsidenten, Theodor Heuss, einigen Ärger eingebracht: Mehrere Länder waren nämlich der Meinung, er hätte ohne die Zustimmung des Bundesrates das Gesetz zur Errichtung der Stiftung nicht unterzeichnen dürfen.

Karlsruhe hat Heuss damals Recht gegeben. Inzwischen ist es zum Glück so, dass der bisweilen lähmende Streit um die Finanzierung der Stiftung der Vergangenheit angehört, dass jetzt der Bund und alle Länder ohne Wenn und Aber gemeinsam die Stiftung tragen. Das ist eine Entscheidung von großer Bedeutung. Sie entspricht unserer gemeinsamen Verantwortung, die aus unserer

Geschichte erwächst. Preußen war – wie immer man das im Einzelnen historisch bewerten mag – im neunzehnten Jahrhundert die treibende Kraft für die deutsche Einheit – und so ist es recht und billig, dass Deutschland als Ganzes sich diesem Erbe gegenüber verantwortlich zeigt.

Einzigartig ist die Stiftung schließlich auch darin, dass sich in ihr unter einem Dach vereint Einrichtungen finden, die sonst streng getrennt verwaltet werden: Museen und Archive und Bibliotheken und Forschungsinstitute. Ich weiß nicht, ob man vor fünfzig Jahren schon das heute so beliebte Wort »Interdisziplinarität« kannte. In der Sache jedenfalls verkörpert die Stiftung Preußischer Kulturbesitz diese Interdisziplinarität so hervorragend wie kaum eine andere Einrichtung. Hier ist ein ganzer wissenschaftlich-kultureller Kosmos entstanden. Hier gehen Kunst und Kultur mit Wissenschaft und Forschung eine höchst fruchtbare Verbindung ein.

In dieser Verbindung kann man wohl auch das eigentliche Geheimnis für Aufstieg und Erfolg Preußens im 19. Jahrhundert sehen. In den Jahren 1806/1807, nach der Niederlage gegen Napoleon, befand sich das Land in eigentlich aussichtsloser Lage. In dieser Situation besann sich Preußen auf seine geistigen Kräfte.

Die preußischen Reformen waren eben nicht allein Heeres-, Gemeinde- und Gewerbereform und Bauernbefreiung, sie galten vor allem auch der Bildung, von der Schule bis zur Universität. Bildung sollte der Schlüssel sein zur persönlichen Entfaltung und zum Wiederaufstieg der Nation. Und Bildung und Wissenschaft wurden wirklich zu Quellen eines zweiten Mirakels des Hauses Brandenburg. Es ist untrennbar verbunden mit den Gebrüdern von Humboldt.

Die beiden Brüder stehen geradezu idealtypisch für die beiden Blickrichtungen, die auch heute noch bestimmend sind für die Arbeit der Stiftung Preußischer Kulturbesitz und ihrer Einrichtungen:

Da ist der Blick nach außen, auf die anderen Kulturen und Länder, der Blick von Alexander, dem Weltreisenden und Naturforscher, dem Explorateur des Unbekannten; und da ist der Blick nach innen, der Blick von Wilhelm, dem Reformer des Bildungswesens, der auch die Errichtung von Preußens erstem öffentlichen Museum geleitet hat, quasi die Keimzelle von allem, worum sich die Stiftung heute sorgt.

Exemplarisch zeigt sich diese doppelte Blickrichtung in den beiden großen Projekten, an denen die Stiftung Preußischer Kulturbesitz zurzeit arbeitet und durch die in Berlins Mitte ein einzigartiges Ensemble von Museen der Weltkunst und Weltkulturen entstehen soll. Das eine dieser Projekte ist die Vollendung der Museumsinsel. Stück für Stück wächst hier etwas heran, was in der

Welt seinesgleichen sucht. Jedes Mal, wenn wieder ein Teil vollendet ist, kommt das Publikum begeistert und in großer Zahl. So war es Ende 2001 bei der Wiedereröffnung der Alten Nationalgalerie und so war es auch vor kurzem beim Bode-Museum.

Lebhafte Diskussionen wie die um den Neubau des Eingangsbereichs sollten übrigens nicht als lästige Einrede der Öffentlichkeit abgetan werden. Sie zeigen doch, wie groß das Interesse der Menschen ist – und wie die Auseinandersetzung zwischen Neuem und Altem immer wieder von neuem ausgefochten werden muss.

Das andere große Projekt ist der Wiederaufbau des Stadtschlosses und die Errichtung des Humboldt-Forums. Inzwischen sind viele von der zunächst überraschenden Idee überzeugt, dass im Schloss der Hohenzollern die Sammlungen der außereuropäischen Kulturen ihren Platz finden sollen. Das Bundeskabinett hat den entsprechenden Beschluss gefasst, das Konzept der Stiftung Preußischer Kulturbesitz gebilligt und auch den Finanzierungsplan verabschiedet. Es wird also ernst. Darüber freue ich mich. Nun muss sich zeigen, ob es gelingt, mehr zu schaffen als eine neue, zentral gelegene Ausstellungshülle für die ethnologischen Sammlungen.

Es muss darum gehen, einen Ort der wirklichen Begegnung zu schaffen, einen Ort der Forschung und des Dialogs, einen Ort für Experten und Spezialisten, aber unbedingt auch einen Ort, der immer wieder breites Interesse beim Publikum erweckt.

Ich wünsche mir, dass das Humboldtforum im Stadtschloss ein Anziehungspunkt für Neugierige und Bildungshungrige wird. Es ist deswegen richtig, dass im Schloss auch die Zentrale und Landesbibliothek Berlin einen Platz bekommt und dort mit einem attraktiven Angebot an Büchern, Filmen und durch kundige Beratung einen Magnet bildet – gerade auch für die Berliner selber.

Das dann einmalige Zusammenspiel zwischen Museumsinsel und Humboldtforum, also zwischen antiker, alteuropäischer und außereuropäischer Kunst und Kultur, könnte einen Ort entstehen lassen, der zugleich für kulturelle Selbstvergewisserung und für Weltoffenheit steht, für Selbstachtung und für Respekt vor dem Fremden. In einer zunehmend global vernetzten Welt brauchen wir beides: Wir müssen wissen, wer wir sind und woher wir kommen. Und wir müssen offen sein und neugierig auf das Denken und die Ideen anderer Menschen und Kulturen. Das »Metropolenprogramm« der Stiftung wirkt bereits in diesem Sinne.

Im Austausch mit anderen Kulturen – ob in der Vergangenheit oder in der Gegenwart – begegnen wir auch uns selbst. Wir fragen nicht nur: Was wissen wir über andere, sondern auch: Was wissen andere über uns? Wir fragen nicht nur: Was können wir lernen und begreifen von der Weltsicht anderer, sondern auch: Was können wir vermitteln von dem, was wir für wertvoll halten? Nicht nur: Was haben wir anderen zu bieten? Sondern auch: Was bieten uns andere an?

Wir leben längst nicht mehr in der Selbstgewissheit früherer Zeiten, mit dem sicheren Gefühl: die Welt schaut auf Europa und seine Kultur. So sehr wir stolz sind und sein können auf die europäische Kulturgeschichte und auch auf die Gegenwart, so sehr stimmt eben auch: die Zentren verschieben sich, andere Kulturen werden sich ihrer selbst bewusster und so auch selbstbewusster. Hier, am Humboldtforum, könnte die bisherige Zentralperspektive der westlichen Weltsicht etwas gebrochen werden. Offenheit für andere Kulturen ist eines der Wesensmerkmale unserer Kultur – und sollte es auch bleiben.

Die Aufmerksamkeit für alte und für fremde Kulturen, die Anschauung der Ausdrucksmittel verschiedener Epochen und Regionen: all das kann sensibel machen auch für die Epochenbrüche der Gegenwart, für die Vorboten kultureller und damit auch gesellschaftlicher Umwälzungen; es kann uns kundiger machen für den Weg, den wir in die Zukunft einer Einen Welt zu gehen haben, die aber nie eine homogenisierte Einheitskultur haben wird.

Das führt mich für einen Moment zu einem anderen, aber damit eng zusammenhängenden Thema. Ein Land, das sich ein so ehrgeiziges Ziel setzt wie die Gestaltung der kulturellen Mitte Berlins aus Museumsinsel und Humboldtforum, kann es sich nicht leisten, den Unterbau zu vernachlässigen.

Zu diesem Unterbau, ohne den ein Überbau halt- und zwecklos ist, gehört in erster Linie die Bildung unserer Kinder und Jugendlichen – gerade auch auf musischem und kulturellem Gebiet. Die Chance zur kulturellen Teilhabe ist das Recht eines jeden Heranwachsenden. Gefordert sind hier in allererster Linie die Schulen. Wir müssen jungen Menschen die Möglichkeit bieten, sich einen Zugang zu Kunst und Kultur, zur Geschichte und zu wissenschaftlichem Denken zu erschließen. Nur wer dieses »ABC der Menschheit« beherrscht, kann auch die komplexen Texte der Gegenwart verstehen – oder sogar selbst an ihnen schreiben.

Aber auch Einrichtungen außerhalb der Schulen sind wichtig und förderungswürdig: Theaterpädagogik, Museumspädagogik, Musikschulen, öffentliche Bibliotheken. Nur so kann es nachwachsendes Publikum geben für die glanzvollen Einrichtungen unseres kulturellen Lebens, ob für Theater, Orchester oder Museen. Darum freue ich mich, dass die Stiftung im Rahmen ihrer Initiative »Kinder ins Museum« ganz gezielt die jungen und jüngsten anspricht – und ihnen freien Eintritt in ihre Museen gewährt.

Die Förderung des kulturellen Lebens kann nicht nur Aufgabe des Bundes und der Länder sein. Es gibt zum Glück sehr viel privates Engagement; ich denke nur an die immer wichtiger werden Freundes- und Förderkreise von

Museen und Orchestern, die so viel bewirken und ermöglichen. Ich denke auch an das starke Engagement vieler Unternehmen, die sich durchaus nicht nur um die so genannten Highlights und Großevents kümmern, sondern auch Basisarbeit fördern und lokale kulturelle Initiativen unterstützen. Ohne diesen privaten Einsatz würde unser kulturelles Leben in Deutschland schnell veröden.

Wenn jetzt in Berlins Mitte diese großartige Kulturlandschaft entsteht und zu einem weltweit leuchtenden Symbol für die Kulturnation Deutschland wird, dann muss dieses Symbol auch in das ganze Land ausstrahlen und als Herausforderung begriffen werden, das kulturelle Leben in den Ländern, Regionen, Städten und Gemeinden zu pflegen und zu fördern.

Wir haben an diesem Geburtstag viel in die Zukunft geschaut, auf die großen Vorhaben der Stiftung.

Wir müssen aber auch noch einmal innehalten und Dank abstatten für das Geleistete. Den vielen Mitarbeitern der vergangenen fünfzig Jahre, deren Arbeit ja meistens unsichtbar und deren Dienst doch unersetzlich ist: Die Restaurationsarbeit, die Archivarbeit, die Forschung und vieles, vieles andere mehr – auch das ist ein notwendiger, meist eben unsichtbarer Unterbau, ohne den aber all das Kostbare nicht sichtbar und nicht zu bestaunen wäre.

Der Dank geht aber auch an diejenigen, die jeweils das »Gesicht« der Stiftung Preußischer Kulturbesitz waren und die zu ihrer jeweiligen Zeit Großes vollbracht haben und Glücksfälle für die Stiftung waren.

Hans-Georg Wormit kam als erstem Präsidenten der eigentliche Aufbau der Stiftung zu. Zunächst einmal mussten nach dem Krieg die verstreuten Sammlungsbestände aus dem Westteil Deutschlands und Berlins wieder zusammengeführt und neue Museumsgebäude gefunden oder gebaut werden. Das große politische Ziel der Wiedervereinigung wurde bei diesen Planungen nie außer Acht gelassen. So siedelte man das Kulturforum ganz bewusst in der Nähe des Potsdamer Platzes an – als Symbol für die Anbindung an das alte Zentrum Preußens und Berlins, das nun im Ostteil der Stadt lag.

1990 stand die Stiftung Preußischer Kulturbesitz vor ihrer bis dahin größten und schwierigsten Aufgabe: Die Zusammenführung der getrennten Sammlungen aus den beiden Teilen der Stadt. Quasi über Nacht waren durch die Wiedervereinigung der Kulturgüterbestand und die Anzahl der Mitarbeiter auf das Doppelte angewachsen. Der engagierten Arbeit der Mitarbeiter aus West und Ost, allen voran dem damaligen Stiftungspräsidenten Professor Werner Knopp, ist es zu verdanken, dass die geteilten Bestände so schnell wieder zusammenkamen. Die Stiftung hat damit einen ganz wesentlichen Beitrag zur kulturellen Wiedervereinigung von Ost- und Westdeutschland geleistet.

Von den Projekten, die vor allem Ihre Arbeit, Herr Professor Lehmann, bestimmen, habe ich ausführlich gesprochen: Den Wiederaufbau der Museumsinsel und die Konzeption des Humboldtforums haben wesentlich Sie bestimmt. Außerdem haben Sie die Stiftung konsequent international vernetzt und sie so für die Aufgaben des neuen Jahrhunderts gut vorbereitet. Wir haben allen Grund, Ihnen dafür sehr dankbar zu sein.

Nicht nur mit dem Aufbau des Humboldtforums werden Sie Ihrem Nachfolger, Hermann Parzinger, eine große Aufgabe übergeben. Ihnen, Herr Professor Parzinger, wünschen wir alle viel Glück und Kraft beim Meistern dieser Herausforderung mit wahrhaft nationalen Dimensionen.

Seit 50 Jahren zeigt die Stiftung Preußischer Kulturbesitz mit großem Ideenreichtum und Engagement, dass man Kultur eben nicht »besitzen« kann, sondern sie immer neu erschließen, zugänglich machen, in neue Kontexte stellen muss. Das hat die Stiftung immer wieder erfolgreich getan und dafür gebührt ihr großer Dank.

Die Stiftung wird diesen Dienst an der Kultur, der ein Dienst an uns allen ist, weiter tun. Gerade am heutigen Tag schauen wir mit großen Erwartungen und Hoffnungen in die Zukunft – zugleich mit der Gewissheit, dass das Erbe der Vergangenheit und der Auftrag für die Zukunft bei der Stiftung Preußischer Kulturbesitz in guten Händen sind. So sind wir heute nicht nur voller Dank – wir können auch voller Zuversicht sein.

oben Festakt 50 Jahre Stiftung Preußischer Kulturbesitz im Schauspielhaus am Gendarmenmarkt. Stiftungspräsident Klaus-Dieter Lehmann begrüßt Staatsminister Bernd Neumann
unten Festakt 50 Jahre Stiftung Preußischer Kulturbesitz. In der Mitte Bundespräsident Horst Köhler und Frau Luise Köhler, rechts Stiftungspräsident Klaus-Dieter Lehmann und Lisa Lehmann

oben Festakt 50 Jahre Stiftung Preußischer Kulturbesitz. Was ist Preußens Erbe?
unten Festakt 50 Jahre Stiftung Preußischer Kulturbesitz. Staatsminister Bernd Neumann, Stiftungsratsvorsitzender, zwischen dem gegenwärtigen – Klaus-Dieter Lehmann – und dem zukünftigen Stiftungspräsidenten, Hermann Parzinger

Bernd Neumann
Die Bedeutung der Stiftung Preußischer Kulturbesitz im deutschen Kulturföderalismus

Zum fünfzigjährigen Bestehen der Stiftung Preußischer Kulturbesitz spreche ich Ihnen im Namen der Bundesregierung meine herzlichen Glückwünsche aus. Die Stiftung ist nun schon seit fünf Jahrzehnten zum Wohle der Kultur in Deutschland tätig und aus dem öffentlichen Leben längst nicht mehr wegzudenken. Sie ist heute eine der größten und bedeutendsten Kultureinrichtungen mit Ausstrahlung weit über Deutschland hinaus.

Es war und ist ihre herausragende Aufgabe, das großartige kulturelle Erbe, das sammlungsgeschichtlich nicht nur ein Erbe Preußens ist, sondern letztlich zum Erbe der Menschheit gehört, für künftige Generationen zu erhalten und fortzuentwickeln. Diese Aufgabe stellte sich nach dem Ende des Zweiten Weltkriegs und der Auflösung Preußens durch die Siegermächte im Jahr 1947 mit großer Dringlichkeit. Ich habe immer bewundert, wie die damals Verantwortlichen diese Herausforderung angenommen haben. Man muss sich in Erinnerung rufen, dass Teile der berühmten Sammlungen zerstört, andere ins Ausland verschleppt oder über Deutschland zerstreut waren. Es existierte darüber hinaus nicht einmal mehr ein deutscher Staat, der sich der Erhaltung dieser Bestände hätte annehmen können. Dass es trotzdem gelang, sie zu sichern und den Grundstein für ihre Wiederzusammenführung zu legen, gehört zu jenen Wundern der Nachkriegszeit, für die wir noch heute dankbar sein müssen.

Nachdem in Westdeutschland zunächst einige der neu gegründeten Länder treuhänderisch die Verantwortung für das kulturelle Erbe des preußischen Staates trugen, wurde schließlich am 25. Juli 1957 das Bundesgesetz über die Errichtung der Stiftung Preußischer Kulturbesitz beschlossen. Damit übernahm neben den Ländern auch der Bund Verantwortung für die Zukunft des früheren preußischen Kulturbesitzes, weil für ihn ein übergeordnetes nationales Interesse an der Pflege dieses Erbes bestand. Erinnert sei daran, dass einige Länder gegen dieses Engagement des Bundes klagten und die in Berlin ansässige Stiftung erst im Jahr 1961 endlich ihre Arbeit aufnehmen konnte, nachdem das Verfassungsgericht diese Form gemeinschaftlicher Verantwortung als grundgesetzkonforme Lösung bestätigt hat.

Seit dieser Zeit aber ist die Stiftung das wohl beste und erfolgreichste Beispiel für die effektive und weitgehend geräuschlose Arbeit eines kooperativen Kulturföderalismus in Deutschland. So war nach der deutschen Vereinigung ein guter Boden bereitet, auch die bisher im Ostteil Berlins befindlichen Gebäude, Sammlungen und Bestände selbstverständlich in die Stiftung zu integrieren und die neuen Länder dementsprechend in die Mitverantwortung zu nehmen. Der Bund und die 16 Länder arbeiten heute in den Gremien der Stiftung Hand in Hand und tragen, sowohl in rechtlicher als auch in finanzieller Hinsicht, gemeinsam Sorge für Bestand und Entwicklung der in der Stiftung zusammengeschlossenen Einrichtungen und Institute. Der Kulturföderalismus, der eine Grundlage der Vielfalt und des Reichtums an Kultur in Deutschland ist, wird hier nicht in Frage gestellt, sondern aus der Natur der Sache in gemeinsamer Verantwortung praktiziert. Die Stiftung Preußischer Kulturbesitz ist ein Erfolgsmodell, das auch für andere Bereiche Anregungen für gemeinsames Handeln gegeben hat und weiter geben wird.

Ich weiß, dass die so genannte Entflechtung der Kompetenzen von Bund und Ländern für Staatsrechtler immer eine reizvolle Aufgabe ist. In manchen Bereichen ist sie auch sehr sinnvoll. Für die Kultur in Deutschland, die häufig von Formen der Mischfinanzierung geprägt ist, wäre sie verheerend. Die Bewahrung unserer künstlerischen Traditionen und unseres kulturellen Erbes sollten, ja müssen wir auch weiterhin gemeinsam angehen. Die deutsche Kultur ist mehr als die Summe der Kulturen von 16 Bundesländern. Goethe oder Bach waren auch nicht nur gebürtige Hessen oder Thüringer, sondern prägende Persönlichkeiten der deutschen und darüber hinaus europäischen Kultur. Die Beispiele ließen sich fortsetzen und machten umso mehr deutlich, dass insbesondere die Bewahrung dessen, was dem national bedeutenden Kulturerbe zugerechnet werden muss, nicht nur eine Angelegenheit der Länder und Kommunen sein, sondern im Bedarfsfall ebenso in der Pflicht des Bundes liegen kann.

Die Geschichte der Einrichtungen und überaus reichen Sammlungen der Stiftung Preußischer Kulturbesitz ist eng mit der Geschichte Berlins und seiner historischen Entwicklung verbunden. Die Hauptstadt als Schaufenster unserer Kulturnation und als Spiegel der eigenen kulturellen Identität hat in der Stiftung Preußischer Kulturbesitz ihren kostbarsten Schatz. Die im Zentrum der Hauptstadt gelegene Museumsinsel beherbergt bei weitem nicht die einzigen Einrichtungen der Stiftung, zieht aber mit den bedeutenden historischen Museen und Sammlungen schon aufgrund ihrer Lage mitten im Regierungsviertel besondere Aufmerksamkeit auf sich. Auf weniger als einem Quadratkilometer konzentrieren sich fünf Häuser, die mit Abschluss der Sanierungen zum weltweit größten Universalmuseum für Kunst und Kultur werden und 6 000 Jahre Menschheitsgeschichte dokumentieren. Die Museumsinsel ist mehr als nur eine Schatzkammer der Kulturnation Deutschland. Sie gehört – wie die UNESCO dokumentiert hat – zum Weltkulturerbe der Menschheit. Auch aus diesem Grund unterstützt der Bund die Sanierung mit erheblichen Mitteln. Insgesamt sollen rund 1,27 Milliarden Euro für den so genannten

Masterplan zur Sanierung bereit gestellt werden. Mehr als 500 Millionen Euro sind bereits ausgegeben worden. Mit diesem finanziellen Engagement kommt die Bundesregierung schließlich in besonderer Weise auch ihrer Verantwortung für die Gesamtpräsentation unseres Landes in der Hauptstadt Berlin nach, so, wie diese ausdrücklich im Zuge der Föderalismusreform im Grundgesetz verankert wurde.

Der Bund wird auch weiterhin alles in seiner Macht Stehende tun, um die Rahmenbedingungen für Kultur in Deutschland zu verbessern und Kunst und Kultur von nationalem Interesse zu fördern. Auch zur Finanzierung der Stiftung wird er weiterhin den Beitrag leisten, der unverzichtbar ist, damit sie ihre wichtigen Aufgaben für die europäische Kulturnation Deutschland wahrnehmen kann.

Klaus-Dieter Lehmann
Vogel Phoenix

Märchenhaft

Vor Zeiten war ein Kaiser, dessen Reich wohlgeordnet war. Die Wissenschaft und die Wirtschaft blühten, in den Manufakturen des Reiches wurden vielerlei Waren hergestellt, die in alle Welt gingen und die Bürger wohlhabend machten.

Aber der Kaiser war mürrisch und sah mit Neid auf die großen Prachtbauten in fernen Ländern mit ihren großen Kuppeln und ihren einzigartigen Kunstschätzen. Zwar hatten sein Vater und sein Großvater bereits Paläste mit den kostbarsten Statuen aus Griechenland, Rom und Ägypten errichtet, aber er wollte auch den Ruhm der Künste auf seinem Haupt sammeln.

Und so ließ er seinen Staatsbaumeister und mit ihm den besten Kunstsachverständigen kommen und er befragte die wohlhabendsten Bürger seines Reiches nach ihren Möglichkeiten, kunstsinnig und großzügig das Werk eines Märchenschlosses der Kunst zu unterstützen.

Und siehe da, alle zeigten sich von der Idee des Kaisers sehr angetan und sie versprachen, das Beste für dieses wunderbare Werk zu tun. So begab es sich, dass in großer Eintracht zu Beginn des neuen Jahrhunderts, in der Adventszeit 1904, aus den Fluten der Spree das Märchenschloss der Kunst emporwuchs, mit Kuppeln so prachtvoll wie sie selbst das Königsschloss nicht hatte, mit schwingenden Treppen und unvorstellbarer Eleganz, mit 60 Räumen von erlesener Architektur. Darinnen befanden sich die Meisterwerke der Kunst aus allen Epochen und allen nahen und fernen Regionen des großen Kontinents Europa. Der Kaiser sah zufrieden auf sein Werk, die Bürger konnten ihre Genugtuung nicht verbergen und das Publikum klatschte Beifall. Jetzt konnte sich der Kaiser mit seinen Vorfahren messen und mit den fernen Ländern.

Aber da er ein ehrgeiziger Kaiser war, wollte er auch in anderen Bereichen nach Höherem streben. Am Ende aber stand ein furchtbarer Krieg und das Reich verlor seinen Reichtum und er seine Krone. Eine kurze Zwischenblüte gab wieder Hoffnung, aber dann zerstörte ein zweiter furchtbarer Krieg die Paläste der Kunst und auch das Märchenschloss des Kaisers (Abb. 1). Und so zerbrach die Museumsinsel mit ihrer einzigartigen Pracht und fiel in einen tiefen Schlaf. Die Menschen, die über die Insel gingen und die vergangene Pracht ahnten, wünschten sich sehnlichst die Rückkehr der glücklichen Zeit. Immer wieder versuchten mutige Jünglinge der Insel neues Leben einzuhauchen. Aber die Kraft reichte nicht aus, denn das Reich war geteilt.

Abb. 1 Das Bode-Museum an der Spitze der Museumsinsel nach der Restaurierung 2006.

Es gab aber eine Prophezeiung, die sagte über das Märchenschloss: »Es soll kein Tod sein, sondern ein Schlaf, der 100 Jahre nach der Ersteröffnung beendet sein soll. Das Erwachen kann aber nur dann erfolgen, wenn rechtzeitig das Reich wieder vereint ist.« Es geschah, dass 1990 tatsächlich die Weisen der Welt diese Prophezeiung wahr werden ließen und das geteilte Land wieder eins wurde und die Stadt mit ihren Kunsttempeln wieder die Hauptstadt wurde. Der Bann war gebrochen und die neuen Herrscher setzten alles daran, der Insel mit ihren Schätzen der Weltkulturen ihre Bedeutung wieder zurückzugeben. Die ersten Gebäude erstrahlten wieder im alten Glanz. Und 100 Jahre nach der Ersteröffnung war auch das Märchenschloss des Kaisers wieder vollendet (Abb. 1). Bis in die Adventszeit 2006 rissen die Feiern nicht ab. Die Menschen des Reiches und aus fernen Ländern priesen dieses Ereignis und bildeten lange Prozessionen, um all das zu sehen, was sie 70 Jahre nicht gesehen hatten. Die Prophezeiung enthielt aber die Verpflichtung: »Die Museumsinsel mit ihren einzigartigen Gebäuden und Schätzen kann die Zukunft nur gewinnen, wenn schonend mit dem großen Erbe umgegangen wird und den vielen Menschen aus aller Herren Länder Gastlichkeit, Information und Orientierung geboten wird, um die Geschichte vom Werden Europas erzählen zu können. Jede Zeit muss die Paläste wieder neu für sich gewinnen.« Da setzten sich alle an einen großen runden Tisch und beratschlagten die Zukunft. Sie planten ein neues Haus, die James-Simon-Galerie, für die vielen Millionen Besucher, das mit viel Einfühlungsvermögen und anerkannter Kunstfertigkeit bald Gestalt annehmen wird; sie planten einen wunderbaren Rundgang durch die großen alten Hochkulturen und sie ergänzten behutsam die zerstörten Teile. Die vom Volk gewählten Herrscher sahen das Ergebnis mit Wohlgefallen und entschieden, diese Pläne mit Bedacht und aus Überzeugung zu fördern. Damit war der zweite Teil der Prophezeiung erfüllt.

Die Menschen auf der Insel wussten um ihre Pflichten und glaubten an ihre Aufgabe, das Welterbe zu bewahren und es behutsam weiter zu bauen und so die Prophezeiung zu erfüllen, die Museumsinsel nicht als Instanz, sondern als einen Teil von uns allen zu begreifen. Und so öffneten sie schon frühzeitig ihre Plankammern, zeigten wie sie Stein auf Stein setzten, wie sie die Kunstwerke zum Sprechen brachten und luden alle Bürger ein, mit eigenen Ohren zu hören und eigenen Augen zu sehen. Da war ein großes Staunen über den ruhigen und trotzdem vielseitigen Fluss der Gedanken der Frauen und Männer, die für die verschiedenen Gewerke verantwortlich waren und ihr überlegtes Entscheiden. Alle aber waren froh, dass sie all das leibhaftig hörten und sahen.

Und so wird es wieder ein glücklicher Ort werden, eine Freistätte für Kunst und Wissenschaft, begleitet von dem Rat und mit dem Segen der unabhängigen Hüter von UNESCO und ICOMOS und von dem lebhaften Interesse der Bürger des Reiches.

Abb. 2 Zerstörung der Museumsinsel im Zweiten Weltkrieg. Mittelrisalit des Neuen Museums.

Die Realitäten

Jetzt, in den glücklichen Zeiten, in denen wir leben, kann man die Geschichte der Museumsinsel wie ein Märchen erzählen. Die Realitäten waren grausam, die Zukunft ungeklärt. Im November 1943 und im Februar 1945 setzten die Kampfbomber die Museen in Flammen und machten die Insel zum Trümmerfeld (Abb. 2).

Die antiken Großarchitekturen stürzten ineinander, die in Flakbunkern ausgelagerten Sammlungen wurden verschleppt, geplündert oder beschädigt. Preußen wurde auf Beschluss des Alliierten Kontrollrates am 25. Februar 1947 ausgelöscht. Ein radikaler Neubeginn war angesagt. So sollten die im Westen ausgelagerten Sammlungsbestände an Text- und Bildwerken auf die westdeutschen Länder verteilt werden, die im Einzugsbereich der Roten Armee befindlichen Kulturgüter wurden millionenfach durch Trophäenkommissionen in die Sowjetunion als Beutekunst verbracht, von wo erst 1958 ein Teil wieder in die DDR auf die Museumsinsel zurückkehrte.

Heute, 60 Jahre nach der Auflösung Preußens, zeigt die Museumsinsel als die größte Kulturbaustelle Europas (Abb. 3) alle Eigenschaften von dynamischer Aktivität, vollendet sich die Staatsbibliothek Unter den Linden mit dem großen Lesesaal im neuen Glanz, wird das Humboldt-Forum für die außereuropäischen Kulturen auf den Schlossplatz durch den Kabinettsbeschluss als Großprojekt angeschoben, entsteht die Speicherstadt in Friedrichshagen

Abb. 3 Museumsinsel mit wiederhergestellter Nationalgalerie und Neuem Museum »in restauro«.

für Depots und Werkstätten der Bibliotheken und Museen, läuft der Bebauungsplan für die Museumshöfe, übertragen private Sammler ihre Sammlungen als Schenkung oder Dauerleihgabe an die Staatlichen Museen.

Berlin hat wieder Chancen für ein überzeugendes Zusammenspiel von Staat, Bürgergesellschaft und Wissenschaft – zugunsten von Kunst und Kultur. 2007 werden über 5 Mio. Menschen die Staatlichen Museen besuchen.

Phoenix aus der Asche

Berlins Weg in die Zukunft führt zu Recht über die Geschichte, der Aufbruch über die Kunst.

Nicht der preußische Adler, sondern der Vogel Phoenix, aufgestiegen aus der Asche, wird zum neuen Sinnbild. Zwei historische Ereignisse haben diese Entwicklung bestimmt.

Am 25. Juli 1957 wurde auf der Grundlage des Grundgesetzes Art. 135 das Gesetz zur Errichtung einer Stiftung »Preußischer Kulturbesitz« formuliert. Erst 1961 konnte die Stiftung ihre Arbeit in Berlin aufnehmen. Dazwischen lagen verfassungsrechtliche Auseinandersetzungen zwischen dem Bund und einigen Ländern, die 1959 zugunsten des Bundes entschieden wurden.

Es ist heute außerordentlich hilfreich, mit welcher Weitsicht die Verfassungsrichter ihre Entscheidung begründeten.

1. Der preußische Kulturbesitz wies weit über den Bereich des ehemaligen Landes Preußen hinaus und verlieh den Sammlungen in der Reichshauptstadt einen gesamtdeutschen national-repräsentativen Charakter. Es ist deshalb eine gesamtdeutsche Aufgabe nach dem Krieg, die Bestände zusammenzuführen, zu ergänzen und zu pflegen.

2. Die in Generationen aufgebauten Sammlungen waren organisch gewachsene Einheiten, deren besonderer Wert darin lag, dass sie sich gegenseitig ergänzten und Bibliotheken, Museen und Archive ein in Deutschland einmaliges Gesamtbild der kulturellen und geistesgeschichtlichen Entwicklung des Erdkreises boten. Ein Zerreißen des organischen Zusammenhangs ist zu verhindern.

3. Es gilt, die preußischen Sammlungen nicht nur zu erhalten, sondern auch organisch fortzusetzen.

Moderner und klarer konnte man die Verpflichtung für die gemeinsame Trägerschaft nicht formulieren.

Für den Ostteil Berlins blieb die Zuordnung der Staatlichen Museen und der Staatsbibliothek unangefochten bestehen.

Für die Bundesrepublik traten neben dem Bund zunächst die preußischen Nachfolgeländer Baden-Württemberg, Berlin, Nordrhein-Westfalen und Schleswig-Holstein der Stiftung bei, ab 1975 auch die übrigen Bundesländer der alten Bundesrepublik. Das Stiftungsgesetz enthielt eine Aufforderung zu Neuüberlegungen für den Zeitpunkt der Wiedervereinigung mit dem Ziel der Zusammenführung der geteilten Sammlungen in Ost und West.

Als Deutschlands Einheit Wirklichkeit wurde, regelte der Einigungsvertrag die Einbeziehung der ehemaligen DDR-Einrichtungen – der Staatlichen Museen zu Berlin, der Deutschen Staatsbibliothek und der Merseburger Dienststelle des Zentralen Staatsarchivs der DDR – in die Stiftung Preußischer Kulturbesitz zunächst vorläufig. Mit dem ab 1992 erfolgten Beitritt aller neuen Bundesländer zur Stiftung kam es 1994 zur Bestätigung einer dauerhaften Regelung. Der gesetzliche Auftrag, der von der Tradition des sinnvollen Zusammenhanges der Sammlungen und der Widmung der Kulturgüter an das deutsche Volk spricht (§ 3 des Stiftungsgesetzes), wurde in seiner gesamtstaatlichen Bedeutung erfüllt.

Es ist keine Frage, dass die Wiedervereinigung Deutschlands die entscheidende Voraussetzung für die heutige prosperierende Entwicklung bot. Alle 16 Länder sind seitdem mit dem Bund Teilhaber der Stiftung Preußischer Kulturbesitz.

Das ist gelebte Verfassungswirklichkeit. Die Stiftung Preußischer Kulturbesitz mit ihren Museen, Bibliotheken, Archiven in der Hauptstadt Berlin ist die nationale Stiftung für Kunst und Kultur der Bundesrepublik Deutschland. National ist nicht zentral oder zentralistisch, sondern gleichzusetzen mit der Konsensfähigkeit von Bund und Ländern.

Berlin ist nicht die Reichshauptstadt, sondern die Bundeshauptstadt. Deutschland ist kein zentralistischer Staat, aber auch kein Staatenbund, sondern ein Bundesstaat. Die Chance, die wir durch die Wiedervereinigung erhalten haben, ist genau in dem Sinn genutzt worden, eine gemeinsame Verantwortung in einem kooperativen Föderalismus für die Hauptstadt auszudrücken. Die Verantwortung heißt, nicht sich selbst oder das Land zu bespiegeln, sondern sich der Welt zu öffnen, die in die Stadt kommt – und die Weltkunstschätze zu ehren, die sich in den Ausstellungen und Depots befinden.

Die Hauptstadt hat auch in einem föderalen Staat eine identitätsstiftende Legitimationsfunktion, sofern die föderale Verantwortung auch Teil der kulturpolitischen Gestaltung ist. Dazu liefert die Stiftung das geeignete Modell. Dies sollte auch in der Namensgebung zum Ausdruck kommen: »Nationalstiftung für Kunst und Kultur – Preußischer Kulturbesitz.«

Die Neuordnung der Schätze der Weltkulturen

Die Schätze der Weltkulturen, wie sie die Stiftung in Berlin nun präsentiert, zeigen das große kulturpolitische und wissenschaftspolitische Engagement des preußischen Staates, in den Sammlungen wie in den Bauten. Die Staatsbibliothek geht zurück auf die 1661 gegründete Kurfürstliche Bibliothek. Die Staatlichen Museen lassen sich zurückführen auf die Kunstkabinette der Hohenzollern. Mit der Eröffnung des von Schinkel erbauten Alten Museums in Berlins Mitte im Jahre 1830 wurden die öffentlichen Königlichen Museen begründet. Das Geheime Staatsarchiv enthält die Bestände der zivilen Zentralbehörden Preußens, zum Teil auch die des Militärarchivs und die des königlichen Hausarchivs. Aber auch das in den frühen dreißiger Jahren des zwanzigsten Jahrhunderts gegründete Ibero-Amerikanische Institut und das Staatliche Institut für Musikforschung mit seinem Musikinstrumenten-Museum sind eng mit dem Königreich Preußen verbunden.

Heute geht es um die Neuordnung dieses gewaltigen Schatzes, des umfassendsten Universalmuseums überhaupt, der größten wissenschaftlichen Universalbibliothek im deutschsprachigen Raum, des einzigartigen Wissensarchivs im Geheimen Staatsarchiv, der Weltmacht der Töne im Staatlichen Institut für Musikforschung und des tief gestaffelten Informationsspeichers und Forschungszentrums für Mittel- und Südamerika im Ibero-Amerikanischen Institut.

Die Museumsinsel

Eine herausgehobene Bedeutung bei der Neugestaltung der Museumsquartiere kommt der Museumsinsel zu. Im Juni 1999 wurde der Masterplan verabschiedet, der die Insel nicht in Einzelgebäude zerlegt, sondern als kulturelles Ensemble begreift. Als UNESCO-Weltkulturerbe anerkannt, wird die Wiederherstellung und Vollendung 1,5 Milliarden € erfordern.

Wenn in einigen Jahren die Ingenieure und Bauleute die Insel verlassen haben, dann wird das beispiellose Ensemble nicht nur über die modernste Museumstechnik verfügen, eine faszinierende Archäologische Promenade die Sammlungen von 6000 Jahren Menschheitsgeschichte verbinden, dann werden die Freiflächen komplett für die Flaneure offen sein und die fünf meisterhaften Gebäude – von 1830 bis 1930 entstanden – in neuem Glanz erstrahlen, dann werden auch die Sammlungen neue Zusammenhänge, überraschende Blickachsen und Zugänge eröffnen. Jede Zeit muss sich die kulturellen Zeugnisse der Vergangenheit neu aneignen.

Spektakulär wird sicher der Hauptrundgang im Pergamonmuseum wer-

Abb. 4 Entwurf von O. M. Ungers für den vierten Flügel des Pergamonmuseums am Kupfergraben.

den, der durch den von O. M. Ungers neu gestalteten vierten Flügel aus Glas ermöglicht wird (Abb. 4). Die Großarchitekturen der antiken Hochkulturen – die 7 Weltwunder Berlins – werden die Besucher in ihren Bann ziehen:

Das Tell-Halaf-Portal, die Babylonische Prozessionsstraße mit dem Ischtar-Tor, der ägyptische Sahure-Tempel, der Pergamonaltar, das Markttor von Milet und die Mschatta-Fassade. Zum großartigen Erlebnis wird die Fertigstellung des Neuen Museums 2008 durch den Architekten David Chipperfield werden. Bis vor kurzem Kriegsruine, wird dieser von Stüler 1859 errichtete Bau in seiner Formen- und Farbenvielfalt wiedererstehen, sorgfältig restauriert, mit Respekt vor den authentisch erhaltenen Teilen, ergänzt zu harmonischen Räumen, ein Museum, das seine Geschichte erzählt und selbst zum Artefakt wird. Es wird die Ägyptische Sammlung mit Nofretete und das Museum für Vor- und Frühgeschichte aufnehmen. Mit großem Erfolg wurden inzwischen die Alte Nationalgalerie mit der Kunst des 19. Jahrhunderts und das Bode-Museum mit den Skulpturen-Meisterwerken und dem Münzkabinett der Öffentlichkeit übergeben. Das Pergamonmuseum befindet sich in der Phase der Ausführungsplanung, das Alte Museum wird 2012 saniert.

Ästhetik und Respekt vor der Museumsinsel zeichnen den Entwurf für das neue Eingangsgebäude auf der Museumsinsel aus (Abb. 5, 6). Es nimmt die Stülerschen Kolonnaden in moderner Formensprache auf, die große Freitreppe als charakteristisches Zitat und die Tempeltopografie. Als Empfangs- und Eingangsgebäude bietet es den direkten Zugang zum Hauptrundgang des Pergamonmuseums sowie den Zugang zur Archäologischen Promenade. Mit Auditorien, Seminarräumen und Wechselausstellungsräumen sowie Museumsshop und Restaurant bietet es den täglich bis zu 20 000 Besuchern einen markanten Ort zur Orientierung, Information und Entspannung. Die historischen Gebäude sind strukturell nicht für ein Massenpublikum ausgelegt, sie würden abgenutzt und verschlissen werden. Es genügt nicht, die Museumsin-

Abb.5 Modell des Entwurfs von David Chipperfield für das neue Eingangsgebäude der Museumsinsel. Ansicht vom Kupfergraben.
Abb.6 Modell des Entwurfs von David Chipperfield für das neue Eingangsgebäude der Museumsinsel. Ansicht vom Lustgarten.

Abb. 7 Modell des Architekturbüros Harris+Kurrle für den nördlichen Teil der Museumshöfe an der Museumsinsel.
Abb. 8 Das Berliner Stadtschloss vor der Zerstörung im Zweiten Weltkrieg.

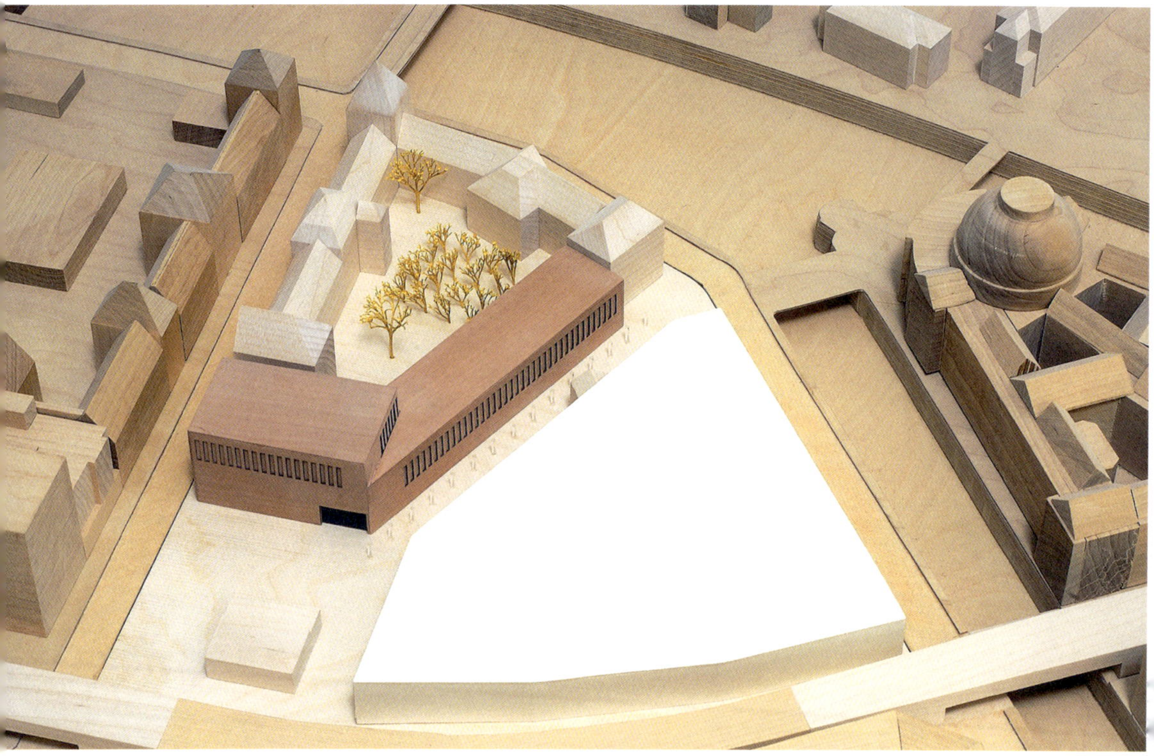

sel zu rekonstruieren, sie muss zu ihrer Vollendung auch die Erwartungen unserer Gesellschaft vermitteln, neben Neugier und Staunen auch Offenheit und Muße. Das neue Gebäude, die James-Simon-Galerie, bietet so einen stimulierenden Schlüssel für die Schätze der Weltkulturen.

Nach der Fertigstellung werden sich alle ein Stelldichein geben: Kunstliebhaber und Geschichtsinteressierte, Architekturbegeisterte und Ästheten, Ausflügler, die die Dampferfahrt unterbrochen haben, Touristen aus Europa und Übersee, Liebespaare, die durch die Museumsgärten schlendern, Shopper und Jogger, die sich auf den Spreebänken erholen, Studenten aus der nahe gelegenen Humboldt-Universität. Es ist ein wahrhaft urbaner Ort, keine Instanz und kein Nationaldenkmal, sondern eine persönliche Entdeckung für jeden, in der Mitte Berlins.

Darüber hinaus gibt es erste Schritte zur Erweiterung der Museumsinsel auf den dem Bode-Museum gegenüberliegenden Museumshöfen (Abb. 7). Dort soll ein Kompetenzzentrum entstehen sowie ein Galerieneubau für die Alten Meister, die sich derzeit in der Gemäldegalerie am Kulturforum befinden. Dann wären Gemälde und Skulptur wieder vereint. Der Brückenschlag böte darüber hinaus die Chance für eine Verbindung von der Museumsinsel über die Humboldt-Universität zur Staatsbibliothek Unter den Linden.

Eine grandiose Bildungs- und Forschungslandschaft würde entstehen, der den Wissenschaftsstandort Berlin deutlich stärken würde. Dieser Anspruch wurde bereits 1841 von Friedrich Wilhelm IV. formuliert, als er die Museumsinsel als »Freistätte für Kunst und Wissenschaft« bezeichnete.

Mit über 60 Publikationen und 130 Ausstellungen im Jahr sind die Staatlichen Museen zu Berlin die größte außeruniversitäre Forschungseinrichtung in Deutschland.

Die Humboldt-Schinkelsche Museumsmaxime »Erst erfreuen, dann belehren« behält auch heute ihre Gültigkeit.

Das Humboldt-Forum

Ist die Museumsinsel mit ihrem Entwicklungsbogen als humanistische Bildungslandschaft so etwas wie die Wiege und Ideengeschichte des Abendlandes – der eurozentrische Blick auf die Welt –, so entsteht derzeit eine zweite faszinierende Vision gegenüber der Museumsinsel auf dem derzeit unbebauten Schlossplatz. Dort stand bis 1950 das im Krieg schwer beschädigte Schloss, das barocke Hauptwerk des Architekten Andreas Schlüter (Abb. 8). Die DDR-Machthaber ließen es bis auf die Grundmauern sprengen, um einen großen Aufmarschplatz zu haben. Es entstand ein pompöses Nichts!

Während die Museumsinsel dem humanistischen Bildungsideal Wilhelm von Humboldts entspricht, wird der unmittelbar anschließende Schlossplatz die außereuropäischen Kulturen aufnehmen, dem Denken und Wirken des Weltbürgers Alexander von Humboldts folgend, der den Deutschen die fernen Kulturen nahe gebracht hat – quasi das außereuropäische Pendant. Berlin verfügt über die reichhaltigsten außereuropäischen Sammlungen im Stadtteil Dahlem. Im Ethnologischen Museum sind sieben große kontinentale Sammlungen mit mehr als 550 000 Objekten untergebracht. Dazu kommen 140 000 Tondokumente, 300 000 historische Fotodokumente und umfangreiches Filmmaterial. Hinzu kommt das einzigartige Museum für Asiatische Kunst. Der Umfang und die regionale Ausgewogenheit sind einmalig auf der Welt.

Der Wechsel von der Randlage Berlins in die Mitte Berlins ist fast ein symbolischer Akt. Er ist geeignet, der Kunst und den Kulturen der Welt eine neue prägnante Präsenz zu geben, nicht als Rangvergleich, sondern als eigenständiger Dialog der Kulturen. Es soll ein Ort werden, der Kunst und Leben in Beziehung setzt, der Mythen sichtbar macht, der nicht über, sondern mit dem Fremden arbeitet. Damit kommen wir von festgefahrenen starren Bildern zu einer lebendigen gleichrangigen Zeitgenossenschaft der Weltkulturen, zu einem Labor der Ideen. Ein solches Labor benötigt aber mehr als nur die Museen. Hinzutreten müssen in enger Verzahnung Literaturbestände der außereuropäischen Kulturen, ein Kulturkolleg für Wissenschaften, Theater-, Musik- und Filmveranstaltungen, ein Medienzentrum zur Organisation technischer und intellektueller Netzwerke. Diese urbane, öffentliche und hochwertige Gestaltung setzt einen unübersehbaren kulturpolitischen Impuls und macht die außereuropäischen Länder zu »Teilhabern« von Berlins Mitte. Das ist die beste Grundlage für eine aktive Mittlerfunktion Deutschlands.

Der Deutsche Bundestag hat dem Konzept zugestimmt und die Rekonstruktion der Schlüterschen Barockfassaden vorgeschrieben.

Das Bundeskabinett hat dazu einen positiven Beschluss gefasst. 2008 wird die Entscheidung aus dem Wettbewerb vorliegen. 2010 kann Baubeginn sein. Partner sind das Ethnologische Museum, das Museum für Asiatische Kunst, die Zentral- und Landesbibliothek Berlin und die Humboldt-Universität. Abgerundet sollen die Sammlungen und Bestände der Staatsbibliothek und des Ibero-Amerikanischen Instituts werden. Ein publikumswirksamer Veranstaltungsteil wird im Eingangsbereich vorgesehen.

Man mag das kritisieren als nicht zeitgemäße Entsprechung, man kann es aber auch als ungewöhnliche Chance begreifen. Völkerkundliche Museen sind, wie auch Naturkundemuseen oder Botanische Gärten, von jeher Stätten des Flanierens, des Staunens und des Innehaltens gewesen, die ihr typisches Ambiente überdachten Innenhöfen, Einbauten architektonischer Originale aus fremden Ländern oder exotischem Beiwerk verdankten. In ihrer Binnenstruktur sind sie Schlosssälen nicht unähnlich. Wobei daran zu erinnern ist, dass die außereuropäischen Sammlungen, die wir in Dahlem bewundern, ihren Ursprung in eben jenen Kunstkammern des Berliner Schlosses hatten. Sie zeigten die Weltläufigkeit und die Kontinente umspannenden Beziehungen des Herrscherhauses.

Um genau diese Weltoffenheit und die Überwindung des unerbittlichen Ernstes, mit dem die Berliner ihre Stadtmitte bislang behandelt haben, geht es. Vielleicht ist es ja eine gewisse Verwegenheit, aber eine, die sich ableiten lässt aus der gegenüberliegenden Museumsinsel, aus der Humboldt'schen Schirmherrschaft und aus der kulturpolitischen Chance. Die Antwort auf die kulturellen Traditionen in Paris und London ist eben nicht nur qualitativ ebenbürtig, sie hat auch »Berliner Pfiff«.

Das Kulturforum

Erhält die Museumsinsel in Zukunft ihr Standortprofil durch die archäologischen Sammlungen und die abendländischen Kulturen bis 1900, der Schlossplatz sein Standortprofil durch die außereuropäischen Kulturen, so sollen sich die Sammlungen zum 20. und 21. Jahrhundert auf dem Kulturforum am Potsdamer Platz mit Dependancen in Charlottenburg und Hamburger Bahnhof konzentrieren.

Abb. 9 Die zentrale Halle der Gemäldegalerie von Hilmer, Sattler und Albrecht am Kulturforum am Potsdamer Platz.

Dieser Standort, ursprünglich zu West-Berliner Zeiten als Gegengründung zur Museumsinsel zu verstehen, gewinnt unter anderem das Profil der Moderne durch einen einfachen Ortswechsel der Gemäldegalerie. Mit dem Umzug der Alten Meister zu den Museumshöfen kann die Gemäldegalerie zu einer Galerie des 20./21. Jahrhunderts werden (Abb. 9), die Neue Nationalgalerie, die Ikone von Mies van der Rohe, würde Ausstellungshalle und der Hamburger Bahnhof würde frei für die spannende Präsentation der jungen Kunst. Welch eine einfache Rochade, welch eine große Wirkung! Das Kunstgewerbemuseum wiederum verändert sich schrittweise zu einem Museum für Mode und Design. Der Museumsinsel-Streit Anfang der 90-er Jahre über den richtigen Weg hat manches unnötig verzögert, die Mischfinanzierung von Bund und Land Berlin bis 2002 bei der Baufinanzierung hat z. T. krisenhafte Verläufe provoziert (ab 2003 zahlt der Bund allein). Aber mit dem Abstreifen der Fesseln begann die Zeit der prägnanten Entscheidungen und der dynamischen Entwicklung.

Wenn in der nächsten Zukunft noch die Entscheidung zugunsten der Rochade fällt, dann haben die Staatlichen Museen die Provisorien der Nachkriegszeit und der Teilung endgültig überwunden und die Zukunft gewonnen.

Die Staatsbibliothek zu Berlin

Die Staatsbibliothek fügt sich in die Standortprofile nahtlos ein. In ihren beiden Häusern – Unter den Linden und am Kulturforum – wird eine Reorganisation so durchgeführt, dass sich beide Standorte komplementär ergänzen. Während das Traditionshaus Unter den Linden Schwerpunkt für die historisch orientierten Disziplinen wird und die materialorientierten Sondersammlungen (Handschriften, Karten, Musikalien etc.), wird der Scharoun-Bau am Kulturforum die modernen Disziplinen vertreten.

Eine leistungsfähige Informationsstruktur vernetzt die Bestände und integriert die Bibliothek mit ihren Dienstleistungen in das globale Informationsangebot. Sie gehört weltweit zu den bedeutendsten Forschungsbibliotheken.

Bei der Staatsbibliothek Unter den Linden (Abb. 10) laufen die Bauarbeiten nach Plan. Der Neubau des zentralen Lesesaals, zur Straße hin umschlossen von den mächtigen Flügeln der historischen Gesamtanlage, gehört zu den größten und gleichzeitig unauffälligsten Baustellen in der historischen Mitte Berlins. Wenn der Lesesaal im Jahre 2008 eingeweiht wird, dann erhält die Staatsbibliothek ihr Herzstück zurück, das ihr in den Bombennächten des Zweiten Weltkriegs verloren ging. Der Neubau wird neben dem zentralen Lesesaal auch ein Tresormagazin in den beiden Untergeschossen aufweisen, das die unvergleichlichen historischen Schätze aufnehmen wird: Handschriften,

Nachlässe, Karten, Musikautographe – darunter 80 Prozent aller erhaltenen Bach-Handschriften, die weltweit größte Mozart-Sammlung, mehrere Beethoven-Sinfonien und Autographe von Lessing, Goethe und Kleist sowie vieles andere mehr. Darüber hinaus wird der Neubau auch ein Freihandmagazin, ein Informationszentrum, einen Sonderlesesaal sowie einen allgemein zugänglichen Bereich mit einem Bibliotheksmuseum, einem Raum für Wechselausstellungen, Veranstaltungssälen, Cafeteria und Buchladen enthalten. 350 000 Bände werden in Zukunft im zentralen Lesesaal und dem Freihandbereich des Neubaus direkt zugänglich sein. Von innen wird sich der Lesesaal als »hölzerne Buchschale«, die ein Glaskubus krönt, präsentieren.

Gleichzeitig mit der Errichtung des Neubaus wird die historische Anlage einer aufwändigen Grundinstandsetzung und Modernisierung unterzogen, die bis 2011 abgeschlossen sein wird. Im Herbst 2005 hat die Entkernung des historischen Gebäudeteils an der Dorotheenstraße (früher Bibliothek der Humboldt-Universität) begonnen.

Von ihren insgesamt heute mehr als 10 Millionen Bänden werden zukünftig in den Lesesälen und Freihandbereichen beider Standorte knapp 700 000 Bände direkt für den Benutzer zugänglich sein. Berlin wird dann über eine der modernsten Bibliotheken Europas verfügen.

Die Einrichtungen der Stiftung sind zunehmend gekennzeichnet durch eine konsequente Integration nach innen und eine nationale und internationale Kooperation nach außen. Zwei Kooperationsprogramme sind besonders wirkungsvoll.

Abb. 10 Staatsbibliothek von Ernst von Ihne an der Straße Unter den Linden.

Abb. 11 Der Marstall in Arolsen, in dem die Stiftung im Jahr 2002 das Christian Daniel Rauch-Museum eröffnet hat.

Föderales Programm

Anders als in zentralistisch organisierten Staaten ist die kulturelle Ausstrahlung der deutschen Hauptstadt dann am wirkungsvollsten, wenn das föderale Prinzip der kulturellen Verantwortung Teil der kulturpolitischen Gestaltung ist. Entsprechend hat es sich die Stiftung Preußischer Kulturbesitz zur Aufgabe gemacht, ihren kulturellen Reichtum nicht nur in Berlin zu vermitteln, sondern mit und in den Ländern zugänglich zu machen. Dazu wurde das Föderale Programm formuliert. Es stärkt die Präsenz der Stiftung in den Einrichtungen der Länder in Form von Ausstellungen, Veranstaltungen und Dienstleistungen und fördert den föderalen kulturellen Austausch.

Die Einrichtungen der Stiftung Preußischer Kulturbesitz haben hochwertige Ausstellungen aus allen Sammlungsbereichen von der Antike bis zur Gegenwart kuratiert, die ohne zusätzliche konzeptionelle Kosten – lediglich Transport und Versicherungen sind zu finanzieren – von Museen und anderen Kultureinrichtungen in ganz Deutschland übernommen werden können. Angeboten werden ferner längerfristige Leihgaben, die lokale Bestände in Dauerausstellungen sinnvoll ergänzen können, der Aufbau von so genannten Filialgalerien sowie ein breites Spektrum spezieller Dienstleistungen und Kenntnisse.

Die Nachfrage nach dem Föderalen Programm ist groß. Es umfasst Kooperationen mit Einrichtungen in Bremen, Stettin, Frankfurt/O., Celle, Duisburg, Detmold, Minden, Pritzwalk, Hannover, Sangershausen, Corvey, Lüneburg, auf Gut Altenkamp Papenburg, in Weimar, Leipzig, Dresden, Meißen, Eisenach, Köln, in Frankfurt/M., Darmstadt, Nürnberg, Hofheim i.T., Neu-Ulm, Rastatt, München und Passau. Eine Filialgalerie ist 2005 in Dortmund entstanden: Knapp hundertzwanzig Werke aus den Beständen der Alten Nationalgalerie sind in der Ausstellungshalle im Museum für Kunst- und Kulturgeschichte zu sehen.

Weitere Filialgalerien sind mit dem Christian Daniel Rauch-Museum (Abb. 11, 12) in Bad Arolsen (Hessen) und im Kloster Stift zum Heiligengrabe (Brandenburg) entstanden. Für Schloss und Abteikirche Corvey in Höxter (Nordrhein-Westfalen) sind die ersten Schritte einer langfristigen Zusammenarbeit getan. In der brandenburgischen Bischofsresidenz Burg Ziesar wurde unter Mitwirkung der Skulpturensammlung und des Museums für Byzantinische Kunst ein Museum zur landesspezifischen Kultur- und Kirchengeschichte aufgebaut, das an die Blütezeit des Ortes im 14. bis 16. Jahrhundert erinnert.

Abb. 12 Christian Daniel Rauch, Grabstatue der Königin Luise von Preußen, 1818–27, historischer Gipsabguss, Rauch-Museum Bad Arolsen.

Metropolenprogramm

Auf Grundlage internationaler Kooperationen organisieren die Staatlichen Museen zu Berlin große Ausstellungen, die regelmäßig sensationelle Besucherzahlen erzielen. Das Programm bringt doppelten Gewinn: Mit ihren Gastspielen in den internationalen Zentren vermitteln die Sammlungen die deutsche Hauptstadt als kulturelle Metropole und lassen ein Publikum in aller Welt an den Berliner Kulturschätzen teilhaben. Als Gegengaben der gastgebenden Museen kommen hochkarätige Sonderausstellungen nach Berlin, die ein breites Publikum in die Museen locken. Die Ausstellung »faRAón« im Museo de Antropología von Mexiko übertraf mit 620 000 Besuchern alle Erwartungen der Organisatoren. Täglich sahen rund 5 000 Interessierte die vom Ägyptischen Museum Berlin kuratierte Sonderausstellung über den Sonnenkult der alten Ägypter. Der große Zuspruch des mexikanischen Publikums bestätigt das speziell für diese Zielgruppe erarbeitete Konzept der Ausstellung, das Analogien zwischen der altägyptischen und den alten mexikanischen Kulturen anklingen ließ.

Die Ausstellung »Arte de Africa« vom Ethnologischen Museum in Rio de Janeiro und São Paulo zählte 1,2 Millionen Besucher.

Mit 520 000 Besuchern erzielte die im Nationalmuseum Tokio und in Kobe präsentierte Ausstellung »Visions of Divine – Masterpieces of the Museum Island Berlin« einen vergleichbaren Erfolg.

In Japan wurde vorweggenommen, was die Museumsinsel nach ihrer Wiederherstellung in aller Breite und Tiefe vor den Augen der Betrachter ausbreiten wird: die gesamte Ideengeschichte und ästhetische Entwicklung Europas.

Ebenfalls im Rahmen des Deutschlandjahres in Japan präsentierten die Staatlichen Museen in Kooperation mit dem Mori Art Museum in Tokio und später in Berlin eine Ausstellung, die die bereits seit über hundert Jahren bestehenden historischen und kunsthistorischen Beziehungen zwischen den beiden Städten darstellt.

Die Zusammenarbeit mit der brasilianischen Stiftung FAAP im Rahmen des Metropolenprogramms der Stiftung Preußischer Kulturbesitz trägt ebenso Früchte: 2006 wurde mit großem Erfolg in São Paulo die Ausstellung »Deuses Gregos« gezeigt, die ausschließlich aus Objekten der Berliner Antikensammlung besteht (Abb. 12).

Sie wird 2008 mit anderer Schwerpunktbildung nach Berlin zurückkehren. Für 2010 sind in Peking und Shanghai – gemeinsam mit den Museen in Dresden und Berlin – große Ausstellungsvorhaben geplant. Dieser Teil der Stiftungsprogrammarbeit wird immer wichtiger werden.

Schluss

Die Stiftung Preußischer Kulturbesitz ist inzwischen so selbstverständlich zu einem internationalen Zentrum für Text- und Bildkultur geworden, eingebettet in die universitären und außeruniversitären Einrichtungen, dass der funktionale Zusammenhang zwischen Kultur, Wissenschaft und Wissensarchiv evident ist.

Die Stiftungseinrichtungen sind keine ruhenden Inseln, sondern höchst produktive Widerstände im Strom der Zeit. Ihre Glaubwürdigkeit beziehen sie aus ihrer Unabhängigkeit, ihre Innovation aus ihrer gewachsenen Tradition

Abb. 13 »Griechische Götter«. Ausstellung der Antikensammlung der Staatlichen Museen in São Paulo in Zusammenarbeit mit der Fundaçao Armando Alvares Penteado.

und ständig erneuerten Expertise, ihre Wirkung aus dem vitalen öffentlichen Interesse. Was die Brüder Humboldt im 19. Jahrhundert nur als Konzept formulieren konnten, können wir heute realisieren: Weltort für Kunst und Kultur zu sein. Bildung und Kultur bedingen einander. Die Macht der Bilder, Texte und Töne fördern diese chancenreiche Verbindung. Sie machen den Kosmos der Preußenstiftung aus. Orte der Reflexion, nicht der Sensation, die kulturelle Überlieferung als ein wesentliches Element zur Verständigung über die Welt!

Es ist nicht das Quotenpublikum der kommerzialisierten Massenkultur. Das wird nicht bedient und die Einrichtungen der Stiftung sollten sich davor hüten, Teil eines Lifestyle-Kults zu werden. Dann werden sie schnell abgenutzt.

Es ist das Publikum, das die Aura der Kunst erleben will, die Widerstandskraft gegen das Triviale, etwas das Bestand hat, etwas das es wert ist, hochgehalten zu werden, etwas das Beachtung findet, weil es immer noch sehr beachtet wird.

Am Kopf der Stiftung – die Vorsitzenden des Stiftungsrats

Als leitendes Organ – sozusagen als politischen Kopf – sieht das 1957 im Bundestag verabschiedete Stiftungsgesetz den Stiftungsrat vor (§ 5). Er »besteht aus Vertretern des Bundes und der in der Satzung zu bezeichnenden Länder.« (zunächst waren es vier, ab 1975 alle Bundesländer, ab 1992 dann alle Länder der vereinigten Bundesrepublik Deutschland).

»Das Nähere«, heißt es im Stiftungsgesetz knapp und klar, »regelt die Satzung«.

Dieser politische Kopf der Stiftung hat Gesicht, Herz und Stimme in Gestalt des Stiftungsratsvorsitzenden. Laut Satzung wählt ihn – wie dessen Stellvertreter – der Stiftungsrat auf die Dauer von 3 Jahren. »Wiederwahl ist zulässig«. Die Wahl des Vorsitzenden ist immer an das zuständige Bundesministerium gegangen.

Dass die Stiftung mehr kann und soll, als das Überkommene verwalten, dass ihre traditionsreichen Sammlungen und Institute »nicht Ruhekissen, sondern Sprungbrett« (Paul Valéry) sind, dass ihr ein eigener Wille zugesprochen ist, zeigt der § 5 der Satzung: »Der Stiftungsrat ist zuständig für die Willensbildung der Stiftung, soweit es sich nicht um die Erledigung der laufenden Angelegenheiten handelt.«

Das Nähere, so könnte man das Stiftungsgesetz sinngemäß zitieren, regelt die Geschäftsordnung. Das geschieht in folgender Weise: »Der Stiftungsrat tritt zweimal jährlich, und zwar im zweiten und vierten Quartal ... zusammen«.

Ferner ist in der Geschäftsordnung festgelegt, dass der Vorsitzende die Sitzung leitet, was nicht mehr und nicht weniger heißt, als dass er die »Willensbildung« der Stiftung leitet – Grund genug, die Namen der Vorsitzenden des Stiftungsrats mit den Zeiten ihrer Verantwortung aufzustellen und ihre Gesichter, soweit noch möglich, hier im Foto zu zeigen.

1961–64
Staatssekretär Dr. Georg Anders

1964–66
Staatssekretär Prof. Dr. Josef Hölzl

1966–68
Staatssekretär Prof. Dr. Werner Ernst

1968–70
Bundesminister Ernst Benda

1970–74
Bundesminister Hans-Dietrich Genscher

1974–78
Bundesminister Prof. Dr. Werner Maihofer

1978–82
Bundesminister Gerhart Rudolf Baum

1982–89
Bundesminister Dr. Friedrich Zimmermann

1989–91
Bundesminister Dr. Wolfgang Schäuble

1991–93
Bundesminister Rudolf Seiters

1993–98
Bundesminister Manfred Kanther

1998–01
Staatsminister Dr. Michael Naumann

2001–02
Staatsminister Prof. Dr. Julian Nida-Rümelin

2002–05
Staatsministerin Dr. Christina Weiss

seit 2005
Staatsminister Bernd Neumann

oben Bundesminister Ernst Benda (2. v. l.) mit Stiftungspräsident Hans-Georg Wormit bei der Eröffnung der Ausstellung »Alexander von Humboldt«, 28.6.1969.
unten links Bundesminister Hans-Dietrich Genscher bei der Eröffnung des Neubaus für das Museum für Indische Kunst am 7.10.1971 in Berlin-Dahlem
unten rechts Bundesminister Werner Maihofer überreicht Werner Knopp am 30.6.1977 die Ernennungsurkunde zum Präsidenten der Stiftung.

oben Bundesminister Gerhard Rudolf Baum besucht am 1.7.1978 die Skulpturengalerie in Berlin-Dahlem.
unten Bundesminister Friedrich Zimmermann bei der Eröffnung des Neubaus für das Staatliche Institut für Musikforschung am 14.12.1984. Ganz links Museumsdirektorin Dagmar Droysen-Reber, ganz rechts Institutsdirektor Hans-Peter Reinecke.

oben Bundesminister Wolfgang Schäuble besucht den Hamburger Bahnhof während seiner Einrichtung als Museums. Links Stiftungspräsident Werner Knopp, rechts Hauptkustos Wulf Herzogenrath.
unten Bundesminister Manfred Kanther bei der Verabschiedung von Werner Knopp am 22.1.1998 in der Rotunde des Alten Museums.

oben Staatsminister Michael Naumann bei der feierlichen Übereignung der Sammlung Berggruen an die Stiftung am 21.12.2000. Rechts Stiftungspräsident Klaus-Dieter Lehmann.
unten Staatsminister Julian Nida-Rümelin (ganz rechts) bei der Wiedereröffnung der Alten Nationalgalerie am 2.12.2001. Links: Peter-Klaus Schuster, Generaldirektor der Staatlichen Museen.

oben Staatsministerin Dr. Christina Weiss (vorn links) bei der Pressekonferenz zur Eröffnung der Friedrich Christian Flick Collection im Hamburger Bahnhof am 9.1.2003. Nach rechts: Friedrich Christian Flick.
unten Staatsminister Berd Neumann besucht am 14.2.2006 den Hamburger Bahnhof – Museum für Gegenwart. Im Hintergrund »Mao« von Andy Warhol.

Norbert Zimmermann

Gesichter eines (halben) Jahrhunderts – ehemalige Präsidenten und Generaldirektoren

Was wäre eine Institution ohne die sie prägenden oder von ihr geprägten Menschen?

Der Blick auf die gestaltenden Personen scheint mir bei der 50 Jahre jungen Stiftung Preußischer Kulturbesitz vor allem angebracht, weil mit ihrer Gründung in der nur wenig älteren Bundesrepublik Deutschland ein institutionelles Novum geschaffen wurde, das der Gestaltung durch tatkräftige Persönlichkeiten bedurfte. Man muss sich dazu vergegenwärtigen, was mit der Gründung der Stiftung, die nicht Ergebnis einer breiten Konsensgemeinschaft, sondern heftig umstritten war, unternommen wurde: Seit dem Kriegsende zerstreute Sammlungen und disparate Institutionenbruchstücke, die durch Teilung und andere Kriegsfolgen verstümmelt gerade das partielle Überleben gerettet hatten; diese in den ehemals westlichen Besatzungszonen geborgenen und gesicherten Teile des »Preußischen Kulturbesitzes« mussten wieder zusammengeführt werden, wenn auch weiterhin unvollständig und innerhalb Deutschlands zerrissen. Das alles mit dem Blick auf den ungewissen Tag X, an dem die Teilung überwunden sein und aus diesen Kulturschätzen in Ost und West wieder eine Einheit werden könnte. Und die Teilung Berlins war im August 1961 gerade in Beton gegossen worden.

Nach der inneren Architektur der neuen Stiftung fiel es vor allem dem damals noch Kurator genannten Präsidenten zu, das neu geschaffene Dach, was die Stiftung für die in ihr versammelten Teile der historisch gewachsenen alten Einrichtungen sein sollte, wetterfest zu machen.

Zum ersten Präsidenten wählte der Stiftungsrat im Dezember 1961 *Hans-Georg Wormit*. Der 1912 geborene Ostpreuße, Jurist, ehemals preußischer Beamter, zuletzt in Kiel – nach dem Krieg als langjähriger Amtschef des Kultus- und des Innenministeriums des Landes Schleswig-Holstein am Aufbau dieses Landes und seiner Bildungs-, Kultur- und Wissenschaftsinstitutionen beteiligt – und seit 1956 Geschäftsführer des Deutschen Landkreistages, brachte beste Voraussetzungen für das von ihm zu beackernde Neuland mit, dank seiner preußischen Wurzeln, seiner Erfahrungen und Verbindungen im staatlichen und kommunalen Gefüge der jungen Bundesrepublik und seiner Kulturleidenschaft. Er trat das Amt am 1. April 1962 an und übte es bis zur damals beamtenrechtlich unüberwindlichen Altersgrenze am 30. Juni 1977 aus. Dem Amt des Präsidenten und dessen operativem Instrument, der Hauptverwaltung der Stiftung – beides musste seine Rolle im Konzert mit den ja schon irgendwie existierenden Einrichtungen erst finden – verschaffte er Respekt und Schlagkraft auch durch glückliche Konstellationen an seiner Seite. Zwei Namen gehören hier statt aller anderen erwähnt: Willy Ludwig, der bis 1984 mehr als 20 Jahre die Haushaltsabteilung der Hauptverwaltung aufbaute und leitete, dabei weit über die administrativen Aspekte seines Amtes hinaus Impulse für die Arbeit der Stiftung setzte und maßgeblich zu dem hohen Ansehen beitrug, das die Stiftungsverwaltung im Innengefüge der Stiftung, bei ihren Trägern und bei ihren Partnern bald erlangte. Und Peter Hofmann, der am 31. März 1997 als Vizepräsident der Stiftung Preußischer Kulturbesitz in den Ruhestand ging. Er hat diese Funktion des Ständigen Vertreters des Präsidenten als erster 1967, 35-jährig, angetreten und über 29 Jahre und drei Monate nicht einfach ausgeübt, sondern ihr Gestalt gegeben. Den weitaus längsten Abschnitt der bisherigen Geschichte der Stiftung hat er geprägt wie – außer den beiden Präsidenten dieser drei Jahrzehnte – kein anderer.

Zurück zu Hans-Georg Wormit: Heute noch sichtbares und wirkendes Ergebnis der ersten Präsidentschaft sind vor allem die frühen Standortentscheidungen: für den Ausbau der Museen in Dahlem und für die Standorte der Museen, der Staatsbibliothek, des Ibero-Amerikanischen Instituts und des Staatlichen Instituts für Musikforschung mit dem zu ihm gehörenden Kleinod Musikinstrumenten-Museum am Kulturforum. Vieles davon war 1977 realisiert oder jedenfalls sichtbar ins Werk gesetzt. Dass jüngste Entwicklungen zu grundlegenden Änderungen bei einigen dieser Standorte geführt bzw. diese ermöglicht haben, spricht nicht gegen die Klugheit der damaligen Entscheidungen. Die Standorte mit anders geordneten Inhalten zu füllen, setzt voraus, dass sie da sind. Wie es scheint, wird einzig Dahlem als einer der Standorte der Museen aufgegeben. Wenn es dazu kommt, ist auch das keine Korrektur früherer Entscheidungen, sondern anderen Möglichkeiten und auch Zwängen geschuldet. Für die Staatlichen Museen war der Ausbau gerade dieses Standorts lebenswichtig.

Eine scheinbar marginale, für den Anspruch, das Selbstbewusstsein und die Darstellung der im Amt des Präsidenten vor allem verkörperten Stiftung gleichwohl bedeutsame, vom Präsidenten Hans-Georg Wormit maßgeblich bewirkte Standortentscheidung sei noch erwähnt: die Verlegung des Amtssitzes des Präsidenten von dem kleinen Dahlemer Haus, In der Halde 1, heute bewohnt vom Institut für Museumsforschung der Staatlichen Museen, in die Villa von der Heydt am Landwehrkanal. Diesen Amtssitz als Präsident in Besitz zu nehmen, blieb 1980 seinem Nachfolger vorbehalten.

Der für ihn und die Stiftung zweifellos wichtigste Erfolg seiner Amtszeit bleibt der Beitritt aller damaligen Länder in die Stiftung zum 1. Januar 1975.

Hans-Georg Wormit starb im August 1992, wenige Wochen nach seinem 80. Geburtstag.

Zu den für die Entwicklung einer Institution bedeutsamen Entscheidungen gehören zweifellos die Berufungen in die Leitungspositionen. Und solche Entscheidungen müssen den Präsidenten ein besonderes Anliegen sein, auch wenn die Wahl dem Stiftungsrat vorbehalten ist. In die Amtszeit von Hans-Georg Wormit fielen zwei Berufungen von Generaldirektoren der Staatsbibliothek (1963 und 1972) und ein Wechsel im Amt des Generaldirektors der Staatlichen Museen (1965).

1963 wurde mit *Ludwig Borngässer* der erste Generaldirektor der ab 1964 so benannten »Staatsbibliothek Preußischer Kulturbesitz« berufen. Gegenüber dem bei Gründung der Stiftung für die Staatlichen Museen bestehenden Zustand befand sich die Staatsbibliothek in einer besonders prekären Lage. Unabhängig von den Kriegsverlusten und den Folgen der Teilung Nachkriegsdeutschlands waren die in den westlichen Zonen Deutschlands geborgenen Teilbestände der Preußischen Staatsbibliothek organisatorisch und physisch abermals zersplittert. Die Druckschriftenbestände wurden in Marburg durch die »Westdeutsche Bibliothek«, die in die französische Besatzungszone gelangten Handschriften und weitere Sonderbestände in der Universitätsbibliothek in Tübingen verwaltet. Für die Staatsbibliothek war also das stiftungsgesetzliche Gebot, »die aus Berlin verlagerten Kulturgüter alsbald zurückzuführen« (§ 3 Abs. 2 des Errichtungsgesetzes), von besonderer Bedeutung. Als eine der Voraussetzungen für die Rückführung der Bestände mussten geeignete Unterbringungen geschaffen werden, wofür es anders als bei den Museen keinen auch nur planerischen Vorlauf gab. Und das Ganze musste in eine organisatorische Form gegossen werden, die einer Neugründung gleichkam. Mit dem 1907 in Darmstadt geborenen Ludwig Borngässer – mit bibliothekarischen Berufstätigkeiten an der Landes- und Hochschulbibliothek Darmstadt, deren Leiter er seit 1961 war, und der Bibliothek der Technischen Universität Berlin (als Leiter von 1958 bis 1961) – war ein bewährter und zudem auch, so hoffte man jedenfalls, noch hinreichend junger Generaldirektor für die komplexe Gründungs- und Aufbauarbeit gefunden. Neun Jahre hat er das Amt ausgeübt, das angesichts der Ausgangslage der Bibliothek von eher im glanzlosen Hintergrund stattfindenden Anforderungen geprägt war. Es galt, unter Fortführung des Betriebs in Marburg dessen Übersiedlung nach Berlin zu betreiben. Aufgaben solcher Art blieben für die Staatsbibliothek bis heute hinderlich prägend. Bald traten die mit dem notwendigen Neubau der Bibliothek verbundenen Geschäfte in den Vordergrund. Mit dem Wettbewerbsergebnis stand 1964 als Architekt Hans Scharoun mit einem ungewöhnlichen, aber auch unvollständigen Entwurf fest. 1967 begann der Bau. Als Ludwig Borngässer 1972 aus dem Amt schied, war der Bau von seiner Vollendung noch weit entfernt. Erst 1978 konnte er komplett eröffnet werden, von Borngässers Nachfolger, der da schon sechs Jahre im Amt war. Ludwig Borngässer hat die weitere Entwicklung – auch der Wiedervereinigung – mit lebhafter Anteilnahme noch über die 22 Jahre seines Lebens verfolgt, die ihm als Ruheständler vergönnt waren. Doch wir folgen als rötlichem Faden der Chronologie der Ämterwechsel und werfen einen Blick auf die Museen.

1965 wurde die Bestellung eines neuen Generaldirektors der Staatlichen Museen Preußischer Kulturbesitz notwendig. Der seit 1957, noch vor der Stiftungsära an die Berliner Museen als Generaldirektor der westlichen Teile und zugleich als Direktor der Nationalgalerie zurückgeholte *Leopold Reidemeister* hätte sich im April 1965 dem Zwang des Beamtenrechts fügen und mit in diesem Zeitpunkt erreichten 65 Lebensjahren in den Ruhestand treten müssen. Diesem Zwang kam der selbstbewusste Großneffe Wilhelm von Bodes zuvor und schied Ende 1964 vorzeitig aus dem Amt. Im Oktober 1924 hatte seine Museumsvita an der Ostasiatischen Kunstabteilung der Staatlichen Museen zu Berlin begonnen, nicht an der nach Reidemeisters fachlicher Herkunft her logischeren Gemäldegalerie. So dicht bei dem dort wirkenden Großonkel hatte er nach eigenem Bekunden nicht starten wollen (Reidemeister zu seinem 80. Geburtstag, Jahrbuch Preußischer Kulturbesitz, Band XVII, 1980, S. 27 ff.). Ab 1945 wird er der personifizierte Neubeginn: In diesem Jahr wird er ins zerstörte Köln als Generaldirektor berufen und Motor des Wiederaufbaus der dortigen Museen. Äußeres Zeichen dieses Wirkens wird das neue Wallraff-Richartz-Museum von Rudolf Schwarz. Just da ereilt ihn der Ruf nach Berlin. Das kommentiert er 1980 (a. a. O., S. 30) so: »Wer geht schon gern nach Berlin! Aber kann man sich, noch immer in der Tradition der Berliner Museen stehend, diesem Ruf versagen? Ich fühle mich am Portepee gefaßt. Unmittelbar nach der Einweihung des neuen Hauses mit Theodor Heuss kehre ich nach Berlin zurück. Wieder totaler Neubeginn.« Der Achtzigjährige kleidet das Fazit seiner Amtszeit an den Staatlichen Museen in eher bittere Worte (a. a. O.): »Ich setze mich als Direktor der Nationalgalerie ... für belebende Ausstellungen ein, die ich jährlich zu den Berliner Festwochen beitrage, und werde dafür aus dem Kollegenkreis kritisiert, ich setze die Würde der Museen herab. Inzwischen ist längst der Zirkus in die Museen eingezogen, und ich bin restlos veraltet. Am 1. Januar 1965 trete ich als Generaldirektor der Berliner Museen und Direktor der Nationalgalerie vorzeitig in den Ruhestand.« Werner Knopp würdigt 1983 das Generaldirektorat Reidemeister u. a. mit den Worten: »Die Namen, welche die unter Reidemeisters Ägide verwirklichte Berufungsliste bilden, haben Berliner Museumsgeschichte gemacht.« (Jahrbuch Preußischer Kulturbesitz, Band XXIV, 1987, S. 28). Zu diesen Namen gehörte auch Stephan Waetzoldt, der sein Nachfolger werden sollte. Den versöhnlichen Abschluss seines Museumslebens schafft sich der unermüdliche Pensionär mit einem weiteren Neubeginn, dem 1967 eröffneten Brücke-Museum des Landes Berlin. Er starb im Juni 1987.

Generaldirektor der Staatlichen Museen Preußischer Kulturbesitz wird Anfang 1965 *Stephan Waetzoldt* und bleibt es 18 Jahre. Der Mittvierziger verspricht den langen Atem, den die Museen dringend brauchen. Er ist gleichsam von der Wiege ein Kind der Staatlichen Museen, Sohn von Wilhelm Waetzoldt, dem Nachnachfolger Bodes als Generaldirektor der Staatlichen Museen zu Berlin von 1928 bis zur »Abschiebung« nach Halle 1933. Der leidenschaftliche Kunsthistoriker und auch wissenschaftliche Bibliothekar Stephan Waetzoldt, vor seinem Amtsantritt in Berlin zuletzt Leiter der Bibliothek des Germanischen Nationalmuseums in Nürnberg, gehört 1965 als Direktor der Kunstbibliothek bereits vier Jahre der Direktorenkonferenz der Staatlichen Museen an. Die Leitung der Kunstbibliothek behält er bei bis in die späten 1970er Jahre und entspricht so dem Idealbild der ehrwürdigen Museumsstatuten. Für kurze Zeit leitet er als Generaldirektor auch noch – wie sein Vorgänger – die Nationalgalerie. Der große Zuspruch, der seine Berufung zum Generaldirektor aus dem Kreis der Museumskollegen begleitet – beredter Ausdruck davon klingt noch nach in der Laudatio von Herbert Härtel, Direktor des Museums für Indische Kunst von Beginn an, bei Waetzoldts Verabschiedung am 31. Januar 1983 (Jahrbuch Preußischer Kulturbesitz, Band XIX, 1982, S. 45 ff.) – ist eines der Pfunde, mit denen der Generaldirektor Waetzoldt wuchern kann. Das Willkommen der Kollegen ist Folge der natürlichen Autorität der Persönlichkeit eines Mannes, der auf Menschen zugeht. Auch ist er von Hause und Herzen aus Wissenschaftler und entschlossen, dies auch als Generaldirektor zu bleiben und die Tradition der Berliner Museen als eben auch wissenschaftlicher Anstalt belebt zu halten. Adelung dieses Museumsverständnisses ist die von Stephan Waetzoldt betriebene Aufnahme der Staatlichen Museen in die Deutsche Forschungsgemeinschaft im Jahr 1976, einzigartig in der deutschen Museumslandschaft.

Ausdruck seines spezifischen Museumsverständnisses sind aber ebenso die Reaktivierung des Rathgen-Forschungslabors und die Gründungen des Instituts für Museumskunde (heute: Institut für Museumsforschung) und des Pädagogischen Dienstes (heute: Teil der »Besucherdienste«) der Staatlichen Museen, die sämtlich in seine Amtszeit fielen und auf die er im Verein mit seinem Präsidenten hartnäckig hingearbeitet hat. Ebenso gelangen sichtbare Fortschritte bei den Bauprogrammen. Für den Ausbau des Standorts Dahlem kann man diese Fortschritte auch im Vergleich zu heutigen Verhältnissen durchaus dynamisch nennen. In den Jahren 1966 bis 1976 reihte sich Eröffnung an Eröffnung. In Dahlem waren das (in zeitlicher Reihenfolge) die Skulpturengalerie, das Kupferstickkabinett, die neuen Räume für das Völkerkundemuseum (heute: Ethnologisches Museum), das Museum für Ostasiatische Kunst (heute vereint mit dem Museum für Indische Kunst im Museum für Asiatische Kunst), das Museum für Islamische Kunst, das Museum für Indische Kunst, die Gemäldegalerie und das Museum für Deutsche Volkskunde (heute im Museum Europäischer Kulturen aufgegangen) im dafür hergerichteten Magazintrakt des Geheimen Staatsarchivs. In den gleichen Zeitraum fielen der Umzug des Ägyptischen Museums in den Charlottenburger östlichen Stülerbau und, nicht zu vergessen, die Eröffnung der Neuen Nationalgalerie. Das macht einmal mehr deutlich, dass Bauen bei den Museen nicht in erster Linie ein isoliert technischer Vorgang ist, sondern dahinter immer Museumsinhalte stehen. Von den Museen selbst fordert das inhaltliche und logistische Konzepte und enorme Anstrengungen über die Vollendung des Bauwerks hinaus.

Mit nicht gleichem Schwung gestalteten sich die Planungen, Finanzierungsbemühungen und Baufortschritte am Standort Kulturforum. Die erste Teileröffnung (Kunstgewerbemuseum) 1985 hat Stephan Waetzoldt nicht mehr im Amt des Generaldirektors erlebt, obgleich an den Planungen für diesen Standort seit den frühen 1960er Jahren gearbeitet wurde. Das war für ihn Leidensgeschichte und Ärgernis, zumal er immer wieder den Zusammenhang zwischen dem Standort Dahlem und den Bauten am Tiergarten hervorhob. Erst mit dem Auszug der Kunstmuseen in Dahlem hätte das Ethnologische Museum angemessene Ausstellungsflächen für seine reichen Bestände. Es ist kein Trost, dass die Leidensgeschichte des Ethnologischen Museums mittlerweile auch die Amtszeiten seiner beiden Nachfolger im Amt des Generaldirektors überdauert.

Die Ära Waetzoldt gehört trotz solcher Wermutstropfen gewiss zu einer der Glanzzeiten der Museen. Bei einem so kollegial denkenden Menschen wäre ein Blick auf die Mitstreiter unerlässlich. Das war an erster Stelle Hans-Joachim Fürste, bis 1985 legendärer Chef der Generalverwaltung und als solcher Ständiger Vertreter des Generaldirektors. Das waren aber ebenso seine Kolleginnen und Kollegen Museumsdirektoren. Es sind im Laufe seiner langen Amtszeit zu viele, als dass sie hier aufgezählt werden könnten, und eine Auswahl zu nennen hieße, die nicht Genannten herabzusetzen. Es war außer der Institution auch seine Persönlichkeit, die viele von ihnen nach Berlin gezogen hat zu einer Zeit, in der manche zögerten, Berlin zum Lebensmittelpunkt für sich zu wählen. Zwei Formulierungen aus der erwähnten Laudatio bei der Verabschiedung von Stephan Waetzoldt möchte ich hervorheben: Herbert Härtel spricht da von »robuster Gelassenheit, doch feinem Gespür für das Notwendige«, mit denen der Generaldirektor den administrativen Erfordernissen gerecht geworden sei, und an anderer Stelle davon, dass Waetzoldt die Vereinigung der Nationalgalerie und der landeseigenen Galerie des 20. Jahrhunderts »mit Herzblut verfochten« habe. Solche Eigenschaften, Fähigkeiten und Antriebskräfte möchte man jedem wünschen, der in solche Ämter gerufen wird.

Die Berufungschronologie der Leitungsämter führt uns zurück in das Jahr 1972 und zur Staatsbibliothek Preußischer Kulturbesitz. Am 1. Juli 1972 wurde als Nachfolger Ludwig Borngässers *Ekkehart Vesper* Generaldirektor der Staatsbibliothek Preußischer Kulturbesitz. Der 1924 in Leipzig geborene Germanist und Bibliothekar mit Berufsstationen in Leipzig, zunächst an der Deutschen Bücherei, dann an der Universitätsbibliothek, an der Universitätsbibliothek Saarbrücken und – seit 1965 – als Leiter der Universitätsbibliothek/Technische Informationsbibliothek Hannover brachte außer seiner reichen Erfahrung auch die begründete Aussicht auf eine hinreichend lange Amtszeit mit, die durch viele Stockungen beim Neubau ins Schleppen geratene vollständige Übersiedlung der Bibliothek nach Berlin zu vollenden. Er selbst hat rückblickend auf diese Phase bis zur Eröffnung des Hauses an der Potsdamer Straße von den »von einem Außenstehenden kaum zu ermessenden Schwierigkeiten« gesprochen und auch davon: »Das aber ist das Charakteristische an dieser Übergangszeit, dass sich das Bibliothekarische stets und ständig den äußeren Umständen in einem Maße unterordnen musste, wie es zuweilen nur schwer vertretbar war.« Dass er ein zupackender Generaldirektor war, zeigt die oft erzählte Geschichte der Nacht des 13. November 1972, in der ein Orkan eines der Übergangsmagazine der Bibliothek zerstörte, eine Traglufthalle in der Nähe des Neubaus. An der Spitze der Bergungsmannschaft – Bibliotheksbeschäftigte, Polizei und andere Helfer – rackerte sich der Generaldirektor ab bis weit in den nächsten Tag. Der Vorfall und davon berichtete Details symbolisieren, mit welch besonnener Energie Ekkehart Vesper die ihm anvertraute Bibliothek durch innere und äußere Unwetter führte.

Seit 1979 stand ihm dabei als ideale Ergänzung in der Leitung der Bibliothek Günter Baron zur Seite. Noch den beiden Nachfolgern im Amt des Generaldirektors war er bis 2001 ideenreicher wie energischer Ständiger Vertreter.

Nach der Eröffnung des Neubaus 1978, der durch seine singuläre Architektur der Bibliothek ein Stück weltweite Aufmerksamkeit bescherte, der aber schon in der Amtszeit Vespers die Grenzen seines Fassungsvermögens erreichte, konzentrierte sich die nicht nachlassende Arbeit des Generaldirektors und seiner Mitstreiter auf zwei Schwerpunkte: die Bibliothek zu einem den an sie gerichteten Erwartungen entsprechenden Dienstleistungsbetrieb zu entwickeln und ihr den Platz im deutschen und internationalen Bibliothekswesen zu gewinnen, der dem Rang einer Teilnachfolgerin der Preußischen Staatsbibliothek zukam. Beide Ziele waren belastet durch den fortdauernden

Bruch, den die fortdauernde Teilung der Bibliothek bewirkte, hinsichtlich der unvollständigen Bestände und auch hinsichtlich der teilungsbedingt desolaten Katalogsituation. Die Vernetzung der Bibliothek im überregionalen Bibliothekswesen, die technische Modernisierung der Geschäftsgänge und der Hilfsmittel, Verbundkatalogisierung und die Bildung von Schwerpunkten bei der Literaturversorgung und Erwerbung gehörten fortan zu den Schwerpunkten der Arbeit des Generaldirektors. Und sie war Schritt für Schritt erfolgreich. Dass Ekkehart Vesper sich dann doch zum frühesten Zeitpunkt, Ende Februar 1987, in den vorzeitigen Ruhestand verabschiedet, zeigt, wie sehr ihn diese Arbeit an die Grenzen der Belastbarkeit geführt hat. Dieser Entschluss hat ihm aber weitere 18 Jahre Leben geschenkt. Er starb im Oktober 2005.

In die Amtszeiten von Stephan Waetzoldt und Ekkehart Vesper fiel der erste Wechsel im Amt des Präsidenten: Am 1. Juli 1977 übernahm der Jurist und Historiker *Werner Knopp* das Amt von Hans-Georg Wormit. Mit 46 Jahren wird der 1931 geborene Werner Knopp einstweilen der bei Amtsantritt lebensjüngste Präsident der Stiftung bleiben. Seine Amtszeit währte dann auch mit zweimaliger Verlängerung um jeweils ein Jahr 20 Jahre und sechs Monate. Er kam schon als Präsident ins neue Amt. Der (seit 1969) ordentliche Professor für Bürgerliches Recht, Handels- und Wirtschaftsrecht der Universität Münster, deren Rektor er von 1970 bis 1974 war, wurde 1974 zum Präsidenten der Westdeutschen Rektorenkonferenz gewählt und war ein exponierter Hochschulpolitiker. Das hatte ihm beim Bund und den Ländern einen besonderen Ruf eingebracht. Die Verständigung auf ihn, noch vor dem Ende der Amtszeit des Vorgängers, wird dem Stiftungsrat nicht schwer gefallen sein. Die Zeiten, in denen solch notwendige Verständigung gezielt blockiert wurde, waren noch fern.

Von der Universität war er geprägt. Er förderte den fachlichen Diskurs, vermied das ihm durchaus zu Gebote stehende Instrument – auch den Terminus – »Weisung« gegenüber den Einrichtungen der Stiftung, die er behandelte, wie er den Umgang mit den Fakultäten seiner Universität gepflegt haben mag. Der Braunschweiger ist ein herausragender Kenner Preußens und seiner Geschichte. Aber auch darin legt er Wert auf Facettenreichtum, ist alles andere als ein Nostalgiker. Das zeigen auf einen Blick seine Bilderauswahl in den öffentlichen Bereichen der von ihm 1980 als Amtssitz des Präsidenten in Besitz genommenen Villa von der Heydt, aber auch von ihm nachhaltig geförderte große Ausstellungen des Geheimen Staatsarchivs, die von Friedrich dem Großen (1986) bis August Bebel (1988) reichten. Das zeigt sein im Jahrbuch der Stiftung (Band XXXVII, 2000, S. 379 ff.) dokumentierter Festvortrag »Was geht uns Preußen an?« zur Eröffnung des »Preußenjahrs« 2001 im Berliner Konzerthaus.

Die Pflege des Verhältnisses zu Bund und Ländern ist ihm selbstverständlich und nicht auf die Kontakte im Stiftungsrat beschränkt. Beim Bund findet er einen wirkungsmächtigen und konstanten Partner vor allem in dem langjährigen Leiter der Kulturabteilung des Bundesministeriums des Innern, Ministerialdirektor Sieghardt v. Köckritz, bis zu dessen Ausscheiden 1993. Die Ministerpräsidenten der Länder gehören zu seinen regelmäßigen Gesprächspartnern. Dieser Kontakt trägt Früchte, als es nach langen, vom Präsidenten intensiv begleiteten Verhandlungen Ende 1996 zum neuen Finanzierungsabkommen für die Stiftung kommt und ausnahmslos alle Länder, neue und alte, weiter beteiligt bleiben. Sein sorgsam gepflegter guter Draht zu allen Ebenen der Berliner Landespolitik hat der Stiftung manchen Erfolg beschert, dessen Voraussetzung das Land Berlin maßgeblich geschaffen hat.

Seine bleibend herausragende Leistung für die Stiftung erwächst aus der Stunde der deutschen Einheit, die fast über Nacht zu der Wiedervereinigung der über 40 Jahre in Ost und West getrennten Teile des Preußischen Kulturbesitzes führt. Seine Integrationskraft, seine Entschlossenheit, in teilweise verworrenen Regelungslagen jeden Freiraum zu erspüren und für Präsidentenentscheidungen zu nutzen, hat die Basis dafür geschaffen, dass in der Stiftung, in Willy Brandts Worten gesprochen, zusammenwachsen konnte, was schon immer zusammen gehörte. Den letzten Dienst im Amt des Präsidenten erweist er seiner Stiftung, indem er alle ihm gegebenen Möglichkeiten nutzt dazu beizutragen, dass die Entscheidung für den Nachfolger möglich wird, der nach seiner Überzeugung für die Zukunftsfähigkeit des Preußischen Kulturbesitzes bürgt. Dass dies nicht vor dem Ende seiner Amtszeit am 31. Januar 1998 möglich war, hat er bei seiner Verabschiedung gelassen bedauert. Die folgende genau einjährige Zäsur im Amt des Präsidenten hat Klaus-Dieter Lehmann die Unbefangenheit erleichtert, die Stiftung energisch neu zu profilieren.

In Werner Knopps Präsidentschaft fielen abermals drei Berufungen von Generaldirektoren, wiederum zweimal bei der Staatsbibliothek (1987 und 1995) und einmal bei den Staatlichen Museen (1983).

Bei den Staatlichen Museen wird *Wolf-Dieter Dube* am 31. Januar 1983 als Nachfolger Stephan Waetzoldts in das Amt des Generaldirektors eingeführt. Die Museumsvita des 1934 in Schwerin Geborenen war zuvor auf die Bayerischen Staatsgemäldesammlungen konzentriert, deren stellvertretender Generaldirektor er seit 1976 war. Aufmerksamkeit auch in Berlin hatte er geweckt, seit er 1974 Baubeauftragter der Bayerischen Staatsgemäldesammlungen und damit für bedeutende Museumsbauten verantwortlich wurde (Neubau der Neuen Pinakothek, Umbauten der Alten Pinakothek und der Staatsgalerie moderner

Kunst). Das war auch das entscheidende Profil, unter dem ihn Präsident Knopp und der Stiftungsrat für das Berliner Amt auswählten. Mit diesem Akzent war es logisch, dass er – wie sein Vorgänger in den letzten Amtsjahren – konzentriert auf die Aufgaben des Generaldirektors nicht gleichzeitig die Leitung eines der damals 14 Museen übernahm. Und die Amtsübernahme brachte einen gründlichen Wechsel. Er verstand sich von Anfang an als Chef der Museen, dem die Direktoren vor allem untergeordnet waren. Es wäre ein Missverständnis, darin vordergründige Eitelkeit zu sehen. Es war ein spezifisches Amtsverständnis und auch ein spezifisches Museumsverständnis. Er sah Änderungsbedarf bei den Berliner Museen bei allem Respekt vor ihrer Tradition, wenn sie unter gründlich veränderten Bedingungen (dazu gehörten Fragen der Finanzausstattung ebenso wie der Publikumserwartungen und des Erscheinungsbildes) zur internationalen Spitzengruppe der Museen gehören wollten. Die Stärke dieser Museen lag für ihn in ihrem Verbund. Der Weg, sie Universalmuseum zu nennen, ist nicht weit.

Schon daraus wird deutlich, dass er nicht nur »Der Herr der Bauten« (so der Titel der Festgabe zu seinen Ehren, Berlin, 1999) sondern mindestens gleichermaßen Herr der Inhalte war. Natürlich hat er bei den Bauten und Planungen energisch Einfluss genommen. Sein stetes Drängen führte zu dem späten Architekturwechsel bei den Museumsbauten am Kulturforum. Den Anstoß für die im Januar 1999 als »Masterplan Museumsinsel« erstmals vorgestellte Planung für die Infrastruktur der gesamten Museumsinsel hat er schließlich im Frühjahr 1998 allein herbeigezwungen, was nicht heißt, dass er von allen Elementen dieser Planung überzeugt war.

Aber seine bleibenden Leistungen gingen doch über die Stimulierung des Baugeschehens für die Staatlichen Museen hinaus. Fragen der inneren Struktur der Museen griff er auf, sei es die Bildung von nach seiner Überzeugung funktional besseren Einheiten, sei es – als Reaktion auf die dramatisch sich verschlechternde Personalausstattung – die Auslagerung von Betriebseinheiten wie dem Aufsichtsdienst. Neben den Anspruch auf Wissenschaftlichkeit, wohinter er oft nur das untätige Beharren auf liebgewordenen Gewohnheiten witterte, stellte er Maßstäbe der Wirtschaftlichkeit, nicht weil er sich als Sparkommissar verstand, sondern weil ihn die Probleme begrenzter Finanzausstattung umtrieben. Er hatte den Blick auf die Bedingungen des Funktionierens der Museen als Betrieb gerichtet. Auch gegen Widerstände scheute er nicht davor zurück, Ausstellungs- und Erwerbungsmittel der Museen für notleidende Schwerpunkte einzusetzen, wie das die Herrichtung von Dauerausstellungen war, die über Jahre unverändert an Attraktivität verloren, oder – nach der Vereinigung der Museen aus Ost- und West – neu eingerichtet werden mussten. Duldsam war er nicht, vor allem schreckten ihn Widerstände nicht. Wer ihm nicht folgte, blieb halt zurück. Den notwendigen Ausgleich bei der Vermittlung und Durchsetzung seiner Absichten führte häufiger als nur gelegentlich, und das verlässlich, der Präsident herbei. Verhaltensredundanzen gab es in diesem Gespann nicht.

Er stellte hohe und unnachgiebige Anforderungen an die sorgsame Pflege von Sammlern, Spendern, Sponsoren und Fördervereinen. Dazu gehörte aber auch das dem Rang der Museen entsprechende Selbstbewusstsein. Das Stichwort »Museum Berggruen« steht neben dem Hamburger Bahnhof stellvertretend für die Inhaltsbereicherungen, die er für die Staatlichen Museen dadurch gewonnen hat. Heinz Berggruen hat den entscheidenden Anteil wiederholt und dokumentiert unterstrichen, den Wolf-Dieter Dube an seinem Entschluss hatte, mit seiner Sammlung nach Berlin zurückzukehren.

Auch ihm kamen glückliche Konstellationen zu Hilfe. Vor allem bekam er mit der Vereinigung der Museen mit Günter Schade, dem Generaldirektor der Staatlichen Museen zu Berlin (Ost), einen Kollegen an die Seite – ab 1992 als stellvertretenden Generaldirektor der vereinigten Museen –, der entscheidend zu der notwendigen inneren Integration beitrug. Ein weiterer Glücksfall war es, dass er Günther Schauerte als persönlichen Referenten von Bonn nach Berlin holte. Der wuchs aus dem Schatten Wolf-Dieter Dubes zum nahezu unersetzlichen stellvertretenden Generaldirektor der Museen bis heute.

Wir schließen den Reigen der ehemaligen Präsidenten und Generaldirektoren mit der Staatsbibliothek, für die in der Amtszeit des Präsidenten Werner Knopp in den Jahren 1987 und 1995 Berufungen notwendig wurden.

Der damals 58-jährige *Richard Landwehrmeyer* trat die Nachfolge des Generaldirektors Ekkehart Vesper am 1. März 1987 an. Der Romanist war – nach Tätigkeiten an den Universitätsbibliotheken in Freiburg und in Konstanz sowie in den anschließenden 15 Jahren als Direktor der Universitätsbibliothek Tübingen – dem Ruf nach Berlin gefolgt, nicht um sein Berufsleben beschaulich ausklingen zu lassen, sondern – wenn man seine Antrittsrede (Jahrbuch Preußischer Kulturbesitz, Band XXIV, 1987, S. 65 ff.) liest – um dazu beizutragen, »die unklare Beleuchtung, in der die Bibliothek selbst steht, um nicht zu sagen … das Zwielicht, in das die Geschichte sie hineingestellt hat«, aufhellen zu helfen. Damit meinte er die Rolle der Staatsbibliothek im deutschen und internationalen Bibliothekswesen, er nannte das auch »ihr Identitätsproblem«, das sie mit West-Berlin teile. Dabei wollte er »das Richtige und Notwendige machen«, so mit seinem Einverständnis die Überschrift seiner Rede (a. a. O.). Dabei sah er sich in einer glücklicheren Lage als seine beiden Vorgänger, weil er »in eine fertige, bereits konsolidierte Bibliothek eintrete«. In den Schwerpunkt der ersten Hälfte seiner Amtszeit rückte er die Arbeit an einem neuen Erwerbungsprofil, das der heutige Präsident und damalige Vorsitzende der

Bibliothekskommission des Beirats der Stiftung, Klaus-Dieter Lehmann, bei Landwehrmeyers Verabschiedung mit den Worten bedachte, dass es »der Staatsbibliothek sowohl im historischen Bestand als auch bei den laufenden Neuerwerbungen ihre überregionale Funktion bei der Literaturversorgung sichert und sie damit aus dem geschichtslosen Tagesgeschäft wieder in eine langfristige Planbarkeit überführte«. Ein weiteres Thema rückte er ins Zentrum der Bibliotheksarbeit, die Altbestandskatalogisierung und überhaupt das Katalogsystem der Staatsbibliothek. Doch dann kam die bei seinem Amtsantritt nicht vorhersehbare Wiedervereinigung Deutschlands und Richard Landwehrmeyer wurde zum ersten Generaldirektor der wieder vereinigten Bibliothek, die ab 1992 den Namen »Staatsbibliothek zu Berlin – Preußischer Kulturbesitz« führte. Aus der »fertigen, bereits konsolidierten Bibliothek« war die jetzt zwar ungeteilte, aber alles andere als fertige und konsolidierte, Nachfolgebibliothek der Preußischen Staatsbibliothek geworden. Das führte zu Aufgaben, die eher wieder den Aufbauarbeiten seiner beiden Vorgänger nahe kamen. Es ging darum, ohne Unterbrechung des Bibliotheksbetriebs, aus zwei selbständigen Bibliotheken einen einheitlichen Organismus herzustellen. Dazu wurden inhaltlich und organisatorisch überzeugende Konzepte gebraucht. Dazu mussten Bestände in benutzbarer Form zusammengeführt werden und dazu mussten Menschen in beiden Bibliotheken, die sich teilweise tendenziell eher als Beschäftigte zweier konkurrierender Einrichtungen verstanden, zusammengeführt werden. Das war dadurch nicht einfacher, dass in der Öffentlichkeit und auch in der Politik das Missverständnis der »zwei Bibliotheken« verbreitet war, deren Notwendigkeit man ebenso in Frage stellen müsse, wie die Zahl von Theatern und Opernhäusern in Berlin. Wenn sich in der Folge manches bei der Staatsbibliothek ungleich mühevoller anließ als bei den Staatlichen Museen, dann lag das auch daran, dass die Verständigung in elementaren Basisfragen ungleich mehr Überzeugungsaufwand nach innen und außen erforderte. So dauerte der Weg von den ersten schon 1990 in Zusammenarbeit beider Vorgängereinrichtungen vorgelegten Konzepten bis 1999, als der Stiftungsrat das in einer Expertenkommission unter der Leitung des späteren Präsidenten Klaus-Dieter Lehmann ausgearbeitete Konzept »Zukunft der Staatsbibliothek zu Berlin« beschloss. Erst damit war der Weg frei für die notwendigen Bauprogramme an nunmehr drei Standorten und vor allem für das Haus Unter den Linden in seinem desolaten Zustand. Manch anderen hätte dieser schwierige Weg in die Resignation getrieben. Für Richard Landwehrmeyer ist dann doch bezeichnend, dass er seine Abschiedsrede am 2. März 1995 (Jahrbuch Preußischer Kulturbesitz, Band XXXII, 1995, S. 86 ff.) nicht nur unter die Überschrift »Ein einziges Wort: Dank!« setzen lässt, sondern darin auch sagt: »Wenn Sie mich fragten, würden Sie das noch einmal machen, müsste ich sagen: leider wohl«. Man muß ihm das schon deswegen glauben, weil er bis zum Amtsantritt seines Nachfolgers noch weitere drei Monate über die Altersgrenze hinaus im Amt blieb. Anfang des Jahres 2006 ist Richard Landwehrmeyer im Alter von 76 Jahren gestorben.

Nachfolger Landwehrmeyers war ab 1. März 1995 *Antonius Jammers*, zuvor langjähriger Bibliotheksreferent im nordrhein-westfälischen Wissenschaftsministerium, verantwortlich für eine enorme Zahl von Universitäts-, Hochschul- und Fachholschulbibliotheken. Von seinem angestammten Fach her fiel der promovierte Jurist und Bibliothekar, gebürtiger Dresdener des Jahrgangs 1937 und Sohn eines Bibliothekars, in der Reihe der Generaldirektoren der Staatsbibliothek seit Gründung der Stiftung etwas aus dem Rahmen.

Aufbauend auf den Grundlagen, die sein Vorgänger dazu geschaffen hatte, war sein wichtigstes Anliegen, das Stammhaus Unter den Linden nicht nur nutzbar zu halten, sondern mit daran zu wirken, dass die mitunter heftig kontroversen Konzeptdebatten in ein Stadium getrieben wurden, das endlich konkrete Planungen und die für alles andere grundlegenden Bauarbeiten beginnen konnten. Geduldig und konstruktiv vertrat er die Staatsbibliothek in den Expertenrunden, die 1999 die Agenda »Zukunft der Staatsbibliothek« vorgelegt hatten und dazu die Zustimmung des Stiftungsrates erreichten. Gestützt auf seinen inzwischen neuen Präsidenten, der zwar gerade munter dabei ist, sich von der Rolle des Hyperbibliothekars zu befreien und zum inspirierten und inspirierenden Motor der Stiftung als zusammengehöriges Ganzes zu werden, aber als vielleicht maßgeblicher Geburtshelfer – wenn nicht Vater – des jetzt verbindlichen Konzepts und Aktionsplans insoweit einem gehobenen Erfolgszwang unterliegt, macht er sich an die Umsetzung des Konzepts. Dabei sind die Bauaufgaben nicht Selbstzweck, sondern der Blick muß auch darauf gerichtet sein, was die Bibliothek einmal sein wird, wenn der äußere Rahmen an den drei Standorten Unter den Linden, an der Potsdamer Straße und mit einem neuen Außenmagazingebäude einmal hergerichtet sein wird. Schon in seiner Antrittsrede (Jahrbuch Preußischer Kulturbesitz, Band XXXII, 1995, S. 95 ff.) hat er die Aufgaben skizziert, die er in Bezug auf die Neuen Medien und neue Informationstechniken sieht. Bei seiner Verabschiedung in den Ruhestand Ende Februar 2002 attestiert ihm Klaus-Dieter Lehmann (Jahrbuch Preußischer Kulturbesitz, Band XXXIX, 2002, S. 81 ff.) Erfolge und besondere Verdienste auf den Feldern der Online-Katalogisierung, der Ergänzung des historischen Buchbestands und der Ausstellungs- und Publikationsaktivitäten. Er hebt auch den besonderen Einsatz des Generaldirektors Jammers für Bestandsschutz und Bestandserhaltung hervor, eine Aufgabe, die bei einer Bibliothek mit so reichen historischen Buchbeständen besonderen Rang haben muss. Sie war dem Generaldirektor ein besonderes Anliegen, für das er auch in der Öffentlichkeit unermüdlich warb. Die Bach-Autographe sind dafür nur ein gewichtiges Beispiel, bei dem musisch geprägten Generaldirektor aber für die Erwähnung besonders nahe liegend.

Antonius Jammers konnte sich 2002 verabschieden in dem guten Gefühl, seinen Nachfolgern den Start in die Zukunft der Staatsbibliothek ein beträchtliches Stück erleichtert zu haben.

Schließen möchte ich diese Betrachtungen zur Geschichte einer Institution mit dem Blick auf die Akteure mit kurzen Bemerkungen zum Verständnis der dabei notwendigen Auswahl. Den Anstoß gab mir Hans-Peter Schwarz' »Das Gesicht des Jahrhunderts«, Berlin 1998. Dort stieß ich auf das treffliche Wort von der »Explosion tatkräftiger Individualisten«. Davon gab es noch etliche mehr in den bisherigen Jahrzehnten der Stiftung. Beschränkung war notwendig. Es wurden nur Präsidenten und Generaldirektoren betrachtet, was die gewichtigen Leiter der drei »kleinen« Stiftungseinrichtungen – Geheimes Staatsarchiv, Ibero-Amerikanisches Institut und Staatliches Institut für Musikforschung – ausschloss. In den so begrenzten Kreis wurden nur die nicht mehr amtierenden Personen einbezogen. Für mich hatte die Beschränkung den Vorteil, dass ich auch auf eigene Beobachtung zurückgreifen konnte, da ich alle einbezogenen Personen persönlich noch kennengelernt habe, mit der Hälfte von ihnen lange zusammen arbeiten durfte. Die Beschränkung auf die hierarchischen Spitzen muss das ungewöhnliche Maß der Verschmelzung mit den Aufgaben ausklammern, die ich in eigener 23-jähriger Arbeit bei den Mitarbeiterinnen und Mitarbeitern aller Ebenen in der Stiftung angetroffen habe. Das angemessen darzustellen, erforderte einen eigenen Beitrag und kann hier nicht durch wenige Floskeln ersetzt werden.

Ernst Benda

Das preußische Erbe als Auftrag für den deutschen Kulturstaat

In der Entscheidung des Bundesverfassungsgerichts vom 14. Juli 1959 (BVerfGE 10, 20) finden sich detaillierte Auseinandersetzungen mit der Behauptung einiger Bundesländer, die vom Bundestag beschlossene, aber vom Bundesrat abgelehnte Errichtung der Stiftung Preußischer Kulturbesitz sei mit Art. 135 des Grundgesetzes nicht vereinbar. Das Gericht wies alle Einwände der Antragsteller zurück und erklärte die Errichtung der Stiftung für verfassungsgemäß. Damit war die juristische, nicht aber die politische Auseinandersetzung beendet. Jahrzehnte später, als durch die Wiedervereinigung der Stiftung gewaltige neue Aufgaben vor allem durch die Übernahme der großen Museen auf der im Ostberliner Teil gelegenen Museumsinsel zuwuchsen, entstand ein längerer Streit zwischen Bund und Ländern über die Nachfolge des Präsidenten Werner Knopp, der mehr als zwanzig Jahre an der Spitze der Stiftung gestanden hatte, und zu Beginn des neuen Jahrhunderts erwogen die Ministerpräsidenten den Ausstieg aus der Stiftung, die künftig »unter besonderer Berücksichtigung der Interessen Berlins und Brandenburgs dem Bund unterstellt werden« sollte. Der damalige Kulturstaatsminister des Bundes, Michael Naumann, bezeichnete die These von der Kulturhoheit der Länder als »Folklore«; damals entstand die heute noch nicht ganz erledigte Forderung nach der Errichtung eines Bundeskultusministeriums. So stand die in der Stiftung Preußischer Kulturbesitz in einzigartiger Weise verwirklichte Zusammenarbeit von Bund und Ländern von beiden Seiten her unter Druck. Seither hat sich die Diskussion beruhigt, aber sie wird anhalten.

Viele Passagen der jetzt auch schon fast 50 Jahre zurückliegenden Entscheidung des Bundesverfassungsgerichts müssen heute nicht mehr nachgelesen oder zitiert werden. Sie gehören zu dem juristisch Kleingedruckten, das bei der Auslegung einer komplizierten Verfassungsnorm notwendig ist, aber nach der Entscheidung einfach akzeptiert werden kann. Aber die Grundgedanken behalten ihre Bedeutung:

Art. 135 GG regelt die Frage, wem das Vermögen eines nicht mehr bestehenden oder in seinem Gebietsbestand geänderten Landes gehört. Da Preußen durch die Besatzungsmächte aufgelöst war, stellte sich diese Frage für den umfangreichen und teils im Ostteil Berlins oder in der späteren DDR, teils in vielen der zur Bundesrepublik gehörenden neuen Bundesländern in Museen, Bibliotheken oder Archiven befindlichen umfangreichen und überaus wertvollen Kulturbesitz. Kultur – so sagt es das Bundesverfassungsgericht – ist »die Gesamtheit der innerhalb einer Gemeinschaft wirksamen geistigen Kräfte, die sich unabhängig vom Staate entfalten und ihren Wert in sich tragen«. »Kultur in diesem Sinne« kann »ihrem Wesen nach nicht staatlich verwaltet werden« (BVerfGE 10, 20 [36]). Da aber der moderne Staat es als seine Aufgabe betrachtet, »die kulturelle Entwicklung der Gemeinschaft zu fördern« und »darum auch in ständig wachsendem Maße kulturelle Verwaltungsaufgaben erfüllt« (in diesem Sinne war Preußen ein sehr moderner Staat), »muss der Staat auch Gegenstände erwerben und unterhalten, die für die Kulturpflege unentbehrlich sind. Solche Gegenstände gehören zum Verwaltungsvermögen.« (BVerfGE 10, 20 [37]).

Während nach Art. 135 Abs. 1–3 GG für die Rechtsnachfolge in das Verwaltungsvermögen eines fortgefallenen Landes im allgemeinen gilt, dass sie dem neuen Land zufallen, das die Funktionsnachfolge angetreten hat oder in dem das Vermögen belegen ist, kann der Bund nach Art. 135 Abs. 4 GG eine hiervon abweichende Regelung treffen, wenn »ein überwiegendes Interesse des Bundes oder das besondere Interesse eines Gebietes es erfordert«. Hier liegt die fortbestehende Kernfrage, denn eben dies ist mit dem Gesetz über die Errichtung der Stiftung Preußischer Kulturbesitz geschehen, und das Bundesverfassungsgericht hat das als verfassungsrechtlich unbedenklich anerkannt. Ob ein solches überwiegendes Interesse besteht »und wie gegebenenfalls diesem Interesse am besten Rechnung getragen werden soll, ist grundsätzlich vom Bundesgesetzgeber im Rahmen der ihm zustehenden gesetzgeberischen Freiheit zu entscheiden. Es ist nicht Sache des Bundesverfassungsgerichts, im Einzelnen die Erwägungen nachzuprüfen, die den Gesetzgeber zum Erlass des Stiftungsgesetzes bestimmt haben. Das Bundesverfassungsgericht kann lediglich prüfen, ob der Gesetzgeber mit dem Stiftungsgesetz eine durch ein überwiegendes Bundesinteresse offenbar nicht gerechtfertigte Regelung getroffen hat, also offenbar nicht sachgerecht verfahren ist, und die ihm gesetzten Grenzen überschritten hat. Von einem Missbrauch seiner Entscheidungsfreiheit kann aber im vorliegenden Fall nicht die Rede sein.« (BVerfGE 10, 20 [40]).

Damit ist nicht nur ein glücklicherweise in der Vergangenheit liegender Streit beendet, sondern zugleich der Maßstab bestimmt worden, der für die Zukunft maßgeblich ist: Wie ist das überwiegende Interesse des Bundes zu bestimmen, das erst recht nach der Wiedervereinigung das Ganze meint, also nicht nur ein eigensüchtiges Interesse des Bundes im Gegensatz zu etwa entgegenstehenden Eigeninteressen der Länder, sondern mit angemessener Einbeziehung ihrer Belange und unter Wahrnehmung der Gesamtverantwortung des Bundes für die Wahrung und Entwicklung des kulturellen Erbes, das nach der Wiedervereinigung auch das in der früheren DDR und in dem Ostteil Berlins vorhandene Kulturgut umfasst. Das Stiftungsgesetz von 1957 – jetzt 50 Jahre alt – stellt der Stiftung in § 3 die Aufgabe, »bis zu einer Neuregelung nach der Wiedervereinigung« den preußischen Kulturbesitz zu wahren, zu pflegen und zu ergänzen, die Tradition zu beachten und den sinnvollen Zusammenhang zu erhalten. Das sind Forderungen, die der Gesetzgeber sich selbst gestellt hat, die zwar für sich keinen Verfassungsrang haben, aber zweifellos der Anforderung des Grundgesetzes gerecht werden, das überwiegende Interesse des Bundes zu erkennen und diesem Rechnung zu tragen. Zwar hat der Gesetzgeber die Freiheit der Ausgestaltung und kann das dem Gesetz zugrunde liegende Konzept auch ändern, wenn es hierfür vernünftige Gründe gibt. Aber die Zielsetzung, das preußische Erbe zu bewahren, bleibt auch – ja, gerade – nach der Wiedervereinigung bestehen.

1992 hat der damalige Parlamentarische Staatssekretär im Bundesbildungsministerium (und heutige Präsident des Deutschen Bundestages) Norbert Lammert zutreffend gesagt, dass die Regelungen des Art. 135 GG »keinen heimlichen oder demonstrativen Verstoß gegen das Föderalismusprinzip« darstellten, sondern »die intelligente Wahrnehmung des Verfassungsauftrages, einen Kulturstaat zu bilden« (F.A.Z. vom 7.5.1992, S. 33). Dieser Hinweis mag sich auch an die Länder richten, die – wohl vor allem im Hinblick auf die von ihnen mitzutragende Finanzierung der Stiftung – gelegentlich mit dem Gedanken gespielt haben, die weitere Gestaltung der Stiftung vor allem dem Bund und vielleicht zusätzlich Berlin und Brandenburg zu überlassen. Wie auch das Bundesverfassungsgericht betont hat, kann kein Land gezwungen werden, sich an der Stiftung zu beteiligen, und es kann diese nach Maßgabe der hierüber geschlossenen Abkommen verlassen. Politisch wäre dies eine mehr als fragwürdige Entscheidung.

Dass die Kulturpflege – »Kultur« ist dabei in dem oben mitgeteilten umfassenden Verständnis des Bundesverfassungsgerichts gemeint – nach den eindeutigen Zuständigkeitszuweisungen des Grundgesetzes den Ländern zukommt, sollte ebenso unstreitig sein wie der Umstand, dass der Bund Aufgaben der nationalen Interessenvertretung und der Repräsentation insbesondere in seiner Hauptstadt und gegenüber dem Ausland wahrzunehmen hat. Dabei die Kultur auszuklammern, wäre eine absurde, geradezu lächerliche Vorstellung. So ergeben sich einander überschneidende Aufgaben des Bundes und der Länder. Ohne die Errichtung der Stiftung Preußischer Kulturbesitz wären sehr erhebliche Vermögenswerte – aber auch die mit ihnen einhergehenden finanziellen Verpflichtungen – auf das Land Berlin übergegangen, aber nach Herstellung der staatlichen Einheit und der Bestimmung Berlins als Bundeshauptstadt hätten sich dem Bund die Fragen von 1957 erneut gestellt. Dass durch die Stiftungslösung nicht nur die Länder Berlin und Brandenburg, sondern alle Bundesländer aufgerufen und befugt sind, an der Pflege, Bewahrung und Fortentwicklung des preußischen Kulturerbes mitzuwirken, entspricht dem föderalistischen Prinzip viel eher als – jedenfalls für den großen in Berlin belegenen Bestand – die Erfüllung der Aufgabe der nationalen Repräsentation durch den Bund unter Mitwirkung Berlins.

Kulturpflege als prinzipielle Länderaufgabe ist auch nicht einfach ein Recht, dessen sich die Länder entledigen dürften, weil sie die damit natürlich verbundenen finanziellen Belastungen scheuen. Das »überwiegende Interesse des Bundes« (Art 135 Abs. 4 GG) meint nicht eine Sichtweise, die sich in Gegensatz zu Länderinteressen setzt; es besteht auch darin, dass die Länder sich an einer Aufgabe beteiligen, die das Ganze, also Bund und Länder, betrifft. Das geschieht durch die Stiftungslösung nicht durch eine Zwangsverpflichtung der Länder durch den Bund – die auch verfassungsrechtlich bedenklich wäre –, sondern durch Erinnerung daran, dass eine Aufgabe, die auf einem der wichtigsten Felder der Kulturpflege besteht, am besten durch die Beteiligung der Länder gelöst werden kann. Ihnen ist der Bereich der Kultur nicht als Trostpreis für den Entzug vieler anderer dem Bund zustehenden staatlichen Aufgaben zugewiesen worden, sondern in der Erkenntnis, dass in Jahrhunderten sich Kultur in Deutschland, soweit der Staat hierzu seinen Beitrag leistet, am besten durch die Beteiligung der Länder entwickeln kann.

Der frühere Präsident der Stiftung Preußischer Kulturbesitz, Werner Knopp, hat aus seiner reichen Erfahrung auf den »gewaltigen kulturpolitischen Sachverstand« hingewiesen, den die Länderadministrationen in die Gremien der Stiftung einbringen (Der Tagesspiegel vom 15.10.1997, S. 7). In der Zeit von 1968/69, in der ich als damaliger Bundesminister des Innern den Vorsitz des Stiftungsrates übernommen hatte, habe ich dies immer wieder miterleben dürfen. Unvergesslich ist die Erinnerung an viele Beratungen, auch an den damaligen Präsidenten Hans-Georg Wormit. Es wäre schade, müsste auf den Sachverstand verzichtet werden, der damals wie heute in den Stiftungsorganen vorhanden ist.

In manchen Teilen Deutschlands verbindet man mit dem Namen Preußen und seiner Rolle in der deutschen Geschichte nicht nur angenehme Erinnerungen, und das kann man auch verstehen. Die »Stiftung Preußischer Kulturbesitz« zeigt die andere, bessere Seite des untergegangenen Landes, und sie mag auch dazu beitragen, dass Tugenden, die Preußen auszeichneten, bewahrt oder, wo sie heute fehlen, wiedererweckt werden.

Gerhart R. Baum

Die Stiftung Preußischer Kulturbesitz und die Kulturpolitik des Bundes 1972–1982

In den vielfältigen Aufgaben des Bundesinnenministeriums, die von der Inneren Sicherheit, dem Öffentlichen Dienst, dem Sport bis zur Umweltpolitik reichten, nahm die Kulturpolitik eine besondere Stellung ein – und in ihr die preußische Stiftung. Als ich Ende 1972 von Bundesminister Genscher zum Parlamentarischen Staatssekretär berufen wurde, beauftragte er mich u. a. mit dem Bereich der Kulturpolitik. Ich habe diese Aufgabe, seit 1978 auch als Bundesminister, also insgesamt zehn Jahre, bis 1982 wahrgenommen, auch in enger Kooperation mit meinem Amtsvorgänger Werner Maihofer. Die spätere Einrichtung eines Staatsministeriums, also die Herausnahme dieser Kompetenz aus dem Bundesinnenministerium gab der Kulturpolitik des Bundes neue Impulse. Alle bisherigen Amtsinhaber haben – jeder auf seine Weise – dieses neue Amt geprägt.

Die Stiftung war aus verschiedenen Gründen von Interesse. Einmal um der Sache willen: Wegen ihrer wunderbaren Sammlungen und ihren kulturellen Aktivitäten, wahrgenommen durch Personen, die hohe Anerkennung fanden. Der zweite Grund: Die Stiftung befand sich in Berlin und in ihr zeigte sich auch ein Stück Verantwortung der Bundesrepublik für diese Stadt. Wir wollten alles tun, um Berlin anzubieten als einen Ort der Auseinandersetzungen zwischen den großen geistigen Strömungen unserer Zeit. In meiner Rede zur Eröffnung der Staatsbibliothek habe ich im Jahr 1978 ausgeführt: »Wenn wir sagen, Berlin müsse weltoffen sein, wie ließe sich das besser darstellen, als an diesem Haus, das jedermann in dieser Welt offensteht.« Es gab noch einen dritten Grund für die besondere Aufmerksamkeit, die der Stiftung zuteil wurde: Sie ist spätestens seit 1975, seitdem sie vom Bund und allen Bundesländern getragen wird, ein Stück kooperativen Föderalismus. Es war unser intensives Bemühen, alle Länder zur Zusammenarbeit zu bewegen, nachdem einige Länder wie z. B. Nordrhein-Westfalen schon mit gutem Beispiel vorangegangen waren. Das anfängliche Zögern konnte überwunden werden. Ein Verfassungsrechtsstreit brachte Klärung – und seitdem ist diese Konstruktion unbestritten.

In dem Jahrbuch für das Jahr 1977 fand ich meine Würdigung von Hans-Georg Wormit. Er war der erste Präsident der Stiftung. Es gab vor seiner Ernennung eine wichtige Vorphase, die gekennzeichnet war durch die Mühen zur Rettung und Sicherung der Sammlungen und Institute. Aber erst mit der Wahl Wormits im Jahre 1961 konnte für die Stiftung ein einheitlicher und zielstrebiger Aufbau beginnen. Seine Wahl war eine außerordentlich gute Entscheidung. Er hat die ihm anvertrauten Institutionen aus den Nachkriegsprovisorien herausgeführt und wieder voll funktionsfähig gemacht. Die ausgelagerten Bestände waren wieder in Berlin. Pläne und Ausbaumaßnahmen wurden in Angriff genommen. Stetig arbeitete er auch am geistigen Zusammenhalt der Stiftung. Die Stiftung war auch wiederholt von Forderungen der DDR konfrontiert, erhebliche Teile der Sammlungen »zurückzuführen«. Die Forderungen bezogen sich auf diejenigen Bestände, die sich vor dem Krieg in Gebäuden des späteren Ostberlins befanden. Die Bundesregierung hat regelmäßig diese Forderungen zurückgewiesen mit dem Hinweis darauf, dass sie Eigentum des Staates Preußen und seiner Bevölkerung gewesen seien. Erst mit dem Kulturabkommen mit der DDR 1985 war diese Kontroverse erledigt.

Aus den Anfängen der preußischen Kulturpolitik in der Reformzeit am Anfang des 19. Jahrhunderts können wir noch heute lernen: Preußen war politisch auf einem Tiefpunkt. Die preußischen Reformer hatten erkannt, dass gerade in Zeiten großer politischer finanzieller und moralischer Schwierigkeiten eine wirkliche und durchgreifende Erneuerung des staatlichen Lebens nur aus geistigen Kräften zu erwarten ist. In meiner Rede zum 25. Bestehen der Stiftung im Jahre 1981 habe ich dazu gesagt: »Dieses Prinzip sollte uns auch heute leiten, wo wir erkennen müssen, dass dem wirtschaftlichen Wachstum Grenzen gesetzt sind und herkömmliche Strukturen nicht mehr vorbehaltlos hingenommen werden. Mit anderen Worten, bei der Aufstellung der öffentlichen Haushalte müssen alle Bereiche zur Konsolidierung der Staatsfinanzen beitragen; aber die Opfer, die erbracht werden müssen, dürfen nicht überwiegend zu Lasten von Kultur und Wissenschaft gehen.«

Ich möchte diese Sicht der Dinge heute noch zuspitzen.

Kulturförderung geht mit einem leicht verletzbaren Gegenstand um. Kulturpolitische Strukturen, einmal zerstört, lassen sich schwer wieder aufbauen. Die Kultur entzieht sich ökonomischen Nützlichkeitsmaßstäben. Auch das, was nur für wenige von Interesse ist, kann eine wichtige kulturelle Bedeutung haben. Deshalb kann für die Kultur das heute so beliebte Quotendenken nicht entscheidend sein. So erfreulich die Anziehungskraft einer Großausstellung für das Publikum ist, auch das Sperrige, Neue, Unbequeme, das nicht Sichtbare, wie die Pflege der Kulturschätze, muss die notwendige Förderung erhalten.

Die Stiftung war kulturpolitisch eingebettet in eine Entwicklung, die in den 70er Jahren zu einem stärkeren kulturpolitischen Verantwortungsbewusstsein von Bundesregierung und Bundestag führte. 1975 wandten sich Persönlichkeiten aus dem Bereich Kunst und Kultur mit einem Aufruf »Kunst ist kein Luxus« an die Öffentlichkeit und erzielten ein erstaunliches Echo. Die Sozialversicherung für Künstler wurde auf den Weg gebracht; der Auftragsmarkt für

Künstler wurde erweitert. Im Januar 1975 hatte die Bundesregierung einen Künstlerbericht vorgelegt, mit dem zum ersten Mal der beruflichen und sozialen Situation der Künstler eine empirische Grundlage gegeben wurde. Die Künstlerverbände formierten sich auf Bundesebene und gründeten den Kulturrat. Willi Brandt hatte betont, dass »die zeitgenössische Kunst und ihre Inhalte bewusster in das politische Leben einbezogen werden sollten.« Der Bundestag führte zum ersten Mal regelmäßige Debatten zur Kulturpolitik, in denen deutlich wurde, dass sich wichtige politische Bereiche, wie z. B. das Steuer- und Sozialversicherungsrecht für Künstler, das Urheberrecht und das Europarecht ohnehin in der Kompetenz des Bundes befanden. Die Kulturhoheit der Länder wurde dadurch nicht verletzt.

In diesen Debatten kam ganz generell ein wachsendes bundesstaatliches Verantwortungsbewusstsein für die Kultur zum Ausdruck; und diese bleibt bis heute eine dauernde Aufgabe – so auch in Bezug auf die Bundeshauptstadt Berlin.

Für den Aufbau einer Kulturpolitik des Bundes war die Person des Abteilungsleiters der Kulturabteilung des Bundesinnenministeriums Sieghardt v. Köckritz von unschätzbarer Bedeutung. Er war ein erfahrener Verwaltungsmann, der auch dem Finanzminister gewachsen war. Er kannte die Wege und Umwege, um reines Verwaltungsdenken zu überwinden. Er war aber auch mit Leidenschaft der Kultur verbunden. Unvergessen auch seine Verdienste um das Kulturkapitel im Einigungsvertrag, mit dem unter hohem Kostenaufwand verhindert wurde, dass die Kultureinrichtungen in den Beitrittsländern ins Bodenlose abstürzten. V. Köckritz war, und dies habe ich auch an seinem Grabe gesagt, ein Glücksfall für die Deutsche Kulturpolitik. Unterstützt wurde er durch eine Reihe engagierter, höchst sachkundiger Mitarbeiter.

Wir diskutieren heute wie schon seit vielen Jahren über die Aufnahme eines Staatsziels »Kultur« in das Grundgesetz. Das Bundesverfassungsgericht hat schon 1974 unmissverständlich die Qualität unseres Staatswesens als Kulturstaat definiert. Es hat zu Art. 5 Abs. 3 GG festgestellt: »Als objektive Wertentscheidung für die Freiheit der Kunst stellt ›diese Verfassungsnorm‹ dem modernen Staat, der sich im Sinne einer Staatszielbestimmung auch als Kulturstaat versteht, zugleich die Aufgabe, ein freiheitliches Kunstleben zu erhalten und zu fördern.« Hier ist ein aktiver Förderauftrag mit Verfassungsrang bereits definiert. Ich wundere mich, dass diese Entscheidung völlig aus dem Blickfeld geraten ist.

Bemerkenswert waren damals auch intensive Bestrebungen, eine Deutsche Nationalstiftung für Kultur ins Leben zu rufen. Dieses Vorhaben wurde in Struktur und Fördervolumen schon sehr deutlich konkretisiert. Im Bundesetat fanden sich ab 1976 einige Jahre lang Mittel dafür: Ihre Aufgabe wurde

u. a. darin gesehen, Projekte von überregionalem Rang, zur Sicherung und zum Erwerb von Kunst und zum Schutz von Abwanderungen von Kulturgut ins Ausland zu fördern. Ihre Aufgabenstellung ähnelt den heute bestehenden Stiftungen: Kulturstiftung der Länder und Kulturstiftung des Bundes. Die Realisierung des Projekts »Nationalstiftung« scheiterte an dem Einspruch der Alliierten gegen den Plan, sie in Berlin anzusiedeln. Darauf aber bestand die deutsche Politik. Die Mittel wurden dann in die Fonds zur Förderung der Kultur in den verschiedenen Bereichen umgelenkt, wie sie heute noch bestehen. Eine komplizierte Situation entstand, als der Sammler Ludwig und seine Frau mir als Bundesinnenminister Anfang der 80 Jahre angeboten hatten, ihre gesamten Kunstschätze in eine Sammlung Ludwig auf Bundesebene einzubringen. Hiergegen erhob sich heftiger Widerstand bestehender Kultureinrichtungen, auch der Stiftung preußischer Kulturbesitz. Sie fürchteten Dominanz des Sammlers Ludwig auf das gesamtstaatliche Kulturgeschehen. Im Bundeshaushalt gab es auch dafür einen Haushaltstitel. Zu einer Entscheidung dieses Streites kam es nicht, weil Ludwig sich aus anderen Gründen aus dem Projekt zurückzog.

Beste Erinnerungen habe ich an das Wirken des Präsidenten Prof. Dr. Werner Knopp. Er hat sich große Verdienste um die Entwicklung der Stiftung erworben. Die Sitzungen des Stiftungsrates, die ich von 1978–1982 geleitet habe, waren von einem Klima vertrauensvoller Zusammenarbeit geprägt.

Die Stiftung hat sich auch und gerade nach der Wiedervereinigung unter ihrem Präsidenten Prof. Lehmann außerordentlich gut entwickelt. Sie hat die Chancen, die sich durch die neue Situation ergaben, optimal genutzt, zuletzt durch das wunderbare Bode-Museum. Ich möchte ihr wünschen, dass sie ihre Ziele weiterhin energisch verfolgt und sich auch gegen Widerstände durchsetzt. Die bestehende Dynamik, die die Entwicklung der Stiftung in den letzten Jahren besonders auszeichnet, muss weiter ihre Kräfte entfalten.

Wolfgang Frühwald

Preußischer Kulturbesitz: das charakterisierende Adjektiv

Es ist wohl Zufall, dass der 50. Gründungstag der »Stiftung Preußischer Kulturbesitz« mit dem 150. Todestag des romantischen Dichters Joseph von Eichendorff zusammenfällt. Warum dies aber vielleicht doch kein Zufall ist, darüber lohnt es sich nachzudenken.

Als Otto von Bismarck am Anfang seiner politischen Karriere stand, er wurde im Mai 1851 Legationssekretär der preußischen Gesandtschaft beim Deutschen Bund, entdeckte er die Poesie des romantischen Lyrikers Joseph von Eichendorff. Dessen Gedichte und Erzählungen aber waren durch die bürgerliche Revolution, durch eine beschleunigte technisch-industrielle Entwicklung, durch eine nie gekannte Reisegeschwindigkeit wie durch einen Abgrund von der neuen Zeit getrennt. In Eichendorffs Gedichten rauschten noch die riesigen, grenzsetzenden und unwegsamen Wälder, die schon an der Wende vom 18. zum 19. Jahrhundert gerodet worden waren, als die Spekulationswut der schlesischen und ostpreußischen Landbesitzer zugleich mit dem Energiebedarf gestiegen war, in dieser Lyrik erklang noch das Posthorn, das nun längst vom schrillen Pfiff der Dampfeisenbahn übertönt wurde, bei Eichendorff lebte noch die Geselligkeit der Wanderschaft, die vom raschen »Sozietätswechsel« der neuen Reisegewohnheiten abgelöst worden war. Kurz: Diese Poesie stand für eine »alte schöne Zeit«, in die sich die Zeitgenossen des späteren 19. Jahrhunderts, inmitten von kriegerischen Einigungskonflikten, Industrieentwicklung und politischen Massenbewegungen zurückzuträumen versuchten. »Eichendorff [schrieb Bismarck an seine Frau am 17. März 1851] habe ich schon; weißt Du, dass der Mann noch lebt? wohnt hier im Kadetten-Korps bei seinem Schwiegersohn, der dort Lehrer oder Offizier ist. Laß es Deiner Begeisterung keinen Eintrag tun, dass er – Geheimer Regierungsrat ist.« Die Vorstellung, dass ein preußischer Regierungsrat der Dichter jenes »Taugenichts« und all der naturseligen Lieder sein könnte, welche dieser zum Spiel seiner Geige singt, schien zumindest ungewöhnlich. Der Amtstitel war poesiestörend, was nichts gegen Eichendorffs Lieder und nichts gegen seine Fähigkeiten als preußischer Beamter sagt, wohl aber viel über den nostalgischen Poesiebegriff einer fortschrittsgläubigen Zeit.

Das preußische Beamtentum, zu dessen Reform Eichendorff während seiner aktiven Dienstzeit – meist vergeblich – beizutragen versuchte, stellte für die aus den Stein'schen Reformen hervorgegangene Opposition in Preußen das demokratische Element eines Staates dar, dem eine Verfassung auch nach den Kriegen gegen Napoleon verweigert wurde. Der Provinzial-Opposition gegen den Berliner Zentralismus, als deren Sprecher in der ersten Hälfte des 19. Jahrhunderts Heinrich Theodor von Schön galt, zunächst Oberpräsident der Provinz Westpreußen, dann seit 1829 Oberpräsident der (vereinigten) Provinz Preußen, hat Schöns Oberpräsidialrat, Joseph von Eichendorff, noch Stimme und Echo gegeben, als diese Opposition längst durch den Polizeistaat im Vormärz in die kulturellen Nischen abgedrängt worden war. Schön ebenso wie Eichendorff dachten bei der Forderung nach einem von »Ideen« geleiteten Staat an eine ständische, nicht an eine parlamentarische Repräsentation des Volkes in dessen Verwaltung. Für Eichendorff war die Beamtenschaft jenes Organ des Volkes, welches »das historische Ineinanderleben von König und Volk zu einem untrennbaren nationalen Ganzen« gewährleistet. Die gesetzlich geregelte, »allen Gebildeten eröffnete Konkurrenz« der Beamtenlaufbahn, »welche, wenigstens ihrem Prinzip nach, Gunst oder Ungunst bei der Anstellung ausschließt und wo also ein jeder, nach dem Maß seines Verdienstes, eigentlich sich selbst anstellt, ist gleichsam eine offene Einladung an die gesamte Nation, an ihrer eigenen Verwaltung, nicht durch abstrakte Abhandlungen von der Rednerbühne, sondern selbsttätig und praktisch teilzunehmen«. Ein derart idealistischer (wenn auch antiparlamentarischer) Staats- und Verfassungsentwurf konnte nur in der Zeit zwischen Preußens Niedergang (1806) und dem Sieg über Napoleon 1814/15 gedacht werden und war damit zur Zeit seiner Niederschrift (in den dreißiger Jahren des 19. Jahrhunderts) bereits Makulatur. In den wenigen Reformjahren aber, in denen Preußen an geistiger Statur gewann, was es an militärischer Macht verloren hatte, wurde aus der militärischen Niederlage, die sich auch als eine moralische Niederlage des alten Preußen darstellte, ein neues Staats- und Gesellschaftsverständnis gewonnen.

Der Freiherr vom Stein, dem (1807) die Reformen zunächst anvertraut waren, wollte es nicht mehr hinnehmen, dass Preußen weiterhin »von besoldeten, buchgelehrten, interesselosen Bürolisten«, das heißt von einer mechanistisch agierenden Bürokratie verwaltet wurde. Er hat deshalb versucht, der preußischen »Schreibmaschinerie« jenen 14. Oktober 1806 zu bereiten, den die Franzosen (an diesem Schicksalstag) der friderizianischen Militärmaschinerie bereitet hatten. Der gebildete Beamte, dem das Gemeinwohl vor Eigenwohl ging, der sich nicht nur durch Examina, sondern durch geistige Tätigkeiten für sein Amt qualifizierte, war das Ziel dieser Staatsreform; ihr Träger war die Figur des gebildeten und daher freien, selbständig denkenden und arbeitenden Beamten, dessen Loyalität zum König wie zum Volk, das der Beamte repräsentierte, außer Zweifel stand. Diese Reform wirkte tief in alle Gesellschaftskreise hinein, vor allem aber in Politik, Wirtschaft, Kunst, Wissenschaft und Militär. Die von Steins, Wilhelm von Humboldts und Gneisenaus Ideen angesteckten Beamten und Offiziere waren Musiker und Komponisten, Maler und Zeichner, Gelehrte, Dichter und Philosophen. Ihr künstlerisches und wissenschaftliches Tun war gerade keine »Nebentätigkeit«, sondern stand so im Zentrum des Lebens, dass auch die Berufstätigkeit davon erfasst und erfüllt wurde. »Freiheit« war nicht nur das Ziel, sondern Ausgangspunkt, konkreter Beweggrund und Ziel der Reform: die Aufhebung der Leibeigenschaft, das heißt der Sklaverei; nach Gneisenaus berühmtem Wort die »Freiheit des Rückens« (der Soldaten vom Stock der Offiziere) und damit die Zuteilung von »Ehre« an die geprügelten Soldaten, wie an die prügelnden Offiziere, die immer stärker das Entwürdigende dieses Tun spürten; die Gewerbefreiheit, das heißt Freiheit des Handels und des Verkehrs; Freiheit der Wissenschaft und des Studiums, wurzelnd im selbstbestimmten Denken; die Freiheit der Presse und des öffentlich gesprochenen Wortes, aber auch Freiheit in der Ehe, in deren Freiraum jetzt auch die Sexualität der Frauen aufgenommen wurde, weibliche Leidenschaft nicht nur gestattet, sondern gewünscht wurde, so dass die alte (männlich bestimmte) Teilung von »amour« und »plaisir« aufgehoben war, weil beides nun – für Männer und Frauen – in der Ehe stattfinden konnte. In der Zeit der von den Reformern als »Freiheitskriege« verstandenen Kämpfe gegen Napoleon, die von den Herrschenden (und ihrer Geschichtsschreibung) aber starrsinnig als »Befreiungskriege« bezeichnet wurden, erschien auf preußischem Staatsgebiet für wenige Jahre die freieste Zeitung, die es jemals in Deutschland gegeben hat, der »Rheinische Merkur«, der mit staatlichen Subventionen, aber ohne staatlichen und wirtschaftlichen Einfluss erschien und für dessen Inhalt ausschließlich sein Redakteur Joseph Görres verantwortlich war. Wer den Briefwechsel zwischen Wilhelm von Humboldt und seiner Frau Caroline liest, meinte Ernst Heilborn schon 1929, blicke »den Freiesten der Freien« in die Augen. Er belegt dies unter anderem mit einem Zitat aus dem Briefwechsel, in dem Caroline 1818 einmal um irgendeine Erlaubnis bittet, und Wilhelm ihr antwortet: »Wie kannst du um Erlaubnis fragen, liebe Seele, das ist gar zu sehr, als wenn Schleiermacher uns getraut hätte.« Selbst der freie Glaube Schleiermachers also galt noch als ein Hort des Patriarchats, das den »Freiesten der Freien« überholt schien. »Mit dieser Generation von 1790 steht man geistig auf einer Höhe, von der es denn nur Abstieg gibt.« (E. Heilborn)

Wer den preußischen Aufbruch von 1807 verstehen will, muss sich das von Otto Büsch so genannte altpreußische Militärsystem vor Augen halten, welches nicht nur die Soldaten, sondern ein ganzes Volk und in ihm den je einzelnen »ganzen Menschen als soziales Individuum in allen seinen Lebensbereichen [erfasste …]. Der Kompaniechef im Regiment war Gutsherr zuhaus. Die Prügel für den Soldaten im Dienst wie für den Urlauber auf dem Feld erzogen den bäuerlichen Kantonisten, in dessen Person sich beide vereinten, zu blindem Gehorsam«. Mit solchen Menschen, die vor dem Stock ihrer Offiziere mehr Angst hatten als vor den Kanonen der Feinde, funktionierte die friderizianische Militärmaschinerie. Sie lief wie ein Uhrwerk, unbekümmert um Emotionen und alles, was am Menschen menschlich schien, und fand im »Hofatheisten« Friedrichs II., dem an dessen Hof lebenden Julien Offray de La Mettrie und seinem Traktat »L'homme plus que machine«, auch eine rationale Begründung. Noch Goethe hat im Mai 1775 in Berlin beobachtet, wie sich diese aus Menschen bestehende Maschine im Vorfeld des zwischen Preußen und Österreich drohenden Krieges in Bewegung setzte. Er hat dabei den Vergleich mit einer Spieluhr nicht gescheut, welche die Zeitgenossen ohnehin als Studienobjekt für die physische und die psychische Beschaffenheit des Menschen verwendeten. »Wenn ich nur gut erzählen kann von dem großen Uhrwerk, das sich vor einem treibt, von der Bewegung der Puppen kann man auf die verborgenen Räder besonders auf die große alte Walze [Fridericus Rex] gezeichnet mit tausend Stiften schließen, die diese Melodien eine nach der andern hervorbringt.«

Preußen war demnach kein homogenes Gebilde. Es gab mehrere, stark voneinander unterschiedene Preußen, das der mechanistischen, menschenverachtenden, wenn auch unbestechlichen Bürokratie und das, in dem Rechtsstaatlichkeit, Bildung und Freiheit lebten wie in keinem anderen deutschsprachigen Staat Mitteleuropas. Als Staat wurde Preußen bekanntlich durch Kontrollratsbeschluss 1947 aufgehoben, nachdem der Wappenspruch seines schwarzen Adlers (»Suum cuique«) ohnehin durch die zynische Verwendung am Tor des Konzentrationslagers Buchenwald geschändet worden war. Für Polen, das Jahrhunderte lang von zwei Militärmächten, Russland und Preußen, eingeschlossen war, endete damit die Bedrohung im Westen, auch wenn der polnische Nationalismus dies noch immer nicht zu glauben scheint. Aus dem Zerfall Preußens aber wurden die Kulturgüter gerettet und in der »Stiftung Preußischer Kulturbesitz« sowie in der »Stiftung Preußische Schlösser und Gärten Berlin-Brandenburg« so vereint, dass ein Sammlungsverbund entstand, wie er in der Welt sonst nicht anzutreffen ist. Wie in einem Experiment wurden aus den staatlichen, den historischen und politischen Konnotationen, die sich mit dem Namen Preußen verbinden, die Museen, das Geheime Staatsarchiv, die Bibliotheken und Forschungsinstitute herausgelöst und der Name »Preußen« damit im »kulturellen Gedächtnis« der Welt verankert. Der preußische Kulturbesitz verweist schon allein im Namen der Brüder Humboldt auf jene Reformgeneration, deren emphatischer Freiheitsbegriff, den kurzen, aber markanten Übergang Preußens vom Militärstaat zum Kulturstaat grundgelegt hat. Zurecht also beruft sich die »Stiftung Preußischer Kulturbesitz« in ihrem Internet-Auftritt auf die Brüder Humboldt, Galionsfiguren der »Generation von 1790«. Vielleicht ist die Geschichte der Villa von der Heydt, heute Sitz des Präsidenten und der Hauptverwaltung der Stiftung, in mehr als einem Sinne

Abbild einer solchen Entwicklung. Erbaut für einen Bankier aus angesehener Familie, der später noch Minister im letzten preußischen Kabinett Bismarcks vor der Gründung des Deutschen Kaiserreiches war, dann Sitz der ersten chinesischen Gesandtschaft beim deutschen Kaiser, begann der Niedergang des Hauses nach dem Ersten Weltkrieg. Es beherbergte zunächst einen illegalen Spielclub, war dann Dienstwohnung von Reichsminister Lammers, dem Chef von Hitlers Reichskanzlei; in den Ruinen des Hauses wurde nach 1945 eine Schwarzbrennerei installiert, ehe das wieder aufgebaute Haus 1980 der Stiftung Preußischer Kulturbesitz übergeben wurde. Großmannssucht, so könnte man diese Entwicklung umreißen, zieht Ganoven an, kleine und große, und gibt selbst jenen Staatsverbrechern Raum, welche im Auftrag einer rassisch gedachten »Volksgemeinschaft« zu handeln vorgaben. Kultur aber ist der Boden, auf dem Vertrauen wachsen kann, Vertrauen auch und gerade in politisches Handeln.

Bernhard Schulz
Wiederaufbau – Wiedervereinigung

Zu den attraktivsten Häusern unter den 17 Museen der Stiftung Preußischer Kulturbesitz gehört die Neue Nationalgalerie. 2004 bestätigte sie es einmal mehr beim Gastspiel des Museum of Modern Art New York, der mit 1,15 Millionen Besuchern erfolgreichsten Ausstellung der Staatlichen Museen überhaupt, und erneut im Jahr 2007 bei den sensationellen Leihgaben französischer Malerei aus dem New Yorker Metropolitan Museum. Die bei seiner Eröffnung vor dreißig Jahren leise bezweifelte Tauglichkeit für die Präsentation von Kunst hat das Gebäude Jahr um Jahr eindrucksvoll unter Beweis gestellt.

Doch so, wie die Sammlungen der Staatlichen Museen im Bereich des 20. Jahrhunderts sich aus zwei getrennten Quellen speisen – den Staatlichen Museen sowie der landeseigenen Galerie des 20. Jahrhunderts –, so sind auch die Bauten am Kulturforum getrennten Ursprungs. Denn die heutige Neue Nationalgalerie war für die landeseigene Galerie bereits geplant, noch ehe die Stiftung ihren Beschluss fassen konnte, das Haus in eigener Regie zu bauen und zu betreiben. Es ergibt sich also die bemerkenswerte Tatsache, dass sowohl die Grundsatzentscheidung über den Standort wie auch die Entscheidung für den Architekten nicht von der Stiftung selbst, sondern vom Land Berlin getroffen wurden, sich dann aber harmonisch in die weiterführende Konzeption der Stiftung einfügten.

Dazu ist ein Blick zurück in die Entstehungszeit der Stiftung hilfreich. Im Jahr der Gründung der Stiftung 1957 nämlich lobte die Bundesregierung auf Anregung des Berliner Senats den städtebaulichen Wettbewerb »Hauptstadt Berlin« aus, der 1958 zum Abschluss kam. Dieser Wettbewerb blieb folgenlos; insbesondere, weil sein Hauptplanungsgebiet, die historische Mitte Berlins, nicht im Machtbereich des Westens lag. Die grundsätzliche Haltung der prämiierten Arbeiten jedoch, die Stadt bis auf wenige, isolierte »Festpunkte« wie etwa die Museumsinsel als Brachland für eine vollständige Neuordnung zu betrachten, bestimmte auf Jahrzehnte hinaus das Planungsverständnis. So bildete sich der Gedanke heraus, eine Konzentration kultureller Bauten am südlichen Tiergartenrand anzuordnen. Dass es sich hierbei um ein Gelände handelte, das unter dem NS-Regime bereits großflächig enteignet worden war, so dass hier die ansonsten beim Wiederaufbau ungemein hinderlichen Eigentumsfragen nicht gestellt zu werden brauchten, wurde seinerzeit mit Stillschweigen übergangen. Es ist erst im Zusammenhang mit der Erforschung der Tätigkeit des NS-Planers Albert Speer deutlich geworden. Gedacht war dieses –

bald so bezeichnete – Kulturforum als Teil eines »Kulturbandes« von Schloss Charlottenburg bis zur Museumsinsel.

Bereits 1959 fiel die Entscheidung, die in Wilmersdorf geplante neue Philharmonie hierher zu verlegen. Auf Jahre hinaus prägte Hans Scharouns Philharmonie-Entwurf die optische Erscheinung dessen, was erst im Laufe vieler Jahre zum Kulturforum heranwuchs. 1961 dann reifte im West-Berliner Senat das Vorhaben, in Anknüpfung an die abgerissenen Bautraditionen der zwanziger Jahre Ludwig Mies van der Rohe mit einem Direktauftrag an die Stadt zu binden. Die Bauaufgabe blieb ihm freigestellt. Er entschied sich, seinerseits in Anknüpfung an seine architektonischen Anfänge etwa mit der Beziehung zur Sammlerfamilie Kröller, für einen Museumsbau. 1962 be-

Abb. 1 Ludwig Mies van der Rohe bei der Grundsteinlegung zur Neuen Nationalgalerie am 22. September 1965. Rechts von ihm Bausenator Rolf Schwedler und Stiftungspräsident Hans-Georg Wormit.

schloss der Senat offiziell, für ein solches Bauwerk ein Grundstück am Landwehrkanal zur Verfügung zu stellen. Die Philharmonie würde so ihr Pendant erhalten.

Ebenfalls 1957 wurde Leopold Reidemeister zum Generaldirektor der »Ehemals Staatlichen Museen« – wie sie anfangs hießen – und, auf seinen Wunsch hin, gleichzeitig zum Direktor der Nationalgalerie berufen. Die mittlerweile nach Berlin rückgeführten Werke des früheren preußischen Besitzes richtete er in dem seiner Ansicht nach »idealen Provisorium« der wiederaufgebauten Orangerie des Charlottenburger Schlosses ein. Der Stiftungsrat der im April 1962 durch Amtsantritt des ersten Präsidenten, Hans-Georg Wormit, handlungsfähig gewordenen Stiftung, der erstmals am 9. Juli 1962 über die Bau- und Standortplanung für die Museen beriet, bestätigte Reidemeisters Entscheidung für die Nationalgalerie am 28. September 1962. Wie Stephan Waetzoldt, später Nachfolger Reidemeisters, in seiner Darstellung der Ereignisse betont[1], war ein Neubau für die Nationalgalerie ausdrücklich nicht vorgesehen.

Das geschah nach durchaus dramatisch zu nennender Entscheidungsfindung erst Mitte 1965. Inzwischen nämlich hatte sich der Berliner Senat überzeugen lassen, die Bestände seiner Galerie des 20. Jahrhunderts mit denen der Nationalgalerie zu vereinigen, und war darüber hinaus bereit, das bereits in Planung befindliche Gebäude Mies van der Rohes der Stiftung und damit den vom Bund und den damals beteiligten Ländern gemeinsam finanzierten Bauausgaben der Stiftung zu übertragen. Kurz darauf konnte bereits der Grundstein gelegt werden (Abb. 1). Drei Jahre später wurde der Bau am 15. September 1968 eingeweiht und erntete weltweit höchstes Lob. Die obere Halle zierte eine vom Direktor und documenta-Mitstreiter Werner Haftmann luftig eingerichtete Mondrian-Retrospektive – so viel zur später verneinten Tauglichkeit für kleinformatige Kunst (Abb. 2).

Inzwischen war 1962 auch der Beschluss zur Unterbringung der neuen Staatsbibliothek an der Potsdamer Straße gefallen. Wiederum fiel die Wahl auf Hans Scharoun, der in einem beschränkten Wettbewerb den 1. Platz errang. Das Kulturforum als Ganzes stand im Modell vor Augen; ein Umstand, der die Scharoun-Anhänger die Vollendung des von ihm vorgesehenen »Gästehauses« zwischen Philharmonie und Nationalgalerie noch Jahrzehnte nach dem Tod des Architekten fordern ließ. Scharoun griff seine noch aus der Vorkriegszeit stammende und in dem »Kollektivplan« von 1945/46 (als Scharoun kurzzeitig die Stadtplanung des damals noch Gesamtberliner Magistrats leitete) programmatisch niedergelegte Vision einer Stadtlandschaft – als nach den natürlichen Gegebenheiten gestalteter Landschaft – für das Kulturforum in metaphorischer Form auf: die Staatsbibliothek als »Gebirge«, die davor verlaufende, verlegte Potsdamer Straße als »Tal«. Zwar konnte das Kulturforum durch den Bau der Mauer am 13. August 1961 seine vorgesehene Rolle als Teil eines »kulturellen Bandes« einstweilen nicht spielen, doch versprach Scharouns Grundgedanke, in der nunmehr am Rande West-Berlins gelegenen Situation ein würdiges Pendant zur alten Kulturmitte der Stadt zu schaffen. Dass sich der 1967 begonnene Bau der Staatsbibliothek (Abb. 3), bedingt durch die erwähnten Schwierigkeiten und vor allem Scharouns vorzeitigen Tod im Jahr 1972, bis Ende 1978 hinzog, hat die Verwirklichung des Kulturforums bis zum Stillstand verzögert.

Inzwischen hatte die Stiftung, ihrem Standortbeschluss vom 28.9.1962 folgend, einen Wettbewerb für die Museen europäischer Kunst am Kulturforum ausgeschrieben. Die außereuropäischen Sammlungen sollten universitätsnah in Dahlem konzentriert werden. Nach mehreren Zwischenstufen wurde die Aufgabe für alle Museen europäischer Kunst an Rolf Gutbrod übertragen, der im Sinne der Architekturmode der sechziger Jahre abweisende, ganz auf sich bezogene kubische Bauten vorsah. Wegen der Finanzierungsprobleme der Staatsbibliothek konnte der erste Bauteil jedoch erst 1978 in Angriff genommen werden, ein Jahrzehnt nach der Beauftragung.

Die Scharoun'sche Vision war schon damit empfindlich beeinträchtigt, hätte aber vielleicht noch gerettet werden können. Doch die Stadtplanung – auf die hier nicht näher eingegangen werden kann – tat das ihre, das ursprüngliche Konzept zu verwässern und mit konträren Vorhaben zu überlagern, und so blieb das Kulturforum bis auf den heutigen Tag ein Torso. Es wäre einer eigenen Betrachtung wert, warum es trotz mehrfacher, intensiver planerischer Anläufe niemals gelang, zu einer auch nur annähernd einvernehmlichen Neukonzeptionierung des Kulturforums zu finden, geschweige denn zu deren Realisierung.

Der – für viele Betrachter – unversöhnliche Kontrast zwischen den Scharoun-Bauten und der Mies'schen Nationalgalerie ist oft betont worden. Zumindest Mies hat ihn nicht so empfunden; er hat die gläserne Halle seines Werks eindeutig auf die Matthäikirche und in der Fernwirkung auf die Philharmonie ausgerichtet. Der Architekt Oswald Mathias Ungers, mittlerweile mit der Sanierung und Vervollständigung des Pergamon-Museums beauftragt, schrieb 1999 gar: »Der apollinischen Nationalgalerie mit ihrer strengen Form, dem Quadrat, ihrer heiteren Ausgeglichenheit und Klarheit steht die dynamische Philharmonie, die rauschhafte Ekstase, die elementare Sinnlichkeit, die Emotionalität und Irrationalität gegenüber. Ein Gegensatzpaar, wie es eklatanter nicht sein könnte, das eine Werk komplementär dem anderen, beides zusammen die ganze Sicht der Architektur.« Es war die hypertrophe Planung einer Kammermusiksaal genannten, gegenüber der Ursprungsskizze Scharouns auf doppelte Größe gebrachten zweiten Philharmonie, die diese Balance seit 1987 in spürbare Schieflage brachte.

Abb. 2 Eröffnungsausstellung »Piet Mondrian« in der neueröffneten Nationalgalerie Sept./Okt. 1968.
Abb. 3 Hans Scharoun bei der Grundsteinlegung für den Neubau der Staatsbibliothek an der Potsdamer Straße am 10.Oktober 1967.

Abb. 4 »Bilder vom Menschen«, Jubiläumsausstellung der Staatlichen Museen zum 150jährigen Bestehen 1980: Menschenpaare von Leger und Courbet.

Unterdessen hatten die Staatlichen Museen ihr 150-jähriges Bestehen gefeiert: 1980 mit einer Querschnittsausstellung durch die europäische Kunst von der Antike bis zur Gegenwart unter dem Titel »Bilder vom Menschen« (Abb. 4) sowie im Charlottenburger Ägyptischen Museum mit der Tutanchamun-Ausstellung, die mit 670 000 Besuchern eine von den Staatlichen Museen bis dahin unerreichte Bestmarke setzte (Abb. 5). Zwei Jahre darauf gelang es, die originalen »Pferde von San Marco« aus Venedig in die Ausstellung gleichen Titels nach Berlin zu bringen – interessanterweise in den Martin-Gropius-Bau, das frühere, ungeliebte Stiftungseigentum, der mittlerweile landesseitig als Ausstellungshaus hergerichtet worden war.

1985 wurde der erste und wegweisende Teil der Gutbrod-Bauten fertiggestellt. Die öffentliche Reaktion war, gelinde gesagt, katastrophal. Der Wandel der architektonischen Auffassung im Laufe von knapp zwei Jahrzehnten ließ das nunmehr zu eröffnende Kunstgewerbemuseum wie auch den über einer Tiefgarage angelegten Eingangsbau als nur mehr grobschlächtig erscheinen. Auch die museale Konzeption hatte sich geändert. Anstelle der lichtlosen, ineinander verschachtelten Ausstellungsräume war man mittlerweile, auch bedingt durch die »Wiederentdeckung« des so schönen, nur wenige Jahre zuvor vom Abriss bewahrten Martin-Gropius-Baus, zur Idee tageslichtbeleuchteter Räume zurückgekehrt, wie sie frühere Kunstgewerbemuseen selbstverständlich besessen hatten.

Abb. 5 Plakat zur bis dahin erfolgreichsten Ausstellung der Staatlichen Museen: »Tutanchamun«, 1980

Die sich abzeichnenden Probleme des Weiterbaus der Gutbrod-Konzeption und das beharrliche Drängen des seit 1983 amtierenden Generaldirektors Wolf-Dieter Dube führten jedenfalls dazu, den Architekten zum Verzicht auf seinen Auftrag zu bewegen und für den weiteren Bauteil, den Neubau der Gemäldegalerie schräg gegenüber der Neuen Nationalgalerie, einen neuen Wettbewerb auszuloben. Allerdings mochten sich, so kurz nach Fertigstellung, weder die Stiftung noch die an der Neuplanung wesentlich beteiligten Politiker des Senats zu einem vollständigen Neubau durchringen. So mussten das komplizierte Eingangs- und Verteilerbauwerk und damit auch dessen bauliche Vorgaben, etwa der Geschosshöhen und -staffelung nach, übernommen werden. Dass heute, 22 Jahre später, dieser Kompromiss seinerseits als Fehler erkannt und bedauert, ja ein vollständiger Rück- und Neubau der Piazzetta erwogen wird, beleuchtet die Problematik eindringlich, die solchen Kompromissen nahezu unweigerlich mitgegeben ist.

Immerhin war nun, Mitte der achtziger Jahre, ein Zustand erreicht, in dem das Kulturforum als solches nicht mehr in Frage stand. Es galt zwar weithin als Ausdruck einer verfehlten »Zentrenbildung«, die dem im Zeichen der Internationalen Bauaustellung (1983/87) und ihrer Ideologie von der behutsamen Sanierung von Altbestand in Mode stehenden Gedanken der strikten Funktionsmischung zuwiderlief. So wurden denn auch unmittelbar an das Kulturforum angrenzend Wohnbauten errichtet – freilich ohne den behaupteten Effekt der abendlichen Belebung des Areals jemals zu erreichen. Die von nahezu allen Kritikern verkannte, eigentliche Problematik des Kulturforums – die mangelnde Einbindung in den Öffentlichen Personennahverkehr – sollte sich jedenfalls erst lange nach der Wiedervereinigung Berlins einigermaßen zufriedenstellend lösen lassen.

Stets im Schatten der Ereignisse am Kulturforum standen die Dahlemer Museen. Sie wurden, errichtet nach Entwürfen von Fritz Bornemann und Wils Ebert, 1970/71 eröffnet. Ihre Objektpräsentation – ohne Tageslicht, dafür mit dramatischen Spotlights inmitten effektvoller Dunkelheit – galt damals als Nonplusultra. Gewandelte Auffassungen haben die ursprüngliche Präsentation heute weitgehend verändert. Mit dem Wegzug der Gemäldegalerie in ihren 1998 eröffneten Neubau verloren die Dahlemer Museen ihre Hauptattraktion – sehr zu Unrecht, wie die Neugestaltungen der Museen außereuropäische Kunst und der ethnologischen Sammlungen sukzessive zu Beginn des neuen Jahrtausends zeigen.

Unterdessen hatten die Staatlichen Museen Zuwachs durch historische Gebäude erhalten. 1986 eröffnete im Schloss Charlottenburg, nunmehr aber im östlich gelegenen Knobelsdorff-Flügel, die »Galerie der Romantik«, die Werke des 19. Jahrhunderts aus der Nationalgalerie sowie den Staatlichen Schlössern und Gärten vereinte (Abb. 6). Hintergrund war der seit vielen Jah-

Abb. 6 Blick in die Galerie der Romantik im Neuen Flügel des Schlosses Charlottenburg mit dem »Watzmann« und dem »Greifswalder Hafen« von C. D. Friedrich.
Abb. 7 Die den Hamburger Bahnhof ergänzende Ostgalerie des Architekten Joseph Paul Kleuhues mit Werken von Warhol und Rauschenberg aus der Sammlung Marx.

ren schwelende Streit um die Zuordnung von einst in preußischen Schlössern befindlichen Werken zu den beiden Nachfolgestiftungen. Die Wiedervereinigung machte dieses Museum aus zwei Eigentümerschaften nur wenige Jahre später zum Provisorium. Der bizarre Eigentumsstreit, der mit der Gründung der Galerie nicht gelöst, aber stillgestellt worden war, ist heute nur mehr Historie. Eine abschließende Zuordnung hat einvernehmlich stattgefunden.

Dann gibt es den Hamburger Bahnhof, das ehemalige Verkehrs- und Baumuseum. Hart an der innerstädtischen Grenze und für Westbesucher unerreichbar im Niemandsland gelegen, war das bis dahin unter Aufsicht der Ost-Berliner Reichsbahndirektion stehende Gebäude 1983 im Zuge der Verhandlungen über die S-Bahn in die Obhut des Landes Berlin gekommen. Nachdem das im Aufbau befindliche Museum für Verkehr und Technik entschieden hatte, an seinem Kreuzberger Standort festzuhalten und lediglich die wertvollen Sammlungsbestände aus dem alten Gebäude abzuziehen, ergab sich die Frage dessen künftiger Nutzung.

Auf Betreiben des Senats, abermals mit dem Generaldirektor Wolf-Dieter Dube als treibender Kraft auf Seiten der Stiftung, wurde 1987 entschieden, den Hamburger Bahnhof als Museum für Gegenwart in die Reihe der Staatlichen Museen einzubringen, und zwar als Dependance der Nationalgalerie. Der Ausbau sollte allerdings auf Kosten des Berliner Landeshaushaltes geschehen, da die Stiftung mit ihren eigenen langfristigen Baumaßnahmen ausgelastet war. Das museale Konzept sah ein »Sammlermuseum« vor, eine Heimstatt für die in Berlin vorhandenen, der Öffentlichkeit jedoch weitgehend unbekannten Privatsammlungen. Nach dem überwältigenden Erfolg der Ausstellung der Sammlung Marx 1982 stieß ein solches Konzept auf breite Unterstützung der Öffentlichkeit, zumal bürgerschaftliches Engagement immer stärker in den politischen Fokus rückte. Tatsächlich wurde noch unmittelbar vor dem Fall der Mauer vom Berliner Abgeordnetenhaus der entsprechende Ausbau des Gebäudes beschlossen und im Jahr darauf Josef Paul Kleihues mit dem Entwurf beauftragt (Abb. 7). Ende 1996 konnte der Nationalgalerie-Annex eröffnet werden. Neben dem Jüdischen Museum sollte der Hamburger Bahnhof übrigens das letzte Museumsgebäude sein, das ausschließlich – und zwar mit einer dreistelligen Millionensumme (in DM) – aus Landesmitteln finanziert wurde.

Ein drittes Bauwerk mit neuem Inhalt, denn vorher war es Antikensammlung, kam, wiederum als Sammlermuseum, hinzu: die Sammlung Berggruen im Stülerbau gegenüber vom Schloss Charlottenburg. Auch sie wurde 1996 eröffnet, gestaltet von Hilmer & Sattler (mit Th. Albrecht), den Architekten der neuen Gemäldegalerie. Auf den ungeheuren Erfolg dieses Museums und dessen Ursachen kann hier nicht weiter eingegangen werden. Nur soviel: Die Person des Sammlers wirkte so dominierend, dass sich die nahe liegende

Frage nicht stellte, ob eine weitere Außenstelle der Nationalgalerie sinnvoll sei, zumal sie ein herausragendes Kapitel der Kunstgeschichte beleuchtet, das im Stammhaus der Nationalgalerie selbst bei weitem nicht ausreichend vertreten ist.

Die Gemäldegalerie war 1986 in einem beschränkten Wettbewerb auf den Weg gebracht worden; wie erwähnt, kamen Hilmer & Sattler mit Thomas Albrecht zum Zuge. Das Raumprogramm wurde mithin bereits vor dem Mauerfall konkretisiert – Anlass zu einem erheblichen Streit nach der Wiedervereinigung der Staatlichen Museen, auf den noch einzugehen sein wird. Immerhin dauerte es zwölf Jahre (und 226 Millionen DM) bis zur Fertigstellung Mitte 1998 – ein Zeitraum, in dem sich die Auffassungen von der Zuordnung der Sammlungsteile erheblich modifizierten. Doch 1989/90 schien es allzu riskant zu sein, den angefangenen und dem Grundsatz nach finanzierten Museumsbau ruhen zu lassen, um nach einer anderen Lösung zu suchen. Die Gefahr ist nicht von der Hand zu weisen, dass der Bund angesichts der auf allen Gebieten an ihn herangetragenen Forderungen eine Zäsur auf unbestimmte Zeit vorgenommen hätte. So konnte jedenfalls 1998 und damit 33 Jahre nach dem ersten Wettbewerb der Museen am Kulturforum das Ziel erreicht werden, die Gemäldegalerie auf ihren vorbestimmten Platz zu verlegen – und damit den Weg frei zu machen für die erstmals umfassende Präsentation der außereuropäischen Sammlungen in den Dahlemer Museen.

Die dramatischste Phase in der Geschichte der Stiftung stellt die Zeit der Wiedervereinigung der ehemals preußischen Einrichtungen in Ost und West dar. Die Stiftung kann dabei für sich in Anspruch nehmen, schneller zusammengewachsen zu sein als wohl irgendeine andere staatliche Institution, noch dazu eine von dieser Größe und Komplexität. Und dies vor dem Hintergrund, dass zwischen den Institutionen in Ost und West jahrzehntelang eine von der DDR aufgezwungene Kommunikationsstille geherrscht hatte, erhob doch die DDR stets den Anspruch auf Eigentum an den im Westen Berlins bewahrten Sammlungen, soweit sie vor dem Krieg ihren Standort im Osten Berlins hatten. Insbesondere auf internationaler Ebene erwies sich diese selbst auferlegte Kontaktsperre für die östlichen Einrichtungen als verhängnisvoll.

Mit einem Mal war dies vorbei. Der Einigungsvertrag, in dramatischer Eile zwischen der Bundesrepublik Deutschland und der DDR ausgehandelt, enthielt in seinem Kulturartikel 35 einen eigenen Absatz über die ehemals preußischen Einrichtungen. Art. 35 Abs. 5 Einigungsvertrag besagt, dass »die durch die Nachkriegsereignisse getrennten Teile der ehemals staatlichen preußischen Sammlungen [...] in Berlin wieder zusammenzuführen« sind. »Die Stiftung Preußischer Kulturbesitz übernimmt die vorläufige Trägerschaft. Auch für die künftige Regelung ist eine umfassende Trägerschaft für die ehemals staatlichen preußischen Sammlungen in Berlin zu finden.«

Der Einigungsvertrag machte zuvor bereits getroffene Vereinbarungen zur Zusammenarbeit obsolet, stand doch nun die vollständige Verschmelzung an. Der Einigungsvertrag bestimmte außerdem, dass die im »Beitrittsgebiet« gelegenen ehemals preußischen Sammlungsteile und Bauten auf die Stiftung übergehen, also für sie nicht das Belegenheitsprinzip gilt. Erinnerungen an die konfliktbeladene Entstehungsgeschichte der Stiftung im Westen Deutschlands mögen bei dieser Regelung Pate gestanden haben. Die wichtigste politische Aufgabe bestand nun darin, eine Regelung für Trägerschaft und Finanzierung zu finden. Bislang galt die Vereinbarung zwischen Bund und (allen) elf Bundesländern von 1975, die die gemeinsame Trägerschaft sowie – in einem komplizierten Schlüssel – die Finanzierungsanteile regelt. Nun stellte sich die Frage, ob die »neuen« Bundesländer dieser Regelung beitreten wollten. Das war ab 1992 der Fall, galt aber nur befristet, so dass in den Jahren 1995 und 1996 sogar ein vertragsloser Zustand eintrat, der mit einer ad-hoc-Regelung überbrückt wurde.

Die schrittweise gefundenen Lösungen deuteten bereits auf den heutigen, im Sinne des Einigungsvertrag »umfassenden« Zustand hin: Der Bund übernimmt drei Viertel des Betriebshaushaltes der Stiftung, die Länder insgesamt das verbleibende Viertel, wobei alle Beiträge – mit Ausnahme desjenigen Berlins – gedeckelt sind. Ein Sonderfall ist das allmähliche, durch die Finanznot des Landes verursachte Ausscheiden Berlins aus der hälftigen Finanzierung der Bauinvestitionen. Die freilich war stets Augenwischerei, als sie zu einer Zeit vereinbart wurde, da rund die Hälfte des Berliner Haushaltes ohnehin vom Bund beigesteuert wurde. Durch das radikale Abschmelzen der Bundeszuschüsse geriet Berlin in die Notlage, in der es sich fortdauernd befindet, so dass die nun auch formale Übernahme des Berliner Bau-Anteils nur folgerichtig ist.

Nicht wirklich diskutiert wurde in den früheren neunziger Jahren, ob sich nicht von vornherein die Übernahme der Stiftung durch den Bund aufgedrängt hätte. Die Stiftungs-Präsidenten haben dies stets verneint und auf den föderalen Charakter der Einrichtung gepocht. Das gilt sowohl für Werner Knopp, der bis 1998 amtierte, als auch für seinen Nachfolger Klaus-Dieter Lehmann. Dessen Wahl illustriert einen besonderen Aspekt des Bund-Länder-Verhältnisses. 1998 gab es die Kandidatur eines vom damaligen CDU-Bundeskanzler favorisierten Museumsleiters. Im Stiftungsrat verweigerten jedoch die Länder ihre Zustimmung zu der vom Bund einseitig geforderten Personalie, zumal die eingesetzte Findungskommission ein davon abweichendes Verfahren vorgeschlagen hatte. Immer wieder versuchte der Bund in diversen Stiftungsratssitzungen seinen Kandidaten durchzusetzen. Die Länder blieben mehrheitlich bei ihrer Ablehnung. Die Blockade, die sich über ein Jahr hinzog, konnte erst nach der Bundestagswahl im Herbst 1998 beendet werden. Der

Kandidat der Länder, der parteilose Klaus-Dieter Lehmann, wurde nunmehr einstimmig von der neuen Bundesregierung mit Staatsminister Michael Neumann und den Ländern als Präsident der Stiftung gewählt.

Werner Knopp gab seiner Abschiedsrede Anfang 1998 den Titel »Konsens als Lebensgesetz der Stiftung«. Genau darum ging es den Verantwortlichen immer: die Stiftung herauszuhalten aus parteitaktisch motivierten Kämpfen. Darum auch der Wunsch, alle Länder »an Bord« zu halten, um den föderativen Charakter jenseits aller Parteipolitik sichtbar zu halten.

Die fortdauernde Gültigkeit des Einigungsvertrages hätte aber eine zunehmende Bundes-Trägerschaft ohnehin zwingend gemacht, hätten sich einzelne Bundesländer, wie dies zwischenzeitlich im Gespräch war, aus der Mitträgerschaft verabschiedet. Eine entsprechende Initiative verlief jedoch angesichts der gefundenen Dauerregelung im Sande. Man darf wohl annehmen, dass alle Zweifel an der Konstruktion der Stiftung vorrangig dem Ziel dienten, die eigenen Finanzaufwendungen zu beschränken. An dieser Stelle sei ein Blick auf die Entwicklung des Stiftungshaushaltes getan: Er wuchs als Folge des institutionellen Wachstums zwischen 1989 – dem letzten »Westjahr« – und 1996 – dem Jahr vor Inkrafttreten der Dauerregelung – von 173 Millionen DM auf 387 Millionen DM, also auf mehr als das Doppelte als eine Folge der Verdopplung des Personals, der Sammlungen, der Häuser und Probleme. Die gedeckelten Beträge der Länder lagen – vom Sonderfall Berlin abgesehen – 1996 grundsätzlich unter dem zwischenzeitlich erreichten Stand. Das Begehren der Länder, nicht für das Wachstum der Stiftung einstehen zu müssen, wird daraus mehr als offensichtlich.

Der Begriff »Wachstum« steht allerdings im Gegensatz zu der bedrohlichen Personalentwicklung, die – wie bei allen staatlichen Institutionen der DDR – auf spürbare Reduzierung gerichtet war. »Wachstum« meint hier die Zunahme der Einrichtungen und Aktivitäten, wie sie sich an der »Ausdifferenzierung« der Nationalgalerie in drei große und mehrere kleine Häuser am deutlichsten zeigt. Die schrittweise Sanierung und Wiederinbetriebnahme der Bauten auf der Museumsinsel verschärft diesen Zielkonflikt auch in Zukunft.

Wesentlich stärker beachtet und vor allem in der Fachöffentlichkeit diskutiert wurden die Entscheidungen zur institutionellen Verschmelzung der einander entsprechenden Einrichtungen. So bestand bei der Staatsbibliothek die Situation, dass zwei von Größe und Bestand annähernd gleichgroße Häuser nicht in einem einzelnen Gebäude zusammengeführt werden konnten – ein solches war weder vorhanden noch in irgendeiner absehbaren Zukunft jemals zu gewinnen. Ein zäher Konkurrenzkampf entbrannte, bei der Anciennität und Bestandsbreite wechselseitig ins Feld geführt wurden. Doch bereits 1990/91 wurde das Konzept einer »Bibliothek in zwei Häusern« verabschiedet, wobei die Staatsbibliothek Unter den Linden den Altbestand bis 1955, der Neubau am Kulturforum den Neubestand ab 1956 und die Neuerwerbungen aufnehmen sollte. Ihrer jeweiligen Ausstattung gemäß, fungiert der Altbau dabei als Forschungsbibliothek, der Neubau als Arbeitsbibliothek. Die erst später geäußerten Einwände des Bundesrechnungshofes wurden schlussendlich zurückgewiesen, stattdessen später die durchgreifende Sanierung und der Ausbau der alten Staatsbibliothek beschlossen; vor der Bewilligung der mit 351 Millionen Euro veranschlagten Sanierung des Pergamon-Museums mit 326 Millionen Euro die kostspieligste Einzelbaumaßnahme der Stiftung. Dass im Zuge des ab 1990 ausbrechenden Baubooms auch Teile der Reserveflächen der Staatsbibliothek an der Potsdamer Straße vom Land Berlin veräußert wurden, auf denen heute Bauten der debis-City mit dem Musicaltheater stehen, beleuchtet die planerische Konkurrenz, die in diesen Jahren zwischen verschiedenen Institutionen und Instanzen herrschte. Während der Berliner Senat auf möglichst rasche Bebauung der heftig nachgefragten Flächen drängte, konnte die Stiftung nicht gleichermaßen dagegenhalten, solange die komplizierten Organisationsprobleme nicht gelöst waren.

Während all diese Problematik für eine Fachöffentlichkeit – von den Beteiligten ganz abgesehen – von Interesse waren, erntete das breite Publikum eine wunderbare Frucht der mit einem Mal möglichen Ost-West-Zusammenarbeit. Im Herbst 1991 lockte die Rembrandt-Ausstellung, noch von der und für die West-Gemäldegalerie geplant, Hunderttausende von Besuchern ins Alte Museum. Die langen Warteschlangen quer durch den Lustgarten gaben eine Ahnung vom Potenzial der Museumsinsel. Kleine Merkwürdigkeit am Rande: Die ausschließlich für diese Ausstellung und die Klimaprobleme der offenen Eingangshalle von der Denkmalpflege genehmigten Verglasungen zwischen Schinkels Säulen haben bis auf den heutigen Tag überdauert. Nichts ist eben so dauerhaft wie ein bewährtes Provisorium.

Zurück zum Organisatorischen. Heftiger noch ging es bei der Zusammenführung der Museen zu, und das heißt im wesentlichen bei der Frage nach der zukünftigen Zweckbestimmung der Museumsinsel als dem Kern der preußischen Museen. Bereits im Herbst 1990 lag eine »Denkschrift« vor, die 1992 durch die »Gesamtplanung für die Unterbringung der Staatlichen Museen zu Berlin« bestätigt und präzisiert wurde. Inzwischen war für die ab 1. Januar 1992 vereinten Museen der Name »Staatliche Museen zu Berlin – Preußischer Kulturbesitz« gefunden, womit einerseits die Rückkehr zur traditionellen Bezeichnung, andererseits die gegenüber der preußischen Zeit veränderte Trägerschaft zum Ausdruck kommen. Dabei bestand kein Dissens über die Nutzung der Dahlemer Museen für die ethnologischen Sammlungen sowie diejenigen außereuropäischer Kunst mit Ausnahme der islamischen. Auch die Nutzung der Alten Nationalgalerie für die Kunst des 19. Jahrhunderts ergab sich von selbst. Problematischer erschien bereits die Festlegung von drei der fünf Häuser der »Insel« für die archäologischen Sammlungen. Den Streitpunkt aber markiert die unpräzise Festlegung des Bode-Museums oder umgekehrt, das apodiktische Festhalten am Kulturforum als Standort für die europäische Kunst. Den Hintergrund bildet das oben dargestellte Festhalten an der Planung der neuen Gemäldegalerie, wobei diese durch den Sammlungszuwachs der Ost-Bestände nunmehr sogar eine Studiengalerie im Sockelgeschoss erhalten sollte. Die Befürchtung lag nahe, dass die qualitativ insgesamt weniger bedeutenden Bestände Ost Berlins in dieser Studiengalerie verschwinden sollten, während die bereits getroffene Verteilung der Gemälde im Hauptgeschoss unverändert bliebe.

Der Streit eskalierte an der Frage, ob die strikte Trennung nach Gattungen, wie sie im Westen üblich war, Bestand haben müsste, oder ob im Bode-Museum eine Rückkehr zu den von Bode inszenierten Epochenräumen denkbar wäre. Jüngere Kunsthistoriker engagierten sich für eine Zusammenlegung von Skulpturen – die in der Generalplanung keinen dauerhaft gesicherten Platz haben – und Gemälden im historischen Gebäude des Bode-Museums. Der Konflikt ist bis heute nicht wirklich ausgestanden. Zwar findet die Mischung von Skulpturen mit – wenigen – Gemälden im 2006 glanzvoll wiedereröffneten Bode-Museum höchsten Zuspruch, doch fehlt die Verbindung der Gesamtbestände beider Gattungen, so dass nunmehr bereits ein Neubau zur Ergänzung des Bode-Museums auf dem gegenüberliegenden Ufer des Kupfergrabens geplant wird und dem Grundsatz nach vom Bund auch akzeptiert ist. Wie im Bode-Museum auch, soll er Skulpturen und Gemälden zur Verfügung stehen, die dann aber nach den alten geografisch ausgerichteten Schulen des »Südens« und des »Nordens« aufgeteilt und entsprechend umfangreicher gezeigt werden könnten.

Das weist voraus auf den »Masterplan 2«, der die Neuordnung der Museen jenseits der Museumsinsel zum Gegenstand hat. »Masterplan 1« ist der Insel gewidmet und bestätigt im wesentlichen die Verteilung des Beschlusses von 1992. Die sechs archäologischen Museen verteilen sich auf die drei Häuser Altes Museum, Neues Museum und Pergamonmuseum, die Alte Nationalgalerie ist, was sie ist, und das Bode-Museum dient vorrangig der Aufnahme der Skulpturen, deren ursprünglich am Kulturforum im Winkel von Tiergarten- und Stauffenbergstraße vorgesehener Bau derzeit nicht in den Planungen enthalten ist. Übrigens sind im Vorgriff auf die künftige Verteilung bereits jetzt die Antikensammlung im Hauptgeschoss – seit 1998 –, das Ägyptische Museum mit seinem Glanzstück der Nofretete seit 2005 im Obergeschoss des Alten Museums beheimatet.

Verbunden werden die Häuser mit Ausnahme der Alten Nationalgalerie durch eine unterirdisch angelegte Archäologische Promenade, die den Solitär-

Abb. 8 Skizze des Architekten David Chipperfield zur Rekonstruktion der Museumsinsel und zur Verbindung der solitären Gebäude durch eine »Archäologische Promenade«.

charakter der Bauten nicht beschädigt (Abb. 8). Sie soll zugleich in übergreifenden Themen wie »Sprache und Schrift« oder »Tod und Verklärung« die geistige Verbindung der Sammlungen anschaulich machen. Dietrich Wildung, Leiter des Ägyptischen Museums, spricht denn auch von den drei Häusern als einem »Museum für Kunst und Kultur der Antike«. Dem Neuen Museum aber auf der einzigen noch freien Fläche der Insel vorgelagert wird ein Eingangs- und Servicegebäude, das einen zentralen Rundgang insbesondere für touristische Besucher ermöglicht, die James-Simon-Galerie.

Die Haushälter des Bundesfinanzministeriums haben sich jeweils nur zu einer sukzessiven Finanzierung der Baumaßnahmen verstanden. Zwar wurden die Gesamtinvestitionen schon Ende der neunziger Jahre auf gut eine Milliarde Euro geschätzt, doch wollten die Abgeordneten Haus für Haus entscheiden, statt eine Blankovollmacht auszustellen. Die mit dem Umfang der denkmalpflegerisch erforderlichen Maßnahmen steigenden Kosten geben ihnen insoweit recht. Mittlerweile dürften die Gesamtkosten der Inselsanierung bei 1,5 Milliarden Euro liegen, wobei das Neue Museum und das Pergamonmuseum die größten Anteile beanspruchen. Die fallweise Entscheidung des Bundes hatte die Stiftung zwischenzeitlich insofern in eine prekäre Situation gebracht, als das Eingangsgebäude, das die Voraussetzung zur Realisierung des Masterplanes darstellt, nach dieser Vorgehensweise erst fast zum Schluss bewilligt worden wäre. Nun ist aber im Herbst 2006 eine Vorentscheidung zum Bau gefallen und auch der umstrittene Erstentwurf von David Chipperfield, der zugleich die Sanierung und Ergänzung des kriegszerstörten Neuen Museums leitet, hat einem der historischen Substanz angemessenen Neuentwurf Platz gemacht.

Um das Neue Museum schwelte ein weiterer Konflikt. Erst die Freilegung des Gebäudes förderte nach und nach eine solche Kenntnis der historischen Dekoration zutage, dass die ursprünglich radikale Vereinfachung einem differenzierten Vorgehen gewichen ist. Einzelne Räume werden, bei denen in hohem Maß die Originalsubstanz noch erhalten ist, originalgetreu wiederhergestellt, andere in zeitgenössischer Formensprache gestaltet. Im Jahr 2006 schwoll mit einem Mal die Kritik an dieser Planung an; die Forderung wurde laut, sämtliche Bauteile in den Formen der Erbauungszeit zu gestalten. Dies würde jedoch der Auffassung der UNESCO-Richtlinien widersprechen. Gewiss ist dieser Protest auf dem Hintergrund der in der Öffentlichkeit überaus erfolgreichen Sanierungen von Alter Nationalgalerie und Bode-Museum zu sehen, wobei vielen Besuchern bei letzterem nicht im Detail klar sein kann, welche Dekorationen originalgetreu und welche lediglich der verlorenen Fassung angenähert sind – ein Problem aller heutigen Denkmalpflege vor dem Hintergrund eines in der Öffentlichkeit mächtig angewachsenen Bedürfnisses nach Historizität.

Die Berücksichtigung denkmalpflegerischer Belange gewinnt ihre Brisanz auch vor der Aufnahme der Museumsinsel in die UNESCO-Weltkulturerbeliste im Jahr 2000. Die Voraussetzungen einer solchen Aufnahme sind unter anderem eine denkmalgerechte Nutzung und das Vorliegen eines Erhaltungsplanes. In jedem Fall müssen Baumaßnahmen mit der Welterbekommission abgestimmt werden. Der Einwand etwa gegen das Eingangsgebäude, es beeinträchtige die Baudenkmale der Museumshäuser, ist nicht stichhaltig – die Planung eines solchen Neubaus lag zum Zeitpunkt der Unesco-Zustimmung bereits vor. Mit der Ende Juni 2007 vorgestellten Neuplanung des Chipperfield-Gebäudes konnten auch Bedenken ausgeräumt werden, die in der Vergangenheit von einzelnen Denkmalpflegern geäußert worden sind.

Nicht nur die Zukunft beschäftigt die Stiftung, sondern gelegentlich und sehr spürbar auch die Gegenwart – und mit ihr die jüngere Vergangenheit. Beispielhaft dafür stand 1993 die Neuordnung der Sammlung des 20. Jahrhunderts in der Neuen Nationalgalerie, die zum ersten Mal Werke von Künstlern der DDR in die Sammlung der Westkunst integrierte (Abb. 9). Hieran entzündete sich noch einmal der deutsch-deutsche Streit um die Verstrickung der Kunst in die Politik. Der Begriff der »Staatskunst«, so zeigte sich, lässt sich dabei für die Zeit vor 1989 in beide Richtungen anwenden, in die der DDR wie in die der Bundesrepublik. Immerhin gab es in den Medien eine breite Diskussion über die ästhetische Qualität der DDR-Kunst, eine Dimension, die ihr jahrelang in polemischer Absicht abgesprochen worden war.

Und dann brach im Jahr 2004, als im Hamburger Bahnhof die zunächst auf sieben Jahre befristete Dauerleihgabe der Sammlung Friedrich Christian Flick eröffnet wurde, geradezu ein Sturm der Entrüstung los. Der Name Flick ruft die unselige deutsche Vergangenheit in geradezu plastischer Weise auf, stellt doch Friedrich Flick, der Großvater des Sammlers, für viele den Prototyp des Regimegewinnlers dar. Die moralische Legitimität der Sammlung des Enkels, mehr noch die Integrität der Stiftung wurden auf den Prüfstand gestellt. Der demonstrative »Unbedenklichkeitsbescheid« der Politik – allen voran des seinerzeitigen Bundeskanzlers Schröder – ließ den Verdacht keimen, moralische Maßstäbe verlören ihre Geltung, sobald nur ein wohlhabender Sammler mit seinen Schätzen daherkäme. Es kostete die Staatlichen Museen erheblichen Einsatz, die Diskussion zu versachlichen, und den Sammler, sich von solcher Sippenhaft zu befreien – vor allem aber, über dessen persönliche Nicht-Schuld hinaus, die Kunst selbst, die mit einem Mal in eine schlichtweg absurde Mithaftung genommen wurde. Die Debatte erwies sich insofern als ungemein lehrreich, als sie zeigte, dass Kunst und das Sammeln von Kunst nicht auf einer Insel der Seligen stattfindet, sondern eingebunden ist in den gesellschaftspolitischen Kontext.

In eine ganz andere Richtung wies die Diskussion um die Eröffnung der Helmut Newton Stiftung im ehemaligen Landwehrkasino am Bahnhof Zoo (nebenbei ein historischer Ort, hatte hier doch die einstige Galerie des 20. Jahrhunderts ihren kurzlebigen Sitz). Hier hat das stiftungseigene Museum für Fotografie seinen Sitz. Es besteht aus zwei Komponenten, der privaten Stiftung

Abb. 9 Künstler der DDR in der Schausammlung der Neuen Nationalgalerie: Werner Tübke (v. r.) »Lebenserinnerungen des Dr. jur. Schulze (III), 1965, und »Frühbürgerliche Revolution in Deutschland«, 1979–81 (Entwurf für das Bauernkriegsmuseum Bad Frankenhausen).

Helmut Newton Foundation und der Fotosammlungen der Staatlichen Museen. Während die Helmut Newton Foundation den gesamten Aus- und Umbau selbst finanzierte und damit bereits 2004 eröffnen konnte, war öffentlich-rechtliche Finanzierung für den stiftungseigenen Teil schwierig. Inzwischen ist jedoch auch 2007 mit dem Ausbau begonnen worden, so dass 2009 das gesamte Haus der Fotografie gehört. Der Kaisersaal wird dafür eine besondere Attraktion werden. Es ist ein spannendes Modell, private und öffentliche Strukturen zusammenzuführen.

Mit dem Humboldt-Forum auf dem Schlossplatz plant die Stiftung das entschiedenste Ausgreifen der Sammlungen über ihren angestammten Platz hinaus. Nachdem der Bundestag 2003 mit bemerkenswerter Mehrheit den Empfehlungen der Schlossplatzkommission von 2001 zugestimmt hat, ist der Vorschlag von Stiftungspräsident Lehmann, dort zuvörderst die ethnologischen Sammlungen aus Dahlem zu zeigen (und im Gegenzug die ohnehin dringend sanierungsbedürftigen Dahlemer Bauten aufzugeben), Gemeingut geworden. Gewiss, vor dem Zweiten Weltkrieg war in Teilen des Schlosses das Kunstgewerbemuseum zu sehen. Aber dies war innerhalb der reich dekorierten Räume eher eine Zugabe. Das künftige Schloss, würde es auch auf drei Seiten in den barocken Fassaden Schlüters und Eosanders errichtet, würde im Inneren ein vollständig neues Museum bieten, ergänzt um Sammlungen der Humboldt-Universität sowie einen von der Berliner Landesbibliothek betreuten Bibliotheksbereich. Nachdem der Bundesbauminister eine reduzierte Variante des Schlosses – beispielsweise ohne Tiefgaragen – zu Kosten von 480 Millionen Euro vorgestellt und das Bundeskabinett sowohl das Humboldt-Forum als Institution wie auch die Rekonstruktion des Gebäudes innerhalb der Barock-Fassaden gebilligt hat, wird noch im Jahr 2007 die erste Stufe eines Realisierungswettbewerbs ausgeschrieben.

Lehmanns Vorschlag hat so sehr Anklang gefunden, dass die Frage, inwieweit ein in barocker Hülle entstehendes Gebäude gerade die außereuropäischen Bestände aufnehmen soll, kaum je gestellt worden ist. Diese Lösung ist ja mitnichten zwingend. Sie wird es erst durch die strikte Festlegung der »alten« Museumsinsel auf die europäisch-vorderasiatische Kunst und Archäologie. Ob allerdings das Kunstgewerbe, wenn denn einmal die Gemäldegalerie vom Kulturforum wegzieht, dort nicht noch stärker in eine Randposition gedrängt wird, bleibt zu diskutieren. Jedenfalls schwebt den Stiftungsverantwortlichen im künftigen Schloss gerade auch durch die Verbindung zur Humboldt-Universität ein »Theatrum naturae et artis« vor, ein Museum neuen Typs, das zudem mit vielfältigen Aktivitäten lockt, dies auf einem Flächenteil, der als »Agora« bezeichnet den universell zugänglichen Charakter des Hauses unterstreicht. Allerdings hat sich auch hier die ursprüngliche Planung wieder durch den weitgehenden Rückzug des Landes Berlin geändert. Der Humboldt-

Universität werden nur mehr 1000 Quadratmeter Fläche zugestanden – gegenüber 31 000 für die Staatlichen Museen. Die Landesbibliothek darf mit 4000 Quadratmetern rechnen, die Agora – unter weitherziger Einbeziehung diverser Serviceeinrichtungen bis hin zur Gastronomie – immerhin mit 14 000 Quadratmetern. Die unbefriedigende Raumverteilung – ursprünglich war einmal von einem Drittelanteil je beteiligter Kulturinstitution die Rede! – hat den Gedanken geboren, Objekte der Humboldt-Universität innerhalb derer der Staatlichen Museen zu präsentieren – eben jener bestechende Gedanke des »Theatrum naturae et artis«.

Über die baulichen Maßnahmen hinaus, die die Stiftung noch auf etliche Jahre hinaus beschäftigen werden – wenn dann nicht ohnehin schon wieder neue Pläne geschmiedet werden -, bleiben als Aufgaben zumindest für einen langen Zeitraum zwei von politischer Bedeutung. Das ist zum einen die Restitution ehemals jüdischen und überhaupt »NS-verfolgungsbedingt entzogenen Kulturguts«. Hier hat sich die Stiftung frühzeitig sehr eindeutig positioniert. Bereits vor der Konkretisierung der Grundsätze des Washingtoner Abkommens von Ende 1998 durch Bund, Länder und Gemeinden hat sie sich unmissverständlich zur Rückgabe in begründeten Fällen bekannt – und vor allen Dingen eigene Provenienzforschung begonnen. Der Erfolg dieser Haltung ist deutlich: Durch das rechtzeitige Angehen problematischer Fälle konnte vielfach ein schiedlicher Ausgleich erzielt werden; am spektakulärsten bei Caspar David Friedrichs monumentalem Gemälde »Watzmann«, das durch mäzenatischen Beistand für die Alte Nationalgalerie gesichert werden konnte. Die Zugänglichkeit der Bestandsverzeichnisse und Erwerbungsdokumente lässt erwarten, dass die Zahl fraglicher Fälle rasch abnehmen wird, zumal eine große Institution wie der Berliner Verbund stets im Fokus der Aufmerksamkeit steht.

Die andere Aufgabe für die Zukunft ist die Einforderung der so genannten Beutekunst, also der kriegsbedingt verlagerten Kulturgüter. Tausende Objekte sind in die damalige Sowjetunion abtransportiert worden und kehren erst allmählich ans Tageslicht zurück. Freilich ohne dass sich an ihrem Status etwas änderte, im Gegenteil. Die Öffnung der Geheimdepots geschieht, um den durch das russische Duma-Gesetz erhobenen Anspruch auf staatliches Eigentum zu untermauern. Besonders schmerzlich musste die erste derartige Zurschaustellung berühren. Im Frühjahr 1996 zeigte das Moskauer Puschkin-Museum den legendären Schliemann-Schatz, das »Gold von Troja«, dessen Existenz bis dahin strikt geleugnet worden war. Dass die Ausstellung just zum Zeitpunkt eines reichhaltigen Berliner Kulturgastspiels stattfand, unterstrich den eminent politischen Charakter der Veranstaltung. Im selben Puschkin-Museum immerhin wurde zeitgleich die gemeinschaftlich mit der Berlinischen Galerie erarbeitete Ausstellung »Moskau – Berlin 1900–1950« gezeigt!

Wie auch immer, eine isolierte Lösung für Berliner Bestände kann es nicht geben. Zumindest aber kann, wie bei der Moskauer Merowinger-Ausstellung vom Sommer 2007 geschehen, die Forschung wiederaufgenommen werden, die vor dem Zweiten Weltkrieg abgerissen war. Den Objekten, so die Stiftungs-Haltung, kann es nur nützen, wenn sie in den wissenschaftlichen Kreislauf zurückkehren, wenn sie gepflegt, ausgestellt und publiziert werden. Dadurch, so die Hoffnung, wird auch das Bewusstsein für Sammlungszusammenhänge geschärft, das etwas anderes ist als das bloße Beharren auf einem Eigentumstitel. Allerdings müssen – wie im Falle der Merowinger-Ausstellung geschehen – die Herkunftsbezeichnungen, muss die Geschichte eines jeden Objekts sichtbar gemacht werden. Die Beutekunst bleibt jedenfalls, wie auch immer, ein offenes Problem.

Nach 50 Jahren ihres Bestehens ist die Stiftung dynamischer denn je. Ursprünglich zur treuhänderischen Bewahrung ehemals preußischen Besitzes geschaffen, hat sie sich längst zu jener Nationalstiftung entwickelt, die Deutschland dem Namen nach nicht hat. Die Erinnerung an die preußische Herkunft wird mit jeder Erwerbung, jeder Baumaßnahme stärker überlagert. Es ist die Bundesrepublik Deutschland als ganze, die die Stiftung trägt und finanziert, und dies nicht in ihrem kulturellen Schaufenster West-Berlin wie durch so viele Jahre der Teilung hindurch, sondern in ihrer Hauptstadt. Dass die Stiftung mit der Errichtung des Humboldt-Forums ausgerechnet die historische und politische Mitte Preußens, und sei es nur der äußeren Form des Schlosses nach, wiedererrichten wird, ist aus diesem Blickwinkel eine besondere Variante der Geschichte, zeigt sich doch in der Nutzung, dass heute nichts politischer wirkt als die Kultur.

1 Jahrbuch Preußischer Kulturbesitz 1998, Bd. XXXV, Berlin 1999, S. 77–94

Günter Schade

Geteilte Museen in einer geteilten Stadt – Erinnerungen an Besonderheiten und Schwierigkeiten fachlicher und kollegialer Beziehungen

Nach dem Ende des Zweiten Weltkrieges wurde nicht nur Deutschland und seine Hauptstadt Berlin in zwei gesellschaftlich, politisch und ökonomisch unterschiedliche Interessensphären geteilt, auch die Sammlungen der preußischen Museen, Bibliotheken und Archive waren davon betroffen und ihre Bestände auseinandergerissen. Während die Museumsinsel mit ihren fünf großen Museumsgebäuden – das Zentrum der Staatlichen Museen – zu dem östlichen, unter sowjetischen Einfluss stehenden neuen Staat DDR gehörte, verblieb ein sehr großer Teil der unter Kriegsbedingungen verlagerten Museumsgüter aus diesen Museen im Westteil des Landes, in der Bundesrepublik und in Westberlin. Daraus entstanden im Jahre 1949 die »Ehemals Staatliche Museen« und ein knappes Jahrzehnt später, 1957, die »Staatlichen Museen Preußischer Kulturbesitz«. Durch diese politisch und geographisch entscheidenden Veränderungen hatten sich auch viele Mitarbeiter der Museen je nach fachlichen und politischen Interessen, aber auch bedingt durch Wohnsitz und familiäre Bindungen, zwischen diesen beiden nun eigenständigen Teilen der ehemals Staatlichen Museen zu entscheiden. Dass dieser Prozess nicht ohne Folgen für die davon Betroffenen und für die Museen ablief, ist verständlich; jahrzehntelange berufliche Zusammenarbeit, der Umgang mit den vertrauten Materialien und Forschungsarbeiten wurden durch diese Nachkriegsentwicklung in vielen Fällen unterbrochen. Dennoch blieben zu dieser Zeit immer noch viele persönliche und berufliche Kontakte zwischen den Mitarbeitern der beiden getrennten und jetzt verwaltungsmäßig selbständigen Museumsteile in Ost und in West bestehen. Dies wohl nicht nur, weil man sich aus langjähriger Zusammenarbeit kannte, sondern weil man so kurz nach diesem verheerenden Krieg vor allem auch auf gegenseitige Informationen über den Verbleib der Kunstwerke in den Verlagerungsorten und den Museen, über die Kriegsverluste, über die Kriegsbeute und über Inventare und Archivalien Informationen zur täglichen Arbeit benötigte. Beispiele der fachlichen und kollegialen Zusammenarbeit aus den ersten Nachkriegsjahren lassen sich in den Unterlagen fast aller Abteilungen finden.

Aber mit dem Fortschreiten der politischen Auseinandersetzungen und der sich zuspitzenden Spannungen zwischen den beiden Machtblöcken in Ost und West bis hin zum Kalten Krieg wurden mehr und mehr auch die geteilten Berliner Museen mit in diese Konfliktsituation hineingezogen und davon waren auch die persönlichen Beziehungen und Kontakte der Mitarbeiter betroffen. Insbesondere nach dem Bau der Mauer im August 1961 gestalteten sich die Verbindungen immer schwieriger und persönliche Begegnungen konnten von da an nur von unseren westlichen Kollegen ausgehen, weil nur sie – wenn auch mit Schwierigkeiten – die Grenze von West nach Ost passieren durften. Die Beantragung eines Passierscheines, der Zwangsumtausch von Westmark in Ostmark und die oft schikanösen Kontrollen an der Grenze trugen mit dazu bei, dass sich die Kontakte immer mehr auf briefliche Korrespondenz verlagerten. Das eigentlich ganz Normale in den zwischenmenschlichen und fachlichen Beziehungen wurde unter diesen Umständen zu etwas ganz Besonderem, was heute kaum noch verständlich und nachvollziehbar ist.

Nach dem Mauerbau und ihrer seit den siebziger Jahren zunehmenden internationalen Anerkennung forderte die DDR immer eindringlicher von der Bundesrepublik die Rückgabe der während des Krieges verlagerten Bestände der im Ostteil der Stadt gelegenen Museen aus Westberlin. Auf eine solche Forderung konnte und wollte sich aber die Bundesrepublik wiederum nicht einlassen und so entstand ein über die gesamte Zeit der Teilung Deutschlands anhaltender politischer und juristischer Streit um die »widerrechtlich von der Bundesrepublik zurück gehaltenen Kunstwerke«, der nicht nur die Spannungen zwischen den beiden Museumsverbänden in Ost und West verschärfte, sondern der auch ein von beiden deutschen Staaten erwünschtes Kulturabkommen verhinderte. Dieser Streit führte auch dazu, dass uns als Mitarbeitern der Ostberliner Museen jahrzehntelang offiziell die persönlichen und fachlichen Kontakte zu unseren Westberliner Kollegen untersagt und die Ausleihe von Kunstwerken aus unseren Sammlungen für Ausstellungen im Ausland, an denen auch Museen der Stiftung Preußischer Kulturbesitz mit Leihgaben beteiligt waren, nicht genehmigt wurden. Im krassen Gegensatz zu dieser Abschottungspolitik stand allerdings die Tatsache, dass einige Museen auf der Museumsinsel noch viele Jahre nach der Teilung und Errichtung der Mauer im August 1961 von in West-Berlin wohnenden Direktoren geleitet wurden. So zum Beispiel das Kunstgewerbemuseum bis zum Ende der 50er Jahre durch Prof. Dr. Martin Klar, das Museum für Islamische Kunst bis Ende der 60er Jahre durch Dr. Wolfgang Dudzus und die größte und wichtigste Sammlung auf der Insel, die Antikensammlung im Pergamonmuseum, durch den Archäologen Prof. Dr. Carl Blümel und danach bis 1978 durch seine ebenfalls in Westberlin wohnende Mitarbeiterin Dr. Elisabeth Rohde. Über diese personelle, direktorale Brücke war natürlich immer auch ein fachlicher Informationsfluss zwischen den Ost- und Westberliner Staatlichen Museen und umgekehrt möglich. Aus dieser politischen Inkonsequenz in der Haltung der DDR-Regierung zu Westberlin zog der damalige Direktor des Ostberliner Kupferstichkabinetts die »mutige« Schlussfolgerung, sich auch noch um die Leitung des Westberliner Kabinetts in Dahlem bewerben zu können. Ob diese individuell beabsichtigte Wiedervereinigung der beiden getrennten Kupferstichkabinette über die Grenzen hinweg jedoch auch im Sinne der Stiftung Preußischer Kulturbesitz gewesen wäre, ist nicht anzunehmen. Aber soweit ist es erst gar nicht gekommen, denn die an das Ministerium für Kultur gerichtete Frage des Direktors war ein solcher Affront gegen die auf Abgrenzung zur Stiftung ausgerichtete Politik der DDR, dass er zwar sein Amt bei den Staatlichen Museen verlor, erstaunlicher Weise jedoch beim Minister für Kultur nicht gänzlich in Ungnade fiel. So leitete er als Direktor von 1973 bis 1978 die »Neue Berliner Galerie« des Zentrums für Kunstausstellungen der DDR, eine dem Kulturministerium direkt nachgeordnete Einrichtung.

Um die persönlichen Verbindungen zwischen den Mitarbeitern der beiden Museums-Verbände von Seiten der DDR kontrollieren zu können, gab es eine mündliche Weisung des Ministeriums für Kultur, über den Besuch von Kollegen aus Westberlin, der Bundesrepublik und dem westlichen Ausland dem Generaldirektor schriftlich Meldung zu erstatten. Diese Anordnung wurde jedoch vom Generaldirektor und von uns Direktoren mehr oder weniger als nicht existent betrachtet. Ich kann mich während meiner 36-jährigen Tätigkeit bei den Staatlichen Museen, seit 1962 als Direktor des Kunstgewerbemuseums und seit 1983 als Generaldirektor, nicht daran erinnern, zur Abgabe eines derartigen Berichtes aufgefordert worden zu sein oder als Generaldirektor jemals eine solche Meldung von meinen Mitarbeitern erhalten zu haben. Jeder von uns wusste – und wahrscheinlich auch das für uns zuständige Fachreferat im Ministerium für Kultur –, dass wir auf den wissenschaftlichen Informationsaustausch und auf Materialien zu den sich in den Westberliner Museen befindlichen Sammlungsstücken aus den ehemals zusammenhängenden Sammlungen ebenso angewiesen waren wie auch unsere Westberliner Kollegen Auskünfte und Unterlagen zu den sich bei uns befindlichen Kunstwerken für ihre Arbeits- und Forschungszwecke benötigten.

Aber auch von unseren Westberliner Kollegen war vor ihrem Besuch bei uns in Ostberlin eine »Belehrung über die Anzeigepflicht von Reisen in und durch den kommunistischen Machtbereich« auszufüllen. Dass dies auch bei der Stiftung nicht so ernst genommen wurde, wie es gedacht war, darf vorausgesetzt werden. Und so funktionierte der Austausch von Fotos, Inventarangaben, Archivalien und Katalogen da, wo es gemeinsame fachliche Interessen oder gar persönliche Beziehungen gab, stets reibungslos und auch meine Kollegen des Westberliner Kunstgewerbemuseums ließen sich nicht abhalten, trotz aller Erschwernisse des Grenzübertritts uns und die Sammlungen in Köpenick häufig aufzusuchen.

Als Beispiel für Probleme in dieser Zeit mögen folgende Begebenheiten stehen. Über viele Jahre hinweg hatten wir im Kunstgewerbemuseum Schloss

Köpenick gute fachliche Kontakte zu einem in Fulda wohnenden Porzellansammler und Forscher, der sich besonders für die sich in unserer Sammlung befindlichen Figurengruppen der Fuldaer Manufaktur interessierte. Seine Forschungen zu diesem Spezialgebiet der Porzellangeschichte waren auch für uns von Bedeutung und so tauschten wir Fotos von unseren Porzellanen gegen bei uns nicht vorhandene Fachliteratur. Als der schon etwas ältere Herr zu einem angekündigten Besuch unserer Sammlung nicht erschien, erhielten wir von ihm einige Tage später einen Brief, aus dem wir den Grund seines Ausbleibens erfuhren. Er schrieb uns voller Empörung, dass er beim Grenzübertritt am Kontrollpunkt Bahnhof Friedrichstraße von den Kontrolleuren derart streng und ungewöhnlich untersucht und behandelt worden sei, wie er es in seinem langen Leben noch an keiner Grenze der Welt erlebt hatte. Er hätte es deshalb vorgezogen, sofort wieder umzukehren und sich vorgenommen, Ost-Berlin nicht wieder zu betreten.

Aber es gab auch andere Beispiele an dieser uns trennenden Grenze, besonders als sich dann in den achtziger Jahren die Beziehungen zwischen den beiden deutschen Staaten schon wesentlich verbessert hatten. Anlässlich einer Ausstellungseröffnung ägyptischer Kunst im Hildesheimer Roemer-Pelizaeus-Museum, zu der das Ostberliner Ägyptische Museum bedeutende Kunstwerke ausgeliehen hatte, bat mich der dortige Direktor, auf meiner Rückreise im Zug eine amerikanische Kollegin nach Ost-Berlin mitzunehmen, da sie zum ersten Mal in den Ostblock einreise und dementsprechend ängstlich sei. Diese Kollegin, ausgerüstet mit einem großem Kamerastativ, diversen Kamerataschen und Reisegepäck, hatte verständlicherweise die wildesten Vorstellungen über das, was sie an der Grenze wohl erwarten würde. Kurz entschlossen ging ich – Bahnhof Friedrichstraße angekommen – mit der jungen Frau zu einem am Kontrollschalter stehenden Grenzoffizier, bat ihn höflich, sich dieser meiner aus den Vereinigen Staaten erstmals in ein »sozialistisches Land« einreisenden Kollegin doch wohlwollend anzunehmen und ihr beim Übertritt behilflich zu sein. Dieser uniformierte und von meinem Anliegen vielleicht etwas überraschte Kontrolleur gab sich wider Erwarten als ein absoluter Gentleman, nahm der Dame etwas von ihrem schweren Gepäck ab und geleitete sie an allen auf Einreise Wartenden vorbei direkt zum Kontrollschalter. Ehe ich überhaupt meine eigene Kontrollprozedur an einem extra für »DDR-Bürger und Dienstreisende« eingerichteten Ausgang erledigt hatte, stand meine New Yorker Reisebegleiterin schon eine ganze Zeitlang am verabredeten Ort und erwartete mich. Sie war völlig überrascht, wie problemlos sich ihr Übergang von West nach Ost vollzogen hatte. Aber Höflichkeit und Verständnis für den Reisenden waren an dieser Grenze natürlich nicht die Regel, sondern eher nur eine seltene Ausnahme.

Während meiner Zeit als Direktor des Kunstgewerbemuseums gab es stets gute fachliche und persönliche Beziehungen zu den Direktoren und Direktorinnen des Kunstgewerbemuseums der Stiftung sowie zu einigen ihrer Mitarbeiter. Mitte der 60er Jahre erhielt ich auch die Genehmigung, mir die 1963 neu eingerichteten Räume des Kunstgewerbemuseums im Charlottenburger Schloss anzusehen, die ich, von meinem Dienstauftrag abweichend, auch dazu nutzte, meine Kollegen im Museum zu besuchen, die mir natürlich auch eine Besichtigung der nicht ausgestellten Bestände in den Magazinen ermöglichten. Aber diese uns auf der Museumsinsel nur in ganz seltenen Fällen gewährten Dienstreisen nach Westberlin und in die Bundesrepublik bargen Gefahren ganz besonderer Art in sich. 1967, anlässlich des 100-jährigen Gründungsjubiläums des Berliner Kunstgewerbemuseums, das beide Museen in Charlottenburg und Köpenick getrennt begehen mussten, holte ich zur Ergänzung des in der Jubiläumsausstellung im Köpenicker Schloss ausgestellten Giselaschmucks eine Leihgabe aus dem Mittelrheinischen Landesmuseum in Mainz nach Berlin.

Weil ich zur damaligen Zeit noch nicht wusste, dass sich durch diese Dienstreisen und ebenfalls auch durch die berufliche Zusammenarbeit mit Kollegen aus den Museen der Bundesrepublik und Westberlins auch Komplikationen ergeben konnten, war ich erstaunt und auch erregt, als ich eines Tages in meinem Büro Besuch von einem Mitarbeiter des Ministeriums für Staatssicherheit bekam. Er sprach mich auf meine zurückliegenden »Westreisen« an und meinte, ob ich ihm nicht bei weiteren Reisen einige Informationen über meine Gespräche mit den Kollegen zukommen lassen könnte. Ich, über dieses Gespräch sehr erschrocken, lehnte vehement sein Anliegen allein schon aus moralischen Gründen ab, was er wiederum als kleinbürgerliche Einstellung meinerseits verbuchte. Verängstigt und beunruhigt über diese Begegnung habe ich bis in die 80er Jahre hinein, fast 20 Jahre lang, keine Dienstreisen mehr nach Westberlin oder in die Bundesrepublik beantragt. Damit war ich aber für den Staatssicherheitsdienst nicht mehr von Interesse, denn weitere Annäherungsversuche blieben aus.

Die kollegiale Zusammenarbeit bewährte sich aber auch im privaten Bereich über die Grenzen hinweg. Als ich für ein von mir im Leipziger Verlag Koehler & Amelang erscheinendes Buch über die deutsche Goldschmiedekunst ein fachliches Gutachten benötigte – jeder Verlag in der DDR musste vor der Drucklegung eines Manuskriptes zwei Gutachten einreichen ehe er die ministerielle Genehmigung zum Druck erhielt –, durfte ich einen mir bereits aus dem Studium bekannten und damals im Westberliner Kunstgewerbemuseum tätigen Goldschmiedespezialist bitten, ein Fachgutachten zu meinem Manuskript für den Verlag anzufertigen.

Der Informationsaustausch mit unseren Kollegen der Stiftung Preußischer Kulturbesitz und das gemeinsame Bewusstsein, trotz der Trennung im

Dienste einer eigentlich zusammengehörenden Institution zu stehen, führte auch in einer für uns auf der Museumsinsel sehr unangenehmen Situation zum Erfolg. 1973 erging an die Generaldirektion und an die Direktoren eine Weisung des DDR-Ministerrates über das Ministerium für Kultur mit der Auflage, Kunstwerke im Wert von 6 Millionen Valutamark aus unseren Sammlungen für den Verkauf auf dem internationalen Kunstmarkt gegen westliche Devisen herauszulösen. Auf das Kunstgewerbemuseum Schloss Köpenick entfiel dabei ein Anteil von 500 000,– Mark. Durch Gespräche mit unseren Kollegen aus Westberlin waren wir in Köpenick und auch auf der Museumsinsel darüber informiert, dass die Stiftung Preußischer Kulturbesitz die von uns abzugebenden Kunstwerke – sollten sie durch den DDR-Kunsthandel auf dem westlichen Kunstmarkt angeboten werden – sofort zu erwerben gedachte. Da solch eine Situation aber dem internationalen Ansehen der DDR sehr geschadet hätte, trug diese Information ganz bestimmt auch mit dazu bei, dass der bereits eingeleitete Aussonderungsprozess aus den Berliner und anderen Museen in der DDR erfolgreich gestoppt werden konnte.

Auch im Zusammenhang mit der Restaurierung von Schloss Köpenick nahmen wir auf Grund unserer guten kollegialen Kontakte zu den Mitarbeitern der Stiftung Preußische Schlösser und Gärten Hilfe in Anspruch. Für die Bestimmung des authentischen barocken Außenanstrichs von Schlosses Köpenick stellte uns der Generaldirektor der Westberliner Schlösserstiftung originale Farbproben vom Putz des Schlosses Charlottenburg aus der Zeit um 1700 und Profilzeichnungen für den Nachbau von zwei Flügeltüren zur Verfügung.

1985, als wir die Ausstellung »Weltschätze der Kunst, der Menschheit bewahrt« im Alten Museum zeigten und damit die »Rettung deutscher Kulturgüter« durch die Rote Armee 1945/1946 verherrlichten, waren uns in der DDR noch nicht die Dimensionen der sich noch als Beutekunst in sowjetischen Geheimdepots verbliebenen Kunstwerke, Bücher, Archivalien und Kulturgüter bekannt. Ein Mitarbeiter des Museums für Vor- und Frühgeschichte der Stiftung Preußischer Kulturbesitz, der sich zu dieser Zeit schon sehr intensiv mit dieser Thematik auseinandergesetzt hatte und anhand archivarischer Unterlagen nachweisen konnte, dass die Sowjetunion entgegen ihrer Zusicherung 1955/1958 nicht alle von ihr 1945 beschlagnahmten Kulturgüter an die DDR zurück gegeben hat, machte uns mit seinen Forschungsergebnissen bekannt. Wir konnten daraufhin unsere zuständige Fachabteilung im Ministerium für Kultur auf unsere falsche Darstellung dieser so wichtigen Frage in unserer Ausstellung und in der Geschichtspropaganda der DDR aufmerksam machen und sie bitten, diesen Sachverhalt doch auf höchster Ebene zur Sprache zu bringen. Wenige Jahre später wurde auch aus den Archiven und Bibliotheken bekannt, dass sich noch umfangreiche Bestände aus ihren Sammlungen in der

Sowjetunion befinden, und so sah sich die DDR-Regierung gezwungen, dieses für sie heikle Problem gegenüber der sowjetischen Regierung zur Sprache zu bringen, allerdings erfolglos.

Diese wenigen Beispiele zeigen, wie eng noch immer die von kollegialer Verbundenheit geprägten Beziehungen zwischen den geteilten Sammlungen unterhalb der offiziellen Ebene waren und trotz des für uns geltenden Kontaktverbots und der jahrzehntelangen Teilung zum Nutzen beider Seiten funktionierten.

Eine ganz andere Form der Begegnung zwischen den Mitarbeitern der Staatlichen Museen Ost und der Staatlichen Museen West gab es sehr häufig auch anlässlich von in Ostberlin oder im Ausland stattfinden Tagungen. So, um nur ein Beispiel zu nennen, trafen 1978 anlässlich der Eröffnung der Ausstellung »Glas des Historismus und Historismen im Jugendstil« im Rahmen des 7. Internationalen Glaskongresses im Kunstgewerbemuseum Schloss Köpenick die Direktoren aus den großen deutschen Kunstgewerbemuseen in Köln, Hamburg, Westberlin, Frankfurt am Main, Leipzig und Dresden inoffiziell und formlos zusammen. Bei Zusammenkünften dieser Art zeigte sich sehr schnell zwischen den Mitarbeitern der Berliner Staatlichen Museen – aber auch mit den Kollegen aus den Museen der Bundesrepublik – trotz jahrzehntelanger Trennung ein solidarisches Zusammengehörigkeitsgefühl. Wir standen uns zu keiner Zeit fremd gegenüber, im Gegenteil, wir waren sehr an gemeinsame Gespräche und an einem Informationsaustausch interessiert. Und so verbrachten wir während der Tagungen oft die Abende gemeinsam und sprachen darüber, wie schön es wäre, wenn die willkürlich auseinandergerissenen Sammlungen eines Tages wieder vereint die Vielfalt und den Reichtum der Staatlichen Museen zu Berlin zeigen könnten.

Ein Wunschtraum, über den ich auch zusammen mit meinen Westberliner Kollegen Wolf-Dieter Dube anlässlich einer KSZE-Nachfolgekonferenz, dem Budapester Kulturforum 1985, sprach. Auf einer internationalen Direktorenkonferenz im Juni 1989 im Wiener Kunsthistorischen Museum traten wir dann gemeinsam zum Thema der Konferenz vor die Presse. Dieser gemeinsame Auftritt führte aber zu Hause in Berlin zu einer Rüge des Kulturministeriums und man teilte mir mit, »... dass mir doch bekannt sein dürfte, dass es keine Gemeinsamkeiten mit der Stiftung Preußischer Kulturbesitz gäbe«. Wegen dieses für mich unverständlichen Verweises hatte ich mich dann an den Minister für Kultur der DDR, Hans-Joachim Hoffmann, mit der Bitte gewandt, dem zum Positiven veränderten Verhältnis der DDR zur Bundesrepublik entsprechend auch unser Verhalten zur Stiftung Preußischer Kulturbesitz endlich zu normalisieren, weil es einfach ein Anachronismus sei, den Tatsachen und realen Verhältnissen der gegenwärtigen Beziehungen zwischen der DDR und der BRD nicht Rechnung zu tragen. Der Minister, kein Hardliner und sturer Parteidogmatiker wie viele andere in ähnlicher Funktion, stand diesem Problem sehr aufgeschlossen gegenüber und bat mich, ihm zusammen mit dem Generaldirektor der Staatlichen Schlösser und Gärten Potsdam-Sanssouci, dazu einen Vorschlag zu unterbreiten, denn auch das Verhältnis der beiden Schlösserstiftungen bedurfte einer dringenden Normalisierung.

Eine günstige Gelegenheit, das verkrampfte und politisch belastete Verhältnis der Staatlichen Museen zu Berlin (Ost) zur Stiftung Preußischer Kulturbesitz zu verbessern, bot sich im September 1987 durch den Besuch Erich Honeckers in der Bundesrepublik. Dabei wurde zwischen ihm und dem Rheinland-Pfälzischen Ministerpräsidenten Bernhard Vogel vereinbart, die große Ausstellung »Das Reich der Salier«, die für 1992 vom Römisch-Germanischen Zentralmuseum in Mainz vorbereitet wurde, mit Leihgaben der Staatlichen Museen zu unterstützen und sie dann auch in Ostberlin auf der Museumsinsel zu zeigen. Da für diese Ausstellung aber auch umfangreiche Leihgaben aus Museen der Stiftung Preußischer Kulturbesitz vorgesehen waren, hätte das für die DDR eine Korrektur ihrer bis dahin praktizierten Haltung gegenüber der Stiftung Preußischer Kulturbesitz bedeutet. Wahrscheinlich war sich Erich Honecker über die kulturpolitischen Konsequenzen, die sich aus seiner Zusicherung ergeben würden, gar nicht im Klaren gewesen. Aber auch die Stiftung stand damit vor ungelösten juristischen Fragen. Konnte sie überhaupt Leihgaben aus ihren Sammlungen für eine in Ostberlin auf der Museumsinsel vorgesehene Ausstellung zur Verfügung stellen, auf die die DDR Besitzanspruch erhob? Wir auf der Museumsinsel jedoch begrüßten die Initiative unserer Mainzer Kollegen, arbeiteten aktiv an der Ausstellungsvorbereitung mit und sahen darin die große Chance, die unnormalen Beziehungen zwischen den getrennten Museumsverbänden in Berlin endlich zum Positiven verändern zu können.

Dazu ist es dann angesichts der sich seit Oktober 1989 in der DDR überschlagenden politischen Ereignisse jedoch nicht mehr gekommen; die friedliche Revolution brachte am 9. November die Mauer zu Fall und mit der Wiedervereinigung unseres geteilten Vaterlandes rückte auch die der geteilten Staatlichen Museen zu Berlin in greifbare Nähe. So konnten die Staatlichen Museen zu Berlin dann schon auf ihrer Jahrespressekonferenz am 10. Januar 1990 im Alten Museum auch erste Gedanken zur Wiedervereinigung der Berliner Museen mit den anwesenden Journalisten diskutieren und nur kurze Zeit später, am 23. Januar 1990, wurden zusammen mit unseren Westberliner Kollegen im Rathaus Schöneberg im Rahmen einer Veranstaltung der Fraktion der Alternativen Liste im Berliner Abgeordnetenhaus bereits gemeinsame Überlegungen zur Neugestaltung einer Gesamtberliner Museumslandschaft öffentlich vorgestellt und beraten. Diese schnelle Initiative zur Wiedervereinigung der geteilten Sammlungen war eindeutig auch den über die langen

Jahre der Teilung lebendig gebliebenen fachlichen und persönlichen Beziehungen und den Gesprächen vieler Kollegen aus beiden Teilen der getrennten Sammlungen so kurze Zeit nach Öffnung der Grenze zu verdanken. Sie hatten den Gedanken der Zusammengehörigkeit stets lebendig gehalten und nun sofort die sich ihnen bietende Chance ergriffen, den langgehegten Wunschtraum der Wiedervereinigung der nahezu 50 Jahre lang willkürlich auseinander gerissenen Sammlungen und Museen so schnell wie möglich zu verwirklichen.

Wolfgang Schäuble
Der deutsche Einigungsvertrag und der preußische Kulturbesitz

Interview mit Claudia Henne, Rundfunk Berlin-Brandenburg, am 18. Juli 2007

Claudia Henne: Herr Minister, am 3. Oktober 1990 trat der Einigungsvertrag in Kraft, mit dem der Beitritt der DDR zur Bundesrepublik besiegelt worden ist. In diesem Vertrag findet sich in Kapitel VIII Artikel 35 die Regelung für die Kultur, und da heißt es in Absatz 5, dass »die durch Nachkriegsereignisse getrennten Teile der ehemals staatlichen preußischen Sammlungen ... in Berlin wieder zusammenzuführen« sind. Wie, habe ich mich gefragt, fanden denn die preußischen Sammlungen in den Einigungsvertrag? Das liegt ja nicht so auf der Hand.

Wolfgang Schäuble: Genau besehen, doch. Man muss zunächst einmal daran erinnern, dass in der Ordnung des Grundgesetzes Kulturförderung Aufgabe der Bundesländer ist. Das erklärt auch, warum wir die Stiftung Preußischer Kulturbesitz überhaupt haben. Denn dass ein einzelnes Bundesland mit der Wahrung der ehemals preußischen Kultursammlungen überfordert gewesen wäre, war auch klar. Im Zuge der Wiedervereinigung haben wir nach der besten Lösung für die Zusammenführung der beiden Teile der preußischen Sammlungen gesucht. Auch damit wäre ein einzelnes Land – insbesondere das Land Berlin alleine – überfordert gewesen. Und außerdem hatten wir zum damaligen Zeitpunkt die Stiftung Preußischer Kulturbesitz schon. Die sachlich angemessene Lösung war es, erstens beide Teile zusammenzuführen – sie gehören ja auch zusammen – und zweitens die Stiftungslösung zu nehmen. Ganz unbestritten ist, dass der Bund, unbeschadet der Zuständigkeit der Länder für die Kulturförderung, im Zuge der Wiedervereinigung sehr viel dafür getan hat, um dieses reichhaltige, aber vom real existierenden Sozialismus sehr vernachlässigte kulturelle Erbe zu wahren.

Henne: Herr Schäuble, Sie traten am 21. April 1989 das Amt des Bundesinnenministers an. Im Sommer schwoll die Fluchtwelle der DDR-Bürger über Ungarn an und dann ging das in einem aberwitzigen Tempo. Das waren aufgewühlte Zeiten. Dabei die preußischen Sammlungen im Auge zu behalten, war nicht selbstverständlich. Wer hat dafür gesorgt, waren Sie das?

Schäuble: Sicher, für Kunst- und Kulturförderung war damals der Bundesinnenminister zuständig. Wir hatten mit Herrn v. Köckritz ganz unbestritten einen vorzüglichen Leiter der Kulturabteilung, und mit Herrn Kroppenstedt einen Staatssekretär, der ein großes Maß an Engagement und Sensibilität mitbrachte. Schließlich habe ich selbst immer ein großes Interesse daran gehabt und mich für die Stiftung Preußischer Kulturbesitz sehr engagiert. Es war damals klar, dass im Zuge der Wiedervereinigung auch für die Wiedervereinigung der preußischen Sammlungen eine Lösung gefunden werden musste. Natürlich ging alles wahnsinnig schnell. Aber wir waren nicht unvorbereitet. Ich hatte in den Weihnachts- und Neujahrstagen des Jahres 1989/90 in Ruhe darüber nachgedacht und mir andere historische Situationen angeschaut: Wie war das etwa beim Saarland gewesen? Aber da war das völlig anders gewesen. Mir war schnell klar, dass der beste Weg ein Vertrag sein würde, damit man vor der Wiedervereinigung über die Bedingungen, unter denen sie sich vollziehen sollte, Klarheit schaffen konnte. Das war die Grundentscheidung für den Einigungsvertrag. Ich bin damals zu der Überzeugung gelangt, dass solchen geschichtlichen Prozessen eine Tendenz zur Beschleunigung innewohnt. Genauso ist es dann ja auch gekommen. Als ich nach den Weihnachtstagen ins Innenministerium zurückkam, haben wir sofort anfangen, konkret darüber nachzudenken, wie ein solcher Vertrag aussehen könnte. Den Entwurf haben wir dann zunächst im Innenministerium und dann im Kabinettsausschuss Deutsche Einheit und innerhalb der Bundesregierung vorbereitet. An den Verhandlungen zum Einigungsvertrag waren nicht nur alle Ministerien beteiligt, sondern natürlich auch alle Bundesländer. So konnten wir sichergehen, dass nichts Wichtiges übersehen wurde. Und das kulturelle Erbe ist ja schließlich nicht das am wenigsten Wichtige.

Henne: Ihr Verhandlungspartner war Günther Krause. Welches Verhältnis ist Ihnen denn bei ihren ostdeutschen Verhandlungspartnern im Bezug auf die preußischen Sammlungen entgegengekommen?

Schäuble: Günther Krause und auch der damalige Ministerpräsident Lothar de Maizière haben sich in den Verhandlungen auf sehr persönliche Weise engagiert. De Maizière ist ein ungewöhnlich kunstsinniger und interessierter Mensch und hat eine unglaubliche Kenntnis nicht nur von Musik, sondern auch von preußischer Geschichte und Kultur. Auch Günther Krause ist ein sehr musischer Mensch, der – wie ich weiß – hervorragend Klavier und Orgel spielt. Beide haben sich für diesen Problemkomplex interessiert, obwohl sie von morgens bis abends und wahrscheinlich 24 Stunden am Tag eine Menge anderer Sorgen hatten. Wir hatten übrigens damals auch einen Bundeskanzler, der für solche Fragen sehr aufgeschlossen war und der persönlich dem Innenminister auch danach sehr viel Unterstützung gewährt hat, sodass der Bund in den finanzpolitischen Entscheidungen sich wirklich – nach dem Urteil aller – sehr engagieren konnte und das gut gemacht hat.

Henne: Die DDR hatte ja zu diesem Erbe der preußischen Sammlungen – Staatliche Museen, Staatsbibliothek – sehr schnell nach dem Ende des Zweiten

Weltkrieges ein sehr klares Verhältnis entwickelt. Die DDR hat sich als Kulturstaat verstanden. Hat das bei diesen Verhandlungen, als es um die preußischen Sammlungen ging – die Frage, wie was zusammengeführt werden sollte oder ob es Übergangslösungen geben sollte – eigentlich eine Rolle gespielt? Ist Ihnen da manchmal noch so ein Hauch des Kalten Krieges, denn damit hatte das ja auch zu tun, entgegengekommen?

Schäuble: Diejenigen, die damals die Verhandlungen auf DDR-Seite geführt haben, waren Vertreter einer frei gewählten Regierung und die hatte mit dem alten DDR-Staat und dem SED-Regime nichts zu tun. Das war eine ganz andere Welt. Insofern kamen uns keine Ressentiments entgegen. Im Übrigen war der Umgang mit dem preußischen Kulturerbe in der DDR – um es ganz vornehm zu sagen – zumindest ambivalent. Das eine oder andere hatte man gesprengt, was auch zum kulturellen Erbe gehörte, und das meiste hat man ziemlich verkommen lassen. Zunächst hat man in der DDR Preußen eher als Ausdruck des deutschen Militarismus und lange als Vorläuferstaat des Nationalsozialismus gesehen. In den 70er und 80er Jahren hat die SED-Führung, wenn ich das richtig beobachtet habe, dann auf neue Weise versucht, ein Stück Legitimität zu gewinnen. Dies wurde zuerst über den Sport versucht, mit einem gewissen Erfolg. Dann kam das Luther-Jahr. Plötzlich war Luther eine Art Vorläufer der sozialistischen Diktatur, was mich als Protestanten schon einigermaßen empört hat. Am Ende gab es einen Brief des Vorsitzenden des Staatsrates und Generalsekretärs der SED an den Chef des Hauses Hohenzollern, in dem er anregte, den Sarkophag Friedrichs des Großen, der sich damals auf der Hohenzollernburg befand, nach Potsdam zu überführen. Nachdem er diesen Brief erhalten hatte, besprach sich der Chef des Hauses Hohenzollern, Louis Ferdinand, mit dem Bundeskanzler und mit mir – ich war damals Chef des Kanzleramtes –, wie er reagieren solle. Die Antwort war: Solange Deutschland geteilt ist, bleibt der Sarkophag auf der Hohenzollernburg. Wenn Deutschland aber eines Tages in Freiheit wiedervereint sein würde – das war ein weiteres Ergebnis dieser Besprechung – würde der Bundeskanzler den Sarg nach Potsdam begleiten. Er hat Wort gehalten.

Henne: Es gab in diesem deutsch-deutschen Verhältnis Sprachregelungen. Also da hieß es in der Deutschen Staatsbibliothek Unter den Linden, wenn es um den Leihverkehr ging, »internationaler Leihverkehr« und in der Staatsbibliothek im Westteil der Stadt hieß es »innerdeutscher Leihverkehr«. Manifestiert das auch für Sie diese erstmal gegebene Unvereinbarkeit, die es sehr lange gegeben hat?

Schäuble: Die SED-Führung war der Auffassung, die DDR sei nun endgültig, und die bundesrepublikanische Auffassung war: Deutschland ist gegenwärtig geteilt, aber die beiden Staaten sind füreinander nicht Ausland und die Frage einer vorbehaltlosen Anerkennung kann sich erst stellen, wenn die Bevölkerung in der DDR selbst eine freie Entscheidung darüber treffen kann. Selbstbestimmung war das eigentliche Recht oder wie in einer Erklärung zum 17. Juni gesagt wurde: Die Freiheit ist der Kern der Deutschen Frage. Oder wie Bundespräsident Richard von Weizsäcker formulierte: Die deutsche Frage ist offen, solange das Brandenburger Tor zu ist.

Und das hatte die Konsequenz, dass wir seit dem Vertrag über die Grundlagen der Beziehungen zwischen beiden deutschen Staaten in einer ambivalenten Situation lebten: Wir hatten keine Botschaft in Ost-Berlin, sondern eine Ständige Vertretung. Die DDR hatte ja auch eine Ständige Vertretung in Bonn, aber sie hätte lieber eine Botschaft gehabt. In der Bundesregierung war für die DDR das Ministerium für Innerdeutsche Beziehungen zuständig, aber dieses Ministerium ist von der DDR nicht anerkannt worden. In der DDR war für die Beziehungen zur Bundesrepublik das Außenministerium zuständig. Der Kompromiss, der dann gefunden wurde, war, dass die Zuständigkeit für die Beziehungen auf Regierungsebene im Kanzleramt lag. Deswegen hatte ich das Glück, diese schöne Aufgabe von 1984 an als Chef des Kanzleramtes wahrzunehmen. Mein offizieller Gesprächspartner war der damalige Außenminister Fischer; mein direkter Gesprächspartner als Beauftragter von Honecker war aber mehr Alexander Schalck-Golodkowski. Wir, die Bundesrepublik, waren für die DDR Ausland und für uns war die DDR Inland.

Henne: Es gab ja eine Stiftung Preußischer Kulturbesitz in der DDR nicht. Hat Sie das auch vor Probleme gestellt?

Schäuble: Nein. Die DDR war ja kein föderaler Staat, sondern ein sozialistischer Einheitsstaat. Erstens hat sie sich um das Kulturerbe nicht sehr gekümmert, und zweitens hat die sozialistische Einparteiherrschaft alles zentralistisch geregelt. Wozu also eine Stiftungslösung, die wäre mit dem real existierenden Sozialismus völlig unvereinbar gewesen. Alle derartige Fragestellungen wie geteilte Zuständigkeiten zwischen Bund, Ländern, Gemeinden haben mit dem Staatsverständnis des real existierenden Sozialismus nichts, aber auch gar nichts zu tun. Deswegen gab es das nicht. Das war eine ganz andere Welt.

Henne: Nicht alle Bundesländer, Sie haben das schon kurz angedeutet, die in der Stiftung Preußischer Kulturbesitz vereint waren, hielten die Vereinigung der preußischen Sammlungen uneingeschränkt für angemessen. Bayern hatte Bedenken. Mussten Sie da auch Überzeugungsarbeit in Richtung der Länder leisten?

Schäuble: Die Länder haben eine gewisse Tendenz, sich zunächst einmal für sich selber verantwortlich zu fühlen. Das ist ja auch nicht falsch. Aber man muss eben gelegentlich sagen: Dort, wo sie die Zuständigkeit in der Ordnung des Grundgesetzes haben, haben sie auch eine gesamtstaatliche Verantwortung, und dann können sie sich nicht nur auf ihr Länderinteresse beziehen, sondern müssen auch die gesamtstaatliche Verantwortung wahrnehmen. Das ist immer eine schwierige Debatte.

Die Stiftung Preußischer Kulturbesitz hatte neben dem Föderalismus ihre Begründung vor allen Dingen auch darin, dass das Land Preußen im Deutschen Reich eine besondere Stellung hatte und dass es eine Entscheidung der Siegermächte gewesen war, das Land Preußen nun nicht mehr wiedererstehen zu lassen. Jedes der neuen Länder, die entstanden sind, zunächst in der Bundesrepublik und später dann auch in der DDR, wäre mit der Wahrnehmung des Erbes von Preußen insgesamt völlig überfordert. Das Land Berlin oder die Hauptstadt Berlin wäre mit dem kulturellen Erbe Preußens insgesamt überfordert, weil Preußen mehr war als nur ein Land in diesem Reich. Insofern ist die Lösung der Stiftung Preußischer Kulturbesitz – Bund und alle Länder – eigentlich eine, die neben allen sonstigen Besonderheiten der Tatsache Rechnung trägt, dass dieses Preußen in Deutschland eine Rolle hatte, die heute kein Bundesland in der Bundesrepublik Deutschland spielt und auch nicht spielen soll.

Henne: Würden Sie sagen, Herr Schäuble, dass die Deutschen das preußische Erbe auch brauchen als gemeinsame Wurzeln, um wieder ein Volk zu werden? Ist dieses historische Erbe wichtig für die Gegenwart?

Schäuble: Das preußische Erbe ist ungeheuer wichtig und Preußen ist auch ein wichtiger Teil unserer nationalen Identität und unserer Geschichte, aber es ist nicht das Ganze. Das Schöne an Deutschland ist die Vielfalt, dieser unglaublich große Reichtum durch unsere Vergangenheit. Preußen spielt eine ganz wichtige Rolle und ohne diese geht es nicht bei allen Höhen und Tiefen. Aber die Reduzierung auf Preußen – das müssen Sie dann einem Badener schon nachsehen – das geht dann auch wieder nicht.

Henne: Aber Herr Schäuble, Sie sind in der Debatte um die Hauptstadt damals, obwohl Sie angemerkt haben, dass Sie ganz vom westlichen Rand der Bundesrepublik kommen, sehr vehement für Berlin eingetreten. Was unterscheidet Sie von anderen Baden-Württembergern oder Bayern, denn die waren nicht unbedingt alle überzeugt. Die Entscheidung ist relativ knapp gefallen.

Schäuble: Es war eine sehr knappe und sehr umstrittene, umkämpfte Entscheidung. Das ist wahr. Ich habe am Anfang nicht verstanden, dass es überhaupt eine Debatte darüber geben würde. Ich erinnere mich genau: Im Frühjahr kam der damalige Bonner Oberbürgermeister und Mitglied der CDU/CSU-Fraktion im Bundestag, Hans Daniels, zu mir in mein Büro im Innenministerium in Bonn. Man könne nun nicht mehr ausschließen, sagte er, dass es zur Wiedervereinigung käme. Bonn müsse Hauptstadt bleiben. Daraufhin musste ich schallend lachen. Und habe dann gesagt: Passen Sie auf, Herr Daniels, ich gebe Ihnen eine Bescheinigung, dass Sie mannhaft für den

Erhalt Bonns gekämpft haben. Die können Sie Ihrem Stadtrat zeigen. Aber Sie meinen es doch nicht wirklich ernst, oder? Er meinte es ernst. Zum Ruhme der Baden-Württemberger CDU muss ich allerdings sagen: Auf ihrem Parteitag im April 1991 hat eine Mehrheit von zwei Dritteln dafür gestimmt, dass Berlin die Hauptstadt werden soll und nicht Bonn.

Henne: Herr Schäuble, ich frage Sie das auch deshalb, weil die Übertragung der preußischen Sammlungen auf die Stiftung Preußischer Kulturbesitz in Berlin schon auch etwas mit diesem West-Berlin zu tun hatte. Haben Sie damals, 1990, geahnt, wie schwer es diese Stadt haben würde?

Schäuble: Nein. Das haben wir nicht geahnt. Wir haben damals geglaubt, Berlin profitiere am meisten. Viele Probleme, die sich im Laufe der Zeit ergeben haben, haben wir nicht vorhergesehen. Aber wer sieht schon die Zukunft voraus? Eines wussten wir aber: Wenn wir zu lange alles Mögliche geprüft hätten, hätten wir die Chancen der Wiedervereinigung verspielt. Deswegen haben wir gesagt: Jetzt machen wir es erst einmal. Den Rest werden wir dann auch noch hinkriegen. Und die Entscheidung war auch richtig. Ein Teil der Probleme, die Berlin hat, lassen sich sicher damit begründen, dass die Förderung stark abgenommen hatte. Allerdings ist dies inzwischen 16,17 Jahre her; zu lange kann sich die Berliner Politik darauf also auch nicht mehr rausreden. Die Stadt hat aber natürlich als Hauptstadt Anspruch auf bundesweite Solidarität. Aber sie hat auch eine Verantwortung als Hauptstadt für das ganze Land. Was das preußische kulturelle Erbe anbetrifft, das konnte nur in Berlin angesiedelt werden. Wo denn sonst?

Henne: Sie wissen ja, dass vor 50 Jahren, als die Stiftung gegründet wurde, einerseits die DDR immer wieder gefordert hatte, große Teile der in den Westen gelangten Sammlungen wieder zu bekommen, und dass andererseits die Schätze, die ausgelagert waren in Celle, in Wiesbaden, von den neu gegründeten Bundesländern gar nicht zurückgegeben werden sollten. Diese Auseinandersetzungen um die ausgelagerten Schätze waren der Anlass für die Gründung der Stiftung. Haben sich da auch Vorbehalte gegen Berlin bemerkbar gemacht, wie sie auch heute noch manchmal spürbar sind?

Schäuble: Das habe ich nicht so mitbekommen. Es wird auch irgendwo eine Rolle gespielt haben. Im Übrigen: Dass das preußische Erbe nicht allein Berlin gehört, ist ja auch wieder richtig. Es entspricht auch der Situation. Das ist das natürliche Kräfteringen. Der Wettbewerb im föderalen System trägt dazu bei, dass Deutschland diese im Vergleich zu anderen Ländern unglaubliche kulturelle Vielfalt hat. Das preußische kulturelle Erbe ist ein großer Teil davon. Vieles muss im Wesentlichen in Berlin konzentriert werden, aber dass nicht nur alles in Berlin sein muss, ist auch wieder richtig. Die Hauptstadt hat gegenüber dem Land eine Verantwortung, die über ihre eigenen Belange selbst hinausgeht. Daran muss man die Berliner gelegentlich auch erinnern. Das vereinte Deutschland ist im Jahre 1990 nicht auf dem Reißbrett konstruiert worden, sondern knüpfte an die deutsche Geschichte in guten und in weniger guten Zeiten an.

Henne: Herr Schäuble, wenn Sie sich an die aufregende Zeit vom November 1989 bis Oktober 1990 erinnern: Was ist Ihnen davon besonders in Erinnerung geblieben?

Schäuble: Meine Erinnerungen auf *ein* Ereignis zurückzuführen, ist fast nicht möglich. Es war fast wie ein Rausch. Es ging so unglaublich schnell und man war auch selber in diesen Monaten durch die Geschwindigkeit der Ereignisse angespannt; aber ich hatte es gar nicht so empfunden, weil es eine so unglaublich spannende Zeit war. Es gibt Momente, an die ich mich natürlich besonders lebhaft erinnere. Beispielsweise, wie wir uns völlig erschöpft in den Armen lagen, als wir die Verhandlungen zum Einigungsvertrag abgeschlossen hatten, an diesem 31. August im Kronprinzenpalais. Wir hatten zuvor noch bis in die Morgenstunden in Bonn verhandelt.

Es gibt unendlich viele Geschichten aus dieser Zeit, wie der Abend des 18. März: das Gesicht von Lothar de Maizière, als er begriffen hatte, dass er die Wahl gewonnen hatte und Ministerpräsident werden musste – so einen Wahlsieger werden Sie nie mehr in der Geschichte sehen! Er war völlig erschrocken, als ihm klar wurde, dass er jetzt regieren musste. Er war im Grunde unheimlich sympathisch, weil er Sinn dafür hatte, was für eine unglaubliche Last und Verantwortung dies war. Darum glaube ich, dass ihm durch die deutsche Öffentlichkeit auch nicht annähernd Gerechtigkeit widerfährt und widerfahren ist; aber das ist eine andere Geschichte. Eindrücke und Erinnerungen wie diese könnte ich Ihnen noch stundenlang erzählen.

Henne: Ich würde gern noch kurz in die Gegenwart kommen. Es gibt ja heftige Auseinandersetzungen um Architektur, sprich um das Schloss in der Mitte Berlins, um das neue Eingangsgebäude auf der Museumsinsel. Warum, Herr Schäuble, genießt die zeitgenössische Architektur so wenig Vertrauen oder, anders gefragt, warum ist die Sehnsucht nach historischen Fassaden so groß?

Schäuble: Wenn ich mir die modernen Städte anschaue, kann ich es irgendwie nachvollziehen. Was beispielsweise die Dresdner mit dem Wiederaufbau der Frauenkirche geleistet haben, ist enorm. Und anfangs hatte man Ludwig Güttler fast für verrückt gehalten. Heute steht die Frauenkirche in voller Pracht. Ich finde, unser Regierungsviertel hier in Berlin ist ganz nett geworden, aber ich habe schon auch einen gewissen Sinn dafür, wenn es heißt, die Architektur des Stadtschlosses sei schon etwas Besonderes gewesen. Das kann man also hin und her diskutieren, wobei ich nicht gerade jemand bin, der sich für den Sachkundigsten in Sachen Architektur hält.

Henne: Herr Minister, die Stiftung Preußischer Kulturbesitz strebt über die

Museumsinsel hinaus auf den Schlossplatz ins Humboldt-Forum, das heißt in der historischen Mitte der deutschen Hauptstadt werden in absehbarer Zukunft Kunst und Wissenschaft residieren. Ist das das zukünftige Bild von Deutschland, das wir, das Sie, das alle in die Welt senden wollen?

Schäuble: Es ist jedenfalls bisher die plausibelste Lösung. Herr von Boddien ist ernst zu nehmen. Dieser Raum muss gestaltet werden, abgesehen von einer vielleicht auch historischen Nostalgie. Ich sage es noch einmal: Die Architektur des Stadtschlosses hat diesen Raum schon in einer sehr eindrucksvollen Weise gefüllt. Ich bin gar nicht sicher, ob wir mit unserer modernen Architektur wirklich bessere Lösungen fänden. Aber man kann ja nicht nur ein Gebäude bauen, sondern man muss auch wissen, was mit und in dem Gebäude geschehen soll. Wissenschaft und Kunst werden eine wichtige Rolle spielen. Was zeichnet die Qualität eines Standortes schließlich aus und worin liegen die Chancen der Stadt Berlin? Theater, Kunst, Kultur, Wissenschaft sind nicht irgendwelches nettes Beiwerk, sondern das Eigentliche.

Henne: 1990 waren Sie noch für die Kultur zuständig. Würden sie gerne wieder für die Kultur zuständig sein?

Schäuble: Ich bin gerne Innenminister. Die Lösung, den Kulturbeauftragten im Kanzleramt anzusiedeln, hat eine hohe Zustimmung gefunden und ist unbestritten. Und wenn ich jetzt sagen würde, dass es noch viel besser war, als die kulturelle Zuständigkeit noch im Innenministerium lag, dann wäre das natürlich nur im Spaß. Ich bin schließlich hinreichend beschäftigt.

Henne: Das ist wahr. Besuchen Sie ab und zu ein Museum?

Schäuble: Ich besuche auch mal ein Museum, aber ich bringe mehr Zeit in Theater und Konzerten zu. Da ist mein größeres Interesse. Aber ab und zu gehe ich auch schon mal ins Museum.

Franz Georg Kaltwasser

Die Stunde des Beirats der Stiftung zwischen dem Fall der Berliner Mauer am 9. November 1989 und der deutschen Wiedervereinigung am 3. Oktober 1990

Warum baut man die Staatsbibliothek Preußischer Kulturbesitz an den Stadtrand von Westberlin, fragte ich, weil mich der Hafer stach, den damaligen Präsidenten der Stiftung Preußischer Kulturbesitz, Hans-Georg Wormit. Mit treu-preußischen Augen und mit Tadel im Blick auf den bayerischen Beamten fragte er zurück, ob ich noch nie einen Stadtplan von Gesamtberlin in der Hand gehabt hätte, dann wüsste ich, dass die Bibliothek in der Mitte Berlins und im Hinblick auf die Wiedervereinigung gebaut würde. Ich durfte trotz meiner naiv erscheinenden Frage im Beirat der Stiftung bleiben, dem ich von 1972 bis 1992 angehörte, dabei von 1982 bis 1992 als dessen Vorsitzender, bei gleichzeitigem Vorsitz der Bibliothekskommission des Beirats. In den Beirat wurde ich in etwas ungewöhnlicher Weise aufgenommen. Anlässlich der Suche nach einem Nachfolger des Generaldirektors der Staatsbibliothek, Ludwig Borngässer, der dann Ekkehart Vesper hieß, wurde ich zu meiner Überraschung gebeten, mich dem Vorstellungsgremium im damaligen Gebäude der Stiftungsverwaltung in Dahlem (In der Halde 1) zu stellen, auch wenn ich mich nicht beworben hatte und es allen Beteiligten bewusst war, dass man nur die Antworten eines Unbefangenen auf die Fragen hören wollte, die man den Bewerbern in ihren Vorstellungsgesprächen gestellt hatte. Das war die angenehmste »Prüfung«, der ich mich jemals unterzogen habe. Es gab aber doch ein konkretes Ergebnis: Man berief mich daraufhin in den Beirat.

Nach dem Fall der Mauer am 9. November 1989, der Öffnung der innerdeutschen Grenze und nach der Wiedervereinigung der beiden deutschen Staaten am 3. Oktober 1990 fand sich die Staatsbibliothek in der Tat in der Mitte Berlins wieder, wie es Wormit prophezeit hatte, allerdings dem Osten den Rücken zeigend – und konfrontiert mit der Deutschen Staatsbibliothek unter den Linden.

Zu den gesetzlichen Organen der Stiftung Preußischer Kulturbesitz gehört außer dem Stiftungsrat und dem Kurator (Präsident) der Beirat. Der Beirat konstituierte sich am 30. März 1962. Er hat die Aufgabe den Stiftungsrat und den Präsidenten der Stiftung in Grundsatz- und fachspezifischen Fragen zu beraten. Der Beirat steht nicht im direkten Dienst der einzelnen Einrichtungen der Stiftung, also der Museen oder der Bibliothek, wie es gelegentlich missverstanden wurde. Der wissenschaftliche Beirat setzt sich aus Historikern,

Kunsthistorikern, aus Leitern von Bibliotheken, Museen und Archiven zusammen, die nicht im unmittelbaren Dienst der Stiftung stehen.

Zunächst hatte der Beirat keinen aus seiner Mitte gewählten Vorsitzenden. Der Vorsitzende des Stiftungsrates übernahm diese Aufgabe. Dies erwies sich wegen der Arbeitsbelastung dieser Vorsitzenden als nicht sehr praktisch, und schließlich soll der Beirat ja den Stiftungsrat beraten. Da war eine Personalunion nicht recht angebracht. So wurde die Stiftungsordnung in der Weise geändert, dass ab 1982 die Beiratsmitglieder ihren Vorsitzenden aus ihren eigenen Reihen wählen konnten.

Da viele der zu lösenden Probleme sich auf sehr unterschiedliche, spezifische Weise entweder im Museums- oder im Bibliotheksbereich stellen, wurde aus Mitgliedern des Beirats eine Museums- und eine Bibliothekskommission eingerichtet. Dem Beirat bleiben die übergreifenden Themen vorbehalten.

Es ist hier nicht der Platz auf die vielen Fragestellungen, vor die sich die beiden Fachkommissionen gestellt sahen, im einzelnen einzugehen. Es müssen einige wenige Andeutungen genügen, die aus der Arbeit der Bibliothekskommission resultieren:

• Die vom »Errichtungsgesetz« der Stiftung aus dem Jahr 1957 geforderte Überführung der in Westdeutschland an verschiedenen Orten lagernden Bestände der ehemaligen Preußischen Staatsbibliothek.

• Der Aufbau, der für das ganze deutsche Bibliothekswesen so wichtig gewordenen Zeitschriftendatenbank.

• Die Schaffung einer Datenbank für Körperschaftsnamen gemeinsam mit der Bayerischen Staatsbibliothek und mit der späteren Beteiligung auch der Deutschen Bibliothek, ein für das deutsche Bibliothekswesen völlig neues Gebiet, wichtig für die internationale Zusammenarbeit und der Erweiterung des Informationsgehaltes der Nachweisinstrumente.

• Die Einführung der neuen, international ausgerichteten »Regeln für die alphabetische Katalogisierung (RAK)«, im internationalen Zusammenhang etwa gleichzeitig mit der Deutschen Staatsbibliothek in Ostberlin, was die Zusammenarbeit nach der Wiedervereinigung ganz erheblich erleichterte, ein Tatbestand, der alles andere als selbstverständlich war, auch wenn er vielfach so aufgefasst worden war.

• Und – und – und.

Die ziemlich plötzliche und in dieser Form nicht erwartete Öffnung der innerdeutschen Grenze im November 1989 stellte die Stiftung Preußischer Kulturbesitz vor ebenso plötzlich zu lösende Grundsatzprobleme. Zwar bestanden zunächst noch die zwei Staaten nebeneinander weiter, aber die lange erhoffte und von manchen schon nicht mehr erwartete Wiedervereinigung erschien als reale Möglichkeit am Horizont. Im »Errichtungsgesetz« von 1957 stand: »Die Stiftung hat den Zweck, bis zu einer Neuregelung nach der Wiedervereinigung die ihr übertragenen preußischen Kulturgüter für das deutsche Volk zu bewahren, zu pflegen und zu ergänzen.«[1] Die Erfüllung dieser Aufgabe rückte nach dem Mauerfall näher, damit war aber auch zunächst einmal die Existenzgrundlage der Stiftung zur Diskussion gestellt, da ihre Aufgabe zeitlich begrenzt war »bis zur Neuregelung nach der Wiedervereinigung«. Zunächst allerdings ging man davon aus, dass beide deutsche Staaten noch länger nebeneinander existieren würden und damit Zeit für eine sorgfältige Planung gegeben sei. Doch bekanntermaßen überstürzten sich die politischen Ereignisse.

Dies bedeutete eine Herausforderung auch für den Beirat der Stiftung Preußischer Kulturbesitz. So trat der Beirat aus eigener Initiative bereits am 2. März 1990 zusammen. Sein Vorsitzender konnte als Ergebnis der lebhaften, aber am Ende einmütigen Debatte eine Empfehlung an die Stiftung formulieren, die um ihrer grundsätzlichen Bedeutung willen hier abgedruckt werden soll:

Angesichts der zu erwartenden Wiedervereinigung Deutschlands erklärt der Beirat der Stiftung Preußischer Kulturbesitz:

1. Es ist selbstverständlich, die durch die Nachkriegsereignisse getrennten Teile der staatlich preußischen Sammlungen in Berlin wieder zusammenzuführen.

2. Die herausragende internationale Bedeutung der Sammlungen muss bei einer Neuordnung berücksichtigt werden. Auch die besondere wissenschaftliche Tradition der Berliner Sammlungen muss beachtet und fortgesetzt werden.

3. Die Neuordnung darf sich nicht auf eine reine Wiederherstellung der Zustände vor 1945 beschränken, sondern muss die Fortentwicklung der Sammlungen in den letzten Jahrzehnten berücksichtigen.

4. Da der Staat Preußen nicht mehr existiert, scheint es auch für die künftige Regelung sinnvoll, eine umfassende Trägerschaft für die Berliner Sammlungen zu finden, an welche der neue deutsche Gesamtstaat und alle Länder beteiligt sein sollen. Es erscheint zweckmäßig, dabei wieder auf die Form einer Stiftung öffentlichen Rechts zurückzugreifen.[2]

Diese Empfehlung wurde maßgeblich für die weitere Entwicklung der Stiftung und ihrer Arbeit.[3] Zusammen mit einer Analyse des Präsidenten der Stiftung über »Die Zukunft des ehemals preußischen Kulturbesitzes in einem wiedervereinigten Deutschland« wurden die Empfehlungen des Beirats nach Beratungen in der Referentenkommission am 8. Juni 1990 an den Stiftungsrat weitergegeben. Dieser übernahm auf seiner Sitzung am 2. Juli 1990 die nur unwesentlich veränderten Empfehlungen als Text eines entsprechenden Beschlusses.

In dem am 31. August 1990 beschlossenen »Vertrag zwischen der Bundesrepublik Deutschland und der Deutschen Demokratischen Republik über die Herstellung der Einheit Deutschlands« (Einigungsvertrag) wird die Zusammenführung der getrennten Teile der ehemals staatlichen preußischen Sammlungen in Berlin bestimmt (Art. 35, Abs. V). Das entsprach der ursprünglich vom Beirat der Stiftung ausgesprochenen Empfehlung der Abschnitte 1 bis 3. Die Trägerschaft der Einrichtungen durch die Stiftung Preußischer Kulturbesitz (Abschnitt 4) wurde allerdings als »vorläufig« bezeichnet.

Schließlich finden sich in einem Beschluss des Deutschen Bundestages vom 31. Oktober 1990 zu den »Grundsätzen und Zielen der staatlichen Kulturpolitik« ganze Passagen der Empfehlungen des Beirats der Stiftung Preußischer Kulturbesitz wieder. Dieser Beschluss nimmt bemerkenswerter Weise die Empfehlung des Beirats über den Fortbestand der Stiftung Preußischer Kulturbesitz (Abschnitt 4) wieder auf, die der »Einigungsvertrag« nicht übernommen hatte: *Der Deutsche Bundestag hält es für zweckmäßig, die bewährte Form einer Stiftung öffentlichen Rechts beizubehalten.*[4]

Es blieb noch das Problem der zukünftigen Namensgebung der wiedervereinigten Einrichtungen der Stiftung:

Die Museen hatten mit ihren Namen keine Probleme. Sie übernahmen, wie bislang in der Stiftung Preußischer Kulturbesitz gewohnt, die Bezeichnung: »Staatliche Museen zu Berlin – Preußischer Kulturbesitz«, nicht so die Bibliotheken. Es wurde mit der bisherigen Bezeichnung der Ostberliner Bibliothek als »Deutsche Staatsbibliothek« auch für die wiedervereinigten Teile der ehemaligen Preußischen Staatsbibliothek geliebäugelt. Das stieß in Frankfurt/Leipzig und in München auf Widerspruch, da dies keine verständliche Relation zur Deutschen Bibliothek und zur Bayerischen Staatsbibliothek ergäbe. Nach langen Diskussionen fasste der Beirat am 24. Oktober 1991 auf Vorschlag des Generaldirektors Richard Landwehrmeyer, der dabei über seinen eigenen Schatten sprang, den Beschluss, dem Stiftungsrat vorzuschlagen, die wiederzuvereinigende Bibliothek in Zukunft »Staatsbibliothek zu Berlin – Preußischer Kulturbesitz« zu nennen. Den Vertretern der Museen erschien dies in Parallele zur Bezeichnung der »Staatlichen Museen zu Berlin – Preußischer Kulturbesitz« als selbstverständlich. Heute spricht man von einer »virtuellen deutschen Nationalbibliothek«, gebildet aus den Staatsbibliotheken in Berlin und München und Der Deutschen Bibliothek, auch wenn diese durch Bundesgesetz seit 2006, das ablehnende Votum des Bundesrats nicht beachtend und gegen den Widerstand aus Berlin und München den Namen »Deutsche Nationalbibliothek« trägt.[5] Zwei verschiedene Begriffe von »Nationalbibliothek«, die ziemlich irritierend ineinandergreifen. Aber was sind Namen?[6] Die beiden Staatsbibliotheken in Berlin und München haben sich in jüngster Zeit expressis verbis zu engerer praktischer Zusammenarbeit im Geiste zweier großer Partner bekannt.

Zu meinem Nachfolger als Vorsitzender des Beirats der Stiftung Preußischer Kulturbesitz wurde 1993 Klaus-Dieter Lehmann gewählt, damals Generaldirektor Der Deutschen Bibliothek.

1 Jahrbuch Stiftung Preußischer Kulturbesitz 22 (1985). Berlin 1986, S. 27.

2 Jahrbuch Stiftung Preußischer Kulturbesitz 27 (1990). Berlin 1991, S. 13.

3 Jahrbuch Stiftung Preußischer Kulturbesitz 27 (1990). Berlin 1991, S. 13.

4 Jahrbuch Stiftung Preußischer Kulturbesitz 34 (1997). Berlin 1998, S. 85.

5 Knoch, Stefan: Anmerkungen zum »Gesetz über die Deutsche Nationalbibliothek« (DNBG). In: Bibliotheksdienst 41 (2007), S. 529 –541.

6 Von der »Bibliothèque du Roi« über die »Churfürstliche Hof- und Nationalbibliothek« in München zur »Staatsbibliothek zu Berlin – Preußischer Kulturbesitz« : Über die Namen großer Forschungsbibliotheken. In: Tradition und Wandel: Festschrift für Richard Landwehrmeyer aus Anlaß seines Ausscheidens aus dem Amt des Generaldirektors der Staatsbibliothek zu Berlin Preußischer Kulturbesitz am 28. Februar 1995. Berlin: Staatsbibliothek zu Berlin – Preußischer Kulturbesitz, 1995, S. 67–81.

oben Dr. L. S. Bastardo, Staatsminister von Venezuela, spricht zur Eröffnung des Neubaus für das Ibero-Amerikanische Institut am 30.6.1977. Links Stiftungspräsident Hans-Georg Wormit am letzten Tag seiner 15-jährigen Amtszeit.
unten Bundespräsident Heinrich Lübke und Frau Wilhelmine besuchen am 8.12.1968 die kürzlich eröffnete Neue Nationalgalerie. Museumsdirektor Werner Haftmann erläutert Max Beckmanns »Geburt«.

oben Bundespräsident Walter Scheel trifft im Januar 1975 einen alten Bekannten aus Paris: Den Maler Hans Hartung vor der Eröffnung seiner großen Retrospektive in der Neuen Nationalgalerie.
unten Bundespräsident Carl Carstens prüft bei seinem Besuch am 17.10.1979 den Freihandbuchbestand im Lesesaal der neuen Staatsbibliothek an der Potsdamer Straße.

oben Bundeskanzler Helmut Schmidt und Frau Loki in der neuen Nationalgalerie, begleitet von Direktor Dieter Honisch und Peter Raue, dem Vorsitzenden der »Freunde der Nationalgalerie«, am 29.1.1979.
unten »La liberté de Berlin est aussi la nôtre«; Besuch des Präsidenten der Französischen Republik, Valéry Giscard d'Estaing mit Bundeskanzler Helmut Schmidt am 29.10.1979 in der Staatsbibliothek.

oben König Juan Carlos I. von Spanien und Königin Sofia besuchen am 27.2.1986 das Ibero-Amerikanische Institut. Direktor Wilhelm Stegmann zeigt seinen Bestand alter spanischer Bücher.
unten Der Präsident der Portugiesischen Republik, Mario Soarez, besucht am 20.4.1988 das Ibero-Amerikanische Institut und wird anschließend von Stiftungspräsident Werner Knopp in der Villa von der Heydt empfangen.

oben Bundespräsident Richard von Weizsäcker am 12.7.1988 in der Ausstellung »Schätze aus dem Topkapi Serail«. Klaus Brisch, Direktor des Islamischen Museums, erläutert das Modell der Süleymaniye-Moschee.
unten Besuch des Präsidenten der Vereinigten Staaten von Amerika, Bill Clinton, und Hillary Clinton am 12.7.1994 im Pergamonmuseum in Begleitung von Bundeskanzler Helmut Kohl und Hannelore Kohl.

oben »Deutschland dankt Ihnen« – Bundespräsident Roman Herzog bei der Eröffnung der Sammlung Berggruen »Picasso und seine Zeit« mit Heinz Berggruen am 6.9.1996.
unten Bundespräsident Roman Herzog mit dem Sammler Erich Marx und Reg. Bürgermeister Eberhard Diepgen am 1.11.1996 bei der Eröffnung des »Hamburger Bahnhofs – Museum für Gegenwart Berlin« mit der Sammlung Marx.

oben Fernando Henrique Cardoso, Präsident der Republik Brasilien, Kenner des Ibero-Amerikanischen Instituts, seiner Bibliothek und seiner Forschungstätigkeit, gratuliert dem Haus zu dessen 70-jährigem Bestehen am 5.10.2000.
unten Bei Karl Friedrich Schinkel – die First Lady der Vereinigten Staaten von Amerika, Laura Welch Bush, und die Frau des Bundeskanzlers, Doris Schröder-Köpf, am 23.5.2002 in der Alten Nationalgalerie.

oben Der Präsident der EU-Kommission, Romano Prodi, und Bundeskanzler Gerhard Schröder werden von Generaldirektor Peter-Klaus Schuster am 17.6.2003 auf der Museumsinsel begrüßt.
unten Der Russischen Kulturminister Michail Schwydkoi besucht am 27.9.2003 in der Alten Nationalgalerie die Ausstellung »Ilja Repin – Auf der Suche nach Russland«, begleitet von Staatsministerin Christina Weiss.

oben Bundespräsident Johannes Rau (l.), Frau Christina Rau, Stiftungspräsident Klaus-Dieter Lehmann und Altbundespräsident Richard von Weizsäcker bei der des Praemium-Imperiale am 8.6.2004 im Pergamonmuseum.
unten Bundeskanzler Gerhard Schröder bei der Eröffnung der Friedrich Christian Flick Collection am 21.9.2004 im Hamburger Bahnhof; mit Eugen Blume und Friedrich Christian Flick am »Krad« von Franz West.

oben Abdullah II Bin Al-Hussein, König von Jordanien, bei der Eröffnung der Ausstellung »10 000 Jahre Kunst und Kultur aus Jordanien« am 7.10.2004 im Alten Museum.
unten Königin Elizabeth II von England und Prinz Philipp besuchen am 3.11.2004 mit dem Reg. Bürgermeister Klaus Wowereit die Museumsinsel und werden von Generaldirektor Peter-Klaus Schuster durch die Alte Nationalgalerie geführt.

oben Mit »Griechischen Göttern« war die Antikensammlung 2006 in Brasilien. In São Paulo wurde die Ausstellung vom Gouverneur des Bundesstaates, Claudio Lembo (Bildmitte) eröffnet. Links Lisa und Klaus-Dieter Lehmann.
unten Babylon in Japan. Bundespräsident Horst Köhler und Kronprinz Naruhito bei der Eröffnung der Ausstellung »Visions of the Divine« der Staatlichen Museen zu Berlin in Tokyo am 4.4.2005.

Christina Weiß
Die Stiftung, die Länder und Berlin. Staatliche Museen und privates Engagement. Beutekunst

Interview mit Bernhard Schulz, Der Tagesspiegel, am 29.6.2007

Bernhard Schulz: Frau Weiß, in Ihrer Zeit als Stiftungsratsvorsitzende war die Stiftung in ihren Grundfesten gesichert. Die großen Auseinandersetzungen mit den einzelnen Bundesländern und die Trägerschaft lagen hinter Ihnen. Wie würden Sie die heutige Verankerung der Stiftung im kulturföderalen Gefüge Deutschlands beurteilen?

Christina Weiß: Zunächst einmal ist die Stiftung ja *die* große nationale Kulturinstitution. Also eine Institution, die wirklich für Deutschland als Kulturnation steht. Dass das natürlich Schwierigkeiten gab mit den Ländern, das habe ich selber als Länderministerin erlebt; dass man sich schon die Frage stellt, warum zahlen wir jetzt so und soviel Millionen nach Berlin. Trotzdem, dieser Streit ist beigelegt und das ist ein wichtiges Kennzeichen der Ära Lehmann. Es ist sein Verdienst, dass er den Ländern auch mit Angeboten entgegengekommen ist. Lehmann hatte von Anfang an die Maxime, diese Stiftung wird von allen getragen und sie ist auch für alle da. Das heißt, er hat sehr offensiv Kooperationen mit den Ländern in bestimmten Ausstellungsprojekten realisiert. Das war natürlich für die Stimmung im Lande perfekt. Ansonsten ist die Konstruktion – es ist mir schon wichtig, dies noch einmal ganz deutlich zu sagen – äußerst kompliziert. Es ist eine Bundesstiftung, deren Betriebskosten zu 75 % vom Bund getragen werden und nur zu 25 % von allen 16 Ländern. Dafür haben aber alle 16 Länder Mitspracherecht im Stiftungsrat. Also eine sehr komplizierte Konstruktion, die nur funktionieren kann, wenn es im guten Einvernehmen mit den Ländern funktioniert, und deshalb wird jeder Präsident dieser Stiftung sehr länderverbindlich agieren müssen. Vielleicht sollte ich auch noch ergänzen, 100 % der Baukosten trägt der Bund. Und es ist die große nationale Kultureinrichtung, die in keiner Weise hinter Rom oder Paris zurücksteht. Es ist auch der große Attraktionspunkt für Menschen, die von außerhalb nach Deutschland kommen und die einfach etwas wissen wollen von der Kulturgeschichte dieses Landes. Wobei man nicht übersehen darf, dass die Stiftung Preußischer Kulturbesitz ja wirklich die Kulturen der Welt vereint präsentiert, auf eine sehr vielfältige, wunderbare Weise präsentieren kann.

Schulz: Sie haben Ihre Zeit als Länderministerin angesprochen. Ein Problem der Stiftung als einer großen nationalen Einrichtung ist das Wechselverhältnis zu den Einrichtungen, die es in den Ländern gibt, die nicht immer im Rang an die Stiftung heranreichen, aber doch von außerordentlichem Gewicht sind, gerade in Deutschland bei seiner föderalen Struktur. Welche Reibungspunkte haben sich nach Ihrer Erfahrung auf beiden Seiten ergeben oder ergeben sich weiterhin? Man denke etwa an das selbstbewusste Bayern und seine großen Einrichtungen oder auch Sachsen, das der Stiftung beigetreten ist. Ich erwähne die beiden Länder auch deshalb, weil sie beide eine zeitlang im Schwanken waren, ob sie auch weiterhin die Stiftung unterstützen sollen.

Weiß: In allen Bundesländern ist zu einem bestimmten Zeitpunkt überlegt worden, ob man diese Zahlung an die Stiftung Preußischer Kulturbesitz, also an die nationale Kultur, leisten will oder nicht. Es ist immer eine Frage der Kooperation. Es ist in dem Modell der Stiftung Preußischer Kulturbesitz gelungen, eine Kooperation mit den Ländern auf eine saubere, klare Struktur zu stellen. Das ist immer das Allerwichtigste. Ich bin der Meinung und ich habe auch als Staatsministerin im Bundeskanzleramt sehr dafür gekämpft, dass andere große Einrichtungen wie z. B. die Dresdener Gemäldesammlungen, dass diese Dresdener Einrichtung ebenfalls von nationalem Rang ist und dass es absolut sinnvoll wäre, in Dresden mit diesen auch unterschiedlichen Häusern und Institutionen eine Stiftung nach dem Modell der Stiftung Preußischer Kulturbesitz zu errichten. Man könnte das im Prinzip auch mit anderen Bundesländern tun. Doch die Länder wollen nichts aus ihrer Verantwortung und Verfügungsgewalt mit dem Bund teilen, deswegen kommen solche Stiftungen nicht zustande. Man hat das wunderbare Modell Stiftung Preußischer Kulturbesitz, aber keiner hat den Mut zu dem letzten Schritt zu sagen: Gut, einige große Einrichtungen sollen im Verbund mit der Bundesregierung finanziert werden, aber damit natürlich auch gestaltet werden.

Schulz: Das würde die Sonderstellung der Stiftung Preußischer Kulturbesitz aufheben, die ja eigentlich nur aus dem Grund entstanden ist, weil es Objekte gab, Objekte, für die es kein naturgegebenes Nachfolgeland gab.

Weiß: Richtig. Es ist ein ganz einzigartiger Fall, der dann natürlich noch einzigartiger wurde nach der Wiedervereinigung, wo einfach alle diese unglaublichen Schätze in den vielen Häusern, die die Stiftung Preußischer Kulturbesitz verantwortet, wieder zusammengeführt worden sind; wo diese riesige Bauaufgabe auch auf die Bundesrepublik zukam und wo sich tatsächlich alle darin einig waren, das ist unser gemeinsames Erbe. Es ist aber natürlich auch die Kulturnation Deutschland, die in diesen Sammlungen steckt. Ich kann es nicht wirklich nachvollziehen, warum die Länder, die ja ihre Kulturhoheit haben – und diese Kulturhoheit hat uns eine unglaublich reiche vielfältige Kulturlandschaft geschenkt in Deutschland –, sich damit so schwer getan haben; warum die Länder trotz ihre Rechtes, trotz ihrer eigenen Reichtümer soviel Probleme damit haben, es sich in Deutschland als Nation, ich sage immer viel lieber: als Kulturnation, auch zu Hause zu fühlen. Wir sind ja ein Ganzes aus den Teilen und die Stiftung Preußischer Kulturbesitz steht in besonderer Weise für das Ganze.

Schulz: Ihre Emphase spricht doch dafür, die Mitträgerschaft der Länder, auch wenn sie sich finanziell nicht so stark niederschlägt, als symbolischen Ausdruck dieses Zusammengehörigkeitsgefühls sehr ernst zu nehmen.

Weiß: Es ist ein symbolischer Ausdruck. So hat man sich auch verständigt, dass man eben sagt, es ist unser Gemeinsames. Und deswegen sind wir alle daran beteiligt. Es gibt viele Vorschläge im Bereich der Politik, die dann sagen, diese den Ländern verbleibenden 25 % könnte der Bund jetzt auch noch bezahlen. Doch es ist symbolisch wichtig, dass alle Länder sich beteiligen, weil wir eben in diesem föderalen System verankert sind, weil wir aber dennoch nationale Kultureinrichtungen haben.

Schulz: Nun ist die Stiftung in Berlin beheimatet und dies ist nochmals 1990 im Einigungsvertrag festgeschrieben worden, dass sie dort ihren Sitz hat und dass die Dinge dort auch zusammengeführt werden sollen, soweit sie es nicht schon vor 1990 waren. Berlin profitiert also in ganz besonderer Weise von der Stiftung. Wie ist denn die Verankerung der Stiftung in Berlin im Gefüge der Berliner Kulturlandschaft?

Weiß: Berlin liebt natürlich seine Stiftung Preußischer Kulturbesitz. Ich glaube, die Berliner Bürger sind richtig stolz darauf, dass sie die Museumsinsel haben. Aber richtig deutlich macht sich das Engagement der Berlinerinnen und Berliner für die Nationalgalerie, die ist ja die Alte Nationalgalerie, die Neue Nationalgalerie, der Hamburger Bahnhof, das Museum Berggruen. Das Engagement für diese Institutionen zeigt sich einfach in dem wunderbaren Freundeskreis. Die Freunde der Nationalgalerie, eine Vereinigung von doch immerhin jetzt schon 1 400 Menschen, die Geld zahlen und sich engagieren, wirklich als Werbeträger für diese Museen auch international tätig sind. Ich spüre das aus dem Vorstand des Vereins heraus (ich werde ja im Jahr 2008 den Vorsitz übernehmen) sehr, sehr deutlich, dass die Wucht einer solchen Vereinigung international großes Gewicht bekommt. Die großen Ausstellungsprojekte »Museum of Modern Art aus New York in Berlin« oder die Ausstellung »Malerei des 19. Jahrhunderts aus Frankreich aus dem Metropolitan Museum in New York«, beide in der Neuen Nationalgalerie, diese riesigen Ausstellungsprojekte waren und sind international sichtbar. Und wenn sie Partnerschaften brauchen, Kooperationen mit internationalen Museen, ist natürlich die Stiftung Preußischer Kulturbesitz ein Name. Das ist wirklich ein Kulturetikett für Deutschland.

Schulz: Ich will nochmals nach der Berliner Verankerung fragen. Haben

Sie den Eindruck, dass das Engagement Berlins – und damit meine ich sowohl das offizielle Berlin, das Land Berlin, als auch die Bürgerschaft – diesem besonderen Gewicht der Stiftung gerecht wird, oder sind wir nur die stillen Nutznießer einer großen Einrichtung, die uns andere finanzieren?

Weiß: Also, ich glaube die offizielle Seite Berlins hat es natürlich sehr einfach mit der Stiftung Preußischer Kulturbesitz, seit die finanziellen Lasten ganz überwiegend der Bund trägt. Da die Museen aber alle »Staatliche Museen zu Berlin« heißen, ist Berlin schon im Namen als Standort verankert und fühlt sich damit natürlich immer auch als Eigentümer. Das muss der Bund gelassen nehmen, weil Berlin auch die Hauptstadt dieser Republik ist. Die Bürgerinnen und Bürger, die sich engagieren, das ist sichtbar durch den Zuspruch, den die Museen haben, also die Besucherzahlen wachsen und wachsen und wachsen. Es sind auch nicht nur Touristen, die kommen. Aber ich glaube, richtig aktiv deutlich sieht man eben das bürgerliche Engagement in den Vereinen. Es gibt auch einen Freundeskreis für die Gemäldegalerie, der sehr aktiv ist. Und diese Vereine wachsen und wachsen und sind inzwischen auch ganz wichtige Podien zur Debatte über Kultur geworden.

Schulz: Können Sie sich vorstellen, dass die Stiftung oder die Konstruktion der Stiftung, die Rechtsform der Stiftung sich dahingehend verändert oder verbessert werden könnte, dass das Engagement der Bürger noch stärker zum Tragen kommen könnte? Gerade der Verein der Freunde der Nationalgalerie hat ja durch seine internationale Ausrichtung besonders nahe Erfahrung mit anderen Ländern, wie beispielsweise mit den USA, und kann auch immer ein bisschen neidvoll darauf gucken, wieviele Möglichkeiten sich in solchen Ländern bieten. Wie sehen Sie das jetzt aus der Perspektive der künftigen Vereinsvorsitzenden?

Weiß: Es ist auch mit der Grund, weshalb ich für mich selbst entschieden habe, mich stärker in diesem Verein zu engagieren. Es ist natürlich einfach auch die Gegenseite: ein staatliches Haus. Ein solches Haus ist sehr schwer zu dynamisieren. Ein Verein, der ganz nach privatem Engagement und nach wirtschaftlichen Gesichtspunkten sich engagiert, ist in völlig anderer Weise handlungsfähig. Also wenn Sie sich anschauen, wie dieser Verein es geschafft hat mit seiner kleinen Geschäftsstelle, mit seinen guten Partnern ein Marketing-System auf die Beine zu stellen für diese großen Ausstellungen, die der Verein unterstützt, dann ist das schon beachtlich, das bringt einfach ein staatliches Museum so nicht zustande. Es ist ein Kreislauf. Der Verein lässt sich diese wunderbaren Marketing-Konzepte entwickeln. Sie dienen tatsächlich dazu, dass Geld eingenommen wird. Dieses Geld kann bei der nächsten Aktion wieder investiert werden in ein vielleicht noch besser ausgetüfteltes Konzept. Wenn der Einsatz hoch ist und die Strategien erfolgreich sind, kommt das natürlich alles wieder zurück. Es ist für staatliche Einrichtungen ohne solche

Freundeskreise praktisch nicht möglich, solche Konzeptionen von Marketing und im besten Sinne auch Serviceleistungen am Publikum zu erarbeiten und zu leisten.

Schulz: Aber nach draußen, vor allem im Ausland, wo man diese feinen Unterschiede zwischen der Trägerschaft einer Ausstellung durch das Museum und der Trägerschaft durch den Freundeskreis nicht so wahrnimmt, sind es doch Veranstaltungen der Staatlichen Museen.

Weiß: Der Verein erfindet die Ausstellung nicht. Der Verein realisiert oder hilft Ausstellungen, die Projekte des Generaldirektors und der Direktoren sind, zu finanzieren und zu realisieren. Also, der Verein selber macht nie eine Ausstellung, aber wenn der Direktor eine solche Ausstellung geplant hat und es rechtzeitig mit dem Verein gemeinsam steuert, dann hat der Verein die ganze privatwirtschaftliche Möglichkeitspalette, sich Partner zu suchen, die Präsentation, die Vermarktung der Ausstellung, die internationalen Kontakte zu intensivieren. Also, es ist ein internationaler Verein und jeder bringt seine Erfahrungen ein: aus Amerika, aus Österreich oder aus der privaten Wirtschaft.

Schulz: Sie haben eben von den Touristen gesprochen, die nach Berlin kommen, die hier die Museen besichtigen. Die gehen natürlich nicht nur in die Nationalgalerie, sondern ein riesiger Anteil geht in die Museen auf der Museumsinsel. Wie ist Ihrer Erfahrung nach die Wahrnehmung der Stiftung bei ausländischen Besuchern? Ist das für sie tatsächlich die Nationalstiftung oder wird das Wort »preußisch« überhaupt noch mitgedacht? Spielt das noch eine Rolle oder könnte man das Ganze nicht gleich in Nationalstiftung umbenennen?

Weiß: Ich glaube, von außen ist das eindeutig die Wahrnehmung: Das ist die Nationalstiftung. Ich würde sie natürlich niemals so nennen wollen, weil das eben doch das preußische Erbe ist. Das ist natürlich auch eine ganz wichtige Aussage. Die Leute, die jetzt auf die Museumsinsel kommen, sehen natürlich noch die riesige Baustelle. Es war am Anfang fast erschütternd zu sehen, dass da diese riesigen Häuser ganz allmählich eins nach dem anderen überhaupt erst saniert werden mussten und dass trotzdem eben die Kunstwerke auch da sind und sichtbar gehalten werden, gerade im Fall Pergamonmuseum. Ich glaube einfach, dass diese Museumsinsel eine solche Wucht hat in dem Bild, was sie abgibt. Für mich erzeugt es jedesmal, wenn ich sie sehe, fast so ein Rührungsmoment – das ist wirklich das kulturelle Herz unserer Kulturgeschichte und das ist ein Deutschland, wie es eben ganz anders wahrgenommen werden kann. Deshalb ist die Museumsinsel eben auch so wichtig in der internationalen Wahrnehmung. Also, das wird, wenn es alles fertig ist, wirklich hinter dem Louvre kaum nachstehen. Das müssen wir uns klar machen, um jetzt wieder in meine Rolle als Staatsministerin zurückzugehen. Das war natürlich die große, große Debatte. Wie kann man Millionen von Besuchern über diese Museumsinsel steuern, wie kann man den Service für diese Menschen so gestalten, dass das alles logistisch gut in den Abläufen geschehen kann. Deshalb ist natürlich auch dieser Bau, um den ja immer noch gestritten wird, dieser Verteilungsbau unendlich wichtig. Sie müssen die Besucher irgendwo empfangen, sie müssen sie verteilen, sie brauchen alles von Garderobe bis Café. Sie müssen für die Menschen einen Service bieten, der sie durch diese Kunstinstitutionen hindurchleitet.

Schulz: Sie meinen das Eingangsgebäude, das jüngst in seinem ersten Entwurf vorgestellt wurde und zur Zeit überarbeitet wird bis zur endgültigen Vorstellung im kommenden Frühjahr.

Weiß: Ja.

Schulz: Sie sprachen ihre Rolle als Staatsministerin und damit als Stiftungsratsvorsitzende an und ich möchte anknüpfen an die internationale Ausstrahlung. Sie sagten, es wird die Stiftung wahrgenommen als das Herz dieser Kulturnation. Wie haben Sie das empfunden – war die Stiftung im Ausland immer so eine Art Kulturbotschafter Deutschlands?

Weiß: Ganz eindeutig. Auch das ist natürlich wieder ein so besonderes Verdienst von Professor Lehmann in seiner Ära, dass er, zusammen mit dem Generaldirektor der Museen, mit Herrn Schuster, im Ausland sehr präsent war und sehr viele Kontakte zu internationalen Museen gepflegt hat. Es ist wirklich ein ganz wichtiges Zeichen für Deutschland, damit Deutschland eben nicht nur durch kleine Teile seiner Geschichte erinnert wird, sondern als die Kulturnation, die es ist, und die im Ausland sehr hoch geschätzt wird.

Schulz: Als Sie mit Ländern zu tun hatten, die früher einmal dem osteuropäischen Block zugehörig waren, hat sich da jemals die Frage aufgeworfen nach Ost und West? Es war ja lange so, dass die Stiftung unter Verdikt stand, weil sie eben Dinge hatte, die die DDR beanspruchte und deswegen im internationalen Verkehr mit Ostblockländern behindert war. Haben Sie Ressentiments gespürt?

Weiß: Diese Ressentiments habe ich nicht mehr gespürt. Ich habe natürlich sehr, sehr intensiv das Thema Beutekunst im Verhältnis zu Russland bearbeiten müssen und auch überarbeiten wollen und habe die großen Probleme, die in diesem ganzen Themenkomplex stecken, sehr intensiv erlebt, weil ich oft in Russland war, weil ich mit meinem ersten damaligen Kollegen Schwydkoj zusammen versucht habe, die Beutekunstdebatte eher auf eine allgemeine Kulturdebatte zu transferieren, damit das nicht nur in dem Thema Krieg und Trophäe abgehandelt werden musste. Aber es ist sehr, sehr schwer. Es steht nach wie vor in russischen Schulbüchern, dass eben der von den Deutschen verschuldete Krieg und die entsetzlichen Verluste, die Russland erfahren hat, zum Teil wieder wettgemacht werden durch die Kunstwerke, die aus Deutschland nach Russland gekommen sind. Das ist eine Emotionslage, die man sehr hoch achten und respektieren muss. Da geht es nicht um Völkerrecht. Das Völkerrecht ist ja eindeutig. Es sagt, die Kunstwerke gehören Deutschland und gehören wieder nach Deutschland zurück. Die russische Regierung akzeptiert dieses Völkerrecht nicht; dazu eben diese große Emotionalität im Volk. Man kann das gar nicht anders nennen. Die große Emotionalität, dass diese Kunstwerke eine Entschädigung sind für das erfahrene Leid. Vielleicht dauert es alles noch eine Generation, bis man überhaupt wieder mit einer anderen Art von Emotionalität rechnen kann. Im Augenblick gibt es ja die Anstrengung der Museumsdirektoren – und das finde ich auch hochakzeptabel –, dass nicht die Politik, sondern die Fachleute versuchen, sich gegenseitig zu informieren, welche Kunst lagert wo in welchem Zustand. Wie können wir es schaffen, dass wir doch vielleicht Ausstellungen gemeinsam organisieren und wie können wir es schaffen, auf der Fachebene zur Bewahrung dieser Kunstschätze zusammenzuarbeiten und nicht zu warten, bis die Politik diese schwierige Situation völkerrechtlich geklärt hat.

Schulz: Der hohe Respekt hat Sie aber nicht daran gehindert, gegenüber Regierungsvertretern, wenn es sein musste, auch einmal deutliche Töne anzuschlagen. Denn immerhin gibt es ja verbindliche völkerrechtliche Regelungen. Es gibt den Nachbarschaftsvertrag, dann den Freundschaftsvertrag von 1992, die beide die Rückgabe ausdrücklich festhalten. Erst das Duma-Gesetz von Ende 1998 hat alles über den Haufen geworfen. Und man hat oft den Eindruck, dass sich russische Politiker einfach so hinter der Duma verstecken und keine eigenen Initiativen mehr ergreifen.

Weiß: Das ist richtig. Ich habe vor allen Dingen die Rückgabe einer Kopie des betenden Knaben, den die Stiftung Preußischer Kulturbesitz an St. Petersburg geschenkt hat, als Gelegenheit genutzt, um sehr deutliche Worte zu sprechen und um die Politik in die Pflicht zurückzurufen. Und es ist die Aufgabe der Politik in Russland, dann auch diese emotionalen Elemente im Volk zu verändern, dann dürfen einfach solche Sätze auch nicht mehr in Schulbüchern stehen. Die Politik hat insgesamt gesehen eine Steuerungsaufgabe, die wird nicht so wahrgenommen in Russland, wie das eigentlich sein sollte und müsste.

Schulz: Nun hat sich ja in der jüngsten Zeit zwar keine Verbesserung der Situation der Rückgabe ergeben, aber doch eine Verbesserung in der Hinsicht, die Sie angesprochen haben, nämlich was den Kontakt der Wissenschaftler angeht. Ich denke insbesondere an die Merowinger-Ausstellung, die zum ersten Mal einen gemeinsamen Katalog mit Herkunftsbezeichnung der Objekte möglich gemacht hat. Wie beurteilen Sie diesen pragmatischen Weg, zwar die Eigentumsfrage ausgeklammert zu lassen, aber zu mindestens den Finger darauf zu lenken und zu sagen, da gibt es ein Problem?

Weiß: Es gab ein langes und heftiges – Ringen, das fiel noch in meine

Amtszeit – um einzelne Formulierungen in dem Katalog. Es gab ein Ringen um diese Eigentumsfrage, dass sie angesprochen werden muss; dass zumindest angesprochen werden muss, dass da eine Uneinigkeit besteht. Das ist alles geklärt, es ist in der russischen Übersetzung, so war das damals verabredet, auch garantiert. Also es ist alles vertraglich geregelt worden, aber das Projekt selbst ist natürlich ein gutes. Denn es muss einfach etwas geschehen auf der Ebene, die noch nicht die politische Ebene ist, sondern die Ebene der Fachleute in den Museen. Dass die Kunstwerke gesehen werden können, gezeigt werden können, dass man zumindest darauf hinweist, sie sind da, man kann Ausstellungen mit ihnen machen. Es ist ein Ansatz, diese Debatte über die Kunstwerke wirklich anhand der Kunstwerke zu führen und nicht nur über Emotion, über Entschädigung, über Beute, über Trophäe als Themenkomplex, sondern tatsächlich die Kunst zu sehen und auch zu sehen, wie ihre Wege verlaufen sind.

Schulz: Die Kunstwerke können nicht reisen, im Falle der Merowinger-Ausstellung beispielsweise können sie deshalb nicht nach Deutschland kommen, weil wir sie sofort beschlagnahmen müssten, aus zwingender Rechtslage heraus. Droht da nicht so eine Art Selbstisolation der Bundesrepublik nach dem Motto, die Merowinger dürfen überall hin reisen, nur gerade nicht nach Deutschland?

Weiß: Das ist rechtlich gar nicht anders zu regeln. Es ist eine zwingende rechtliche Lage, dass eben Deutschland sich als Eigentümer dieser Kunstwerke bezeichnen kann und als Eigentümer dieser Kunstwerke natürlich das nicht leisten kann, was Russland verlangt; nämlich Russland würde die Kunstwerke reisen lassen, würde aber im Gegenzug von der Bundesregierung so genanntes freies Geleit fordern. Dieses freie Geleit kann die Bundesrepublik Deutschland nicht gewähren, denn das würde bedeuten, der Eigentümer gibt sie freiwillig wieder zurück, das kann ja nur heißen, er verzichtet auf seinen Eigentumsanspruch. Insofern ist es ein kleiner Schritt, dass wir nach Russland reisen können, um diese Kunstwerke anzuschauen. Aber es ist natürlich nicht die Phase, die wir erreichen wollen.

Christoph Stölzl
Preußischer Kulturbesitz – Gesamtbesitz der Nation

Interview mit Bernhard Schulz, Der Tagesspiegel, am 4.7.2007

Bernhard Schulz: Herr Stölzl, die Stiftung Preußischer Kulturbesitz wird heutzutage weniger mit Preußen in Erinnerung gebracht als vielmehr als nationale Einrichtung betrachtet. Sie selbst haben in diese Richtung Überlegungen angestellt

Christoph Stölzl: … das war so gegen 1994/95. Dazu etwas Grundsätzliches: Preußen hat zwei Drittel des deutschen Reiches bedeckt, insofern war der Gedanke, Preußen und Deutschland zu verwechseln, auch schon im 19. Jahrhundert in vielen Köpfen drin, was damals wie heute nicht stimmt, weil die föderalen Glieder zumal in Süddeutschland ein ungeheuer starkes Eigenleben haben. Nichtsdestoweniger ist der Preußische Kulturbesitz eben nicht etwas wie der hessische, der bayrische oder der pfälzische Kulturbesitz. Das heißt, mit dieser Dualität muss alles Nachdenken leben, das sich mit dem Preußischen Kulturbesitz beschäftigt.

Schulz: Der Einigungsvertrag von 1990 hat in Artikel 35 die Stiftung sozusagen auf Dauer gestellt, indem er sie eigens erwähnt und sagt, sie soll weiterhin in Berlin bestehen bleiben und alles zusammenführen, was ehemals preußisch gewesen ist.

Stölzl: Ja, nur die Länder haben die Finanzierung erst sehr viel später, Ende 1996 glaube ich, in einem Abkommen mit dem Bund langfristig beschlossen, endgültig beschlossen. Nun, ich glaube, man kann die Stiftung Preußischer Kulturbesitz nicht trennen von dem Ort Berlin. Wäre die Hauptstadt in Bonn verblieben, sähe die Sache ganz anders aus. Dann wär's in der Tat berlinisch-preußisch und mehr regionalisiert in der Wirkung. Jetzt aber ist Berlin Schauplatz und Schaufenster der deutschen Selbstdarstellung und insofern ist die Stiftung Preußischer Kulturbesitz unbeschadet ihres Preußentums da drin, obwohl sie eigentlich deutscher Kulturbesitz ist. Jedenfalls wird es von außen so wahrgenommen. Das Preußische befindet sich im Briefkopf als eine schöne Reminiszenz, aber keiner der Beteiligten würde auf die Idee kommen, irgendeinen spezifisch preußischen Sinn dahinter zu vermuten.

Ich kann mich erinnern, dass der Kultusminister Zehetmair aus Bayern bei einer Akademieveranstaltung gesagt hat: »Na ja, jeder muss eben für sich selber sorgen. Die Bayern pflegen ihr Wittelsbach'sches Erbe und Berlin muss eben irgendwie mit dem Zeug kommen, was es da geerbt hat.« Und ich hab' damals gesagt: »Herr Zehetmair, Bayern hat sein Territorium seit Napoleon auch nicht verändert. Und das preußische Territorium existiert nicht mehr, das ist auf die Hauptstadt Berlin und das umgrenzende Land Brandenburg zurückgeschrumpft und damit kann man in der Tat den Preußischen Kulturbesitz nicht erhalten.« Das heißt, wenn man nicht Augenwischerei betreibt, ist ohnehin dieser Preußische Kulturbesitz Gesamtbesitz der Nation geworden. Und der Finanzierungsschlüssel ist eine Momentaufnahme der fünfziger Jahre. Eigentlich ist die Übernahme durch die Bundesrepublik Deutschland das Vernünftige, weil eben Preußen nicht mehr existiert, weil Preußen so groß war. Alles spricht dafür zu sagen, das sind eben vergangene Zeiten, jetzt ist das die Stiftung Deutscher Kulturbesitz.

Schulz: Was hat verhindert, dass sich dieses Bewusstsein auch formaljuristisch in der Konstruktion niederschlägt und aus der Stiftung Preußischer Kulturbesitz eine deutsche Nationalstiftung geworden wäre?

Stölzl: Weil die deutschen Bundesländer in ihren Staatskanzleien bis heute einen extremen Föderalismus pflegen. Einen defensiven Föderalismus, der immer noch von einer Sorge beherrscht wird, es könne wieder ein Zentralismus in Deutschland einreißen. Das ist alles verständlich. Ich glaube, dass da sehr alte Schichten vorhanden sind; immer noch Reserven gegen das Bismarck-Reich, weil diese deutschen Teilstaaten sehr starke souveräne Staaten gewesen sind. Und die zentralisierende Dampfwalze während der Nazidiktatur hat natürlich in den Regionen und in den Bundesländern die Wirkung gehabt: Das wollen wir auf keinen Fall jemals wieder haben. Also die Vereinigten Staaten von Deutschland, als die man sie bezeichnen könnte, haben sehr starke Teile, die sich aus gutem Grund souverän fühlen können. Da gibt es offenbar riesige Vorbehalte, dass der Bund nicht als Kulturnation handeln soll. Nur, die normative Kraft des Faktischen, der ständig ansteigende Strom von Berlin-Besuchern aus Deutschland, aus der ganzen Welt zeigt, dass die Gäste, die Besucher und die Deutschen selbst finden, das sei ihre Bundeshauptstadt und dass die Kulturnation sich hier darstellt. Was ich vorhergesagt habe, war doch, dass die Normalität einer Demokratie zu einer glanzvollen, herzeigbaren, mit Kultur angefüllten Hauptstadt führt. Eines Tages wird die Mentalität auch der Staatskanzleien so verändert sein, dass sie sagen, dann machen wir etwas Vernünftiges, denn der Bund ist für das Gemeinsame zuständig, und selbstverständlich ist die Erhaltung der vom untergegangenen Staat Preußen hinterlassenen Schätze eine gemeinsame Aufgabe, die man ganz einfach lösen kann. Also könnte man auch sagen, das macht der Bund.

Schulz: Preußen ist von den Alliierten aufgelöst worden …

Stölzl: Gerade deshalb wäre es nur konsequent zu sagen, dies ist Bundesaufgabe, weil das Land Preußen nicht mehr existiert. So sinngemäß, so wie ja auch alle immer sagten, die Kulturpolitik für die Vertriebenen muss der Bund machen, weil diese Länder nicht mehr Bundesländer sind. Also Schlesien und Ostpreußen sind mit unserem Einverständnis Territorien anderer Nationen geworden und insofern kann nur der Bund für diese fiktiven, nicht mehr mit einem Territorium verbundenen Kulturräume zuständig sein.

Schulz: Nun gibt es ja in Deutschland aus einer Zeit, als das Bismarckreich noch nicht existierte, schon ein Haus mit dem anspruchsvollen Namen »Germanisches Nationalmuseum« in Nürnberg. Dieses Museum ist in den ganzen Diskussionen über die Repräsentation des Bundesstaates weit in den Hintergrund getreten. Es gab von Ihnen angestoßene Überlegungen, dieses Haus mit der Stiftung in irgendeiner Form zu verbinden.

Stölzl: Als das Sammlerehepaar Ludwig im Germanischen Nationalmuseum seine große Ausstellung machte, »Ludwigslust«, hab' ich, damals Direktor des Deutschen Historischen Museums, Peter und Irene Ludwig kennengelernt. Und wir sind sehr rasch ins Gespräch gekommen, denn Peter Ludwig war ein in sehr großen Zügen denkender Mann, der schon einmal in den frühen 70er Jahren versucht hatte, so etwas wie eine Nationalstiftung dadurch anzuschieben, dass er versprach, diesen gewaltigen Ludwig'schen Kunstbesitz einzubringen. Es ist damals gescheitert. Alle hatten Angst vor dem großen privaten Schenker. Stattdessen entstanden dann die vielen Ludwig-Zentren rings um die Welt. Auch ganz schön, aber schöner fände ich nachträglich, wenn dieser große Impetus eines leidenschaftlichen Kunst- und Geschichtsfreundes in Deutschland etwas zuwege gebracht hätte. Kurzum, wir kamen ins Gespräch. Und Peter Ludwig hatte damals gesagt, warum nicht etwas Großes gemeinsam machen. Wir sprachen damals über die Merkwürdigkeit, dass das Deutsche Historische Museum in Berlin – unabhängig gegründet worden als eine GmbH – im Sammeln völlig neu anfangen musste, weil gar nichts zu erben, nichts zu leihen war. Und dass in Nürnberg diese gewaltige Schatzkammer der Nation vorhanden ist, die aber am falschen Platz ist, denn die deutsche Hauptstadt ist Berlin. Nürnberg ist wunderbar und die Idee des 19. Jahrhunderts konnte gar nicht anders sein, aber drüber nachzudenken, wie man Kräfte, Finanzströme, Kunstschätze, Geschichtsschätze doch mehr öffnet und mehr in Bewegung bringt, das stand hinter dem Gespräch zwischen Ludwig und mir. Wir haben uns damals ausgedacht, man könnte auch das Deutsche Historische Museum, das ja noch eine vorläufige Trägerorganisation hatte, mit dem Germanischen Nationalmuseum in irgendeiner Weise klug verbinden und könnte darüber nachdenken, ob nicht auch die Stiftung Preußischer Kulturbesitz unter dieses Dach oder diesen Verbund eintreten könnte. Wir haben damals auch mit der Bundesregierung – jedenfalls mit großer Vorsicht – Gespräche geführt. Wir haben auch mit dem Freistaat Bayern Gespräche geführt und dann ist das Ganze – leider, muss ich sagen – durch Nürnberger lokalpolitische Querelen in ein Gerede gekommen, was dann gerade den Freistaat Bayern davon abgehalten hat, überhaupt weiter zu machen. Das ist sehr, sehr schade, denn alles zusammen – damals der Impetus von Helmut Kohl, das Deutsche Historische Museum glanzvoll in Berlin in Szene zu setzen, dann die ungeheuren Kunstschätze von Nürnberg und schließlich der große Impetus von Ludwig, gerade die älteren Teile seiner Sammlung einzubringen – hätte etwas Mobiles zuwege bringen können, nämlich Schatzkammer, Forschung, Bodenstation Nürnberg, Schaufenster. Mit diesen Kunstschätzen für Deutschland repräsentativ auch in der ganzen Welt aufzutreten, das stand dahinter, Kräfte zu bündeln und das Beste daraus machen, ohne irgendeiner Region oder irgendeiner Stadt wegzunehmen. Peter Ludwig hätte nicht sich in die Welt weiter verbreiten müssen, sondern hätte sich auf das, was er eigentlich wollte, nämlich die Selbstdarstellung Deutschlands als Kulturnation, als Land mit einer großen kulturellen Vergangenheit, konzentrieren können und das Deutsche Historische Museum hätte das machen können, was es am besten konnte, nämlich Ausstellungen machen. Die Grundidee war: Die Deutschen sind historisch gesehen ein stark föderales Kulturvolk. Sie haben vom 19. Jahrhundert ab eine schreckliche Höllenfahrt in den aggressiven Imperialismus gemacht, der für viele Generationen auf der ganzen Welt eine Erinnerung an Deutschland wach hält, die wir nicht loswerden, die aber das Bild Deutschlands verfälscht. Denn im historischen Rückblick ist das hier eine Kulturregion, die vom Austausch lebt, vom Export, vom Import, von der Freundschaft zur Welt, von der Neugier auf die Welt, das heißt, mit diesen kulturellen Schätzen und den kulturellen Ideen für Deutschland weltweit aufzutreten, ist etwas, was sinnvoll wäre und im historischen Rückblick eine entscheidende, legitime Aufgabe der Deutschen ist. Das stand dahinter: eine kulturpolitische Idee, nicht nur die Frage, wie kann man Objekte besser organisieren.

Schulz: Entspricht die Kooperation, wie sie jetzt die Museen aus Dresden, München, Berlin mit der Europa-Ausstellung in Brüssel gezeigt haben, nicht viel mehr dem Föderalismus – also punktuelle Kooperation, um sich in der Welt darzustellen?

Stölzl: Wenn am Schluss das Richtige rauskommt, bin ich damit zufrieden. Das ist ja neu, muss ich sagen. Früher war es doch so, dass jeder seins machte und auch die Bundesländer sehr stark darauf sahen, dass, wenn Geld ausgegeben wird für Kultur, die Selbstdarstellung des jeweiligen Bundeslandes zum Tragen kam. Vielleicht ist das jetzt auch schon eine Folge der Entspannung, dass man sagt, die Republik ist auch ein Podium, wo man viel miteinander tun kann, ohne dass deswegen irgendjemand in seinem eigenen Leben gefährdet ist. Ich plädiere gar nicht dafür, dass man die Gedanken von damals wieder aufnehmen soll. Eine Generation von Museumsleuten, die gewöhnt ist zu kooperieren, kann sagen, das machen wir zu zweit, zu dritt, zu viert, und dann geht danach die nächsten Jahre wieder jeder seiner Wege. Nur dann müssten natürlich auch die entsprechenden Menschen am Werk sein. Es gibt auch Zeiten, in denen Eigenbrötler oder Trotzköpfe oder sehr selbstbewusste Alleingänger am Werk sind, dann passiert eben gar nichts mehr. Für diese Zeiten sind organisatorische Verbünde hilfreich.

Schulz: Die Stiftung Preußischer Kulturbesitz ist eine Erbschaft Preußens und von daher auch in ihren Beständen, wenn wir etwa an die Nationalgalerie denken, eher norddeutsch orientiert. Ist das nicht auch ein Problem, dass die süddeutschen Länder, einschließlich Sachsens, erkennen müssten, dass sie sich stärker in der Hauptstadt repräsentieren sollten, um das föderale Gefüge und seine Vielfalt deutlicher zur Anschauung zu bringen?

Stölzl: Ende der neunziger Jahre hat man darüber nachgedacht, ob man den Martin-Gropius-Bau zu einem Schaufenster auch der Bundesländer machen könnte. Daraus wurde nichts, weil die Bundesländer die Notwendigkeit der Selbstdarstellung in Berlin noch nicht so sahen. Jetzt haben sie diese sehr schönen Landesvertretungen, wo alles Mögliche stattfindet, Sommerfeste, kleine Ausstellungen, das ist auch schön, aber ich glaube schon, dass die Stiftung Preußischer Kulturbesitz darüber nachdenken muss, ob sie nicht auch so eine Einladungspolitik machen muss, also aktiv betreiben muss. Es kann nicht sein, dass nur Export-Import nach New York geht; das kann man endlos fortsetzen. Man kann dann den Louvre herbringen und den Kulturtourismus ankurbeln, aber noch wichtiger ist es, wenn große gemeinsame Themen, und derer gibt es viele, von Berlin aus dargestellt würden. Ich trauere schon manchmal den Zeiten der Festspiel GmbH unter Ulrich Eckart nach, der mit einem großen Anspruch sagte, hier spielt die Musik. Wir machen hier die großen gemeinsamen Themen: Auch die Preußenausstellung von 1981 ist ja keine preußische Nostalgie gewesen, sondern eine hauptstädtische und, ich scheue das Wort gar nicht, nationale Idee, nämlich zu sagen, da ist ein großes Thema der Deutschen, das machen wir hier in Berlin. Es ist schon ein Manko, was bei uns gemacht wird an Ausstellungen, an großen Projekten – etwas zufällig nach Angebot und Nachfrage und nach der unbestrittenen Notwendigkeit, die Massen an die Kasse zu bringen. Das kann es eigentlich nicht sein in einer Hauptstadt.

Schulz: Es ist bezeichnend, dass Sie die Preußenausstellung erwähnen, die war ja mit ein Startschuss für das Museum, das Sie dann aufgebaut haben, nämlich das Deutsche Historische Museum. Interessant ist doch, dass das Historische Museum außerhalb der Stiftung Preußischer Kulturbesitz entstanden ist, obwohl aus der damaligen Perspektive die Bestände der Preußenstiftung doch die Grundlage hätten sein müssen, um ein solches Museum zu schaffen. Keiner rechnete damals damit, dass ein Deutsches Historisches Museum jemals eine zeigenswerte Sammlung zustande bringen könnte.

Stölzl: Und das wäre noch heute der Fall, wenn nicht der damalige Bundeskanzler Helmut Kohl tatsächlich dem Drängen der Museumsleute gefolgt wäre, die sagten, wenn ihr nicht wirklich viel Geld in die Hand nehmt, wird das ganze eine lächerliche Fotosammlung. Und dann nahm die Bundesregierung viel Geld in die Hand und dann kam uns das Sammlerglück weltweit entgegen, sodass tatsächlich eine Sammlung zustande kam, aber das hätte man 1987 nicht garantieren können, da war wie immer auch Glück im Spiel. Aber es bleibt in der Tat die Frage, warum hat die Stiftung Preußischer Kulturbesitz nicht diese Aufgabe sich selbst ins Buch geschrieben. Es bleibt als Antwort eigentlich nur, dass auch in der Stiftung Preußischer Kulturbesitz eine Scheu war zu sagen, wir sind selbstverständlich der Haupterinnerungsort der Bundesrepublik. Weil wir in der alten und der neuen Hauptstadt sind und dass eine Hauptstadt, wenn sie überhaupt käme, jedenfalls in Berlin sein würde. Damals herrschte alliiertes Recht, das muss man auch festhalten. Erst als Lehmann und Schuster kamen, hat sich die Stiftung selbst entfesselt und ist nicht nur als Bewahrer ihrer einzelnen Museen und als große wissenschaftliche Institution aufgetreten, sondern hat das Zepter in die Hand genommen, um im Ausstellungswesen richtig auf den Putz zu hauen und etwas Großes zu machen wie die George-Grosz-Retrospektive, so richtig new-yorkisch …

Schulz: … mit dem Design von Daniel Libeskind …

Stölzl: … das war doch zum ersten Mal seit 1977 mit der Europaratsausstellung »Tendenzen der zwanziger Jahre«, dass die Stiftung diese große Geste annahm, und seitdem ist ja alles, wie man sich das auch vorstellt.

Schulz: Wir haben inzwischen 17 Jahre lang ein wiedervereintes Deutschland. Sind da die Vorbehalte gegenüber einer Bundesregelung noch so stark, wie sie seinerzeit waren, oder sind das nicht auch nur Reminiszenzen, die in Politikerkreisen gepflegt werden?

Stölzl: Ich glaube, dass es so versteinerte ältere Denkformen sind, die nicht mehr von der Bevölkerung mitgetragen werden. Der Bund hat in den neuen Bundesländern so ungeheuer viel tun müssen und hat es dankenswerterweise auch getan an Rettung von Museen, an Rettung von Denkmalsubstanz und so weiter und so weiter. Das heißt, wir haben uns daran gewöhnt, dass Bundespolitik etwas Gutes ist. Alle zusammen können mehr tun als die Einzelnen, und da, wo Not am Mann ist, muss es getan werden. Also, ich glaube, dass in Wirklichkeit in der Kulturöffentlichkeit überhaupt kein Ressentiment mehr gegenüber einer großartigen Kulturtätigkeit des Bundes besteht. Das sieht man ja auch, wenn man bedenkt, was es für einen Aufschrei gab gegen die Einrichtung des Bundeskulturministers; ich würde ihn bewusst so nennen, auch wenn die Nomenklatur eine andere ist, aber de facto ist es so, und inzwischen freut sich jeder, wenn er kommt und eine Rede hält und Geld bringt, na selbstverständlich, wunderbar. Warum denn auch nicht?

Klaus Wowereit
Berlins kulturelle Mitte: Schloss – Palast – Humboldt-Forum

Interview mit Claudia Henne, Rundfunk Berlin-Brandenburg, am 20. Juli 2007

Claudia Henne: Herr Wowereit, über die Gestaltung der Mitte Berlins ist seit 10 Jahren debattiert, gestritten, immer wieder gestritten worden. Schloss ja oder nein, Palast ja oder nein. Im Poker um die neue Besetzung der Mitte Berlins spielt die Stiftung Preußischer Kulturbesitz eine wichtige Rolle. Vor allem, seit sie das Humboldt-Forum vorgeschlagen hatte. Das bedeutet für die Mitte Berlins: Kultur zuerst. In Preußen war das nicht so, da bestimmten Schloss und Zeughaus, also Politik und Militär sowie Kunst und Wissenschaft die Mitte. Heißt das, Kultur und Wissenschaft sind die Botschaft der deutschen Hauptstadt im 21. Jahrhundert?

Klaus Wowereit: Das ist nicht die einzige Botschaft, aber eine ganz wesentliche: Berlin ist eine Stadt des Wissens und eine Hochkulturstadt, hat aber auch die ganze Breite der Basiskultur, der Off-Szene im Angebot. Wenn dieser von Ihnen genannte Eindruck so besteht, habe ich also nichts dagegen.

Henne: Einzig das Rote Rathaus, ihr Amtssitz, ist in Sichtweite, sagt uns das was?

Wowereit: Ja, und es wird noch sichtbarer werden, wenn der Palast der Republik abgerissen ist und das Humboldt-Forum errichtet wird, weil sich dann wieder alte Sichtachsen ergeben und das Rote Rathaus noch deutlicher zu sehen sein wird.

Henne: Um den Palast hat es sehr heftige Auseinandersetzungen gegeben. Abriss ja oder nein. Nun haben Sie einen Koalitionspartner, der bei diesem Streit auf der anderen Seite stand, schon von seiner Klientel her. Würden Sie heute immer noch sagen, das war die richtige Entscheidung?

Wowereit: Es war die richtige Entscheidung, und die Debatte ist ja zum Schluss auch anders geführt worden als noch am Beginn der 90er Jahre. Bis Mitte der 90er Jahre wäre das noch kontroverser gewesen, manches muss sich auch aneinander abarbeiten. Der Abriss war unumgänglich, Asbest war die Ursache und es musste entfernt werden. Man sieht ja jetzt, was noch übrig geblieben wäre.

Henne: Nun war für alle klar, dass unbedingt etwas an seiner Stelle entstehen muß, doch wenn ich mir das so anschaue, denke ich, es ist eine fantastische Sichtachse, die sich da auftut. Hätte man nicht auch dabei bleiben können?

Wowereit: Nein, ich finde es richtig, dass in der Kubatur des alten Schlosses ein neues Gebäude errichtet wird. Das fehlt auch, das würde eine Lücke am Ende oder am Anfang der Linden bedeuten, die man auch spüren würde. Ich erlebe das immer wieder, wenn ich bei mir aus dem Fenster des Rathauses schaue. Also deshalb ist die Schaffung eines neuen Gebäudes an der Stelle und in der Kubatur des alten Schlosses völlig richtig und das wird sich so erweisen.

Henne: Als das Gesetz zur Errichtung der Stiftung Preußischer Kulturbesitz am 25. Juli 1957 vom Bund erlassen wurde, da lag Berlin in Schutt und Asche. Die DDR hatte sich schon als Kulturstadt positioniert, hat notdürftig die Museen wieder aufgemacht. Im Westteil der Stadt waren alle Versuche, die ausgeführten ausgelagerten Schätze aus Celle und Wiesbaden zurückzubekommen, gescheitert. Das heißt, die Gründung der Stiftung stand im Zeichen des Kalten Krieges, aber auch eines neu erwachenden selbstbewussten bundesdeutschen Föderalismus. Berlin war lange besetzt – Viersektorenstadt – und musste um Anerkennung kämpfen. Werden denn Museumsinsel und Humboldt-Forum die Deutschen mit ihrer alten und neuen Hauptstadt dann doch endlich versöhnen?

Wowereit: Das ist eine Frage, die schwer zu beantworten ist. Ich glaube nicht, dass ein persönliches Empfinden zu der Funktion einer Hauptstadt, vor allem zu der Hauptstadt Berlin, abhängig ist von der Vollendung des Humboldt-Forums oder eben auch von der Rekonstruktion der Museumsinsel. Aber es zeigt ein Engagement der ganzen Republik in der Hauptstadt. Die Entscheidung des Bundeskabinetts, dieses Gebäude zu errichten, was insgesamt so ca. 480 Millionen Euro kosten wird, und der ausbleibende Protest dagegen sind für mich Hinweise darauf, dass die Republik doch ein bisschen weiter gekommen ist und anerkannt wird, dass der Bundesstaat eine gesamtstaatliche Repräsentation in Berlin auch wahrnehmen kann und aus meiner Sicht auch wahrnehmen sollte.

Henne: Baden-Württemberg, Hessen und Niedersachsen haben damals gegen dieses Stiftungsgesetz vor dem Bundesverfassungsgericht geklagt. 1959 war im Urteil schwarz auf weiß zu lesen, die Stiftung ist mit dem Grundgesetz vereinbar. Sind das olle Kamellen oder rumort die jüngste deutsche Geschichte doch noch im Bauch der Republik?

Wowereit: Es ist sicherlich noch nicht so, dass wir sagen können, dass die ganze Republik unverkrampft mit der Hauptstadt umgeht. Es war ja für viele Städte, die sich in einer Konkurrenzsituation zu Berlin wägen, komfortabel, mit Bonn einen Regierungssitz zu haben, der keine Konkurrenz darstellte. Damit hatte man sich ja durchaus kommod eingerichtet. Das ist nun vorbei, insofern ist da jetzt immer noch etwas Gefühl dabei: Man muss aufpassen, dass sich da nicht wieder etwas entwickelt, was uns gefährlich werden könnte. Dies und der natürliche föderale Konkurrenzgedanke macht die eigenartige Hauptstadtrolle Berlins aus, die im Vergleich zu anderen Staaten so atypisch ist. Auch in einem föderalen Staat, wir kennen das aus Österreich beispielsweise, kann man eine starke Hauptstadt haben und auch ohne die deutsche Teilung wäre im föderalen Staat der Bundesrepublik Deutschland Berlin ganz eindeutig auch die wirtschaftlich stärkste Stadt gewesen und insofern kommt jetzt etwas zurück, was ja widernatürlich weggegangen ist oder sich nicht entfalten konnte. Das ist nach vierzig Jahren Teilung noch ein Prozess, der schmerzt durchaus in Teilen der Republik.

Henne: Es hat dann bis 1975 gedauert, bis sich überhaupt alle Länder an der Stiftung finanziell beteiligt haben. Warum, Herr Wowereit, Sie haben es ja schon kurz angedeutet, warum fällt es ihren Amtskollegen in den Ländern nach wie vor so schwer, sich zu dieser Verantwortung letztendlich, wie Sie ja auch sagen, zu bekennen? Sind das Länderegoismen, ist es die Konkurrenz der Städte, wie Sie sagen?

Wowereit: Na gut, beim Geld hört meistens die Freundschaft auf. Und es gibt auch viele hochkarätige kulturelle Einrichtungen, die weit über das eigene Land, oder die eigene Stadt hinaus strahlen in die gesamte Republik und deshalb ist es sicherlich auch schwer, das Verständnis dafür zu erwecken, dass man für etwas gibt, was sich nicht im eigenen Land befindet, sondern eben in der Bundeshauptstadt. Das muss man verstehen. Wichtig ist aber, dass es kein aktives Handeln dagegen gibt, wenn der Bund sich engagiert. Auch das hatten wir mal und deshalb ist die Hauptstadtklausel im Grundgesetz so wichtig, weil damit auch eine grundgesetzliche Möglichkeit des Bundes da ist, tätig zu werden. Wir haben ja die Kulturhoheit der Länder und die Länder haben immer aufgepasst, dass der Bund sich nicht einmischt, und jetzt hat er zumindest für die Hauptstadt eine Ermächtigungsgrundlage im Grundgesetz und das ist schon mal wichtig.

Henne: Sind Sie selbst denn überzeugter Föderalist, ich meine, diese Konstruktion Bund- Länder ist ja auch immer anstrengend, ein Partner würde es leichter machen?

Wowereit: Natürlich, als Vertreter eines Landes bin ich selbstverständlich überzeugter Föderalist. Wenn man auf der Bundesseite sitzen würde, dann würde man sich sicherlich manchmal genervt fühlen, durch die Vielstimmigkeit, auch durch die Kompetenzen, die auf der Länderseite da sind, dafür muss man auch Verständnis haben. Ich glaube, dass die Bundesrepublik Deutschland mit diesem Föderalismus gut gefahren ist. Wir müssen aber sehen, dass wir ihn fit halten für die Zukunft, deshalb war wichtig, dass wir bei der Föderalismusreform 1 wesentliche Veränderungen durchgeführt haben, und wir diskutieren gerade über die Finanzbeziehungen. Auch da sollte man sicherlich das eine oder andere korrigieren.

Henne: 2002 hat die internationale Expertenkommission »Historische Mitte Berlins« ihren Abschlussbericht vorgelegt. Da ging es um die überwiegend öffentliche Nutzung des Humboldt-Forums, aber es ging vor allen Dingen um den Bau selbst. Mit einer knappen Mehrheit hat sich diese Expertenkommission für den Wiederaufbau entschieden. Also, Norden, Westen, Süden und der so genannte Schlüterhof mit barocken Fassaden. Man sagt, diese Rekonstruktion sei notwendig, um das historische Ensemble von Unter den Linden bis zum Lustgarten wieder herzustellen. Nun gab es damals und gibt es nach wie vor dagegen scharfe Einwände. Der erste Staatsminister für Kultur, Michael Naumann, zum Beispiel war gar nicht einverstanden. Es gibt andere städtebauliche Vorstellungen. Ist das Thema für Sie gegessen?

Wowereit: Ja, die Entscheidung ist getroffen durch den Deutschen Bundestag. Ich selber gehörte auch damals zu denjenigen, die gesagt haben, sie hätten eine moderne Fassade bevorzugt. Es gab ein knappes Votum in dieser Expertenkommission. Der Deutsche Bundestag hat sich mit deutlicher Mehrheit für die historische Fassade entschieden und da er auch der Bauherr ist, muss man diese Entscheidung akzeptieren. Jetzt wird der Wettbewerb vorbereitet und da muss ja eine klare Ansage an die Architekten her, die sich beteiligen werden. Diese Entscheidung ist getroffen.

Henne: Bundesbauminister Wolfgang Tiefensee hat sich an die Entscheidung des Bundestages gehalten, als er den Startschuss Anfang Juli gegeben hat. Es gibt immer noch Stimmen, die fragen, wie passen diese Schlossfassade und der Inhalt, nämlich des Humboldt-Forum, eigentlich zusammen? Also, stellen wir uns ein preußisch anverwandtes Centre Pompidou vor …

Wowereit: Nein, es wird anders sein als das Centre Pompidou. Dort ist ja durch die Architektur von vornherein klar, dass das ein modernes Gebäude ist. Das wird hier anders sein. Das Entscheidende wird sein, wie es innen gestaltet wird. Es ist ja auch nicht die Wiederherstellung des alten Schlosses, wie wir das in Warschau erlebt haben, sondern es ist in der Kubatur; der Schlüterhof wird wieder hergestellt, aber sonst ist die Raumaufteilung ja eine komplett andere, als es jemals im Schloss gewesen war. Dementsprechend wird entscheidend sein, welche Gestaltungselemente die Architekten dort nutzen werden. Und dann wird Leben dadurch erreicht werden, dass dort vornehmlich die außereuropäischen Sammlungen Platz finden werden und auch da kommt's darauf an, wie die Präsentation der einzigartigen Schätze aussehen wird.

Henne: Die Linke hat einen Antrag im Bundestag eingebracht – Humboldt-Forum statt Fassadenschloss – und fordert darin einen für zeitgenössische bauliche Lösungen offenen Architekturwettbewerb. Ist das völlig aussichtslos oder gibt es Schleichwege?

Wowereit: Nein, das ist aussichtslos – die Grundentscheidung ist getroffen und dementsprechend wird der Architekturwettbewerb mit der historischen Fassade gemacht werden.

Henne: Alle haben in dieser letzten abgespeckten Version Federn lassen müssen. Auch die Stiftung Preußischer Kulturbesitz wird nur 24 000 qm für die außereuropäischen Sammlungen in Anspruch nehmen können, aber das gilt natürlich auch für die vom Land Berlin verantworteten Institutionen. 4 000 qm für die Zentral- und Landesbibliothek, 1 000 für die Humboldt-Universität und das alles in Schlossgröße. Also das macht jetzt XXL außen und S – gleich small – innen.

Wowereit: Nein, das ist nicht so. Also erstens, die außereuropäischen Sammlungen haben ja keine Abstriche hinnehmen müssen, sondern das war der alte Planungsstand, und wir haben uns reduziert, weil wir es einfach nicht finanzieren können. Und das, was wir nicht nutzen, muss selbstverständlich dann durch jemand anderen genutzt werden. Und der naheliegende Nutzer ist die Stiftung Preußischer Kulturbesitz: dass man dort die Fläche erweitert oder eben eine andere Lösung findet. Also, es wird nichts leer stehen, da bin ich ganz sicher.

Henne: Die Zentral- und Landesbibliothek wird nicht so glücklich sein. Die Humboldt-Universität wird am unglücklichsten sein, vermute ich, denn die wollte ja ihre Sammlungsschätze dort besser präsentieren. Jetzt gibt es noch zwei andere Universitäten, die den Arm gehoben haben. Hat der Run, der Countdown, angefangen?

Wowereit: Ich glaube, dass es für die Landesbibliothek ein gutes Schaufenster sein kann, bestimmte Teile ihres Bestandes dort zu präsentieren. Der Grundgedanke ist ja, den Ort auch mit Leben zu erfüllen. Viele Menschen sollen dort hinkommen: Nutzer der Landesbibliothek zum Beispiel oder jene, die die Präsentation der Humboldt-Universität sehen wollen, ganz im Sinne des Grundgedankens dieses Humboldt-Forums. Ob es die Möglichkeit gibt, auch Teile der Wissenschaften von anderen Universitäten sich dort mit einbeziehen lassen, das überlassen wir jetzt dem Prof. Markschies und seinen Kollegen. Ich glaube, da wird es in der einen oder anderen Form eine Möglichkeit geben, auch deutlich zu machen: Hier ist nicht die Humboldt-Universität, sondern selbstverständlich auch die Wissenschaft der ganzen Stadt mit all ihren Einrichtungen.

Henne: Sie haben diese Lösung im Abgeordnetenhaus durchgesetzt, gegen Widerstände durchgesetzt. Haben Sie nach der Maxime gehandelt, lieber den Spatz in der Hand als die Taube auf dem Dach?

Wowereit: Nein, das ist eine Frage der Relationen. Wir bringen ja unsere Grundstücke mit ein und wir zahlen noch 32 Millionen Euro drauf. Das hat ein Volumen von insgesamt, glaube ich über 80 Millionen Euro, wenn man die Grundstücke mit dazu rechnet. Das ist nicht wenig und wir müssen ja sehen, dass wir im kulturellen Bereich andere große Investitionen haben, die dringend notwendig sind. Also, ich denke an die Staatsoper, ich denke an Investitionen in der Volksbühne beispielsweise oder Investitionsbedarf, der sich zeigt bei der Landesbibliothek insgesamt, der ja auch nicht erledigt gewesen wäre, wenn man mehr Fläche im Humboldt-Forum gehabt hätte. Also, wir haben viele Baustellen, die offen sind, und dementsprechend ist es in dieser Relation eine vernünftige Lösung.

Henne: Alle haben den Eindruck, seit der Regierende Bürgermeister auch für die Kultur zuständig ist, geht alles. Warum ging es früher nicht?

Wowereit: Wenn alles ginge, wäre es zu einfach. Es ist noch viel Arbeit zu leisten. Ich bin angetreten, um auch Dinge zu klären, grundsätzlich zu klären, die in der Vergangenheit – aus welchen Gründen auch immer – entweder schöngeredet oder verschoben oder mit viel Naivität betrachtet worden sind. Grundlagen zu schaffen, das ist mein Ansatz, und wir sind dabei, wirklich die noch sehr vielen Baustellen zu bearbeiten. Es ist überhaupt noch nicht alles gelöst. Es ist noch wirklich viel zu tun, aber ich freue mich, dass wir in einigen großen Punkten schon ziemlich weit gekommen sind und so soll es auch weitergehen.

Henne: Die Stiftung Preußischer Kulturbesitz hat ja andere Standorte. Die Verlagerung der außereuropäischen Sammlungen in Berlins Mitte bedeutet natürlich für den Standort Dahlem, kunsttechnisch gesehen, so was wie eine Abwicklung. Gibt es Ideen, was mit Dahlem passieren soll? Sind Sie beteiligt an dem Prozess der Überlegung?

Wowereit: Ich glaube, dass das Naheliegende wäre, wenn die Räumlichkeiten der Freien Universität gegeben würden. Die kann sie gut nutzen, und damit wäre dann auch sichergestellt, dass diese Flächen einer sinnvollen weiteren Nutzung zugeführt werden.

Henne: Es gibt den zweiten Standort. Das ist das Kulturforum am Potsdamer Platz, das soll ein Zentrum der Moderne werden. Das hätte der amtierende Generaldirektor Peter-Klaus Schuster gerne. Das hieße, Gemäldegalerie à la longue auf die Museumsinsel und diese Räume am Kulturforum für private Sammlungen. Wie stehen Sie zu diesen Planungen?

Wowereit: Ich glaube, es ist ganz wichtig, dass man sich konzeptionelle Überlegungen macht für das Kulturforum. Es hat so eine einzigartige Sammlung, auch die Gemäldegalerie, und die Besucherströme lassen sich nicht so einfach dort hinlenken. Das ist schade. Wir müssen konzeptionell überlegen, wie man das verändern kann. Wir sehen allerdings auch, dass durch den Baufortschritt auf der Museumsinsel, durch das Bode-Museum beispielsweise, sich Besucherzahlen doch erheblich verlagern und die Einrichtungen, die ein bisschen abseits liegen von der Mitte, zunehmend Schwierigkeiten bekommen. Das ist eine Tendenz, die man wirklich sorgfältig beobachten muss. Wir sehen jetzt, dass durch neue oder sich jetzt besser präsentierende Einrichtungen der Wettbewerb verschärft wird. Etwa das Naturkundemuseum, das sich jetzt in einer hervorragenden Weise darstellt und ja noch viel, viel besser wird, wenn es mal weiter ausgebaut sein wird. Aus Sicht der Stadt ist das eine Attraktivitätssteigerung, die aber den internen Wettbewerb noch verschärfen wird. Also eine große Herausforderung. Wie kommt man noch zur Geltung bei dem wunderbaren Angebot, was wir in Berlin haben? Es ist schwierig für jeden Museumsdirektor oder Galeriedirektor, sich da noch irgendwie bemerkbar zu machen.

Henne: Auch das Kunstgewerbemuseum, das ja im Kulturforum ist, leidet. Sie würden es gerne als Museum für Mode sehen. Nun bemüht sich Berlin ja schon länger in Sachen Mode voranzukommen. Wäre denn so eine Verlagerung eines Schwerpunktes etwas, was dem auch helfen könnte? Können Sie sich das vorstellen?

Wowereit: Also, es ist nicht meine Intention, ein Modemuseum daraus zu machen, sondern es war ein Schwerpunkt, der gesetzt wird durch die einzigartigen Sammlungen, die man hatte, zum Beispiel jetzt durch Uli Richter. Es kann aber nie nur ein Modemuseum sein, es hat auch andere Aufgaben. Wie gesagt, jedes Museum, jede Galerie muss sehen, wie man sich durch Ideenreichtum einer verwöhnten Öffentlichkeit präsentiert und sich im Kampf um das Publikum, das ins Museum geht, behaupten kann. Es ist ein harter Wettbewerb.

Henne: Das heißt, der Regierende Bürgermeister beobachtet aufmerksam und schreitet im gegebenen Moment vielleicht ein.

Wowereit: Wir verfolgen selbstverständlich aufmerksam, was da passiert. Aber ich sage mal, die konzeptionelle Arbeit wird in der Stiftung getan und dafür ist der Bund zuständig. Berlin mischt sich da kräftig mit ein, aber wir haben nicht die Verantwortung für die Stiftung Preußischer Kulturbesitz. Dementsprechend ist das eine andere Position, als bei den anderen Einrichtungen, wo wir die direkte Verantwortung haben.

Henne: Mit den privaten Sammlern, das haben wir erlebt, ist es nicht so einfach. Jüngstes Beispiel die Sammlung Marx im Hamburger Bahnhof. Auch um die Flick-Collection hat es viel Ärger gegeben. Ist das trotzdem der Ausweg, der gegeben ist, um die eigenen Defizite, nämlich keine Ankaufsetats und, und, und auszugleichen? Ist das immer noch der Weg oder sehen Sie den mittlerweile auch mit mehr Zweifeln?

Wowereit: Ich sehe gar keine Zweifel beim Engagement von Privaten, ihre Sammlungen in Berlin zu präsentieren. Das werden wir auch weiterhin unterstützen. Wir freuen uns, dass die Familie Berggruen nach dem Tod von Heinz Berggruen gesagt hat, wir wollen noch weitere Werke aus unserem Familienbesitz präsentieren. Gott sei Dank haben wir in Charlottenburg unmittelbar die Erweiterungsmöglichkeit. Sohn Berggruen hat gerade erklärt, dass er auch nach einem Standort für seine eigene zeitgenössische Kunst sucht. Darüber freuen wir uns und wir freuen uns, wenn Sammler wie Flick oder andere hier ihre Werke entweder für mehrere Jahre oder sogar dauerhaft in Berlin zeigen. Die andere Frage, die macht mir zunehmend Sorge: Die großen Einrichtungen haben entweder keine oder zu geringe Ankaufsetats, so dass ganze Jahrzehnte der zeitgenössischen Kunst gar nicht mehr stattfinden können, weil nicht systematisch gesammelt werden kann. Das ist ein Riesenproblem. Genauso, wie wir unter dem Fehlen einer Kunsthalle leiden. Wo eben Künstlerinnen und Künstler, die noch nicht den internationalen Durchbruch geschafft haben, ein Forum haben, um ihre Ausstellungen zu machen. Wir versuchen das noch in dieser Legislaturperiode zu schaffen.

Henne: Sehen Sie die Kunsthalle, nicht die temporäre, sondern die stetige, sehen Sie die am Standort Hamburger Bahnhof? Die Stiftung würde das gerne als Standort für zeitgenössische Kunst entwickeln.

Wowereit: Wir sind zur Zeit dabei, mehrere Standorte zu prüfen, zu analysieren und auch Kostenrechnungen dafür zu erstellen. Ich bin da überhaupt nicht festgelegt. Es muss ein Standort sein, der attraktiv ist. Denn wir müssen davon ausgehen: Das sind ja dann Künstlerinnen und Künstler, die dort ausgestellt werden, die keine riesige Öffentlichkeit allein durch ihren Namen erzielen können. Also muss ein attraktiver Standort her, wo Kunstinteressierte auch gerne hingehen, weil der sich entweder in Nachbarschaft zu schon bestehenden Einrichtungen befindet oder an sich hochinteressant ist, neben der Kunst, die dort ausgestellt wird. Deshalb muss man das sehr gut abwägen. Also, Hamburger Bahnhof ist eine Gegend, die sich anbietet. Aber es gibt auch andere Standorte wie beispielsweise in der Nähe der August- oder Linienstraße, der auch attraktiv sein kann. Von den Grünen ist die Blumengroßmarkthalle ins Gespräch gebracht worden. Also, das muss man prüfen.

Henne: Sie sind für eine temporäre Kunsthalle auf dem Schlossplatz eingetreten, es gibt zwei konkurrierende Entwürfe. Eine so genannte Wolke und den White Cube. Wann wird die Entscheidung fallen und wann wird es sie geben?

Wowereit: Wir haben eine Frist gesetzt dadurch, dass wir bis Mitte August die fertigen Konzepte von den beiden Interessenten eingefordert haben und dann wird man sehen, ob die Konzepte tragfähig sind. Wir werden dann relativ zügig im Herbst diesen Jahres entscheiden. Die Verwirklichung hängt ein bisschen ab vom Abriss des Palastes der Republik. Ich gehe davon aus, dass zwischen Abriss des Palastes der Republik und Beginn des Neubaus für das Humboldt-Forum eine Zeit von über einem Jahr liegen wird, dann lohnt es sich auch, eine temporäre Kunsthalle zu errichten.

Henne: Herr Wowereit, Sie sind bekannt als Partylöwe, Sie gehen gerne ins Ballett, das haben Sie schon getan, bevor Sie sich für die Berliner Kultur als Verantwortlicher entschieden haben. Arbeiten Sie jetzt an ihrem Image in Sachen Bildender Kunst, also, Sammler Wowereit zum Beispiel?

Wowereit: Leider nicht, leider nicht. Privat fehlt mir dazu auch das notwendige Kapital. Aber ich freue mich, dass wirklich zeitgenössische Kunst auch wieder in Berlin präsentiert wird.

Henne: Das Land Berlin beteiligt sich ja am Betriebshaushalt der Stiftung in hohem Maße, also mehr als die anderen Länder. Ist da so ein kleiner Pluspunkt, macht das die Verhandlungen mit der Stiftung einfacher?

Wowereit: Nein, das macht die Sache nicht einfacher, weil es ja etwas ist, das für die ganze Nation da ist, was aber selbstverständlich dieser Stadt auch besonders zugute kommt.

Henne: Wann haben Sie dann endlich alle überzeugt, auch die Bayern, dass sie sich vielleicht doch etwas mehr engagieren für die Stiftung Preußischer Kulturbesitz, das tun Sie ja jetzt zur Zeit nicht in hohem Maße?

Wowereit: Ich glaube nicht, dass wir davon ausgehen können, dass die Länder höhere Beiträge bezahlen. Das Thema ist vorbei, glaube ich. Es geht jetzt darum, dass der Bund seine Verantwortung wahrnimmt.

Henne: Sollte Kultur Ländersache bleiben, Herr Wowereit, oder können Sie sich einen mit noch mehr Macht ausgestatteten Staatsminister für Kultur und Medien vorstellen?

Wowereit: Kulturhoheit der Länder ist ein elementarer Bestandteil des Föderalismus und deshalb muss das auch so bleiben. Ich freue mich aber, dass wir im Bundeskanzleramt einen Staatsminister haben oder früher eine Staatsministerin, die sich um Kultur in der Republik kümmern. Das ist kein Angriff auf den Föderalismus, das ist eine Ergänzung. Wie insgesamt in der Kultur Viele etwas Gutes tun können und die sollte man nicht daran hindern.

Henne: 50 Jahre Stiftung Preußischer Kulturbesitz. Was wünschen Sie für die nächsten 50 Jahre?

Wowereit: Weiterhin viele Ideen, kreative Köpfe, aber auch die Partner, die notwendig sind, sowohl von den staatlichen Stellen, wie auch von den privaten Förderkreisen, um diese hervorragende und einzigartige Arbeit fortsetzen zu können.

Hermann Parzinger
Zwischen Kultur und Wissenschaft: eine Rückkehr in die Zukunft?

Jubiläen sind stets eine Gelegenheit zur Rückschau, sie geben aber auch Anlaß, in die Zukunft zu blicken. Das Deutsche Archäologische Institut (DAI) begleitete den Weg der Stiftung Preußischer Kulturbesitz seit ihren Anfängen und die fachliche Klammer bildeten – wie könnte es anders sein – die archäologischen Sammlungen der Staatlichen Museen zu Berlin. Der Präsident des DAI ist *ex officio* Mitglied der Museumskommission der SMB sowie des Gesamtbeirats der SPK und immer wieder waren auch Mitarbeiter der Stiftung, in der Regel Museumsdirektoren, in der sog. Zentraldirektion des DAI vertreten, dem wichtigsten Entscheidungsgremium des Instituts.

Das Gründungsjahr 1957 der Stiftung Preußischer Kulturbesitz fiel in eine Zeit, die auch für das DAI grundlegend war: Die Phase der Rückgewinnung und Wiedereröffnung der nach dem Zweiten Weltkrieg geschlossenen und teilweise enteigneten Auslandsinstitute war abgeschlossen und es begann eine Zeit des Aufbruchs mit neuen wissenschaftlichen Zielen, die schon bald weitere Auslandsabteilungen entstehen ließ, wie etwa in Bagdad und später in Teheran. Insofern waren diese Jahre eine Art ›Achsenzeit‹ sowohl für die Stiftung Preußischer Kulturbesitz als auch für das Deutsche Archäologische Institut.

Die Beziehung des DAI zur SPK war von Anfang an eine besondere und dies hing mit den Staatlichen Museen zu Berlin zusammen. Es gibt wohl kaum zwei Einrichtungen aus dem Bereich der Altertums- und Kulturwissenschaften, die seit ihrer Gründung so eng miteinander verbunden sind, wie die Staatlichen Museen und das DAI. Es ist eine große gemeinsame Tradition, die wir kontinuierlich fortführen, und die Verbindungen waren so eng, dass es angebracht erscheint, einige Begebenheiten ins Gedächtnis zu rufen.

Es war nicht nur dieselbe Zeit, in der 1829 in Rom das DAI und ein Jahr später in Berlin die Staatlichen Museen gegründet wurden, sondern es waren erstaunlich oft auch dieselbe Menschen, die im Werdegang beider Einrichtungen eine entscheidende Rolle spielten. Jener kunstsinnige Preußenkönig Friedrich Wilhelm IV., der 1841 das Gelände um die heutige Museumsinsel zur »Freistätte für Kunst und Wissenschaft« erklärte, ließ sich Jahre zuvor auf einer Italienreise, die er noch als Kronprinz unternommen hatte, für das »Istituto di corrispondenza archeologica« gewinnen, wie das DAI damals hieß.

Treibende Kraft war Eduard Gerhard, ein damals in Rom tätiger Altphilologe, der 1829 in Rom den Grundstein für das spätere DAI legte, indem er Gelehrte, Künstler und Diplomaten, unter ihnen Johann Wolfgang Goethe und Wilhelm von Humboldt, für einen Freundeskreis des Altertums gewann, aus dem später das DAI erwuchs. Die Gründung des Instituts verfolgte das Ziel, archäologischen Fundstoff erstmals systematisch zu sammeln, zu veröffentlichen und eine umfassende Denkmälerkunde des Altertums zu betreiben.

Im März 1833 verließ Gerhard Rom und wurde zum Archäologen an den Königlichen Museen zu Berlin ernannt. Dabei verlagerte er auch die Leitung des Instituts nach Berlin. In gewisser Weise verdankt es das DAI also den Berliner Museen, dass sich der Sitz seines Präsidenten heute in Berlin befindet. Durch Gerhard erhielt die Berliner Antikensammlung ein völlig neues, zukunftsweisendes Profil: Sie wurde zu einer Stätte der Forschung, die sich nicht nur auf ihre Bestände konzentrierte, sondern größere historische und kulturgeschichtliche Zusammenhänge aufzuzeigen suchte. Nicht nur Meisterwerke, sondern ganz besonders auch die Vielfalt der antiken Kunstgattungen und Kulturen sollte umfassend präsentiert werden, wobei die Lehr- und Bildungsfunktion des Museums im Mittelpunkt stand. Gerhards Vision war damals revolutionär und hat in ihrem Kern bis heute nichts von ihrer Aktualität verloren.

Eduard Gerhard verband aber nicht nur Museum und Institut, sondern spielte auch in der Preußischen Akademie der Wissenschaften sowie an der Berliner Universität eine wichtige Rolle und begründete außerdem die »Archäologische Gesellschaft zu Berlin«. Da er es verstand, zwischen diesen Einrichtungen Querverbindungen herzustellen und sie auf gemeinsame Ziele hin auszurichten, entstand dadurch ein System, dessen einzelne Bestandteile sich gegenseitig stützten. Es war der erste Schritt zu arbeitsteiliger Großforschung und die deutsche Altertumskunde spielte hierbei eine Vorreiterrolle für andere Wissenschaften, die – etwa unter dem Dach der Kaiser Wilhelm-Gesellschaft – erst später dazu fanden. Museen und Institut waren unerläßliche Bestandteile dieses Systems und sie sind es noch heute!

Auch in den Jahrzehnten nach Gerhard waren Museen und Institut durch führende Forscherpersönlichkeiten ihrer Zeit verbunden. So wurde Alexander Conze, ab 1877 Direktor der Berliner Skulpturensammlung und Leiter der Ausgrabungen in Pergamon, im Jahre 1887 erster hauptamtlicher Generalsekretar des Instituts. Er prägte den Wandel des internationalen Gelehrtenvereins hin zu einer vom Reich getragenen Forschungsanstalt. Mit Conze ging aber auch die Pergamon-Grabung auf das DAI über, bis heute eines der Leuchtturmprojekte des Instituts mit immer wieder neuen Ansätzen modernster interdisziplinärer Altertumsforschung und zeitgemäßem *site management*. Der Ruinenort selbst lockt inzwischen alljährlich nicht weniger Besucher als sein berühmter Altar auf der Museumsinsel. Mit Theodor Wiegand, Martin Schede und Carl Weickert kamen zwischen 1932 und 1954 drei weitere Präsidenten des DAI von den Staatlichen Museen und die einst von Wiegand geleitete Außenstelle Konstantinopel der Königlichen Museen zu Berlin ging später in der Abteilung Istanbul des DAI auf. Die Partnerschaft, die die Staatlichen Museen und das Deutsche Archäologische Institut verbindet, ist also so alt wie diese Einrichtungen selbst und ohne diese enge Verbindung wäre so manches in der Entwicklung der beiden Institutionen zweifellos anders verlaufen, jedenfalls in der Zeit vor 1945.

Mit dem Ende des Zweiten Weltkriegs, mit der Teilung Deutschlands und Berlins und mit der damit verbundenen Auflösung des Staates Preußen veränderten sich die Rahmenbedingungen dieser Verbindung grundlegend, insbesondere auf Seiten der Staatlichen Museen zu Berlin. Letztere fanden zusammen mit Staatsbibliothek, Staatsarchiv und anderen bedeutenden Wissenschaftseinrichtungen ab 1957 unter das Dach der von Bund und Ländern getragenen Stiftung Preußischer Kulturbesitz, das sich zunächst aber nur auf deren in Westberlin befindliche Bestandteile erstreckte. Mit der deutschen Vereinigung und der Zusammenführung der Sammlungen aus beiden Teilen der Stadt auf der inzwischen UNESCO-Weltkulturerbe gewordenen Museumsinsel sind die Staatlichen Museen zu Berlin auf dem besten Wege zu einem Universalmuseum von Weltgeltung, auch wenn dieser Weg zu seiner Vollendung noch lang und steinig ist. Schon jetzt ist klar, dass der Endpunkt dieser Entwicklung, wann immer er erreicht sein mag, Berlins Mitte nachhaltig verändern und gegenüber dem Vorkriegszustand um ein Vielfaches übertreffen wird.

Die Vollendung dieser Vision ist jedoch nicht ohne das im wieder zu errichtenden Stadtschloß geplante Humboldt-Forum zu erreichen. Die Idee, hier mit den derzeit noch in Dahlem befindlichen Beständen als Kern ein Zentrum für außereuropäische Kulturen und außereuropäische Kunst zu schaffen, ist faszinierend und zukunftsgerichtet zugleich. Die Unterbringung dieser Sammlungen in unmittelbarer Nachbarschaft zu den Museen der europäisch-mittelmeerischen Kulturen wird folgenreich sein und unser auf Alteuropa, den Mittelmeerraum und den Vorderen Orient fixiertes historisches Weltbild dürfte eine beträchtliche Erweiterung erfahren.

Manches von diesen Überlegungen zum Humboldt-Forum erinnert an Diskussionen der siebziger Jahren des 20. Jahrhunderts zur künftigen Struktur des Deutschen Archäologischen Instituts, als der Weg zu einer außereuropäischen Altertumsforschung nicht mehr aufzuhalten schien und immer konkretere Formen annahm. Zwar sah ein vorausschauender Denker wie Gerhart Rodenwaldt, Präsident des DAI von 1922 bis 1932, schon damals ein Ausgreifen der Forschungstätigkeit auf Ostasien und Mittelamerika für notwendig an, doch war mit dem Aufkommen des Nationalsozialismus nicht mehr an eine Realisierung solcher Pläne zu denken. Und in den sechziger Jahren hielt sein späterer Nachfolger im Amt Kurt Bittel den Weg zu einer ›Weltarchäologie‹ mit Unternehmungen in Asien, Afrika und Amerika bereits für unumkehrbar beschritten. Das Institut aber tat sich mit dieser Erkenntnis zunächst noch schwer und ließ sich einzigartige Chancen entgehen, wie etwa die 1971 angebotene Übernahme des Frankfurter Frobenius-Instituts für Afrika-Forschung. Man möchte sich wünschen, dass bei der Realisierung des Humboldt-Forums ähnliche sich möglicherweise bietende Chancen energisch ergriffen werden.

Dem DAI half seinerzeit schließlich die Politik ›auf die Sprünge‹, als die Bundesregierung sich völlig zu Recht und in seltener Klarheit dafür aussprach, eine Forschungseinrichtung für die Archäologie in Schwellenländern und Staaten der Dritten Welt zu gründen. Im Jahre 1979 verkündete dann der damalige Bundespräsident Walter Scheel bei den Feierlichkeiten zum 150-jährigen Jubiläum des Deutschen Archäologischen Instituts die Einrichtung einer solchen Zweiganstalt mit Sitz in Bonn, die sich den außereuropäischen Kulturen zuwenden sollte. Die neue Einrichtung, die sich heute »Kommission für Archäologie Außereuropäischer Kulturen des DAI« nennt, ist nun schon bald drei Jahrzehnte mit beträchtlichem wissenschaftlichem Erfolg in Asien, Afrika, Amerika und Ozeanien tätig und erforscht dort Kulturen, die allesamt eben nicht in einem direkten Wirkungszusammenhang mit den europäisch-nahöstlichen standen.

Aus einer modernen Altertumsforschung sind derartige Untersuchungen, die nicht flächendeckend sein können, sondern nur konkrete Fallbeispiele für ganz bestimmte historische Entwicklungen in den Vordergrund rücken, heute nicht mehr wegzudenken. Dem DAI eröffnen sie die Chance, bestimmte Phänomene in gänzlich unterschiedlichen Kulturräumen der Alten wie der Neuen Welt vergleichend zu erforschen, um auf diese Weise zu tiefgreifenderen Einsichten in Mechanismen kultureller Prozesse und historischer Entwicklungen der frühen Menschheitsgeschichte zu gelangen. Gerade die Aussicht, dies im globalen Maßstab zu tun, ist besonders reizvoll, und dahinter steht die Überzeugung, dass die Erforschung menschlicher Kultur auch einen komparativen Ansatz erfordert.

Die Altertums- und Kulturwissenschaften können das Bewußtsein der Menschen verändern, und sie haben dadurch die Chance, auch die Welt zu verändern Gelingt es uns, das Verständnis der außereuropäischen Kulturen zu vertiefen, so wird es zu einer neuen und intensiveren Wahrnehmung des kulturellen Reichtums und der geistigen Weite der Welt kommen. Die Menschheit braucht die Vielfalt, wenn die schöpferischen Kräfte nicht versiegen sollen. Gerade auch bedeutende Vertreter der modernen Kunst verweigerten sich nicht dieser Erkenntnis, sondern bezogen sie in ihr Schaffen ein. Dazu gehört das Wissen um den besonderen Beitrag, den jede Kultur zur Lösung der vielen gemeinsamen Aufgaben in der Welt leisten kann.

Dabei ist nicht zu vergessen, dass zu den außereuropäischen Kulturräumen solche wie Indien und China zählen, die seit jeher zu den großen Akteuren im Weltgeschehen zählen und diese Rolle in der Zukunft höchstwahrscheinlich stärker denn je spielen werden. Das Wissen darum ist unabdingbar für die Handlungsfähigkeit unserer Gesellschaft in einer globalisierten Welt. Es könnte deshalb die entscheidende Aufgabe des geplanten Humboldt-Forums sein, diese interkulturelle Fernkompetenz zu fördern. Die Wirkung wäre enorm und würde weit über die Altertums- und Kulturwissenschaften hinausreichen.

Denkt man also an die Zukunft der Stiftung Preußischer Kulturbesitz im Jahre 50 ihres Bestehens, so nimmt sie – aus verständlichen Gründen – zunächst in Form von Bauabschnitten Realität an. Schenkt man den Bekundungen der öffentlichen Hand Glauben, so scheint dieser Weg bereits beschlossen, selbst wenn seine zeitliche Streckung noch ungewiß sein dürfte. Aber es wird kommen, was kommen muss! Doch Adel verpflichtet: Es wird deshalb eine zentrale Aufgabe sein, Berlins Mitte nicht nur zu einer grandiosen Schau der Weltkultur und Weltkunst werden zu lassen, sondern dabei auch deutlich zu machen, was moderne, transdisziplinäre Altertums- und Kulturwissenschaften zu leisten imstande sind. Es bedarf des entsprechenden Geistes, um nicht bei der reinen Präsentation von einzigartigen Zeugnissen ferner Vergangenheit und fremder Kulturen stehen zu bleiben. Man wünschte sich, dass die Stiftung Preußischer Kulturbesitz von hier aus im Verbund mit den Universitäten der Stadt und den außeruniversitären Wissenschaftseinrichtungen in der nationalen wie internationalen Forschungslandschaft wieder Akzente setzt, wie dies zu Zeiten Eduard Gerhards im frühen 19. Jahrhundert gelang, als man erstmals Großforschung plante und realisierte. Nie waren die Rahmenbedingungen dafür günstiger und sollte der von Freier Universität, Humboldt-Universität, Deutschem Archäologischem Institut und Staatlichen Museen der Stiftung Preußischer Kulturbesitz gemeinsam gestellte Berliner Antrag auf Einrichtung des Exzellenzclusters »*Topoi. Die Formation und Transformation von Raum und Wissen in den Antiken Kulturen*« durch die Deutsche Forschungsgemeinschaft Erfolg haben, so würde sich eine einzigartige Infrastruktur mit herausragender Forschung paaren. Die Museumsinsel könnte dabei als tatsächliche »Freistätte für Kunst und Wissenschaft« ihre glanzvolle Vollendung finden.

Monika Grütters
Alles nur Fassade?
Von der Vision zum Humboldt-Forum

Die Stiftung Preußischer Kulturbesitz begeht ihr 50-jähriges Jubiläum, die Stiftung »Brandenburger Tor« ihren 10. Geburtstag.
Und gleich der erste öffentliche Abend im neu bezogenen Liebermann Haus geriet nicht nur für die Stiftung »Brandenburger Tor«, sondern auch für die Stiftung Preußischer Kulturbesitz zur historischen Stunde: Es war das Torgespräch am 3. Mai 2000 über die Frage »Das Schloss – Fassade ohne Inhalt?«, das dem Publikum die, wie wir heute wissen, entscheidende Idee zur Nutzung des neu zu errichtenden Gebäudes auf dem Schloßplatz offenbarte.

Der Präsident der Stiftung Preußischer Kulturbesitz, Klaus Dieter Lehmann, hatte das erste Torgespräch der Stiftung »Brandenburger Tor« gewählt, um seine Idee eines »Humboldt-Forums« vom Podium am Pariser Platz aus zur Diskussion zu stellen.

»Endlich ein überzeugender Vorstoß für das Stadtschloss«, »Traumschloss« oder »Völkerkunde im Stadtschloss« titelten am nächsten Tag die Zeitungen.

In Berlins Mitte soll ein Symbol entstehen – mit außereuropäischer Kunst, die nach dem Umzug der Gemäldegalerie an das Kulturforum in Mitte ins Dahlemer Abseits geraten ist. Das wird den herausragenden Sammlungen indischer und ostasiatischer Kunst, dem Museum für Völkerkunde und dem Museum europäischer Kulturen seither nicht mehr gerecht. Die Kulturen der Welt also sollten auf dem Schlossplatz das Ensemble aus Museumsinsel, Humboldt-Universität und Stadt-, bzw. Staatsbibliothek ergänzen durch einen unmittelbaren Bezug auf Alexander von Humboldt.

In direkter Nachbarschaft zur von Wilhelm von Humboldt gegründeten Universität würden die ethnologischen Sammlungen das Vermächtnis seines Bruders, des Völkerkundlers Alexander von Humboldt, verkörpern.

Die Publizierung dieser Nutzungsidee fiel vor sieben Jahren in eine Zeit, da man sich über die Einfallslosigkeit der Berliner mokierte, denen in der entscheidenden Frage der zeitgemäßen Bestimmung eines rekonstruierten Schlüter-Schlosses anstelle des asbestverseuchten Palastes der Republik nichts Überzeugendes einfallen wollte. »So suchen Visionäre und Phantasten verzweifelt nach neuen Nutzungen. Doch alles Nachdenken bringt kaum mehr hervor als das, was im Palast der Republik längst vorhanden ist: irgendetwas Kommunikativ-Kulturelles zwischen Kegelbahn und Konferenzzentrum …«, konnte man damals im FAZ-Feuilleton lesen. Diese Kritik ist seit dem Torgespräch der Stiftung »Brandenburger Tor« am 3. Mai 2000 überholt.

An ihre Stelle getreten ist ein Vorschlag, der vor allem eines ist: die Selbstbehauptung der Kulturnation Deutschland.

Der Ort der damaligen Podiumsdiskussion zur Schlossplatznutzung war bedeutungsvoll: Die Stiftung »Brandenburger Tor« arbeitet in dem von Josef Paul Kleihues kritisch rekonstruierten Liebermann Haus, direkt neben dem nationalen Denkmal und mit axialem Bezug auf den umstrittenen Ort.

Schon Max Liebermann und der Kaiser hatten sich ob dieser Nähe gestritten: Der Kaiser wollte nicht mit dem unbequemen prominenten Künstler »auf einer Achse wohnen«. Der empfahl daraufhin, er, der Kaiser, könne dann ja ausziehen – eine veritable Majestätsbeleidigung, für die der Kaiser sich rächte, indem er höchstselbst Liebermann verbat, ein Glasdach auf sein dunkles Ateliergeschoß neben dem Brandenburger Tor auf sein Haus zu setzen. Das ließ dieser sich allerdings nicht verbieten, auch vom Kaiser nicht, zog vors Preußische Oberverwaltungsgericht und bekam in zweiter Instanz recht, mit der Auflage, das Glasdach nur zur Westseite hin sichtbar zu bauen. Diesen Sieg der Kunst und Kultur über die Obrigkeit haben viele seiner Künstlerkollegen ihrem Akademiepräsidenten und Sezessionsgründer Max Liebermann gedankt, nicht zuletzt durch eine Verewigung des berühmten Atelierdaches auf ihren Gemälden der Szenen um das Brandenburger Tor.

Und heute, 105 Jahre später, beschreibt die Achse vom nationalen Denkmal zum Schlossplatz nicht das Trennende zwischen Politik und Kultur, sondern sie definiert ihre Nähe, das Verbindende in der Kunst.

Dass der Abend, dass Lehmanns Statement »historische Qualität« bewiesen hat, ist ersichtlich. Zwar gibt es auch sieben Jahre später noch immer keinen verbindlichen Parlamentsbeschluss über das Programm des neuen Stadtschlosses, den gibt es »nur«, aber immerhin in Bezug auf die Fassade, die nach Westen und Süden hin der historischen Schlossfassade nachgebildet werden soll.

Eine Fassade ohne Inhalt aber wird es nicht, denn dafür ist der Entwurf Lehmanns zu bestechend. Deshalb hat seine Idee in der Republik auch Karriere gemacht, ja, in jüngster Zeit scheint ihre Realisierung sogar in greifbare Nähe zu rücken, wenn man den Berechnungen aus dem Bundesbauministerium trauen darf, die die Errichtung eines Stadtschlosses bis 2015 für machbar halten.

Würde die Idee umgesetzt, entstünde am Schlossplatz eine Konzentration an Museen, die selbst den Vergleich mit dem Louvre nicht zu scheuen bräuchte. Im Schlossneubau würden die außereuropäischen Länder und Sammlungen

Quartier finden – als Pendant zur europäischen Kultur- und Kunstgeschichte auf der Museumsinsel – eine historische Chance für die Bundesrepublik Deutschland, hier ihr Selbstverständnis sichtbar zu machen, es Gestalt annehmen zu lassen.

Denn welche Nation der Welt hat schon an der Schwelle zum dritten Jahrtausend den zentralen Platz ihrer Republik neu zu vergeben? Eine würdige Nutzung des neuen Stadtschlosses als Schaufenster des Weltwissens, als eine Art Louvre der Kulturgeschichte und -anthropologie, als Spitze des globalen Wissens- und Kulturaustausches wäre ein Signal der Offenheit an die Welt – welch eine Botschaft des neuen, heutigen Deutschland!

Nationale Identität wächst vor allem aus dem Kulturleben eines Landes. Dazu gehört nicht allein das kulturelle Erbe vergangener Zeiten, so eindrucksvoll und schützenswert unser Kulturerbe auch ist.

Dazu gehört vor allem das Neue, die künstlerische Avantgarde. Die öffentliche Daseinsvorsorge für die Kultur, die grundgesetzlich geschützte Freiheit von Kultur und Wissenschaft, das sind Wesenszüge der bundesrepublikanischen Gesellschaft, um die die Welt uns beneidet und die dann auch zu weltweiten Spitzenleistungen der Kunst in Deutschland geführt haben.

Kultur ist in einer pluralistischen Gesellschaft immer eine plurale, heterogene Kultur, eine Kultur, die auch provoziert und zur Auseinandersetzung herausfordert. In alledem spiegelt sich, reflektiert sich unser öffentliches Bewusstsein, gerade in der Kulturnation Deutschland. Die Museen sind die geistigen Ankerpunkte eben dieser Gesellschaft.

Und Berlin ist die Hauptstadt. Was in dieser Hauptstadt kulturell gelingt, wird in den Augen der Welt dem ganzen Land gutgeschrieben. Was dort misslingt, dafür wird, von außen jedenfalls, das ganze Land verantwortlich gemacht.

Besser noch beschreibt man Berlins kulturpolitische Rolle als die eines Katalysators von Meinungsbildungsprozessen im Politischen wie im Ästhetischen.

In Berlin müssen sich Land und Bund zuerst nach ihrer Verantwortung gegenüber dem ganzen Land, dann Europa und schließlich der Welt fragen.

Deshalb hat Deutschland das Glück und kann stolz darauf sein, dass sich seine Hauptstadt über die Kultur definiert. Weltweite Bewunderung hat es darüber hinaus seit je her gegeben für die Vision und die Umsetzung des Humboldt'schen Bildungsideals, das nun einleuchtend verwirklicht werden könnte durch eine Liaison von Museumsinsel und Universität, erweitert um die Dimension des zweiten großen Humboldt, des Südamerika-Forschers Alexander, dessen Geisteswelt sich in den außereuropäischen Sammlungen spiegelt.

Es bedarf nun eines verbindlichen Beschlusses von Bundestag und Abgeordnetenhaus über das Raumprogramm und die Bestimmung des neuen Stadtschlosses. Seit der Lehmann'schen Idee vom Humboldtforum hat es Vergleichbares nicht gegeben. Mutig und dem Selbstverständnis der Bundesrepublik und ihrer Hauptstadt entsprechend wäre es, wenn es Raum für das Zeitgenössische einschlösse – für eine »Kunsthalle« im neuen Stadtschloss, vielleicht nicht nur temporär? Dies alles wäre ein überzeugendes Bekenntnis der Kulturnation Deutschland zu ihrer neuen Mitte.

Wenn es erst einmal steht, wird das neue Stadtschloss der Mittelpunkt, der Magnet, das neue Wahrzeichen Berlins, der deutschen Hauptstadt sein.

Ihren Ausgangspunkt hatte die öffentliche Debatte am 3. Mai 2000 direkt neben dem Brandenburger Tor, diesem nationalen Symbol für die Teilung der Welt in Freiheit und Unfreiheit und für die wiedergewonnene Einheit, im Haus des damaligen Akademiepräsidenten und Malers Max Liebermann, dieses jüdischen Weltbürgers und mutigen Streiters für die Moderne, dessen geistiges Erbe zu verteidigen die Stiftung »Brandenburger Tor« als Herausforderung und Chance zugleich versteht.

»Überall geht ein frühes Ahnen dem späten Wissen voraus« – es bleibt zu hoffen, dass Alexander von Humboldt auch in diesem Fall recht behält.

oben Blick auf die Museumsinsel. Links vorne das Bode-Museum, rechts außen der Lustgarten mit Altem Museum und Berliner Dom
unten Die Säulenhalle des Alten Museums

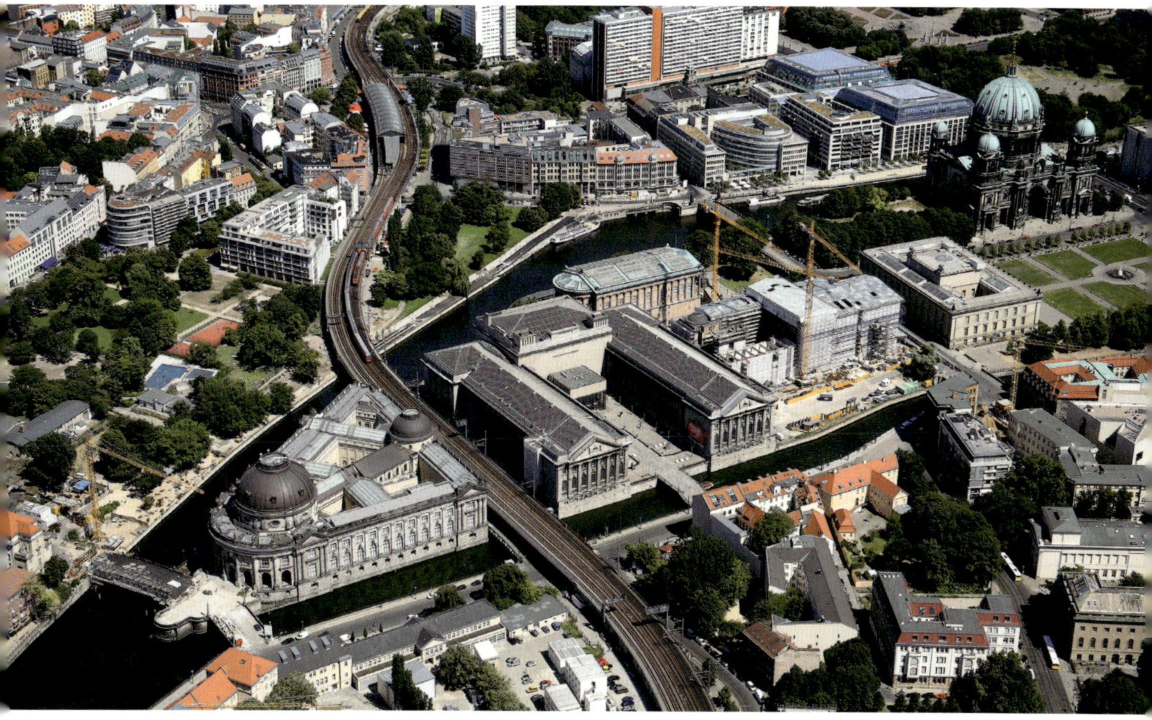

rechts Die Rotunde des Alten Museums
unten Museumsinsel von Süden mit Altem Museum, erneuerter Nationalgalerie und Neuem Museum »in restauro«

oben Bode-Museum im Abendlicht
unten Bode-Museum – Kleine Kuppelhalle mit den Generalsstandbildern vom Wilhelmsplatz

oben »Figuren« im Bode-Museum.
In der Mitte die »Tänzerin« von Antonio Canova
unten Darauf haben sie lange gewartet.
Wiedereröffnung des Bode-Museums im Dezember 2006

oben Die Alte Nationalgalerie
unten Besucher in der Alten Nationalgalerie vor C. D. Friedrichs »Der Mönch am Meer«

oben Das Pergamonmuseum auf der Museumsinsel
unten Im Pergamonmuseum vor der Sitzstatue eines römischen Kaisers mit dem aufgesetzten Kopf des Trajan

oben Besucher vor dem Pergamonaltar
unten Besucher vor dem Ischtar-Tor von Babylon im Vorderasiatischen Museum

oben Friedrichswerdersche Kirche von Karl Friedrich Schinkel
unten Friedrichswerdersche Kirche mit Skulpturen der Goethezeit

Norbert Lammert
Zum Beispiel: Bode-Museum
Eine kleine Rede für ein großes Stück Kunst

Die im Umfang und Tonlage außerordentliche Vorberichterstattung zur Wiedereröffnung des Bode-Museums könnte Zweifel erzeugt haben, ob es dieser Veranstaltung überhaupt bedarf, um auf die überragende Bedeutung dieses Museums und seiner Sammlung aufmerksam zu machen. Sowohl der Stellenwert der Museumsinsel, die – buchstäblich auf der Bahnstrecke zwischen Paris und Moskau – in unüberbietbarer Weise das kulturelle Erbe der Menschheit dokumentiert, als auch die herausragende Bedeutung dieses Museums sind in einer geradezu hymnischen Weise besungen worden, so dass es einer Ergänzung oder gar Bestätigung sicher nicht bedarf. Schon gar nicht von Repräsentanten der Politik, denen gegenüber die Vermutung weit verbreitet ist, dass es eine ärgerliche Diskrepanz zwischen geringem Sachverstand und großem Einfluss gäbe. Deswegen wird möglicherweise die einzige Frage, an deren Antwort viele von Ihnen interessiert sein könnten mit Blick auf die Repräsentanten des Staates, die sein, ob wir die Wertschätzung denn wohl teilten, die in dieser Berichterstattung deutlich geworden ist und die uns in ultimativer Weise nachher ganz sicher durch Herrn Schuster und Herrn Effenberger noch mal erreicht.

Ich will mich vor diesem Thema nicht drücken und eher vorsichtig den damit verbundenen Fragen annähern. Dabei muss ich der guten Ordnung halber darauf hinweisen, dass bei der Eröffnung dieses Museums 1904 noch ein leibhaftiger Kaiser persönlich zugegen war, mit dem wir heute nicht mehr dienen können. Unter den gründlich veränderten Bedingungen einer gründlich neuen Verfassung ist das Volk nicht mehr der Untertan, sondern der Souverän, den hier zu vertreten eine besondere Freude, wenn auch ein vergleichsweise riskantes Unternehmen ist.

Damals, im 19. und 20. Jahrhundert, haben die preußischen Könige und deutschen Kaiser ihre Museen in der Nähe der Residenzen gebaut. Heute suchen immerhin deutsche Kanzler ihre Wohnungen in der Nähe dieser Museen. Das eine ist nicht weniger aufschlussreich als das andere. Dass die amtierende Kanzlerin übrigens entschieden lieber hier wäre als bei einer Debatte der eigenen Fraktion über die Gesundheitsreform, werden Sie mir und ihr aufs Wort glauben. Mit solchen Debatten hatte der damalige Souverän wenig zu tun.

Nun hat Prof. Lehmann in seiner Begrüßung schon freiwillig die Kosten dieses Museums angesprochen und sich damit in die unmittelbare Nähe einer der wenigen Fragen begeben, für die nicht mehr die Experten, sondern die Kultur- und die Haushaltspolitiker verantwortlich sind, die am Ende nach dem Votum der Fachleute die Frage beantworten müssen, ob das denn eigentlich angemessen und zu vertreten sei. Ich zögere keinen Augenblick zu sagen: Jawohl, die Kosten sind hoch, aber sie sind Euro für Euro angemessen.

Und ich erlaube mir mit Hinweis nicht nur auf anwesende Mitglieder des Haushaltsausschusses des Deutschen Bundestages den ebenso irreführenden wie zielführenden Hinweis, dass auch dann, wenn es uns hoffentlich gelungen ist, die etwa 60 Millionen Euro für das Besucherzentrum zusätzlich zu mobilisieren, diese Kosten, addiert mit denen des Museumsumbaus, immer noch unter den Kosten des Umbaus des Berliner Olympiastadions liegen würden. Auch der zweifellos dringend notwendige Ausbau des Flughafens Berlin-Schönefeld wird deutlich mehr kosten als die häufig beschworenen »gigantischen« Kosten für die Instandsetzung der gesamten Museumsinsel. Nun ist das eine so nötig wie das andere und niemand wird auf die Idee kommen, ich wolle das eine gegen das andere ausspielen. Aber darauf möchte ich schon bestehen: Der Aufwand für die kulturelle Infrastruktur einer Gesellschaft ist nicht weniger wichtig als für ihre Verkehrsinfrastruktur.

Die Wiedereröffnung dieses Museums ist eine wunderschöne Gelegenheit, meine Überzeugung zu bekräftigen, die ich auch bei anderen Gelegenheiten vorgetragen habe, dass entgegen einer landläufigen Vermutung Kunst und Kultur nicht eine besonders sympathische Nebensache der Politik sind, sondern die Hauptsache. Was von dieser Generation wie von früheren Generationen im Gedächtnis dieses Landes, wenn's gut geht im Gedächtnis der Menschheit zurückbleiben wird, sind nicht unsere Bahnhöfe und unsere Flughäfen, auch nicht unsere Steuergesetze, nicht einmal das Niveau unserer sozialen Sicherungssysteme, es sind Kunst und Kultur. Dabei haben wir im Verständnis von Staat und Gesellschaft über den Stellenwert dieses scheinbaren Randbereichs nach meiner Überzeugung durchaus beachtliche Fortschritte gegenüber der Zeit gemacht, die gerade mal hundert Jahre zuvor noch bei Gründung dieses Museums anzutreffen waren. Von Kaiser Wilhelm ist der denkwürdige Satz überliefert, »Eine Kunst, die sich über die von mir bezeichneten Gesetze und Schranken hinwegsetzt, ist keine wirkliche Kunst mehr. Sie ist Fabrikarbeit, ist Gewerbe, das darf nie Kunst werden.« Eine solche Anmaßung dürfte und würde sich heute weder ein Staatspräsident noch ein Regierungschef erlauben und für das Amt des Kulturstaatsministers käme schon nicht einmal mehr in Betracht, wer von dieser Versuchung auch nur geplagt wäre.

Herr Prof. Lehmann weiß, dass ich in ähnlichen oder anderen Zusammenhängen mich immer gegen den leider weit verbreiteten, aber unsäglichen Begriff der »Kulturhoheit« gewandt habe, der nach meiner festen Überzeugung weder das Verhältnis zwischen Bund und Ländern noch das Verhältnis des Staates gegenüber Kunst und Kultur angemessen zum Ausdruck bringt. Ein Staat, der Kunst und Kultur mit hoheitlicher Gebärde begegnet, ist sicher kein Kulturstaat.

Ich möchte gerne einen Aspekt aufgreifen und unterstreichen, der in der Begrüßung des Präsidenten der Stiftung notwendigerweise eher am Rande Erwähnung gefunden hat, obwohl er in das Zentrum der Beschäftigung mit diesem Museum und dieser Museumsinsel gehört, nämlich die Verbindung von öffentlichem und privatem Engagement. Dieses Museum und dieser gesamte Museumskomplex wären ohne staatliche Finanzierung nicht entstanden, aber ohne private Förderer, ohne bürgerschaftliches Engagement auch nicht. Ohne dieses ganz außergewöhnliche bürgerschaftliche Engagement wären bestenfalls die Museen zustande gekommen, nicht aber die Sammlungen, die in diesen Museen einen einzigartigen Platz gefunden haben. Beides bleibt auch für die Zukunft unverzichtbar. Und soweit es sich hier um staatliche Verantwortung handelt, möchte ich alle Kolleginnen und Kollegen, die ja auch in Zukunft unvermeidlicherweise mit Folgeentscheidungen befasst sein werden, ausdrücklich ermutigen, im doppelten Sinn des Wortes mit dem notwendigen Blick für Proportionen die notwendigen Entscheidungen zu treffen. Und auch auf die Gefahr hin, dass ich einen beachtlichen Teil der Historiker gegen mich aufbringe, erlaube ich mir die ganz private Vermutung, dass aus der Regierungszeit von Wilhelm II. kaum etwas anderes in Erinnerung geblieben ist, das in ähnlicher Weise unzweifelhaft Dank und Anerkennung verdient wie die Gründung dieses Museums.

Deswegen spricht manches dafür, dass wir die Verbindung vom öffentlichen, vom staatlichen Engagement und von bürgerschaftlicher Initiative für die weitere Entwicklung dieses grandiosen Ensembles von Museen genauso dringend brauchen, wie es ein unverzichtbarer Bestandteil für die Gründung dieses und der anderen Museen war.

Meine Damen und Herren, in einer großen Wochenzeitung habe ich am vergangenen Sonntag gelesen, »ein Besuch im Berliner Bode-Museum ersetzt alles Podiumsgerede über Leitkultur«. Das hat mir – wie Sie sich denken können – gut gefallen. Man könnte dieses Museum übrigens auch für die schönste denkbare, jedenfalls aktuellste Bestätigung dieses Zusammenhangs halten. Jede Kultur, die sich ernst nimmt, ist insoweit eine Leitkultur. Und dass Kunst und Kultur dieses Landes und dieses Kontinents wie die Verfassung dieses Landes und die künftige Verfassung dieses Kontinentes auch und gerade und unablösbar auch etwas mit Religion und religiösen Überzeugungen zu tun haben, davon können Sie sich beim Gang durch die Ausstellungssäle einen im wörtlichen Sinne handfesten Eindruck verschaffen. Dieses grandiose Museum und seine herausragenden Exponate, vor allem der Geist, den sie ausdrücken und vermitteln, bestätigen den Rang nicht nur von Kunst und Kultur im Allgemeinen, sondern nicht zuletzt auch des Kulturkreises, in dem sie entstanden sind. Das kann man meinetwegen nennen, wie man will, aber offen vertreten darf man das allemal.

Dies, meine Damen und Herren, ist ein besonders schöner Tag, um Dank zu sagen und Glückwünsche auszusprechen. Dank zu sagen an alle diejenigen, die mit einem bewundernswerten Einsatz diesen Umbau und diese Wiederauferstehung möglich gemacht haben, und alle zu beglückwünschen, die dieses Geschenk neu erhalten. Diese Stadt und dieses Land dürfen sich beglückwünschen, dass es dieses Museum wieder gibt.

Rede beim Festakt zur Eröffnung des Bode-Museums am 17.10.2006

O. M. Ungers
Pergamonmuseum

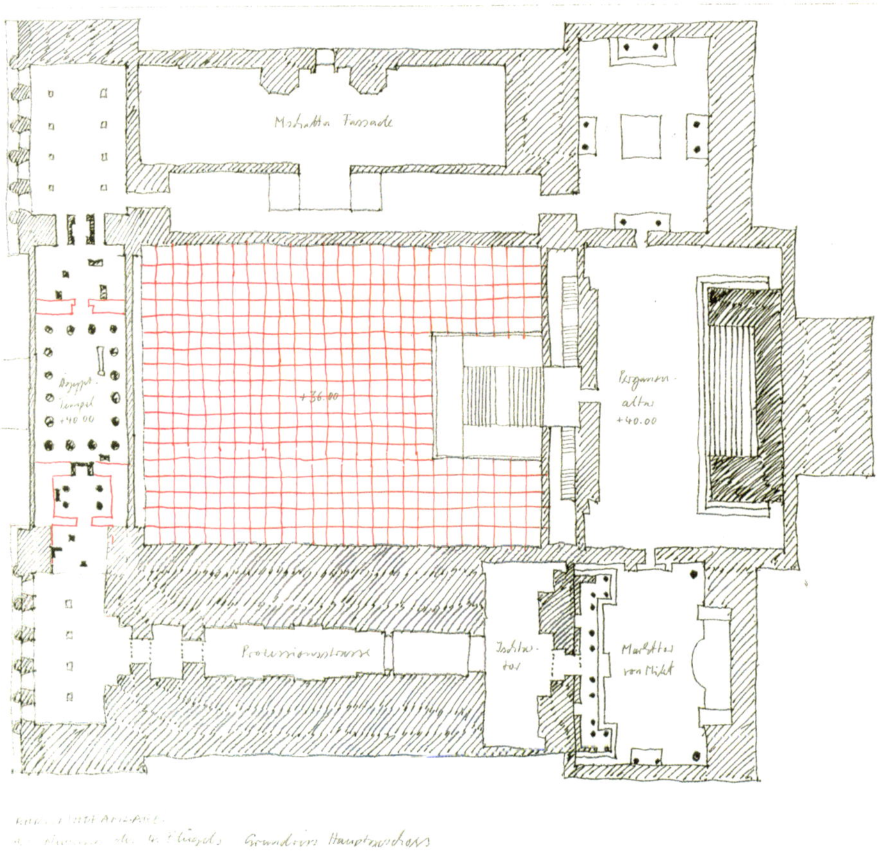

Pergamonmuseum: Ehrenhofanlage –
Nutzung des 4. Flügels – Grundriss Hauptgeschoss.

Heinz Tesar
Partikel der Erneuerung

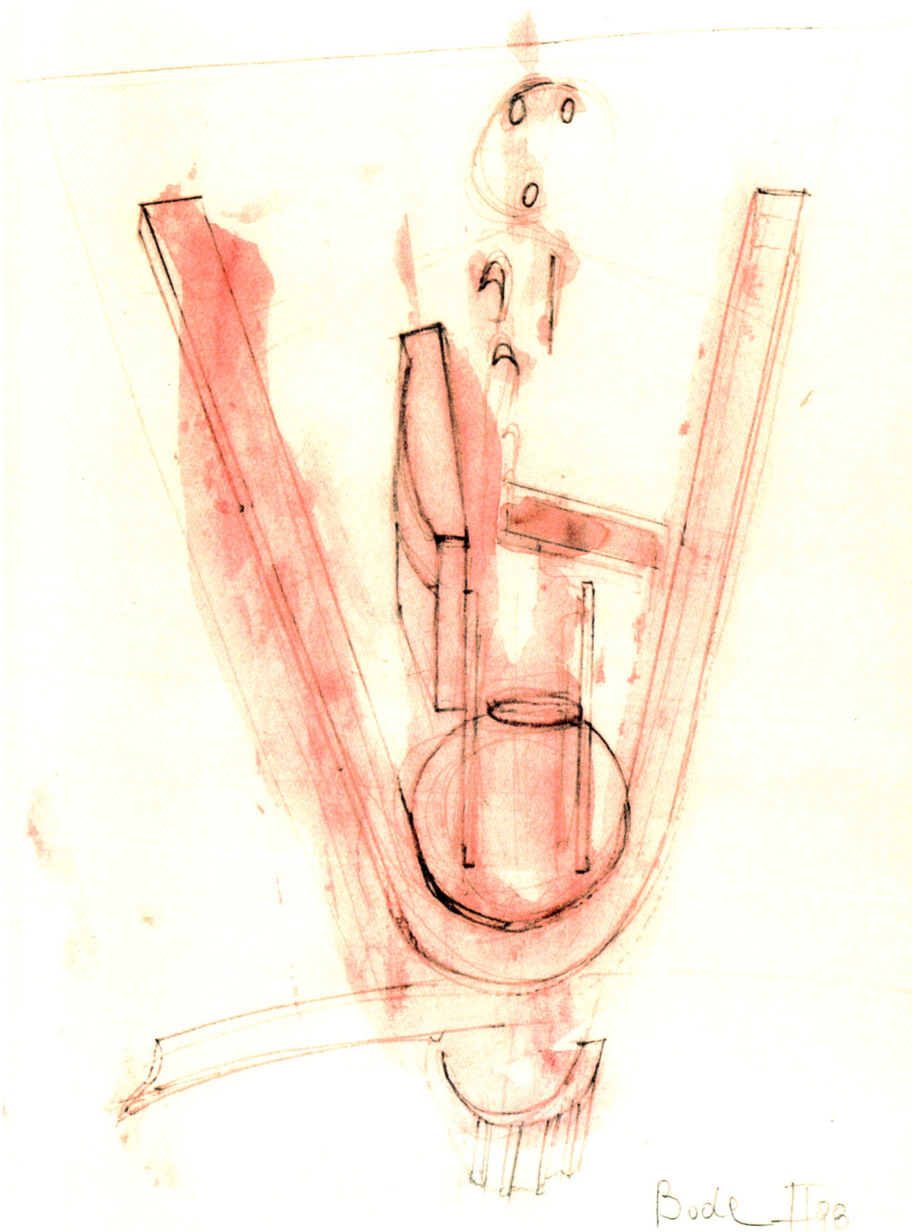

Partikel der Erneuerung, Bode, Aquarellzeichnung.

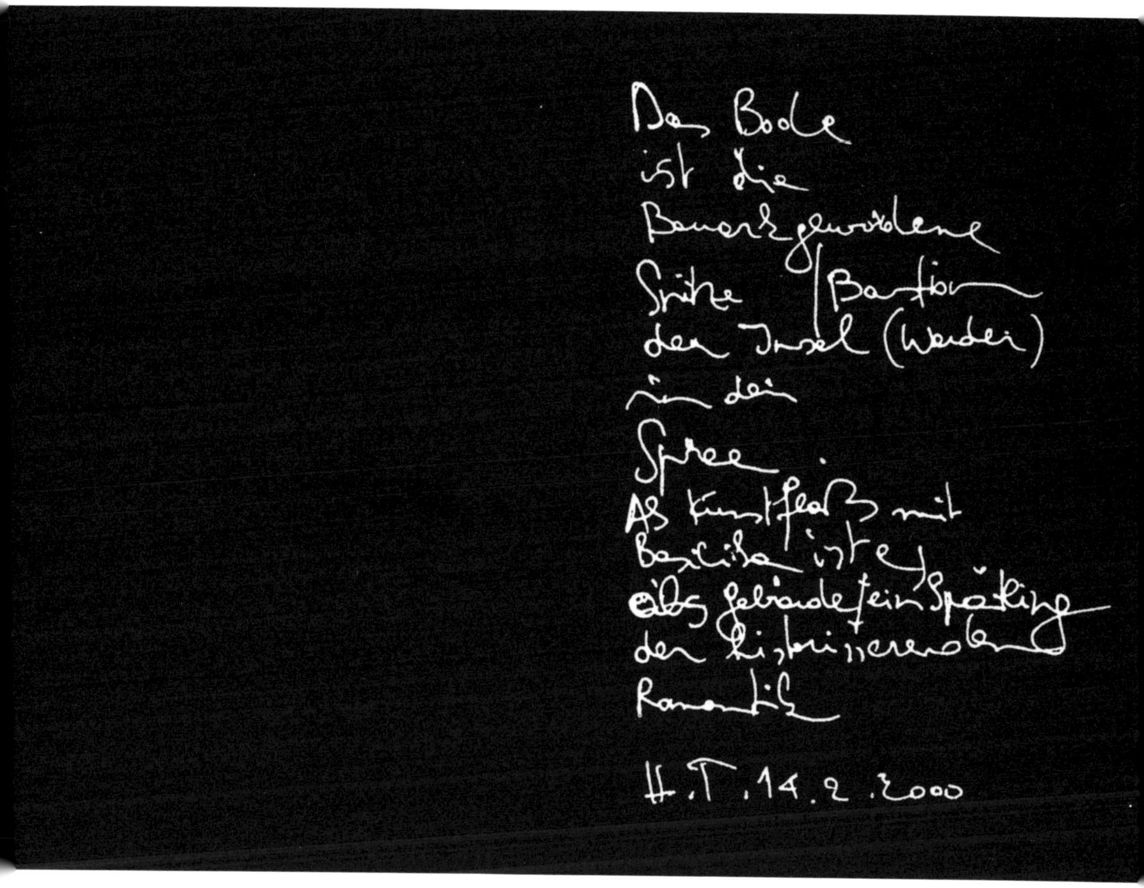

»Das Bode ist die Bauwerk gewordene Spitze/Bastion (Werder) die Insel in der Spree. Als Kunstfloß mit Basilika ist es als Gebäude ein Spätling de historischen Romantik.«
H. T. 14.2.2000

David Chipperfield
Museumsinsel

Entwurfsskizze für das neue Eingangsgebäude
der Museumsinsel am Kupfergraben.

Norman Rosenthal
The Stiftung and the Berlin State Museums 1969 – Some Personal Reflections

It was in the cold winter of 1969–70 that I first came to Berlin to do a *Gastsemester* at the Freie Universität, working on a doctoral thesis which, I am ashamed to say, I never completed, on the art criticism around German Expressionism and the artists of *Die Brücke*, down even to the terrible period of *Entartete Kunst*. The Stiftung Preussischer Kulturbesitz (SPK) – even in German a rather alienating title for an institution – was barely thirteen years old, though I did not know this at the time. On my first night in the city I found myself in a *Wohngemeinschaft* where I was solemnly told by a nice young lady student that ›*Die Äpfel sind sozializiert*‹! As soon as I could, which was in the next few days, I fled to a small room in a Jugendstil house in the small Gustav Meyer Strasse next to the Botanical Garden and close to the Kunsthistorisches Seminar which was then ›ruled‹ by Otto von Simson, Tilmann Buddensieg and the young Martin Warnke and of course it was near the then great museums of Dahlem – they were a kind of suburban *Museumsinsel* as I now realise.

In 1969 there did not seem to be any prospect at all of the East German regime falling or the two halves of the city coming together. On the contrary, if anything the chances of West Berlin being overrun by the Soviet machine seemed far greater. And in the FU even the art historical fraternity longed for a socialist revolution, in which the western art traditions from Dürer to Caravaggio and beyond were signals of decadence. As a result, apart from tourists, there were very few visitors to the museum and especially to the Gemäldegalerie. I suppose I (along with my friend Christian Klemm, now Chief Curator at the Kunsthaus Zürich and who did complete his thesis) was one of those tourists and, rather than pursuing my proper *Forschung*, I preferred to become a *flaneur* – going to the opera, concerts, theatre on both sides of the Wall, exploring furtively the decadent night life of the city and visiting, even ›learning‹, the museums which were full of fantastical treasures. From that time I remember Herbert von Karajan, Walther Felsenstein at the Komische Oper, the voice of Elisabeth Söderström at the Deutsche Oper or the acting of Martin Held in German versions of the plays of Samuel Beckett, produced by the author himself at the Schiller Theater. It was for me an equal joy to live so close to masterpieces by Dürer, Altdorfer, Baldung or Cranach, Bruegel, Rembrandt and Caravaggio. For half a year I had on my doorstep a new national gallery to learn and like all great galleries it had its special strengths and also brought to me special favourites that I revisit with pleasure and even emotion

Abb. 1 Albrecht Altdorfer, Landschaft mit Satyrfamilie, 1507, Gemäldegalerie.

to this day when I now go to Berlin. Obviously, to see so many paintings from the period of the German Renaissance was unique for a young man coming from London and I absorbed them all. But even today I have some special favourites such as Altdorfer's *Landscape with a family of satyrs* (Abb. 1) or the strange allegory of *Beggary sitting on the Train of Pride*. Dürer's *Venetian woman* always moves me, as does Cranach's *Rest on the Flight to Egypt*. Such things were not to be found in London to this degree but there were others that touched me especially – *Portrait with a Saint* by Jean Fouquet, the unique paintings, masterpieces of Hugo van der Goes and another painting with which I developed a special empathy was Francesco Cossa's *Personification of Autumn* (Abb. 2), a beautiful peasant girl holding a spade with a hoe over her shoulders on which hung luscious bunches of grapes. The painting by a relatively little-known or appreciated artist was as astonishing to me in its way as Piero della Francesca's *The Baptism of Christ* in the National Gallery in London, my own city. But there are always things to discover and on my last visit to Berlin I came across the Gereon Altarpiece from a church in Cologne, somewhat in the style of Stefan Lorchner, for the first time. Some eight saints of wonderful courtly medieval elegance gave me special pleasure.

Back in 1969, there was already the Neue Nationalgalerie, the amazing pavillion of Mies van der Rohe which had opened under the direction of Werner Haftman, whom I attempted to visit to explain my thesis topic, but with mildly limited success, rather disdain. I had a more friendly reception from his predecessor Leopold Reidemeister by then Director of the idyllic Brücke Museum in Grunewald, not part of the SPK but an independent entity. Once again, in London it was virtually impossible to see any paintings by German Expressionist artists on a permanent basis – this was only possible in Leicester, where I had been a student, thanks to Hans Hess of the famous Jena collecting family, who had donated a number of paintings to the small museum there.

Abb. 2 Francesco del Cossa, Personifikation des Herbstes (heute: Ferraresisch, Polyhymnia), Gemäldegalerie.

After the Nazi disasters of World War II, the West German museums were very quick to make a *Wiedergutmachung* and in the forties and fifties prices were still relatively low enough for German Expressionist paintings to be acquired by the museums. As a result, it was possible for me to see many marvellous paintings by Kirchner, Schmidt-Rottluff and Erich Heckel (not to mention Nolde, Klee and Schwitters). Through them I could get a sense of place, especially of Dresden and Berlin. The complexities and even ambiguities of cultural freedom were the coded messages that these pictures conveyed to me through the eyeglass of history, now almost a century old, but then much nearer (yet also further away) in time. I was also trying to ask myself the unanswerable but – I still think – pertinent question whether such pictures for all their implied existential liberty also had within them some of the seeds of destructive German fascism. Back in Dahlem there was also sculpture – western and ›exotic‹ cultures – Africa (Abb. 3), India, Oceania, including Indonesia, the displays of which somehow remain in my head.

Museums attempt, maybe forlornly, to be ›for ever‹ and in the great cities of the western world, Paris, London, New York and also Berlin they stand for ideas around the theme of ›universal culture‹, both geographically and through time. In other cities – Amsterdam, Rome, Madrid, or for that matter Athens, Cairo or Beijing – only the local cultures, however extraordinary and developed over centuries, even millennia, seem to have a real imminence. But museums as we know are also – both for better and worse – mirrors, even signifiers of historical reality. The Berlin museums are exemplary in this respect. Prussia has now for centuries been the dramatic, sometimes disastrous

Abb. 3 Kopf, Ife, Nigeria, 12.–15. Jh., Terrakotta, Ethnologisches Museum.

crossroads of history. Frederick the Great, Napoleon, Bismarck, Wilhelm II and finally, in a terrifying class of his own, Adolf Hitler, have all left traces. With the fall of the Berlin Wall in 1989 everything was forced to change again, also in the museums, bringing many problems and also great opportunities, some of which have been resolved; others may take decades to bring to satisfactory equilibrium, I would not say conclusion, for museums too are active through constant evolution and the sense of creative enterprise on the part of the individuals to whom they have been entrusted.

Since my first visit extraordinary changes have taken place in the museum landscape of Berlin. First, of course, came the development of the waste land between the Neue Nationalgalerie of Mies and the Philharmonie by the great Expressionist architect Hans Scharoun with its yellow curving exteriors and interiors. Both, though built after the Second World War, are masterpieces by architects of a phase of genius in German cultural history that came to such a brutal and abrupt halt in 1933. What has been constructed between these two buildings is, to put it mildly, less than happy. It is true that the interiors of the Gemäldegalerie are nice enough, even if the huge lobby hall with the sculpture by Walter de Maria seems fairly pointless to me. What I find unacceptable, however, is that the exterior of the new building, its lobby area, as well as the ›square‹ in front of it, resemble at best a functional hospital placed in deliberate physical isolation, too cold to cross on a windy or rainy winter's day, or too hot to venture across, if, as is only too possible in central Europe in summer, the sun shines brutally on the concrete. The rooms where the paintings are shown are really fine, otherwise one might suggest to the SPK that the whole complex be demolished – but maybe a brilliant architect could find some way of reinventing the approach to this wonderful collection of old masters, possibly bringing the entrance right down to the Potsdamer Strasse, which would urbanize the whole district and link it more effectively to the many outstanding buildings to the east, north and south, all of which feel isolated.

Of the other principal changes that have taken place within the context of the SPK, one can only applaud them. These are on the one hand the collector museums, those of Heinz Berggruen, Erich Marx and Friedrich Christian Flick and finally the biggest challenge of all, to which Berlin is responding magnificently – the restoration and even extension of the *Museumsinsel* which today lies happily at the very heart of Berlin. Each visit now seems to present a new enrichment of Berlin's museum world. Sometimes, as in Paris, New York and London, these seem like a flood. There is, at least for the professional visitor, so much to take in that one is marching through rather than absorbing. But then museums and exhibitions are primarily meant to serve the inhabitants of a city. For the casual visitor it is impossible seriously to see

Abb 4 Adolph Menzel, Flötenkonzert Friedrichs des Großen in Sanssouci, 1850–52, Nationalgalerie.

everything all at once – thousands of works of art waiting to be evalued and enjoyed. Just to absorb partially the newly opened Bode-Museum, primarily given over to the history of sculpture from late antiquity to neo-classical, is a question of days not hours, and then to reflect as to what degree the two-dimensional should be integrated into the schema, as it was originally, I believe, in the pre-War period in the tradition built up by the legendary Bode.

But what was so brutally destroyed cannot be totally recreated. The old photographs in which furniture and other applied arts are combined with paintings and sculpture have for the most part become unacceptable as a form of static display. Rather we wish to look at the sculptures of, for example, Riemenschneider or Verocchio as isolated objects. Where walls were dark, we now prefer them for the most part to be off-white. Maybe another generation will wish to reinvigorate these endless masterpieces of European sculpture of mostly Germany and Italy in a different way. Germania/Italia is perhaps a central leitmotif of the Berlin State museums in spite of all its other riches and one that is especially apparent in the Bode-Museum. But there are other parts of the Museumsinsel that astonish – the Altes Museum where at the time of the Dresden floods in 2002 the Royal Academy in London and the Berlin State Museums were able to collaborate on the exhibition *Masterpieces from Dresden* with many outstanding works from the ›Florence on the Elbe‹ which was opened both in Berlin and London by Chancellor Gerhard Schröder. In both cities, long speeches were given, but at least in London there was no string trio that played so painfully between the interventions of museum directors and politicians, extending the proceedings intolerably. This is an aspect of the German *vernissage* I have never understood, maybe just because I love chamber music.

Then there is the Alte Nationalgalerie, which reopened in December 2001 has been so lovingly reconstructed for the presentation of nineteenth century German painting from Caspar David Friedrich onwards. There the astonishing figure of Adolph Menzel, that uniquely Berlin artist, is presented in all his glory from the proto-Impressionist paintings of the 1840s to the *Flötenkonzert* of Friedrich der Grosse (Abb. 4) or the *Eisenwalzwerk*. It is the Berlin equivalent of the Turner Bequest, the sense that it is possible to view the life's work of a great artist, as it were, in its totality. This presentation is another milestone in the evolution / restoration of the Berlin *Museumsinsel*. There is much to look forward to – above all the Pergamon Altar, as well as the Babylonian Ishtar Gate. I first saw both when they were part of the *Museumsinsel* of the East and their splendour remains undimmed, even though, doubtless,when the whole complex is completed the experience will be intensified. Will we enjoy the minimalist interventions of David Chipperfield and O. M. Ungers hardly in the tradition of Dr. Bode? Once again the clock cannot be turned back and what was destroyed, especially between 1943–45 cannot simply be reconstructed. Museological values have changed and maybe out of awful destruction also with time come certain opportunities.

The three collector museums already referred to all enrich the museum landscape in an epoch when prices, especially for nineteenth and twentieth century, as well as today's art, are so high that such alliances are the only possible strategy for the further development of museums. Berlin, certainly since

Abb. 5 Pablo Picasso, Der gelbe Pullover (Porträt Dora Maar), 1939, Museum Berggruen.

the time of Tschudi and Justi certainly understood this perfectly and the success of the trio Berggruen, Marx, Flick cannot be doubted. Who will ever forget the sight of the elderly Heinz Berggruen in his small *palais* in front of Charlottenburg castle engaging with his Picassos (Abb. 5), Matisses and Klees and then with his public, strangers and friends alike? Are there not rumours that another member of the family will further enlarge the collection? Ultimately, even the most powerful collector can only look after the things he has. Ownership in an absolute sense is never possible and even the great museums are beginning to question this as non-Western parts of the world demand to have access to universal cultural values. Berggruen brings the classical modern French tradition of Picasso and Matisse back to Berlin after it too had been so rudely interrupted by the hateful concepts of *Entartete Kunst*. The Hamburger Bahnhof shows and makes the most up to date contemporary art available to the Berlin public, and especially to the Berlin art community. Berlin is as vibrant a place for an artist to be as anywhere. The access that these two collections gave to many of the most vital artists of the seventies, eighties and nineties, especially from Europe and the United States, makes Berlin's Hamburger Bahnhof a unique point of reference. Artists such as Rauschenberg, Warhol, Lichtenstein, Flavin and Nauman, Beuys and Kiefer, but also many others, can be seen there with many of their greatest works, which is not always the case with even major museums which lack both the financial and also the physical resources to show the often quite vast spaces that so much contemporary art demands. The Hamburger Bahnhof and its adjacent halls is

Abb. 6 Bartolomé Esteban Murillo, Die Taufe Christi, um 1655, Gemäldegalerie.

a unique enrichment and nobody interested in the art of today can avoid visiting it with surprising pleasure each time.

In the spirit of John F. Kennedy I am forever a Berliner. For all its complex historical resonances, which it is impossible not to feel constantly. I love the city and am proud of the associations, both public and private, that I have with it and look back with pleasure on many exhibitions shared or connected with the SPK. I recollect *Africa, the Art of a Continent*, curated by my friend and colleague from the Royal Academy, Tom Phillips RA, that was also shown in Berlin at the Gropius Bau, as was *The Aztecs*. *Botticelli's Dante* was a unique moment staged in Berlin, Rome and London, and the presentation in London and Berlin of the Antiquities collection of the extraordinary George Ortiz, which for politically correct, current museological reasons is now controversial. I recall forever the exhibitions made with my friend Christos Joachimides, in spite of, and often in the face of opposition from the Stiftung – *Zeitgeist* 1982, *Metropolis* 1991, *American Art in the Twentieth Century* 1993, and the great exhibition *The Age of Modernism: Art in the Twentieth Century* in 1997.

Then I have two secrets that I cannot resist revealing concerning two works of art from Berlin collections to which I feel I have a personal connection. Aesthetically both could not be further away from each other. My first professional job in the sixties was as librarian and researcher with the then prominent art dealing firm of Agnews, which between 1904 and 1914 also had a branch in Berlin run by Colin Agnew, who often spoke nostalgically to me about the famous Dr. Bode. One day a large and dirty painting over two metres in height was brought into the gallery. Its subject was the Baptism of Christ (Abb. 6). It certainly had a Murillo-like aspect and some research in the Witt Library revealed it as a hitherto lost companion to paintings made by Murillo for the Augustinian Convent of S. Leandro in Seville. It has companion paintings in Chicago and Cambridge (U.K.) and all were brought together for the Murillo exhibition at the Prado and the Royal Academy in 1982–83, where I was working by this time. As result of the arrangements for the exhibition I was to meet my future wife, somehow with the help of this wonderful Spanish painter, little appreciated in our time. I like to pay a sentimental visit to this painting when I am in Berlin. The other work for which I feel an equally sentimental affinity is Joseph Beuys *Richtkräfte* (Abb. 7) acquired for the Nationalgalerie in 1976 and made for the very first exhibition I organised with Christos Joachimides at the Institute of Contemporary Arts in London in 1974. It was called *Art into Society Society into Art: Seven German Artists*. Beuys was one of the artists and he asked me to provide him with three blackboards on easels so that he might engage for one month in permanent discussion with the public. In searching for the blackboards, I came across a hundred in a school depot in South London and ›just in case‹ had them brought to the ICA. Beuys, of

Abb. 7 Joseph Beuys, Richtkräfte, 1974–1977, Nationalgalerie.

course, used them all and *Richtkräfte* was subsequently shown in New York and at the Venice Biennale before landing in Berlin. It is a masterpiece and I am proud to have participated vicariously in its creation!

Many, many loans from many departments of the Berlin museums have come to the Royal Academy over the years – from the Egyptian and Ethnological museums, the Gemäldegalerie, Kunstgewerbemuseum, the museums of Indian, Islamic, East Asian art and so on. It has usually been a one way collaboration for which I am endlessly grateful to many friendly colleagues in Berlin. If any one loan springs to mind, apart from the Botticelli Dante drawings, I suppose it has to be Kirchner's *Potsdamer Platz* (Abb. 8) that came to London in 2003. At one time it belonged to the Hess Collection and only a small accident of history prevented it from also finding its way to the Leicester Museum, where as a young student I staged my first exhibition in 1964. The current General Director, Professor Peter-Klaus Schuster, has many achievements to his credit. However, the acquisition of the greatest painting of the classic epoch of German Modernism by his predecessor Wolf-Dieter Dube was a unique moment, endlessly enriching the collections of the SPK. The Potsdamer Platz as it was, is of course no more. It now has a totally different aspect. Kirchner's great painting is now a memento for a lost world. But Berlin is still for me a marvellous city, as much as anything for its museums and also much else besides.

Abb. 8 Ernst Ludwig Kirchner, Potsdamer Platz, 1913, Nationalgalerie.

oben Luftaufnahme des Kulturforums mit Neuer Nationalgalerie links im Vordergrund, dahinter (links neben der Kirche) Kupferstichkabinett und Kunstbibliothek, links anschließend die Gemäldegalerie. Im Hintergrund Bildmitte das Kunstgewerbemuseum. Am rechten oberen Bildrand das Musikinstrumenten-Museum.
unten Piazzetta vor dem Kulturforum am Potsdamer Platz.

oben Neue Nationalgalerie – Fassade zur Potsdamer Straße.
Mitte In der Ausstellung »Gegenwelten« 2004 in der Neuen Nationalgalerie vor dem Werk »Camouflage« von Andy Warhol.
unten Kulturforum am Potsdamer Platz – Kupferstichkabinett und Kunstbibliothek.

oben Gemäldegalerie am Kulturforum, Südeingang.
unen Kinder vor Pieter van Aertsens »Marktfrau am Gemüsestand« in der Gemäldegalerie.

oben Kulturforum am Potsdamer Platz – Kunstgewerbemuseum.
unten Schloß Köpenick – zweiter Standort des Kunstgewerbemueseums.

oben Hamburger Bahnhof - Eingang Invalidenstraße mit Neoninstallation von Dan Flavin.
unten Hamburger Bahnhof – Große Halle mit »Berlin Circle« von Richard Long (vorn) und »La Goccia d'Acqua« von Mario Merz.

oben Besucherandrang in der Friedrich Christian Flick Collection im Hamburger Bahnhof – Museum für Gegenwarrt.
unten Ausstellung »Fast Nichts« der Friedrich Christian Flick Collection 2005 im Hamburger Bahnhof – »Serial Project No 1« von Sol LeWitt.

oben Musikinstrumenten-Museum am Potsdamer Platz.
unten Musikinstrumenmten-Museum – in Erwartung eines Konzerts.

Horst Bredekamp

Galileis Reise durch die Stiftung Preußischer Kulturbesitz. Chronologie einer Entdeckung

Im avisierten »Humboldt-Forum« findet die so produktive wie vertrauensvolle Zusammenarbeit zwischen Universität und Stiftung Preußischer Kulturbesitz, die sich in zahlreichen Veranstaltungen und Ausstellungen wie etwa »Kreis Kugel Kosmos« (2005) oder »ABC der Bilder« (2006) niedergeschlagen hat, ein besonders sichtbares Zeichen.

Ein eigener Fall aber hat sich in der Folge einer E-mail ereignet, die mich im Juli erreichte. Über ihn zu berichten ist mir ein Bedürfnis, weil er einen Bereich betrifft, der üblicherweise nicht unmittelbar sichtbar wird und dennoch das Fundamentum bildet, auf dem sich ein gemeinsames Interesse und die Zusammenarbeit auszubilden vermag. Die E-mail stammte von dem New Yorker Buch- und Instrumentenantiquar Richard Lan. Sie bestand in der lakonischen Frage, ob ich mit dem Anhang, Seite 8r des im Jahre 1610 in Venedig gedruckten »Sidereus Nuncius« von Galileo Galilei, etwas anfangen könne.

Auf dieser Seite erscheint üblicherweise der erste von fünf Kupferstichen, auf denen die zerklüftete Oberfläche des Trabanten dargestellt ist (Abb. 1). Durch sie wurde Galilei schlagartig berühmt, denn die Pockennarbigkeit des Erdtrabanten stand im Widerspruch zur Lehre, dass die Himmelskörper aus glatten, ätherischen Sphären bestünden. Mit dem unebenen Mond hatte die Erde ihre Sonderstellung im All verloren.

Als sich der E-mail-Anhang mit der Seite 8r des Buches aufbaute, erschien jedoch nicht etwa der Kupferstich, sondern eine Zeichnung des Mondes (Abb. 2). Bislang waren aus Galileis Florentiner Nachlaß sieben Mondzeichnungen bekannt, von denen sechs auf einem Blatt der *Biblioteca Nazionale Centrale* von Florenz versammelt sind (Abb. 3). Da seit gut hundert Jahren vergeblich nach weiteren Varianten gesucht worden ist, hielt ich die neue Zeichnung zunächst für eine Fälschung. Als ich dies dem Besitzer mitteilte, sandte er mir in Form von hochauflösenden Digitalphotographien neben den übrigen vier in den Druck getuschten Zeichnungen auch das Titelblatt, das unterhalb der letzten Zeile die Signatur enthielt: »Io Galileo Galilei f[eci]« (»Ich, Galileo Galilei habe dies gemacht«) (Abb.4).

Weiterhin voller Skepsis, habe ich daraufhin während des September 2005 die Schrift mit zahlreichen Autographen Galileis verglichen. Hierbei ergab sich jedoch, dass Tinte, Feder und Druck des robusten Federkiels sowie der Schwung der Buchstaben die Echtheit des Eintrages verbürgen. Kein Fälscher hätte den reliefhaften Charakter der Schrift nachahmen können.

Abb. 1 Galileo Galilei, Sidereus Nuncius, Venedig 1610, Seite 8r.
Abb. 2 Galileo Galilei, Sidereus Nuncius, Venedig 1610, Seite 8r
(Exemplar New York, Martayan und Lan).
Abb. 3 Galileo Galilei, Mondphasen, Tuschzeichnung, 1610, BNCF, Gal. 48, F. 28r.
Abb. 4 Signatur Galileis, Titelblatt des Sidereus Nuncius Martayan und Lan (vgl. Abb. 2).

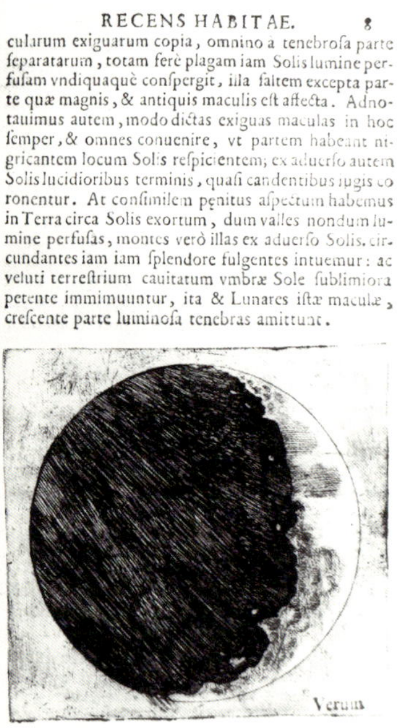

RECENS HABITAE. 8

cularum exiguarum copia, omnino à tenebroſa parte ſeparatarum, totam ferè plagam iam Solis lumine perfuſam vndiquaquè conſpergit, illa ſaltem excepta parte quæ magnis, & antiquis maculis eſt affecta. Adnotauimus autem, modo dictas exiguas maculas in hoc ſemper, & omnes conuenire, vt partem habeant nigricantem locum Solis reſpicientem; ex aduerſo autem Solis lucidioribus terminis, quaſi candentibus iugis coronentur. At conſimilem penitus aſpectum habemus in Terra circa Solis exortum, dum valles nondum lumine perfuſas, montes verò illas ex aduerſo Solis circundantes iam iam ſplendore fulgentes intuemur: ac veluti terreſtrium cauitatum vmbræ Sole ſublimiora petente immimuuntur, ita & Lunares iſtæ maculæ, creſcente parte luminoſa tenebras amittunt.

Verum

RECENS HABITAE. 8

cularum exiguarum copia, omnino à tenebroſa parte ſeparatarum, totam ferè plagam iam Solis lumine perfuſam vndiquaquè conſpergit, illa ſaltem excepta parte quæ magnis, & antiquis maculis eſt affecta. Adnotauimus autem, modo dictas exiguas maculas in hoc ſemper, & omnes conuenire, vt partem habeant nigricantem locum Solis reſpicientem; ex aduerſo autem Solis lucidioribus terminis, quaſi candentibus iugis coronentur. At conſimilem penitus aſpectum habemus in Terra circa Solis exortum, dum valles nondum lumine perfuſas, montes verò illas ex aduerſo Solis circundantes iam iam ſplendore fulgentes intuemur: ac veluti terreſtrium cauitatum vmbræ Sole ſublimiora petente immimuuntur, ita & Lunares iſtæ maculæ, creſcente parte luminoſa tenebras amittunt.

Verum

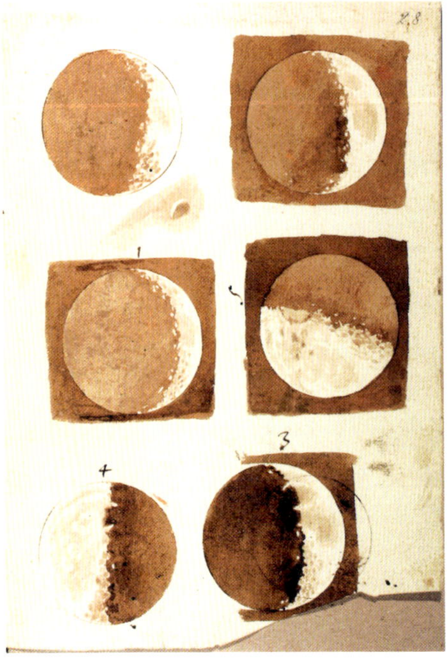

VENETIIS, Apud Thomam Baglionum. M D C X.

Superiorum Permiſſu, & Priuilegio.

Wenig später trafen die ersten Reproduktionen des »Sidereus Nuncius« ein, die ich in Bibliotheken Europas und der Vereinigten Staaten, in denen sich das Werk befindet, bestellt hatte, ein. Unter ihnen befand sich tatsächlich eine Reihe von Exemplaren, in denen die Kupferstiche fehlten.[1] Galilei selbst hat diese in einem Brief des 19. März 1610 erwähnt.[2] Offenkundig waren die Zeichnungen in die frei gebliebenen Felder gemalt worden.

Derart präpariert, habe ich den New Yorker »Sidereus Nuncius« im November 2005 inspiziert. Im Vergleich mit den Florentiner *Disegni* ergab sich, dass die New Yorker Zeichnungen fahriger gezeichnet sind, gleichwohl aber von derselben Hand geschaffen sein müssen. Zudem wurde deutlich, dass nicht die Stiche den Zeichnungen, sondern diese den Drucken vorausgehen.[3]

Ungeklärt blieb das Phänomen, dass, nur durch eine Lupe zu erkennen, über der Schicht der Tusche eine Art schwarzes Granulat nach Art von Druckerschwärze an einigen markanten Stellen wie der Scheidelinie von Tag und Nacht sowie über hoch durchgeschlagenen Buchstaben liegt. Vor allem mit Blick auf dieses schwarze Material haben die Besitzer eingewilligt, eine Laboruntersuchung durchführen zu lassen und das Buch für eine Woche nach Berlin zu geben.

Nach der Versicherung, dass die Provenienz des Buches bis in das neunzehnte Jahrhundert in südamerikanischem Besitz zu verfolgen ist, gelang es innerhalb weniger Tage, seitens der infrage kommenden Institutionen eine gemeinsame Strategie zu entwickeln (Abb. 5). Hein-Thomas Schulze Altcappenberg erklärte sich bereit, das Buch für die Dauer der Untersuchung im Februar 2006 im Kupferstichkabinett der Staatlichen Museen zu bewahren und

Abb. 5 Kupferstichkabinett, Februar 2006. Von links: Teresa Smith (3.), Stefan Simon (4.), Sonja Krug (5.), Horst Bredekamp (6.), Oliver Hahn (8.), Irene Brückle (9.).

dort auch die Untersuchungen durchführen zu lassen; Holm Bevers organisierte die Modalitäten und Irene Brückle führte gemeinsam mit Teresa Smith die Papieruntersuchung, die Bestimmung der Tuschtechnik sowie die Gesamtorganisation durch.

Die Analyse des Papiers zeigte, dass für den New Yorker »Sidereus Nuncius« eine nur schwach geleimte, für den Druck übliche Papiersorte verwendet worden war, die sich für Tuschzeichnungen kaum eignet, weil die Farbe stark durchblutet. Experimente mit ähnlichem Papier erwiesen, dass diese Stofflichkeit die hohe Geschwindigkeit der Einträge begründete. Der im Vergleich mit den Florentiner Zeichnungen fahriger wirkende Stil war folglich in der Materialeigenschaft des Papieres begründet; der zügige Eintrag vermied, dass die Farbe noch stärker durchdrang.

Die materialkundliche Untersuchung durch Oliver Hahn von der Bundesanstalt für Materialforschung und -prüfung sowie einem Team von Doktoranden der Technischen Universität Berlin hat durch Röntgenfluoreszensanalyse und Infrarotreflektographie ergeben, dass die Tinten der Unterschrift und der Kreisumrandungen nicht identisch sind, aber einer ähnlichen Gruppe angehören (Abb. 6). Alle verwendeten Materialien lassen sich zudem, wie der Bericht vermerkt, »in das beginnende 17. Jahrhundert datieren«. UV- und Röntgenaufnahmen haben nicht ein einziges Partikel hervorgebracht, das auf eine Entstehung nach dem Zeitpunkt des Buchdruckes hinweisen würde.

Dieses Ergebnis wurde durch das Rathgen-Forschungslabor der Staatlichen Museen unter Stefan Simon bekräftigt. Es hat sich insbesondere den schwarzen, über den Tuschen liegenden Materien gewidmet. Sonja Krug hat unter Verwendung einer innovativen digitalen Bildanalyse (DIA) die Schicht dieses Stoffes im Computer ablösen (Abb. 7) und maßstabgetreu auf digitale

Abb. 6 Untersuchung des Sidereus Nuncius im Kupferstichkabinett, Februar 2006.
Abb. 7 Hervorhebung der schwarzen Materie über der Zeichnung von S. 8r.

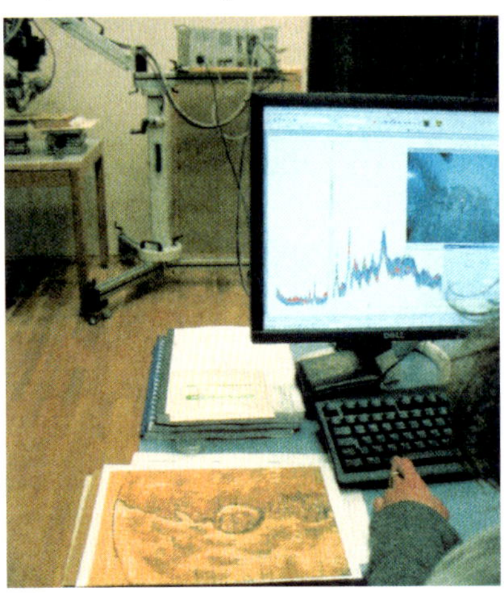

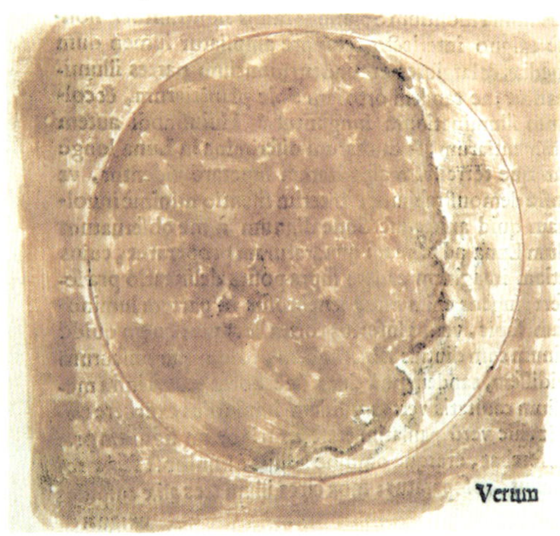

Aufnahmen der Stiche übertragen können, so dass sich die Möglichkeit einer systematischen Analyse ergab. Sie bestätigte den durch optischen Vergleich gewonnenen Befund bis in die Details.[4]

Schließlich sind diese schwarzen Materialien durch Vermittlung von Stefan Simon im Labor des Spezialisten Gene Hall an der Rutgers University von New Brunswick im Januar 2007 nochmals untersucht worden. Durch Vermittlung von Richard Lan konnte dieser Stoff mit der Druckerschwärze der Kupferstiche eines »Sidereus Nuncius« unmittelbar verglichen werden. Die extrem schwierige, unter Mitwirkung von Teresa Smith (nun Harvard University) durchgeführte Untersuchung hat zwar keine eindeutige Bestimmung dieses Materials erbracht, das Ergebnis der materialkundlichen Untersuchung Oliver Hahns aber nochmals bekräftigt. Keines der Partikel weist Spuren eines jüngeren Stoffes auf.[5]

Meine Ergebnisse hatte ich zunächst unabhängig von den Untersuchungen gefunden, aber erst das so unbürokratische wie präzise Zusammenspiel mit der Stiftung Preußischer Kulturbesitz hat neben der Grundklärung, dass es sich tatsächlich um altes Material handelt, eine Fülle von Details wie etwa auch die Modi der Übertragung von den Zeichnungen auf die Druckerplatte klären können. Beispielhaft hat sich hier gezeigt, welche Forschungsleistungen die Museen realisieren.

Die Analyse des New Yorker »Sidereus Nuncius« bietet das Beispiel einer so kollegialen wie präzisen Zusammenarbeit. Es zeigt besonders plastisch, dass die Museen neben den Universitäten und den außeruniversitären Forschungseinrichtungen eine dritte Säule der Forschung repräsentieren, die sich nicht nur über die Bestandskataloge und Themenausstellungen, sondern auch über die Materialforschung realisiert. Solange öffentliche Einrichtungen dieses Kapital einsetzen, bieten sie einen Kulturfaktor ersten Ranges. Auch in der seit Jahrhunderten realisierten Tradition der Museen als Forschungseinrichtung besitzt die Stiftung Preußischer Kulturbesitz einen besonderen Rang.

1 Brüssel, Faksimile (gedr. 1967); Durham, Palace Green Library; Köln, Staats- und Universitätsbibliothek; Paris, Bibliothèque Nationale; Paris, Observatoire; St Andrews, University; Zürich: ETH-Bibliothek.

2 Galileo Galilei, Le Opere, Edizione Nazionale (Hg.: Antonio Favaro), 20 Bde., Florenz, Bd.X, S. 300, Z. 94–97

3 Vgl. Horst Bredekamp, Galilei der Künstler. Der Mond. Die Sonne. Die Hand, Berlin 2007, S. 155–176

4 Vgl. ebda., S. 198–205

5 Die Ergebnisse sollen insgesamt in englischer Sprache publiziert werden.

Klaus-Dieter Lehmann
Maecenatem Voco – Staatliche Museen, Sammler, Mäzene

Einrichtung und Entwicklung des Verbandes der Staatlichen Museen zu Berlin verdankt sich, kurz gefasst, zweier Quellen: Die Gründung beruht – angeregt durch weitsichtige Berater – auf einer königlichen Kabinettsordre. Ihren Kern kann man im Kunstbesitz der Hohenzollern erkennen. Die zweite Quelle ist ohne Frage in dem gesellschaftlichen Selbstverständnis des wohlhabenden Bürgertums ab der Mitte des 19. Jahrhunderts zu sehen. Nur in Auswahl sei aufgezählt: Königlichen Ursprungs sind die Gemälde- und die Skulpturensammlung, die Antikensammlung und das Kupferstichkabinett; die Nationalgalerie, das Museum für Islamische Kunst, das Museum für Ostasiatische Kunst und das Kunstgewerbemuseum verdanken ihr Entstehen bürgerlichem Sammel- und Gründungstrieb. (Eine drittes, gleichwichtiges Movens für den Ausbau der Berliner Museen soll wenigstens erwähnt werden: der Wissenstrieb der Fachgelehrten.)

Waren die Berliner Museen um die Mitte des 19. Jahrhunderts noch Mittelklasse in Deutschland, so gehörten sie am Ende des Jahrhunderts, dank bürgerschaftlichen Engagements und staatlicher Fürsorge, zur Weltklasse.

Diese Blütezeit des bürgerschaftlichen Engagements wurde durch den Ersten Weltkrieg, die Inflation und die Weltwirtschaftskrise nachhaltig zerstört. Die radikalen gesellschaftlichen und politischen Umwälzungen der Weimarer Republik stellten nicht nur die materiellen, sondern auch die ideellen Grundlagen des traditionellen bürgerschaftlichen Engagements in Frage. Mäzenatisches Handeln ist eine Investition in die Zukunft und setzt neben gesicherten materiellen Verhältnissen der Mäzene immer auch stabile gesellschaftliche und politische Rahmenbedingungen voraus. Das Fehlen solcher Rahmenbedingungen war das entscheidende Hindernis für ein Aufblühen privaten Mäzenatentums in der Zwischenkriegszeit. Mangels privater Initiative verlagerten sich deshalb zahlreiche Aufwendungen zur Unterstützung von Kunst, Kultur und Wissenschaft zunehmend auf den Staat.

In der frühen Bundesrepublik gewannen die klassischen Formen des individuellen und gemeinschaftlichen Bürgerengagements zur Kunstförderung wieder an Boden, zum Teil entstanden neue Formen von Public Private Partnership. Der Westteil Berlins als mehr politisches denn wirtschaftlich-bürgerliches Gesellschaftsgebilde lag in dieser Zeit eher im Windschatten der Entwicklung. Sammlungen von Rang wuchsen langsamer; immerhin hatten die Museen wieder aktive Fördervereine.

1990 wurden wir durch die Wiedervereinigung wieder zu einer politischen Nation. Was aber ist mit der Kulturnation! Es ist eigenartig, wie nachgeordnet heute, fünfzehn Jahre nach der Wiedervereinigung, solche Fragestellungen sind, wie wenig Kunst und Kultur als eigenständige Kraft in der Gesellschaft wahrgenommen werden, wie gering die Anteilnahme an Themen wie Kunst und Gesellschaft, Kunst und Politik, Zensur und Zugänglichkeit von Kunst und Kultur sind. Kunst als Event, als dekoratives Element, als Entertainment – ja. Aber das ist es dann in großen Teilen! Wenn das so ist, was sind die Ursachen?

Deutsche haben nach dem Schrecken des Zweiten Weltkrieges und den Gräueln des Holocaust einen nachhaltigen Verlust an geschichtlichem Bewusstsein. Wie eine Betonmauer versperren die Folgen des Nationalsozialismus den Blick auf die früheren Jahrhunderte. Das Erinnern ist durch das Vergessen ersetzt oder tabuisiert worden. Die kulturelle Überlieferung ist aber ein ganz wesentliches Element zur Verständigung über die Welt. Es werden in allen Bereichen Verzichtdebatten geführt – ganz oben auf der Streichliste steht aber meist die Kultur. Ist es da verwunderlich, dass die Inspiration ausbleibt, dass zuviel »Augenmaß« und zu wenig Leidenschaft vorherrscht, dass der Status quo das Handeln vorgibt? Kunst und Kultur benötigen Wagnis.

Deutschland verfügt im Vergleich zu anderen Staaten über einen beeindruckend vielfältigen kulturellen Reichtum. Aber weil die Boomjahre vorüber und die Sparzwänge vorhanden sind, dürfen nicht einfach bestehende Strukturen finanziell zurückgefahren werden, sondern es müssen intelligente Strukturveränderungen konzipiert und von den Kultureinrichtungen gedanklich vorbereitet werden. Dazu braucht es aber mehr Offensive bei der Kulturpolitik, den Kultureinrichtungen und bei den Künstlern. Man kann nicht nur abwarten und zusehen, was am Ende des Sparens übrig bleibt. Was also ist zu tun?

Eine wirkliche Motivation, eine Aufbruchstimmung, eine Übernahme von Verantwortung wird es langfristig nur dann geben, wenn auch eine Wertschätzung für Bildung in der Gesellschaft vorhanden ist. Dann bestehen auch ein vitales öffentliches Interesse und eine persönliche Bereitschaft. Warum soll sich jemand persönlich oder finanziell für die Kunst einsetzen, wenn die essenzielle Wirkung von Kunst gar nicht erkannt wird? Klaus Reichert, Präsident der Deutschen Akademie für Sprache und Dichtung, hat vor kurzem gesagt: »Kultur braucht Wissen, braucht Geschichte und Tradition.« Nun erleben wir in Deutschland derzeit genau die gegensätzliche Entwicklung. Das Nützliche, die Fakten haben Vorrang. Muss aber eine Erziehung nicht auch die Gegenwelten vermitteln – die Fantasie, die Kreativität, das Unnützliche?

Wie steht es mit der Kulturförderung selbst? Deutschland ist nach dem Grundgesetz nicht nur als Rechts- und Sozialstaat, sondern auch als Kulturstaat definiert. Nach einer Entscheidung des Bundesverfassungsgerichtes vom

4. März 1974 enthält Art. 5 Abs. 3 des Grundgesetzes, der die Kunstfreiheit garantiert, nicht nur den Schutz vor Eingriffen des Staates in den künstlerischen Bereich, sondern er definiert zugleich die Aufgabe, ein freiheitliches Kunstleben zu erhalten und zu fördern. Mit dem Begriff Kulturstaat ist keinesfalls Staatskultur gemeint – im Gegenteil. Es geht um das Ermöglichen!

Der Staat und die Gesellschaft sind aber auf private Initiative angewiesen, auf Mäzenatentum, Sponsorenleistung und unternehmerisches Engagement. Private Förderung soll die Leistungen des Staates nicht ersetzen. Der Staat benötigt auch die Anregung und die Initiative. So ist die Wirkung der privaten Kulturförderung weit höher zu veranschlagen, als es ein bloßer Vergleich der jeweils aufgebrachten Mittel vermuten lässt.

Unser bürgerliches Recht formuliert ein Recht auf Stiftung. Will man daraus eine erfolgreiche Praxis machen, muss ein Klima geschaffen werden, das den Stifter, den Mäzen öffentlich willkommen heißt. Derzeit wird das Verhältnis von Staat und Stifter teilweise noch immer von einem gewissen Misstrauen geprägt, Misstrauen, ob die private Initiative auch das für die Gesellschaft Richtige oder Vertretbare tue, Misstrauen, ob dem Staat nicht dringend notwendige Steuereinnahmen verloren gehen, Misstrauen, ob der Stifter nicht zu einseitig Einfluss nimmt.

Der Staat kann und muss für den Bereich der privaten Kulturförderung attraktivere Anreize schaffen. Zwar ist im Stiftungsrecht schon einiges geschehen, aber es genügt nicht. Das Steuer- und Stiftungsrecht und auch eine größere Beweglichkeit der Finanzverwaltungen sollten zusätzliche Möglichkeiten für privates Kapital bei gemeinnützigen Absichten unterstützen. Der Staat und die Gesellschaft werden damit mehr gewinnen als verlieren. Das Verhältnis von Staat und Gesellschaft darf sich nicht nur im finanziellen Zugewinn erschöpfen. Es müssen sich neue kooperative Formen des gemeinsamen Umgangs herausbilden, die eine Verantwortungsteilung der Akteure beschreiben. Es geht um eine Art Gesellschaftsvertrag, der die Beziehungen regelt. Letztlich muss der Dialog das Dekret ersetzen. Fördervereine sind in diesem Zusammenhang außerordentlich wichtig. Sie können ein vitaler Aktivposten für das kulturelle Klima einer Stadt sein. Sie sind dann nicht nur finanzielle Förderer, sie sind auch Lobbyisten, sie bilden den Kern eines lebendigen interessierten Publikums, sie strahlen Aktivierung, Befähigung und Begeisterung aus. Jede kulturelle Einrichtung tut gut daran, diese Bürgerbewegungen ihrerseits zu befördern und an sich zu binden.

Die Stiftung Preußischer Kulturbesitz hat in den zurückliegenden Jahren zwar im investiven Bereich eine realistische Chance erhalten, die nach der Wiedervereinigung anstehenden Bauvorhaben wie Wiederherstellung und Vollendung der Museumsinsel oder der Staatsbibliothek nach harten Verhandlungen weitgehend finanziert zu bekommen, aber im konsumtiven Bereich sind die Haushaltsmittel kontinuierlich zurückgegangen. Tarifsteigerungen mussten im Sachhaushalt aufgefangen werden. Die Inbetriebnahme neuer Häuser oder erweiterter Flächen – wie zum Beispiel Schloss Köpenick, Museum für Fotografie, Alte Nationalgalerie oder Gemäldegalerie – musste ohne Steigerung der Haushaltsansätze kompensiert werden. Da ein Großteil der Mittel durch Personalkosten, Betriebskosten und andere rechtliche Verpflichtungen weitgehend festgelegt ist, stehen als variable Kostenstellen in der Regel nur Erwerbungsmittel und Ausstellungsmittel zur Disposition. Daraus werden aber genau die Aktivitäten finanziert, die den Wert und die Wirkung kultureller Einrichtungen bestimmen. Das Akzeptieren einer solchen Entwicklung würde letztlich das Erlöschen der kulturellen und künstlerischen Ausstrahlung bedeuten. Museen würden zu »schwarzen Löchern«, aus denen kein Signal mehr dringt, sie würden nur sich selbst genügen. Jammern hilft nicht, die Hände in den Schoß legen ebenso wenig. Letzteres würde bedeuten, dass die Museen auf den Status quo eingefroren werden und zu Mausoleen werden. Die lebendige Verpflichtung liegt jedoch in der Pflege *und* Fortführung der Sammlungen, in der Erhaltung *und* aktiven Vermittlung. Für die Staatlichen Museen zu Berlin gab es und gibt es nur eine Strategie: Das, was ihnen bereits zur Wende vom 19. zum 20. Jahrhundert den Spitzenplatz ermöglicht hat, das Gewinnen von Mäzenen, Sponsoren und Privatsammlern, auch zur Wende vom 20. zum 21. Jahrhundert wieder zu aktivieren. Der Umstand, dass die Staatlichen Museen und ihre reichhaltigen Sammlungen und ihre hohe Reputation ein attraktives Feld für zivilgesellschaftliches Engagement bieten, dass der Bonus der Hauptstadt ein zusätzliches Plus ist und dass ein höchst aufgeschlossenes, auch international geprägtes Publikum Museen als ein bevorzugtes Objekt des Interesses ansieht, schafft Voraussetzungen für ein erfolgreiches Werben um zusätzliche private Förderung.

Berlin verfügt nicht mehr über die gewachsene breite Tradition einer Bürgerschaft wie Hamburg oder Frankfurt am Main. Zu viel haben der Krieg und die Nachkriegszeit nachhaltig zerstört und geändert. Berlin verfügt auch nicht mehr über die Vielzahl von Unternehmen wie das Rheinland oder München. Aber das bürgerliche Engagement wächst wieder! Trotzdem, die Ressourcen müssen noch weitgehend außerhalb von Berlin gefunden werden. Das ist durchaus legitim, denn die Staatlichen Museen zu Berlin waren und sind die nationalen Einrichtungen. Der Bund und alle sechzehn Länder sind Teilhaber an den Einrichtungen der Stiftung Preußischer Kulturbesitz. Deshalb erlaube ich mir auch immer wieder von der Nationalstiftung Preußischer Kulturbesitz zu sprechen.

Die offensiv betriebene Motivation von zivilgesellschaftlichem Engagement und das »Sammeln von Sammlern« haben besonders die letzten fünf Jahre sehr geprägt.

Was haben wir nun in den letzten fünf Jahren erreicht? Für die Staatlichen Museen zu Berlin konnte der Anteil von Drittmitteln auf fast neunzehn Prozent der Betriebsausgaben gesteigert werden. Das sind rund 35 Mio. Euro; 85 % entfallen auf Fördereinrichtungen wie DFG, VW, Thyssen, Deutsche Klassenlotterie, Kulturstiftung der Länder, Kulturstiftung des Bundes sowie EU und ausländische Stiftungen; fünfzehn Prozent auf Spenden von Unternehmen oder Unternehmensstiftungen sowie Fördervereine. Eine besonders aktive Rolle bei den Fördervereinen spielt der Verein der Freunde der Nationalgalerie, der mit der MoMA-Ausstellung nicht nur ein Glanzlicht aufgesetzt hat, sondern auch einen Reingewinn von über 8 Mio. Euro erzielt hat. Dieser fließt der Nationalgalerie für Erwerbungen und Ausstellungen zu. Während dieses Buch entsteht, steuern die Freunde der Nationalgalerie mit der Ausstellung »Französische Meisterwerke des 19. Jahrhundert aus dem Metropolitan Museum of Art, New York« erneut auf einen großen Erfolg beim kunstinteressierten Publikum zu.

Hervorzuheben ist auch die Rolle des Kuratoriums Museumsinsel mit den größten deutschen Unternehmen, die zehn Jahre lang Aktivitäten der Häuser der Museumsinsel fördern. Ebenso wichtig sind Privatstiftungen, wie die des Ehepaares Erivan und Helga Haub für das wieder eröffnete Münzkabinett. Diese erlaubt der Sammlung, endlich wieder eine eigenständige Erwerbungspolitik zu betreiben. Schließlich verfügen die Staatlichen Museen zu Berlin mit dem Kaiser-Friedrich-Museums-Verein auch über den ersten Museumsverein in Europa überhaupt, der seine Aktivitäten nunmehr auf zwei Museen erstreckt: Gemäldegalerie und Bode-Museum. Ich könnte noch viele Beispiele aufführen für Geld- und Sachspenden, die uns insbesondere auch durch die aktiven Fördervereine der Staatlichen Museen zu Berlin zur Verfügung stehen.

Ein anderes Thema ist die Akquisition von Privatsammlungen. Das »Sammeln von Sammlern« ist eine Berliner Tradition. Als Beispiel aus jüngster Zeit kann der schwäbische Unternehmer und Kunstsammler Reinhold Würth gelten, Mitglied des Museumsinsel-Kuratoriums und Förderer der Humboldt-Box auf dem Schlossareal; seit der Wiedereröffnung des Bode-Museums im Dezember 2006 gibt es dort eine »Kunstkammer Würth« mit Skulpturen, Bildern und kunsthandwerklichen Arbeiten des 16. bis 18. Jahrhunderts als langfristige Leihgabe.

Ich will mich bei meinem Überblick im Wesentlichen auf meine Amtszeit beschränken, also auf die Jahre ab 1999. Davor gab es schon wichtige Erwerbungen wie die Sammlung Berggruen (zunächst als befristete Leihgabe), die Sammlung Erich Marx für den Hamburger Bahnhof (1996), van de Loo für die Nationalgalerie (1992) und die Sammlung Gertrud Weinhold mit europäischer und außereuropäischer religiöser Volkskunst (1994).

Das Jahr 2000 war ein sehr ertragreiches Jahr. Als Dauerleihgabe kamen die Sammlung Heinz und Ierta Kuckei mit früher chinesischer Keramik und die Sammlung Klaus F. Naumann mit japanischer, chinesischer und koreanischer Kunst in das Museum für Ostasiatische Kunst. Das Kupferstichkabinett erhielt als Schenkung internationaler Druckgrafik aus der zweiten Hälfte des 20. Jahrhunderts die Sammlung Hans und Uschi Welle. Im Jahr 2000 ging auch die Sammlung Heinz Berggruen in das Eigentum der Stiftung Preußischer Kulturbesitz über, ein Kleinod der klassischen Moderne. Die Stiftung hat den westlichen Stülerbau für diesen Zweck umgebaut. Inzwischen wurde ein »Förderkreis Museum Berggruen« mit dem Ziel gegründet, das zur Stiftung gehörende Museum durch bürgerschaftliches Engagement zusätzlich zu fördern. Die Familie des Sammlers hat weitere Leihgaben angekündigt, für die ein dem Stülerbau benachbartes Gebäude vorgesehen ist.

Im Jahr 2001 konnte als Dauerleihgabe die Stiftung Dieter Scharf mit Zeichnungen, Aquarellen und anderen Papierarbeiten des 18. bis 20. Jahrhunderts für das Kupferstichkabinett gewonnen werden. Die Stiftung Dieter Scharf wurde dann auch 2004 der Leihgeber für eine eindrucksvolle Kunstsammlung des Surrealismus. Sie wird 2008 in dem von der Stiftung umgebauten Stülerbau-Ost ihr Domizil haben – gegenüber dem Museum Berggruen. Damit kann das Charlottenburger Quartier nach dem Auszug der Ägyptischen Sammlung hochwertig als Kunstquartier seine Position ausbauen. 2002 wurde durch eine Kombination von Kauf-, Leih- und Schenkungsvertrag die umfassende Sammlung Egidio Marzona für den Hamburger Bahnhof erworben, die »Kammermusik« der Moderne mit Concept Art, Minimal Art und Arte Povera und eine unerschöpfliche Quelle für Ausstellungen. Die anteiligen Kaufmittel wurden weitgehend aus Drittmitteln geleistet. Das Kunstgewerbemuseum konnte sein Segment Mode durch den Kauf der Sammlung Ruf / Kamer ausbauen mit Kostümen des 18. und 19. Jahrhunderts und Haute Couture des 20. Jahrhunderts.

Im Jahr 2003 gelang es, Helmut Newton, der als jüdischer Emigrant Berlin verlassen musste, mit seiner Fotosammlung zur Rückkehr in seine Heimatstadt zu bewegen. Durch die Gründung einer gemeinnützigen Helmut Newton Stiftung als Vertragspartner wurde es möglich, in einem vom Land Berlin für einen symbolischen Euro zur Verfügung gestellten Haus sowohl die Helmut Newton Stiftung als auch die Fotosammlungen der Staatlichen Museen zu einem Museum für Fotografie zusammenzufügen. Den Umbau für die Räume, die Newton gewidmet sind, einschließlich der Einrichtung übernahm die Helmut Newton Stiftung. Sie stellt auch eine Kuratorenstelle zur Verfügung. Den laufenden Betrieb trägt die Stiftung Preußischer Kulturbesitz.

Im September 2004 öffnete dann die Friedrich Christian Flick Collection ihre Pforten. Auf mehr als 13 000 Quadratmetern zeigt sich die zeitgenössische Kunst von ihrer besten und aufregendsten Seite, wiederum von lebhaftem Publikumsinteresse begleitet. Im ersten Monat haben fast 100 000 Menschen die Ausstellung gesehen. Es ist eine Leihgabe von zunächst sieben Jahren mit einer Option auf Verlängerung. Friedrich Christian Flick hat den Umbau der Speditionshalle mit 8 Mio. Euro finanziert, die Stiftung Preußischer Kulturbesitz zahlt den laufenden Betrieb einschließlich der Kosten für die wechselnden Ausstellungen sowie die Verbindung der Rieck-Hallen zum Hamburger Bahnhof (900 000 Euro). Mit der Friedrich Christian Flick Collection ist – zusammen mit den Sammlungen von Erich Marx und Egidio Marzona – Berlin zu einem internationalen Zentrum zeitgenössischer Kunst geworden. Aus eigenen Kräften wäre das nie zu leisten gewesen. Mehr als bei jeder anderen Kunstrichtung sind die Museen bei der zeitgenössischen Kunst weltweit auf die Mitwirkung privater Sammler angewiesen. Dass hier aber auch Aspekte wie die Verknüpfung zum Kunstmarkt, dass Sammlereinfluss und ungesicherte Entwicklung der Bewertung dieser Kunst sorgfältig bedacht werden müssen, steht außer Frage. Diese potenziellen Problemfelder waren besonders eingehend zu prüfen und vertraglich zu berücksichtigen. Ein Ergebnis ist, dass die Ausstellung der Friedrich Christian Flick Collection in öffentlicher Verantwortung durch die eigenen Kuratoren der Nationalgalerie unabhängig betreut wird. Der Vertrag selbst ist steuerrechtlich von der Berliner Finanzverwaltung und dem Bundesfinanzministerium als korrekt beurteilt worden.

Bei Flick wurde erstmals auch die Moral im Zusammenhang mit der Herkunft des Geldes angesprochen. Das war bislang kein Thema bei Privatsammlungen im In- und Ausland, obwohl die Kunstgeschichte als Auftrags- und Sammlergeschichte ihre tiefdunklen Flecken hat. Nur hat man es sich jetzt sehr einfach gemacht, indem man die Moral-Debatte auf Flick fokussierte. Die Verstrickungen des Großvaters Friedrich Flick mit dem NS-Regime werfen einen langen Schatten auf die Geschichte und die Familie, keine Frage. Dafür ist er verurteilt worden und sind drei Viertel seines Vermögens konfisziert worden. Der Enkel hat dieses Verbrechen nie relativiert – im Gegenteil. Er hat seinerseits Verantwortung mit einer eigenen Stiftung übernommen. Der Umstand, dass er zeitgenössische Kunst sammelt und sie öffentlich verfügbar macht, erzeugt gesteigerte Aufmerksamkeit, kontaminiert die Kunst aber nicht. Der Begriff »Blutgeld« provozierte, war aber verfehlt. Er hat leider eine mögliche Debatte verhindert. Ich hoffe trotzdem, dass sie auf einer breiten, nicht personalisierten Basis noch geführt wird! Bei der Partnerschaft mit der Friedrich Christian Flick Collection standen wir sicher unter verschärfter Beobachtung. Wir haben aber weder die Fragen der Moral ausgeklammert, noch uns äußeren Einflüssen, sei es denen des Sammlers oder eines internationalen Kunstkartells, unterworfen.

Die Aufzählung der Privatsammlungen und ihrer Integration in die Sammlungen der Staatlichen Museen zeigt, dass jeder Vorgang als Einzelfall spezifisch ausgestaltet werden muss. Die Interessenlagen benötigen ein beiderseitiges Vertrauensverhältnis, Fairness und die Anerkennung der öffentlichen Legitimation. Wir werden auch in Zukunft diese Aspekte sorgfältig beachten – gerade auch im Umgang mit der zeitgenössischen Kunst. Wir werden auch in Zukunft weiter um hochkarätige Privatsammlungen werben. Es muss dabei die Unabhängigkeit und Glaubwürdigkeit des Museums als Ergebnis der Verhandlungen gesichert werden. Das hohe Gut des öffentlichen Vertrauens kommt den Museen nur zu durch die Ernsthaftigkeit ihrer Arbeit, durch die Kompetenz ihrer Wissenschaftler und durch die Achtung vor der Kunst. Entscheidungen, die sich allzu willig politischen, kommerziellen oder sonstigen Einflüssen beugen, desavouieren die Museen und die Kunst. Dies ist unser Anspruch, daran arbeiten wir hart.

Veränderte und aktualisierte Fassung eines Vortrags,
gehalten am 19.11.2004 im Alten Museum

Michael Naumann
Brückenschlag über historische Abgründe – Heinz Berggruen

Wir wollten uns an dieser Stelle nicht treffen. Noch nicht, nicht heute und eigentlich niemals aus diesem traurigen Anlass.
Als Heinz Berggruen vor einem Jahrzehnt nach Berlin zurückkehrte, schien die Zeit für seine neu gewonnenen Freunde im doppelten Wortsinn aufgehoben zu sein. Ich meine jene Zeit, die seit 1936 vergangen war, als er seiner Geburtsstadt und seinem Land gut beraten den Rücken kehrte – aber auch jene Zeit, in der sich Deutschland seiner außerordentlichen moralischen Niederlage mit Trauer und Entsetzen besann. Die schiere Existenz dieses großherzigen Mannes in Berlin wirkte wie ein Brückenschlag über historische Abgründe hinweg. Und an seiner Seite stand seine Frau Bettina, die Tochter des unvergessenen Schauspielers Moissi: Wo immer man die beiden traf, öffnete ihre Gegenwart ein Fenster in jene Epoche, da die Geschichte der jüdischen Emanzipation in dem Wunder kultureller und wissenschaftlicher Leistungen ohne Vorbild im Lande gipfelte – ehe der nationale NS-Wahn zur politischen Herrschaft wurde.

Heinz Berggruen wusste das. Als manche seinen Entschluss, heimzukehren in den Ort seiner Kindheit und Jugend, als eine Form der »Versöhnung« bezeichneten, protestierte er nicht, wohl wissend, dass dieser Begriff, wollte man ihn länger bedenken, ins Haltlose führt. Und doch stand kein anderes Wort zur Verfügung, um seine erstaunliche Geste der Rückkehr zu benennen.

Als der Student Berggruen mit einem amerikanischen Stipendium Berlin verließ, hatte sich der totalstaatliche Rassismus im Schatten der Olympischen Spiele eine Maske angelegt; doch viele der weitsichtigeren geistigen Elite – nicht nur deutsche Juden – hatten die Zeichen der Zeit längst erkannt. Die intellektuelle und künstlerische Verarmung Deutschlands war eine unmittelbare Folge von 1933, eine jahrelange politische, juristische und publizistische Verrohung war die Voraussetzung gewesen.

Wer mit Heinz Berggruen über die Motive seiner Rückkehr sprach, unterwarf sich gewöhnlich einem selbst auferlegten Tabu. Warum, so fragte man nicht, haben Sie als Berliner Jude die deutsche Staatsbürgerschaft wieder angenommen? Aus Heimweh? Das hätte der leidenschaftliche Kosmopolit wahrscheinlich verneint. Und doch war es offenkundig, dass er sich auf den Straßen seiner bürgerlichen Kindheit in Wilmersdorf und Charlottenburg mit unbefangener Heiterkeit bewegte, als wäre er nie fort gewesen. Aber vergessen hatte er nichts. Angesichts des rechtsextremen Mobs in neuen Stiefeln machte er sich Sorgen um Deutschland. Doch die mehr als eine Million Besucher in seinem Museum bestätigten ihn in seinem Entschluss. Die Eintragungen im Merkbuch des schönen Hauses gleichen danksagenden Liebesgrüßen an Heinz Berggruen – und an »seine« Bilder.

In Paris ist Heinz Berggruen gestorben und in dieser Stadt hatte er sein Glück gemacht – als Freund Pablo Picassos, als Kunsthändler und -sammler in der Rue de l'Université. Noch vor wenigen Jahren erinnerten sich ältere Galeristen am linken Seine-Ufer an Monsieur Berggruen. »Ein reizender Kollege« – das war ein ungewöhnliches Kompliment unter Konkurrenten, die für ihre Sanftmütigkeit nicht gerade bekannt sind, also jene außerordentlich seltene Tugend, die, mit *politesse* gepaart, dem Charme Berggruens zugrunde lag.

Mag sein, dass es diese Eigenschaften waren, im Einklang mit seiner Begabung für eine geradezu federleichte Ironie, die in seinen Büchern nachzulesen ein ganz altmodisches Vergnügen bereitet – mag also sein, dass es seine ganze komplexe Persönlichkeit war, die nach 1947 den abweisenden, bisweilen grantigen Pablo Picasso für den jungen Bewunderer einnahm. Die fachkundigen Fragen des studierten Kunsthistorikers allein werden es nicht gewesen sein. Im Falle des sparsamen Matisse hingegen wird es Berggruens kunsthändlerische Hartnäckigkeit gewesen sein, die ihm das Vertrauen des nicht minder bedeutenden Künstlers gewann. Seinem Alterswerk, den Scherenschnitten, galt Berggruens Bewunderung, als andere diese Arbeiten noch belächelten.

Die Umstände der Rückkehr des Berliners nach Berlin 1996 sind uns allen bekannt. Ohne die Überredungskünste des damaligen »Generals« der Staatlichen Museen zu Berlin, Wolf-Dieter Dube, wäre dieser durch und durch unsoldatische ehemalige Staff Sergeant der US Army nicht gekommen. Dass er über seiner eigenen Sammlung im ehemaligen preußischen Offizierskasino eine Dienstwohnung bezog, als Wärter seines eigenen Museums, als Vater, wie er sagte, seiner »Kinder«, mit denen er nun schlafen gehen und aufwachen konnte, hätte er selbst kaum träumen können. Er war ja der geborene Zivilist, ein *citoyen*, der es vorzog, in Bistros und Cafés zu exerzieren, im Berliner Plauderton oder im ernsten Gespräch, je nach Bedarf und Laune.

Wir erinnern uns: Für einen Bruchteil des Schätzwertes seiner 165 Werke von Picasso, Matisse, Klee und Giacometti hatte der Sammler den Kunstschatz der Klassischen Moderne der Stadt und dem Land überlassen. Ein enthusiasmierter Bundeskanzler hob bei der festlichen Übergabe den zierlichen Mann vom Boden hoch, als wäre Heinz Berggruen ein Teil der unglaublichen Kollektion. Und das war er ja auch. Denn so empfanden es seine Besucher, die dem weißhaarigen Herrn vor seinen Bildern begegneten, ohne ihn sofort zu erkennen – bis er sich in Anekdoten zu den Werken offenbarte, in einer seltsamen Mischung von Besitzerstolz und immer noch anhaltendem, ungebrochenem Staunen ob der Schönheit, die sie gemeinsam umgab. Seine Fähigkeit, sein persönliches Glück und seine erstaunliche Geschichte ganz ohne Eitelkeit mit anderen zu teilen, verlieh diesem Menschen einen besonderen Zauber. Wo er war, was er sagte und schrieb, war überglänzt von existenzieller Heiterkeit. Verärgert konnte er wohl sein, aber niemals böse oder gar wütend.

Wer in unserer zweck- und gewinnorientierten Gegenwart die charakterbildende Wirkung von Kunst studieren wollte, wer dem mittelalterlichen Ursprung des seltsamen deutschen Wortes »Bildung« – nämlich »sich ein Bild machen« – nachspüren wollte, war gut beraten, die Nähe Heinz Berggruens zu suchen. Er war im schönsten Wortsinn »gebildet« oder, um ein etwas aus der Mode gekommenes Wort zu benutzen, »kultiviert«. Er war ein Weltbürger, für den das Wort von der sogenannten »deutschen Leitkultur« wie die Aufforderung klang, seine Sammlung beim Ausländermeldeamt als Asylbewerber eintragen zu lassen.

Die gewaltige Lücke, die während des Dritten Reichs in die privaten und öffentlichen Berliner Kunstsammlungen – und nicht nur diese – gerissen wurde, konnte mit seinen Bildern im grandiosen Ansatz geschlossen werden. Grandios, weil hier der Bild gewordene Geschmack eines geistvollen Mannes zu besichtigen ist, dem es in einem fortwährenden Prozess der Verfeinerung des eigenen Kunsturteils gelungen ist, die einzelnen Werke in einem stummen Symposion zu versammeln. Hier verweist ein jedes Bild auf das andere. So entstand der eigentlich unbeschreibbare und doch offensichtliche Eindruck einer ästhetischen Geschlossenheit – genauer, eines eigenen Kunstwerks mit Kunstwerken. Insofern war es kein Wunder, dass die einzige Privatsammlung, die bisher im Pariser Picasso-Museum gezeigt wurde, diejenige Berggruens war. Er empfand dies, wie er sagte, »als Triumph«.

Über den Sammeltrieb des Menschen haben Psychologen tausend raschelnde Seiten geschrieben. Die Dialektik zwischen Verlustängsten und dem Drang zu bewahren, aufzuheben, nicht loszulassen ist offenkundig – aber sie sagt nichts über die Qualität des Gesammelten aus. Das Berggruen-Museum steht für die Kunst der Reduktion auf das Beste.

»Hauptweg und Nebenwege« nannte Heinz Berggruen in Anlehnung an eines der großen Hauptwerke Paul Klees seine autobiographischen Skizzen. Und wer im Sinne jener Dialektik an Seelenverwandtschaften zwischen Bildern und ihren Sammlern glaubt, läge in seinem Falle richtig: Die zarten, bisweilen magischen, sich selbst ironisierenden Arbeiten Klees haben auf Heinz Berggruen den ersten und bleibenden Eindruck gemacht. Ihnen blieb er treu. Sie bilden, im wahrsten Sinne des Wortes, seine *carte d'identité*. Wer sie in seinem Museum anschaut, sieht zugleich Heinz Berggruen, den ein glücklicher Nebenweg zurück nach Berlin geführt hat – wo er schließlich in den Hauptweg seines Lebens mündete, das nun zu Ende gegangen ist und doch nicht enden wird, solange wir sein Geschenk ehren wie das Andenken an einen der ungewöhnlichsten Bürger dieser Stadt.

Berlin und der Bund haben ihn mit den höchsten Auszeichnungen geehrt und er hat sie gerne entgegengenommen. Die noch höhere Auszeichnung hat er uns allen zugedacht. Sie ist vieles zugleich: ein Geschenk, eine Erinnerung an Heinz Berggruen und eine stille Aufforderung, genau das in der Kunst zu suchen, was wir gerade heute, an diesem traurigen Tag, dringend benötigen, nämlich Trost.

Ansprache zur Trauerfeier für Heinz Berggruen am 2. März 2007,
zuerst veröffentlicht im Nicolai-Verlag, Berlin

June Newton
»It was late in the afternoon …«

June Newton

DATE: 25 May 2007

TO: Prof. Dr.h.c. Klaus-Dieter Lehmann
President
Stiftung Preussischer Kulturbesitz

Dear Klaus,

Something like this?

It was late in the afternoon. Helmut and I were being driven back to our hotel on Kurfürstendamm after visiting some possible sights for a foundation – a home for Helmut's archives in Berlin, because Helmut had not found his happiness – bonheur – Glück.
"Wait", said Prof. Lehmann, "there is one more place to see and it is on our way". When the car turned into the Jebensstrasse with buildings on one side and the Zoo Station on the other, Helmut remained calm until the car pulled up in front of no. 2. He leapt out, threw his arms into the air in front one of the most beautiful buildings built by Kaiser Wilhelm II for his officers in 1909 and said, "I'm home". The Zoo Station was where he said goodbye to his parents in 1938 at the age of 18 and began his long journey through life. That was the day our friendship with Prof. Lehmann began.

I am deeply indebted to him for his support and commitment to the foundation after the loss of Helmut. What we have in common is admiration, respect and love for the man and his work and, without Prof. Lehmann, Helmut's coffer would never have been in Berlin.

Looking forward to hearing from you soon.

Love, June

Alice Springs, Chateau Marmont, Hollywood 1991.

oben Luftaufnahme des Schlosses Charlottenburg. Außen am linken Flügel der Langhansbau mit dem Museum für Vor- und Frühgeschichte. Im Vordergrund – mit Laternen – die Stüler-Bauten: Sammlungen Berggruen (links) und Scharf-Gerstenberg.
unten Museum für Vor- und Frühgeschichte, Charlottenburg, Langhansbau.

»Magisches Gold«. Museum für Vor und Frühgeschichte, bronzezeitlicher Zeremonienhut.

oben Stülerbau gegenüber dem Schloß Charlottenburg: Museum Berggruen.
unten Picasso verstehen und lieben lernen im Museum Berggruen.

oben Landwehrkasino am Bahnhof Zoo: Helmut Newton Stiftung und Museum für Fotografie.
unten Vier und Vier: in der Helmut Newton Stiftung.

Peter Raue
Die Freundesvereine – Lust und Last

Fünfzig Jahre Stiftung Preußischer Kulturbesitz, ein halbes Jahrhundert! Das so oft verborgene und sich verbergende »Preußen« im Namen des größten Kulturinstitutes Deutschlands führend, mit Stolz und mit Recht. Als im Jahre des (nicht gefeierten) 20. Geburtstages jener Stiftung sieben Männer – jawohl: es waren nur Männer – sich zusammentaten, um den »Verein der Freunde der Nationalgalerie« zu gründen, war dies wie das Einpflanzen eines winzig kleinen Bäumchens in einen blühenden staatlichen Galerie-Garten. In den seitdem vergangenen 30 Jahren ist aus dem Bäumchen ein Baum geworden, hat sich eingefügt in den großartigen Hain »Stiftung Preußischer Kulturbesitz«. Und Früchte hat er getragen, dieser Baum, den der damals erst jüngst zum Direktor der Nationalgalerie berufene Dieter Honisch selbst gepflanzt hat. Weit über 100 Werke wurden in diesen 30 Jahren erworben. Von Menzel, Carus und Gärtner über Liebermann, Kirchner und Nolde, den Amerikanern Barnett Newmann, Gary Hill und Bill Viola bis zu Jenny Holzer, Joe LaFontaine und den Künstlern, die den Preis für junge Kunst der Neuen Nationalgalerie erhalten haben. Bilder, Skulpturen, Video-Installationen sind in den Kreis der Erwerbungen eingeschlossen. Daneben: Über 40 Ausstellungen, beginnend mit Edgar Degas' Pastellen über Christos Arbeiten zu den »Surrounded Islands«, 60 Meisterwerke aus der Soloman Guggenheim Foundation in New York und Venedig bis zu Melancholie, Goya, MoMA und Metropolitan. Viele Monografische Ausstellungen: Nan Goldin, Rebecca Horn, Roman Opalka, Cy Twombly, Georg Baselitz, Gerhard Richter, dreimal Picasso, aber auch Paul Gauguin, Max Ernst … Die Zahl der sieben Mitglieder wuchs zusehends und heute sind 1 400 Menschen bereit, jährlich 600 € zu zahlen, um das Ziel des Vereins, »die Nationalgalerie nachhaltig zu fördern und an ihrem weitern Aufbau mitzuwirken« (so der Text der Vereinssatzung) zu stützen und mitzutragen. Mehr als die Hälfte der Kuratoriumsmitglieder ist heute weiblich: Spiegelbild unserer in gleicher Weise von Männern wie Frauen getragenen Gesellschaft. Endlich! Dieser Verein ist nur einer unter vielen, die im Hause der Stiftung Preußischer Kulturbesitz arbeiten und segensreich wirken. Heute muss keines der unter dem Dach der Stiftung Preußischer Kulturbesitz wohnenden Museen ohne einen tatkräftigen engagierten Freundeskreis auskommen. Alle diese Institutionen leben von und mit den Freunden ihres Hauses.

Diese so begrüßenswerten Initiativen – Freundeskreise für alle Museen – hat es in diesem Umfang vor 30 Jahren nicht gegeben, – sie sind Beleg dafür, dass unter den Bürgern dieses Landes, insbesondere unter den Bürgern Berlins die Einsicht wächst, dass wir alle aufgerufen sind mitzuwirken, das kulturelle Leben dieser Stadt zu gestalten, mitzutragen und auch finanziell zu unterstützen. So sehr diese Tendenz zu begrüßen ist, so sehr sollten wir doch die Augen davor nicht verschließen, dass wir trotz dieser Fördervereine noch weit entfernt sind von dem, was vor dem zweiten Weltkrieg an mäzenatischer Großzügigkeit in Deutschland im Allgemeinen, in Berlin im Besonderen möglich war. Über 80 % der Zuwendungen zwischen der Jahrhundertwende und dem Beginn der Naziherrschaft kamen aus jüdischem Besitz, eine Quelle, die in Deutschland unwiederbringlich versiegt ist, weil sie von den Nationalsozialisten wohl für immer verschlossen wurde.

Meine nachfolgenden Überlegungen sollen weniger der Widerspiegelung der Erfolge unseres und der brüderlich-schwesterlich verbundenen übrigen Freundeskreise gelten, sondern fragenden, kritischen Charakter haben:

Ich bin sicher, dass der hohe Zulauf, den wir in unserem Verein glücklicherweise verzeichnen können, sich zumindest auch (ich fürchte überwiegend) dem Umstand verdankt, dass die Anzahl großer (und für die Vereinsmitglieder exklusiver) Veranstaltungen, das Recht, als Vereinsmitglied ohne Wartezeiten alle Ausstellungen besichtigen zu können, und das gesellschaftliche Miteinander die Triebfedern sind, sich alljährlich von 600 € zu trennen. Auf solche Mitglieder sind wir angewiesen – sie sind herzlich willkommen. Von einem mäzenatischen Gedanken freilich, wie ihn, Dank der Initiative von Bernd Schultz, der dem (von den Nationalsozialisten angeordneten) Vergessen entrissene James Simon vorgelebt hat und wie es viele ihm, wenn auch im bescheidenen Umfang gleichgetan haben, ist diese Haltung weit entfernt. Ich könnte einen Leitzordner vorlegen mit Austritten von Vereinsmitgliedern in den letzten 30 Jahren mit der Begründung: »Leider bin ich im letzten Jahr nicht dazu gekommen, Ihre Veranstaltungen zu besuchen und es wird im nächsten Jahr nicht anders werden, deshalb will ich jetzt aus dem Verein austreten. Wenn ruhigere Zeiten kommen, bin ich wieder dabei.« Die Bitte, durch Sonderspenden eine besonders teure aber notwendige Erwerbung zu finanzieren, bleibt in weit über 90% aller Fälle ungehört. Die Frage, ob bei festlichen Vorbesichtigungen aber auch bei einfachen Meetings (Werkstattgespräche mit Künstlern), Sommerfesten, der »Eintrittspreis« (zwischen 20 und 150 €) gerechtfertigt ist, ob Leistung und Gegenleistung sich wirklich entsprechen, bewegt viele der Mitglieder viel mehr als das Glücksgefühl über das geförderte Ereignis, den Kauf des Bildes, die finanzierte Ausstellung. Auf Dauer werden aber die Freundeskreise nur dann ihre Aufgabe erfüllen können, wenn das Bewusstsein ihrer Mitglieder für die selbstverständliche Pflicht, im Rahmen des Möglichen als Bürger dieser Stadt mäzenatisch zu wirken, wächst und gestärkt wird.

Werfen die formulierten Bedenken und Hoffnungen – denn es ist beides – ein Licht auf die Struktur der Freundesvereine, so erlaube ich mir den Scheinwerfer nun in die andere Richtung zu drehen: Auf die Stiftung Preußischer Kulturbesitz, die ihre Geldquellen zu 75 % aus dem Bund, (nur) zu 25 % aus den Länderzuschüssen bezieht. Selbst an einem 50-jährigen Jubiläum mag es zulässig sein, einen kritischen Gedanken zur staatlichen Finanzierung der »Preußenstiftung« zu formulieren, denn das Jubiläum anlässlich 50 höchst erfolgreicher Jahre ist gleichzeitig der Aufbruch in die zweite Jahrhunderthälfte der »Stiftung Preußischer Kulturbesitz« – also in eine hoffentlich strahlende Zukunft auf der Museumsinsel, im Humboldt- und auf dem (architektonisch so verunglückten) Kulturforum. Deshalb kann man gar nicht deutlich genug darüber klagen, dass die staatlichen Geldgeber ihren Auftrag, ein lebendiges Leben in den 17 Museen unter dem »Preußendach« zu ermöglichen, durch Verknappung der Mittel fast undurchführbar machen. Oft scheint es der Stiftung finanziell am Ende eines jeden Jahres wie dem Vater im »Erlkönig« zu gehen: »erreicht den Hof mit Müh und Not«, und in den Armen das Kind wäre oft schon tot, wenn es nicht den belebenden Saft von den Fördervereinen trinken könnte. Das ist doch die bittere Wahrheit: Keine der von dem Verein finanzierten Ausstellungen hätte die Stiftung aus eigenen Mitteln realisieren können; es fehlt ein nennenswerter verlässlicher Ausstellungsetat; es fehlt so gut wie gänzlich der Werbungsetat; es fehlen Gelder, die Häuser so attraktiv auszugestalten (Sekretariat, Pressearbeit), dass ein Kundenservice möglich wird, der heute für das erfolgreiche Betreiben einer Kulturinstitution unerlässlich ist. Gelder, die eigentlich für das »operative Geschäft« – um einen Begriff aus der Wirtschaft zu benutzen – zur Verfügung stehen sollten (insbesondere für Ausstellungen), müssen verwendet werden, um die Basis eines jeden Museums zu sichern: Die Bewachung der Ausstellungsräume! Gäbe es die Fördervereine nicht, wäre der beklagenswerte Zustand offensichtlich, – so kaschieren die Freundeskreise die eigentliche Not der 17 Museen unter dem Dach der Stiftung Preußischer Kulturbesitz, verdecken den Skandal der Unterfinanzierung und die dringend notwendige, Not wendende Erhöhung des Museumsetats! Dass dennoch immer wieder Großes und Großartiges in der Stiftung gelingt, verdankt sich einmal dem Mut eines Kulturstaatsministers, einen erheblichen Betrag für den Erwerb der Berggruen-Sammlung zur Verfügung zu stellen; ein anderes Mal helfen die (auch immer knapper werdenden, weil in andere Quellen fließenden) Lottomittel und hier und da greifen die Kulturstiftungen Bund/Land unter die Arme. Diese Trostpflaster verdecken die Wunden, – zur Heilung tragen sie nicht bei.

Wenden wir uns ab von den kritischen Fragen zur Spendenfreudigkeit in den Förderkreisen, von der Geldnot der Stiftung und betrachten kurz die Frage des

Verhältnisses von Kultureinrichtung (hier also in erster Linie Museum) und Förderkreis. Auch hier kann sehr schnell eine Schieflage entstehen, wenn sie nicht beide aufpassen: der Museumsdirektor und die Verantwortlichen des Freundeskreises, auf dass nicht der Förderverein zum (un-)heimlichen Direktor des Hauses mutiert. Im Verein der Freunde der Nationalgalerie gilt deshalb ein heilig gehaltenes erstes (und letztes) Gebot: *Nichts wird der Verein unternehmen, was der (General-)Direktor der Nationalgalerie nicht will, aber nicht alles was er will, kann ein Verein leisten.* Mit diesem »Grundgesetz« soll jede Lust am Eingreifen eines Fördervereins – und sei er noch so mächtig und verfüge über noch soviel Geld – in die Entscheidungsfreiheit des Direktors im Keim erstickt werden. Nichts wäre fataler, als ein Freundeskreis, der kulturpolitisch durchsetzen wollte, was der Herr/die Dame des Hauses (ob mit überzeugendem oder nicht überzeugendem Grund ist völlig gleichgültig) gar nicht will. Und dieses Check-and-Balance-System funktioniert – davon bin ich zutiefst überzeugt – nur dann, wenn Förderer und Geförderter – konkret: Museumsdirektor und Vorstand des Fördervereins – in Harmonie, ja, ich gehe ein Stück weiter: in Freundschaft miteinander arbeiten. Machtkämpfe, Selbstbewusstsein eines Freundesvereins gepaart mit Anspruchsdenken einerseits, ein nur widerwillig nachgebender (General)direktor andererseits, sind tödlich für ein freundschaftliches Miteinander und somit für Wohlfahrt und Gedeihen des geförderten Instituts. Ich kann auf 30 Jahre Zusammenarbeit mit den Museums(ge neral)direktoren zurückblicken: Dass das Miteinander immer reibungsfrei verlief zu behaupten, wäre albern. Dass aber diese Zusammenarbeit mit den Vorstandsmitgliedern einerseits und den Direktoren andererseits von der gemeinsamen Leidenschaft für die Bildende Kunst, von der Lust, gemeinsam Außerordentliches zu leisten, zu schaffen, zu realisieren, getragen war, kann ich als freudiges Résumée meiner Tätigkeit mit Nachdruck und frohen Herzens behaupten. Wenn die Verantwortlichen eines Freundeskreises und des geförderten Institutes sich nicht »grün« sind, dann ist auch die Förderwelt grau, öde und unersprießlich. Stimmt die Beziehung zwischen Gefördertem und Förderer, dann haben beide eine große Zukunft. Denn nur »Lust und Liebe sind die Fittiche zu großen Taten«.

Henning Schulte-Noelle
Das Kuratorium Museumsinsel – ein Beitrag der Wirtschaft zu einem großartigen Projekt

Zu jeder erfolgreichen Inszenierung, ob im Bereich der Kultur, in der Politik oder in der Wirtschaft, gehört ein Gefühl für das richtige »Timing«. Als auf Grund eines Stiftungsratsbeschlusses der Stiftung Preußischer Kulturbesitz die Herren Prof. Lehmann und Prof. Schuster im ersten Halbjahr 2001 das »Kuratorium Museumsinsel« zu gründen und aufzubauen begannen, bewiesen sie eine ausgesprochen glückliche Hand. Die Tragödie des 11. September lag noch ebenso im Dunkel der Zukunft verborgen wie der jähe und sich bis 2003 beschleunigende dramatische Absturz der Finanzmärkte. Die Wirtschaft erfreute sich guter Ergebnisse und die Aktienkurse bewegten sich noch in luftiger Höhe.

So gelang es relativ schnell, in einer ersten Runde neun bekannte Unternehmen[1] zu gewinnen und mit ihren Vertretern das Kuratorium im Spätherbst 2001 zu konstituieren. Trotz der dann folgenden schwierigen Jahre konnte der Kreis der Mitgliedsunternehmen später schrittweise auf 15[2] erweitert werden. Dazu kommen noch Persönlichkeiten der internationalen Museumsszene als Ehrenmitglieder und natürlich die »spiriti rectores« Prof. Lehmann und Prof. Schuster – als kongeniales Duo an Überzeugungs- und Begeisterungskraft kaum zu überbieten. Jedes der sich beteiligenden Unternehmen, die sich für die Zeit bis 2010 zu einem nicht unbeachtlichen Jahresbeitrag und allgemeiner Unterstützung des Projekts »Museumsinsel« verpflichtet haben, mag für diese Entscheidung seine eigenen spezifischen Gründe gehabt haben. Für die Allianz fiel ins Gewicht, dass sie 1890 in Berlin gegründet worden war und dort bis 1945 ihren Hauptsitz hatte. Auch aus dieser langjährigen Verbundenheit heraus hatte sie vor allem mit ihrer 1990 gegründeten Umweltstiftung einen Förderschwerpunkt in der wiedervereinigten deutschen Hauptstadt gebildet. Mit ihrer Unterstützung der Wiederherstellung des Lustgartens hatte sie sich schon bis in die unmittelbare Nachbarschaft der Museumsinsel »vorgearbeitet«.

Was uns ungeachtet aller einzelspezifischen Motive aber sehr bald im Kuratorium verband und der Zusammenarbeit eine sehr konstruktive Grundlage gab, war der gemeinsame Enthusiasmus für das Projekt selbst. Nach allen Kriterien wie Größenordnung, kultureller Bedeutung und Ausstrahlungskraft, architektonischer und politischer Komplexität etc. erzeugt dieses Vorhaben eine Faszination, wie ich persönlich sie jedenfalls in vergleichbarer Form bisher nicht erlebt habe.

Zu dieser Erfahrung gehört auch, die Fortschritte bei der Umsetzung des Masterplanes an großen Meilensteinen miterleben zu können, von der Wiedereröffnung der Alten Nationalgalerie über die Rückkehr der ägyptologischen Sammlung bis hin zur Fertigstellung des Bode-Museums im letzten Jahr. Kaum weniger faszinierend sind die Einblicke in die »work in progress«-Phasen, sei es bei der Wiedergeburt des Neuen Museums oder bei der architektonischen Konzeptionierung des geplanten neuen Zugangsgebäudes – beides heiß umstritten.

So werden auch die persönlichen Streifzüge über die Insel immer ergiebiger und bereichernder, vom Staunen über die großartige Skulpturenwelt im Bode-Museum bis hin zur immer wieder berührenden Begegnung mit der ägyptischen Nofretete-Büste, dieser Verkörperung der Anmut, die auch nach 3500 Jahren nichts von ihrer Ausstrahlung verloren hat und inzwischen zu einer Ikone für die Berliner Museumslandschaft geworden ist.

Uns geht es im Kuratorium sicher allen so, dass diese persönliche Erlebnisebene über unsere regelmäßigen zweimaligen Sitzungen im Jahr hinaus eine zusätzliche starke Motivationskraft für die Zusammenarbeit in diesem Gremium erzeugt. Vor allem wird diese Zusammenarbeit aber getragen von der gemeinsamen Überzeugung, dass auch die Wirtschaft ihren Beitrag leisten muss zur Erhaltung unseres kulturellen Erbes, das ja zugleich immer auch gemeinsames gesellschaftliches Erbe ist. Neben dem alles überragenden Einsatz der öffentlichen Hand, die sich auf der Museumsinsel in wirklich vorbildlicher Weise engagiert hat, konnte und kann unser Beitrag natürlich nur ein bescheidener sein. Aber flexibel und gezielt eingesetzt, kann er durchaus wirkungsvoll helfen, den Bekanntheitsgrad der Museumsinsel Berlin zu fördern und ihren Besuch für ein internationales Publikum zu einem Erlebnis der besonderen Art zu machen. Damit soll auch in Zeiten knapper öffentlicher Mittel bewusst ein gemeinsames Zeichen für den Kunst- und Kulturstandort Deutschland gesetzt werden.

Mit dieser Zielrichtung konnten in den vergangenen Jahren bereits einige wichtige Konzepte und Projekte umgesetzt werden: So wurden z. B. Orientierungspläne für alle Häuser auf der Museumsinsel in den Sprachen Deutsch, Englisch, Italienisch, Französisch, Spanisch und Polnisch vom Kuratorium finanziert. Die große Eröffnung des Bode-Museums wurde ebenfalls vom Kuratorium finanziell unterstützt. Das bislang umfangreichste Projekt stellte der »Umzug der Nofretete« im August 2005 da. Das Kuratorium ermöglichte die se Maßnahme, da wir der Meinung waren, dass das Ägyptische Museum so früh wie möglich wieder fester Bestandteil der geistigen Architektur der Museumsinsel werden mußte. Die Besuchszahlen geben uns darin Recht: am 23. Mai 2007 konnte durch Staatsminister Bernd Neumann bereits der einmillionste Besucher in der neuen Präsentation des Ägyptischen Museums begrüßt werden. Auf diese Weise lässt sich der Zeitraum bis zur Wiedereröffnung des Neuen Museums (2009), dem angestammten Platz für die ägyptische Sammlung, auf wirkungsvolle Weise überbrücken.

Die Museumszeitung der Staatlichen Museen zu Berlin hat und wird weiterhin den Fortgang zur Vollendung des Masterplans Museumsinsel redaktionell begleiten, so dass in jeder neuen Ausgabe für die aufmerksamen Leser ein weiteres Stück Museumsgeschichte geschrieben wird – auch dies ein Anstoß unseres Kuratoriums. Wir erreichen damit eine umfassende Information der Freunde der Kunst und Kultur; wir möchten ganz gezielt die Bürger motivieren, ihr eigenes Interesse in ein aktives Engagement übergehen zu lassen.

Vor diesem Hintergrund ist es für uns auch selbstverständlich, die derzeit laufenden Baumaßnahmen auf der Museumsinsel (Renovierung der Kolonnaden vor der Alten Nationalgalerie/Sanierung der Treppe des Alten Museums) durch Kommunikationsmaßnahmen zu flankieren.

Auch das am 21. September 2007 gefeierte Richtfest des Neuen Museums wird vom Kuratorium als Chance gesehen, die Besucher mit der historischen Architektur und dem Fortschritt der Restaurierungsmaßnahmen öffentlichkeitswirksam vertraut zu machen.

So begleitet und unterstützt das Kuratorium Museumsinsel die Vollendung der Museumsinsel Berlin, um historisches Kulturerbe zu erhalten, das Bewußtsein für kulturelle Werte zu stärken und sich am Dialog der Kulturen aktiv zu beteiligen. Vielleicht kann es damit auch in der wiedererstarkten deutschen Wirtschaft ein Zeichen dafür setzen, sich wieder mehr in der Förderung von Kunst und Kultur zu engagieren. Zu wünschen wäre dies.

1 Allianz, Bertelsmann, Deutsche Bahn, DaimlerChrysler Services, Deutsche Bank, JP Morgan Chase, KPMG, Siemens und ZDF

2 zusätzlich E.ON, Linde, Metro, Sal. Oppenheim, Union Asset Management Holding und die Würth-Gruppe

Tessen von Heydebreck
Zwischen MoMA und »Inselperspektiven«. Das Spektrum privater Kulturförderung

Spätestens als die ersten Besucher in Schlafsäcken vor der Neuen Nationalgalerie übernachteten, um am nächsten Morgen ganz vorne in der Schlange zu stehen, war klar, dass die Ausstellung »MoMA in Berlin« (20. Februar bis 19. September 2004) etwas ganz Besonderes geschafft hatte: 1,2 Millionen Besucher kamen, um die Kunstwerke des Museum of Modern Art in Berlin zu sehen, weit, weit mehr, als üblicherweise zu vergleichbaren Veranstaltungen erscheinen – viele das erste Mal. Die besondere Atmosphäre in und vor der Neuen Nationalgalerie und die sie vermittelnde Begeisterung steckten an. Wer mitreden wollte, musste sich schließlich einfach der Schlange anschließen, nahm sie bewusst auf sich, um die auf so überwältigende Resonanz stoßenden Bilder zu sehen, um teilzuhaben.

Dieses Interesse und diese Begeisterung haben die Museumsverantwortlichen, aber auch den Hauptsponsor nicht nur in ihrem Optimismus bestätigt, sie wiesen weit darüber hinaus. Sie waren der erneute Beleg, dass bildende Kunst auf breite Resonanz in der Gesellschaft stoßen und dass sie nach wie vor als Katalysator für Kommunikation wirken kann. So war »MoMA in Berlin« durch ihre spektakuläre Anziehungskraft und Wirkung – ob nun gewollt oder nicht – ein kraftvoller Impuls, sich mit deutsch-amerikanischer Geschichte und den Beziehungen unserer Länder zueinander auseinanderzusetzen.

Viele der gezeigten Kunstwerke stammen aus Europa, ein Teil war während der Naziherrschaft als »Entartete Kunst« verboten – und nun zeigten sich viele mehrheitlich deutsche Besucher dankbar für die Gelegenheit, die Bilder in Berlin sehen zu können, während das Museum of Modern Art in New York umgebaut wurde.

Nicht nur mittels der gezeigten Werke selbst, sondern auch durch die mit ihr verbundene Geschichte belegte die MoMA-Ausstellung, wie sehr Kunst und Gesellschaft in enger Wechselbeziehung stehen: Wie die Gegebenheiten einer bestimmten Zeit die in ihr entstehenden Kunstwerke beeinflussen, ja widerspiegeln, so wirken die Exponate ihrerseits auf die Gesellschaft zurück, nicht nur zu »ihrer« Zeit, auch wenn sie später wieder gezeigt werden. Dass die Schlange der wartenden Besucher vor der MoMA-Ausstellung selbst als ein »soziales Kunstwerk« interpretiert wurde, ist ein weiteres – eher amüsantes – Zeichen dieser Wirkung von Kunstwerken auf die Gesellschaft.

Keine Frage: Die Ausstellung »MoMA in Berlin« war auch und gerade deshalb ein aufsehenerregendes Ereignis, weil ihre Publikumswirkung alle

Erwartungen übertraf. Und da wäre ex post mancher gern Sponsor gewesen. Aber es gab – wenn auch vereinzelt – Stimmen, die mahnten, private Sponsoren, insbesondere Unternehmen, würden sich zu sehr auf medienwirksame Großereignisse konzentrieren. Kulturprojekte, die nur ein überschaubares Publikum anzögen, blieben auf der Strecke, es handele sich denn um eine besonders attraktive Zielgruppe des Sponsors. Hinter solcher Kritik steckt die Vermutung, Unternehmen würden Sponsoring als eine Art verlängerte Werbung nutzen. Sicher geschieht dies hier und da, dies aber deshalb verallgemeinert zu unterstellen, wäre falsch und unzulässig. Die Unternehmen, die generell so vorgehen wollten, müssten bald am Widerstand der Kultureinrichtungen scheitern. Welches von ihnen würde sich selbst das Armutszeugnis ausstellen, dies mit sich machen zu lassen? Ein solcher Ansatz eines Unternehmens wäre deshalb naiv, kostete bald jede Glaubwürdigkeit und wäre zudem auch unternehmerisch nicht zielführend.

Der wirkliche unternehmerische Nutzen von Kultursponsoring spielt sich auf Ebenen ab, die mit Werbung nicht viel zu tun haben. Natürlich: Als Hauptsponsor der MoMA-Ausstellung hatte die Deutsche Bank die Möglichkeit, im gewissen Rahmen Kunden in die Ausstellung einzuladen; diese Möglichkeit hat sie gern genutzt und sie wurde von den Kunden begeistert angenommen. Die »strategische Philanthropie« der Bank zielt jedoch nicht nur auf ihre existierenden oder potentiellen Kunden, sondern ganz entschieden auch auf ihre Mitarbeiterinnen und Mitarbeiter und auf die Gesellschaft insgesamt.

Die Bank will so ihren Teil dazu beitragen, eine Kultur zu fördern und zu erhalten, die ihre unternehmerische Entfaltung weiter möglich macht. Dies meint hier nicht etwa den regulatorischen Rahmen, sondern die Ansprüche, die sie an Mitarbeiter zu stellen hat. Als Finanzdienstleister im harten internationalen Wettbewerb ist sie dabei in besonderem Maße auf Menschen angewiesen, die – neben manch anderen – über Kreativität verfügen und möglichst früh gesellschaftliche Tendenzen und Entwicklungen erkennen.

Die Auseinandersetzung mit Kunst hat genau hier für die Bank ihren besonderen Stellenwert: Dialog mit Werken der Kunst als hilfreicher Prozess der Entfaltung von Kreativität und zur Erkennung von gesellschaftlichen Tendenzen und Entwicklungen schon in einem Stadium, da sie noch nicht verbalisierbar sind; Tendenzen, die morgen und übermorgen zu Meinungen, Forderungen und Problemstellungen der Kunden werden, auf die in reflektierter Form Antworten und Lösungen zu finden sind.

Die Sammlung zeitgenössischer Kunst der Deutschen Bank, die seit 1979 kontinuierlich unter dem Motto »Kunst am Arbeitsplatz« ausgebaut wird, ist mit über 50 000 Werken die größte Firmensammlung weltweit. Die Begegnung mit Kunst am Arbeitsplatz, die Präsentation zeitgenössischer, auch sperriger Kunst im ungewohnten Umfeld einer Bank fordert heraus und regt zu fruchtbaren Diskussionen an. Die Tatsache, dass mehr als 5 000 Mitarbeiter der Bank freiwillig das Angebot wahrnahmen, die MoMA-Ausstellung zu besuchen, zeigte – nicht das erste Mal, aber doch recht nachdrücklich – dass die Auseinandersetzung mit Kunst und das Engagement der Bank auf diesem Gebiet auch von den Mitarbeitern selbst als bereichernd empfunden wird.

So unerlässlich uns für unsere Mitarbeiterinnen und Mitarbeiter die Auseinandersetzung mit Kunst und Kultur erscheint, so essenziell ist dies auch für die Gesellschaft als Ganzes. Kulturelle Vielfalt, der Schatz unseres Landes, will weiter gehoben werden: Ihn zu vernachlässigen bliebe nicht lange ohne negative Auswirkungen – durchaus auch wirtschaftlicher Art. Unsere im internationalen Vergleich ungewöhnlich facettenreiche Kulturlandschaft als wichtige Voraussetzung für die Entwicklung von Ideenreichtum und Kreativität ist angesichts der Überbeanspruchung der Öffentlichen Kassen immer weniger ohne ehrenamtliche Unterstützung und private Förderung denkbar. Als »Unternehmensbürger« will ein Unternehmen wie die Deutsche Bank hier Verantwortung übernehmen.

Ein Engagement für spektakuläre Kunst bzw Kulturereignisse, einzigartige Ausstellungen wie MoMA in Berlin etwa, käme deshalb über Feuerwerkeffekte nicht hinaus und bliebe in der Tat eine vor allem von Marketing und Werbemotiven geleitete Handlungsweise, wenn es nicht in ein nachhaltiges Gesamtprogramm eingebunden ist, das mehr umfasst: unterschiedliche Zielgruppen, unterschiedliche Arten der Förderung. Wenn die Deutsche Bank etwa Musikprojekte für benachteiligte Jugendliche unterstützt, Nachwuchs für die Oper fördert oder einen Dreigroschenoper-Wettbewerb für Schüler auslobt, immer geht es ihr darum, Menschen durch die Auseinandersetzung mit Kultur dazu zu bringen, sich ein Stück weit selbst zu entdecken. Erst die Kombination der Programme ist wirkliche Förderung der Kultur in einer Gesellschaft. Kulturförderung darf sich daher nicht auf die Förderung einmaliger Großereignisse beschränken, sie muss kontinuierlich, langfristig und auch kleinteilig sein, um dauerhaft zu wirken. Natürlich kann solch breite Förderung letztlich nur durch eine Vielzahl privater Förderer geleistet werden. Soweit es sich dabei um Unternehmen handelt, sollten diese auch in diesem Zusammenhang in einem gewissen gesunden Wettbewerb stehen. Ein im Vergleich zur MoMA-Ausstellung geradezu verstecktes, kleinteiliges Projekt ist die Vortragsreihe »Inselperspektiven«. Seit 2001 halten auf Einladung der Deutsche Bank Stiftung namhafte Wissenschaftler und herausragende Vertreter des kulturellen Lebens Vorträge an wechselnden Orten auf der Museumsinsel. Auf diese Weise begleitet die Deutsche Bank Stiftung die Sanierung der Museen im Rahmen des »Masterplans« und regt zur Auseinandersetzung mit dem kulturellen Erbe wie auch den Zukunftsfragen der Museumsinsel an.

Freilich: Von einer unscheinbaren Veranstaltung kann auch hier nicht die Rede sein! Der Erfolg der vergangenen fünf Jahre und die Liste derer, die sich als Referenten zur Verfügung stellten, belegen das Gegenteil. Dennoch zeigt diese Veranstaltungsreihe einen anderen Teil des Spektrums des kulturellen Engagements der Bank: Über mehrere Jahre, ohne großes Medienaufkommen und auf hohem Abstraktionsniveau findet hier eine ganz andere Art der Auseinandersetzung mit Kultur statt: Die Vortragenden zeigen, erklären und reflektieren darüber, was die Museumsinsel und die Sammlungen der Museen für die Gesellschaft bedeuten, wo ihr heutiger Nutzen liegt. Selbstverständlich ist auch hierzu ein breites Publikum eingeladen, niemand würde jedoch für den Besuch eines solchen Vortrags im Schlafsack vor dem Pergamon Museum übernachten. Solcher Andrang ist auch nicht gewollt. Das identitätsstiftende Potenzial von Kunst und Kultur und die sich daraus ergebenden Folgerungen auch für unser heutiges Miteinander sind es, die wir auf verschiedenen Ebenen fördern wollen. Ein Paradebeispiel für diesen Anspruch waren die »Inselperspektiven« 2006: Im vergangenen Jahr lautete das Oberthema »Archäologie Universal«. Leitgedanke, der zur Wahl dieses Oberthemas führte, war die Überlegung, dass Archäologie eine sehr konkrete, im wahrsten Sinne des Wortes greifbare, politische Bedeutung hat: In vielen Ländern der Welt trägt sie ganz wesentlich zur Selbstfindung der Menschen bei und gibt so erst die notwendige Voraussetzung für einen abgewogenen Dialog der Kulturen. Die Referate des Jahres 2006 machten diesen Zusammenhang an konkreten Beispielen klar und vermittelten gleichzeitig einen Einblick in aktuelle Forschungsarbeiten. Entscheidend ist für die Deutsche Bank also eine Kombination aus spektakulären und ruhigen, aus sehr speziellen und sehr breitenwirksamen Projekten. Die Stiftung Preußischer Kulturbesitz ist dabei ein besonderer Partner für uns, weil sie genau diese Kombination ebenfalls verfolgt: Bei der Stiftung ist es die Kombination aus eindrucksvollen, herausgehobenen Ausstellungen und Vorhaben einerseits und geduldiger permanenter Pflege der bestehenden Sammlungen und ihres Ausbaus andererseits, aus gelegentlichen aufsehenerregenden Forschungsergebnissen und geduldiger wissenschaftlicher Arbeit im Alltag. Bei den Förderungsaktivitäten der Deutschen Bank liegt das Augenmerk ebenfalls auf beidem: Auf sinnvollen Großvorhaben, die es erleichtern, Kunden, Mitarbeitern, aber auch Eigentümern (Aktionären) das Engagement zu vermitteln, und gleichzeitig auf Dingen, die weniger sichtbar, aber zur Aufrechterhaltung einer möglichst großen Breite kulturellen Geschehens erforderlich sind. Dieses weite Spektrum macht die Stiftung Preußischer Kulturbesitz zu einer der größten, bedeutungsvollsten und spannendsten Kultureinrichtungen der Welt – und die Deutsche Bank zu einem ihrer neugierigen Partner gern auch in den nächsten fünfzig Jahren und auch in Zukunft gerade an den beiden Rändern dieses Spektrums.

Christoph Markschies

Das Verzeichnis der Führungsblätter. Erinnerungen an eine Jugend im Museum

Das eine Haus gibt es schon länger nicht mehr, das andere wohl bald auch nicht mehr. Ich meine zum einen mein Elternhaus am Dahlemer Eingang des Botanischen Museums, das in den neunziger Jahren des letzten Jahrhunderts zugunsten geplanter Bürobauten abgerissen wurde, die bis auf den heutigen Tag nicht zu Stand und Wesen gekommen sind. Und zum anderen die strengen Dahlemer Museumsbauten Fritz Bornemanns, die nun zugunsten des Humboldt-Forums auf dem Berliner Schloßplatz geräumt werden sollen. Zwischen beiden Häusern, der Erich-Kästner-Grundschule und der Dahlemer Dorfkirche hat sich meine Jugend abgespielt: Jugend im Museum eben. Mit der Erwähnung von Häusern, der gotischen Dahlemer Dorfkirche – einen ästhetisch anspruchslosen spätklassizistischen Wohnbau und Bauten zweier Architekten in der Bauhausnachfolge (Schule und Museum) – ist es freilich nicht getan. Es muß auch gleich vom »Verzeichnis der Führungsblätter« die Rede sein, das den Grundschüler mindestens ebenso in die Dahlemer Museen lockte wie die dort ausgestellten Objekte, meist Sonntags auf dem Rückweg von der Kirche, eine kleine Biege von der Königin-Luise-Straße weg zum neuen Haupteingang der Museen in die Lansstraße. Kurz gesagt: Klassenkameraden sammelten Bierdeckel und Briefmarken, ich sammelte Führungsblätter (und Briefmarken).

Diese Jugend im Museum ist natürlich nicht spurlos verschwunden: Noch heute stehen sie im Regal (in der Berlin-Abteilung übrigens), sieben mittelblau getönte Hefter, ein dicker und sechs schmale, voller Führungsblätter und Abbildungsblätter. Eröffnet wird der dicke Hefter mit dem erwähnten »Verzeichnis der Führungsblätter« auf dem Stand vom 1. Januar 1980, dem Jahr meines Abiturs, in dem ich auch zum Studium nach Westdeutschland ging (wie wir damals sagten). Wahrscheinlich ist jenes Verzeichnis nicht das letzte, das der pädagogische Dienst publiziert hat – aber der regelmäßige sonntägliche Besuch in Dahlem, spätestens seit Beginn der Oberstufe ergänzt durch Besuche in Charlottenburg (auch dort gab es Führungsblätter!), gehörte seit jenem Jahr 1989 der Vergangenheit an, bei den gelegentlichen Besuchen zu Hause entfielen die vertrauten Beutezüge nach neuen Führungsblättern und wurden durch gezielte Besuche in einzelnen Abteilungen abgelöst. Die Hefter gibt es freilich noch und gelegentlich schaue ich bei der Vorbereitung von Lehrveranstaltungen und Publikationen auf die Führungsblätter. Seitdem sich die gemeinsame Zukunft der Stiftung und der Humboldt-Universität zu Berlin im Humboldt-Forum auf dem Schloßplatz in Berlin-Mitte konkretisiert, sogar häufiger als je zuvor in den vergangenen Jahren.

Doch zunächst aus der Gegenwart zurück in die Vergangenheit: Meine Jugend im Museum läßt sich in drei Phasen gliedern (wenn ich von der haptischen Phase absehe, die durch das Beklettern des Doppelbootes der Tonga-Inseln in der Südseeabteilung gekennzeichnet war, lange bevor ich Führungsblatt 060a lesen und Abbildungsblatt A 061 bewundern konnte): Die erste Phase meiner Jugend möchte ich als *frühe Jäger- und Sammlerphase* apostrophieren. Der Schüler durchquerte zielstrebig die Räume der Dahlemer Sammlung und spähte nach Plexiglaskästen auf den edlen Holzfußböden. Dort standen die heiß begehrten Führungsblätter, die zunächst gratis abgegeben wurden – Subventionsparadies Berlin (West). So machte es auch nichts, das Führungsblatt 001 (»Mesoamerika 1«) noch ein weiteres Mal nach Hause zu tragen, um festzustellen, dass es sich längst im erwähnten großen blauen Hefter befand; erst später wurde man gebeten, eine bescheidene Summe Geldes in Sammelkästen am Ausgang zu legen. Die ältesten Führungsblätter meiner Sammlung (»Copyright Staatliche Museen Preußischer Kulturbesitz Berlin«) stammen aus dem Jahr 1970 und sind doppelspaltig gesetzt. Jede Abteilung wird mit einem Vorsatzblatt eröffnet, das die Lage der jeweiligen Sammlung im Dahlemer Museumskomplex anzeigt und einen Grundriß der Abteilung bietet; dazu einen farbigen Registerbalken – um präzise zu sein: einen ursprünglich farbigen Registerbalken: Indien grau, Alt-Amerika rot, Südsee blau, ostasiatische Kunst gelb und so fort. Zum nicht geringen Erschrecken des Sammlers entfiel irgendwann – vermutlich aus finanziellen Gründen – der Zweifarbdruck und die Registerblätter wurden einfarbig, ihre Registerbalken schwarz. Entsprechend sorgfältig wurde die alte Auflage gepflegt und der Registerbalken zur Schonung mit Pappe unterlegt.

Eine zweite Phase könnte man als *Phase der frühen systematischen Entdeckungen* bezeichnen. Sie hängt mit dem erwähnten Verzeichnis zusammen, mit dessen Hilfe zielstrebig nach fehlenden Führungsblättern gesucht werden konnte und nach Überwindung angeborener Schüchternheit auch die Aufsichten gefragt werden konnten. Das Verzeichnis bot eine Aufstellung von Nummern und Überschriften der Blätter – und in einer weiteren Spalte die Nummern der zugehörigen Abbildungsblätter. Fünfzig Pfennig kosteten sie und der Schüler begann mit seinem recht schmalen Taschengeld diese Blätter zu sammeln. Alt-Amerika (Abteilung zwei in der Reihenfolge, Deckblatt mit rotem Registerbalken) hatte die weitaus meisten auflegen lassen, in der Gemäldegalerie (Abteilung fünf, lila eingefärbt) gab es Abbildungsblätter, zu denen noch gar kein Führungsblatt vorlag. Und 1980 jedenfalls hatte die Volkskunde noch gar kein Abbildungsblatt (das Kunstgewerbemuseum dagegen kein richtiges Deckblatt). Wie groß war die Freude, wenn sich eine bisher zaghafte Abteilung zur

Publikation von Blättern entschloß, wenn Abbildungsblätter aufgelegt wurden oder stark korrigierte Neuauflagen erschienen. Manche Abteilungen hatten noch gar keine Nummern, produzierten aber Führungsblätter zu Sonderausstellungen, die dann in einem der dünnen Hefter abgelegt wurden.

Die dritte Phase meiner Jugend im Museum möchte ich mit den vertrauten Stichworten *Mutation und Selektion* überschreiben. Während der Oberstufe wurde ich mir langsam darüber klar, dass ich wohl doch kein chinesischer Beamter werden wollte (zu der hübschen Tracht in Vitrine 6 der Abteilung Ostasien gab es leider nie ein Führungsblatt, wenn ich recht sehe) und auch nicht als Ethnologe eine ganze Zeit in der mongolischen Jurte (Führungsblatt 402) verbringen wollte. Die späteren Studienfächer kristallisierten sich heraus, beispielsweise wurden Bilder und Skulpturen wichtig, zu denen es nur wenig oder gar keine Angebote im »Verzeichnis der Führungsblätter« gab – so die damals noch »frühchristlich-byzantinisch« genannte Sammlung, zu deren bedeutsamen Objekten es ein einführendes Doppelblatt und vier weitere Führungsblätter gab (850 a/b sowie 851, 852, 854 und 857). Auch unmittelbar vor und nach der Wende, als sich die Berliner Museumslandschaft so radikal veränderte, wurden noch Führungsblätter aufgelegt und gelegentlich mitgenommen – »Der bauplastische Schmuck in der großen Kuppel« (des Bodemuseums) ist ein Blatt aus dem Jahre 1993 überschrieben, das aber schon keine durchlaufende Nummer mehr trägt und auch dem gelegentlichen Berlin-Besucher anzeigte, dass die Zeit der Führungsblätter langsam zu Ende ging. Aber die wichtigste Veränderung, die sich Anfang der achtziger Jahre vollzog, war die Verlagerung des Interesses vom Führungsblatt auf das Objekt, vom Text auf das ausgestellte Stück – eine Art Erwachsenwerden des jugendlichen Museumsbesuchers und wichtige Voraussetzung seines späteren wissenschaftlichen Profils als Historiker der christlichen Antike mit tiefen archäologischen Interessen.

Wahrscheinlich behandeln heute kluge Museumskundler die Führungsblätter, die der Schüler so begeistert sammelte und die ihm den Zugang zum Museum erschlossen, in Veranstaltungen, die »Archäologie der musealen Kommunikation« überschrieben sind. Und mir ist durchaus fraglich, ob der Hinweis, dass ich in keinem großen Museum dieser Welt eine wirklich vergleichbare Arbeit mit Führungs- und Abbildungsblättern gefunden habe (Karlsruhe hatte immerhin einen schönen Hefter und verwendete sogar Kunstdruckpapier …), heute noch Stolz bei den Verantwortlichen zu wecken in der Lage ist. Längst gibt es interaktive Computerterminals in den Sammlungen, DVDs in den Museumsshops und vieles andere mehr – die Steinzeit der Kommunikation liegt wie Blei in den Regalen. Und trotzdem: Meine frühe Verbundenheit mit den staatlichen Museen wurde durch die Führungs- und Abbildungsblätter wesentlich konstituiert. Deswegen schien es mir angemessen, zum Jubiläum der Stiftung diese Erinnerung an eine Jugend im Museum aufzuschreiben. Graue Vorzeit ist das alles übrigens nicht – bei den Planungen für das Humboldt-Forum blättere ich, wie oben schon angedeutet, immer wieder in den Führungsblättern der Dahlemer Sammlungen, um die Präsentationen der Humboldt-Universität zu Berlin besser auf die Angebote der Stiftung und der Museen abzustimmen. Natürlich ersetzen die Blätter nicht die ausführliche Lektüre und den Besuch bei den Objekten, aber sie sind wie vor Zeiten ein erster Schritt.

Für das nächste Jubiläum behalte ich mir vor, etwas ausführlicher darüber zu schreiben, wie ich die Staatsbibliothek zu Berlin Preußischer Kulturbesitz entdeckte. Das hing nämlich nicht unwesentlich damit zusammen, dass auf meinem Leseausweis für die Stadtbücherei Berlin-Steglitz »nicht mehr als fünf Bücher« aufgeschrieben worden war, auf Wunsch meiner Mutter, die Angst vor den riesigen Bücherbergen im Kinderzimmer hatte. Da lockte anläßlich der Eröffnung des Neubaus in der Potsdamer Straße die Möglichkeit, einen jungfräulichen Ausweis zu bekommen und deutlich mehr als fünf Bücher auszuleihen. Auch diese Vergangenheit ist Gegenwart, wie mir ganz gewiss eine Mahnungs- oder Vormerkungskarte zeigen wird, die unweigerlich heute mittag im Briefkasten stecken wird. Jugend im Museum ist eben auch ein gutes Stück Gegenwart – und die Stiftung Preußischer Kulturbesitz trotz mancher Veränderungen gerade einmal fünfzig Jahre jung. Jung geblieben.

oben Museen Dahlem – Kunst und Kulturen der Welt. Letzter Museumsbau vor dem 2. Weltkrieg, erster Ausbau und Museumsstandort in Berlin-West nach dem Krieg.
unten Bruno Paul-Bau in Dahlem (1913–1923), Museum Europäischer Kulturen, bis 1998 Sitz der Gemäldegalerie.

oben Museen Dahlem: Ethnologisches Museum und Museum für Asiatische Kunst.
unten In der Südsee-Abteilung des Ethnologischen Museums: Das begehbare Doppelrumpfboot von den Tonga-Inseln ist eine Attraktion für junge Besucher.

oben Ethnologisches Museum, Abteilung Altamerika. Stelen einer Kultanlage in Guatemala.
unten Ethnologisches Museum. Neuaufstellung der afrikanischen Kunst.

oben Geheimes Staatsarchiv Preußischer Kulturbesitz.
unten Auf der Suche nach Preußen. Forschungssaal des Geheimen Staatsarchivs.

Klaus G. Saur

Die Stiftung Preußischer Kulturbesitz als Verleger und Herausgeber

Die Stiftung Preußischer Kulturbesitz wurde 1957 gegründet. Die beiden Kernbereiche, die seinerzeit in der Stiftung vereinigt wurden, sind die Staatlichen Museen sowie die Staatsbibliothek zu Berlin. Die Museen wurden 1830 begründet, die Bibliothek als Königliche Bibliothek 1661. Beide Einrichtungen waren von Beginn ihrer Tätigkeit an auch publizistisch herausgeberisch tätig. Zur Weiterentwicklung und zur Vermittlung von Wissen und neuen Erkenntnissen gehört für Museen, Archive und Bibliotheken nicht nur die Erhaltung der kulturellen Überlieferungen in Sammlungen, sondern auch die Verteilung und Verbreitung von Wissen durch Publizieren.

Die Stiftung Preußischer Kulturbesitz stellt heute neben vielem anderen auch eine der größten nichtuniversitären Forschungseinrichtungen in Deutschland dar. Die Staatsbibliothek zu Berlin, die Staatlichen Museen wie auch die drei speziellen Forschungsbereichen zugeordneten Institute der Stiftung – Geheimes Staatsarchiv, Ibero-Amerikanisches Institut, Staatliches Institut für Musikforschung – verfügen über das gesamt Instrumentarium, das zur Sicherung der kulturellen Überlieferung erforderlich ist:

1. Die Weiterentwicklung durch Wissen und Forschung
2. Die Entwicklung von Wissen durch Lehre; hier engagieren sich die Wissenschaftler der Stiftung auch an den Universitäten
3. Die Verteilung von Wissen durch das Publizieren
4. Die Erhaltung von Wissen in den Sammlungen von Bibliotheken, Archiven und Museen.

In der Bundesrepublik Deutschland gibt es heute etwa 2 400 Verlage. Durchschnittlich verlegen diese Verlage rund 30 Bücher bzw. Titel pro Jahr. Die Stiftung Preußischer Kulturbesitz tritt als Verleger und Herausgeber von mehr als 100 Publikationen pro Jahr auf und würde demnach zur Gruppe der größten Verlage in Deutschland gehören. Nur 8 % der Verlage in Deutschland verlegen pro Jahr mehr als 100 Bücher. Das Spektrum der Publikationen ist entsprechend der Aufgabenvielfalt der Stiftung außergewöhnlich breit. Der Präsident der Stiftung gibt persönlich das Jahrbuch der Stiftung Preußischer Kulturbesitz heraus. Die Staatlichen Museen zu Berlin betreiben vor allem sammlungsbezogene Grundlagenforschung. Als Ergebnis wird diese Forschung in Form von Ausstellungen und diese begleitenden Katalogen, eigenen wissenschaftlichen Zeitschriften, einem weiteren Jahrbuch, präsentiert. Die Museen veröffentlichen dabei etwa 70 eigene Publikationen im Jahr. Dies wird an einigen Beispielen deutlich.

In der Gemäldegalerie wurde 2006 der kritische Bestandskatalog zur altdeutschen Malerei abgeschlossen und die Drucklegung ist in Vorbereitung. Das Kupferstichkabinett veröffentlichte die Publikationen »Rembrandt, die Zeichnungen, im Berliner Kupferstichkabinett – kritischer Katalog«, der auch in englischer und französischer Sprache erscheinen wird. Die Alte Nationalgalerie veröffentlichte mit dem Bestandskatalog der Skulpturen des 19. Jh. die erste derartige Publikation zu dem etwa 1 500 Kunstwerke umfassende Skulpturen-Bestand. Das 1996 gegründete Joseph Beuys Archiv im Hamburger Bahnhof dokumentiert den gesamten Werklauf von Joseph Beuys. Die wichtigsten Film- und Tondokumente werden in einer ersten, auf 10 Bänden angelegten Reihe, die jeweils aus einer beschreibenden Buchpublikation und einer beigelegten DVD bestehend veröffentlicht.

Das Münzkabinett gibt einen interaktiven Katalog aller in den verschiedenen Häusern der Staatlichen Museen in Berlin gezeigten Exponate des Münzkabinetts heraus. Dieser virtuelle Katalog ersetzt nicht nur den traditionell gedruckten Ausstellungskatalog, sondern präsentiert die Münzen in vielfacher Betrachtung und verknüpft sie mit Hintergrundinformationen.

Das Institut für Museumsforschung ist die einzige bundesweit tätige Forschungs- und Dokumentationseinrichtung für Museen in Deutschland. Es erstellt die jährliche statistische Gesamterhebung über die Entwicklung der Museen in Deutschland, führt Besucherbefragungen an exemplarisch ausgewählten Häusern sowie Studien zur Kommunikation und Medien im Museum und zur Museumsdokumentation durch und veröffentlicht diese Ergebnisse. Es gibt mit den »Berliner Schriften zur Museumsforschung«, den »Materialien aus dem Institut für Museumsforschung« und den »Mitteilungen und Berichten aus dem Institut für Museumsforschung« eigene Schriftenreihen heraus.

Die Staatsbibliothek zu Berlin ist eine der produktivsten Publikationsbereiche der Stiftung überhaupt. Seit Jahrhunderten erscheinen hier bibliographische Arbeiten, Bestandskataloge, Forschungsarbeiten zur Archivierung, Konservierung; die ersten wichtigen Veröffentlichungen zur elektronischen Datenverarbeitung im Bibliothekswesen kamen hier heraus. Das größte Werk ist der Gesamtkatalog der Wiegendrucke, der seit Jahrzehnten in Bearbeitung ist und auch viele weitere Jahrzehnte zur Vollendung benötigen wird.

Auch die drei spezialisierten Forschungsinstitute der Stiftung – Geheimes Staatsarchiv, Ibero-Amerikanisches Institut und Institut für Musikforschung – geben eigene Publikationsreihen heraus: Stellvertretend seien nur die »Veröffentlichungen aus den Archiven Preußischer Kulturbesitz«, die »Bibliotheca

Ibero-Americana« oder die »Bibliotheca Luso Brasileira« sowie die »Veröffentlichungen des Staatlichen Instituts für Musikforschung« und das Jahrbuch des Instituts erwähnt.

Anders als bei den großen internationalen Museen, insbesondere im Angelsächsischen Bereich, gibt es in Deutschland meist eine Zusammenarbeit zwischen Museum, Archiv oder Bibliothek und kommerziellen Verlag, die unterschiedlich ausgestattet sein kann. Die Rolle der Museen entspricht dabei in der Regel der des Autors bzw. des Herausgebers in einem klassischen Verlag. Der Verlag ist wiederum verantwortlich im Bereich der Produktion, in Layout und Lektoratsfragen und ganz entscheidend: Er stellt seine Vertriebsstrukturen im nationalen und internationalen Buchhandel dar.

Für die Stiftung – eine universelle Einrichtung – ist eine exklusive Zusammenarbeit mit einem Verlag schwierig. Die Staatlichen Museen zu Berlin haben eine Zusammenarbeit mit dem Verlag DuMont Schauberg in Köln vereinbart, die in Teilbereichen eine Exklusivität darstellt. Die einzelnen Programmschwerpunkte müssen für eine erfolgreiche Marketingstrategie sehr spezifisch betreut werden. Keineswegs alle Museumspublikationen oder Archiv- oder Bibliotheksveröffentlichungen – besonders Ausstellungskataloge – sind für den Buchhandel und den Vertrieb über den Verlag geeignet. Nur weniger als 5 % des gesamten Buchmarktumsatzes entfallen auf den Bereich Kunst. Daraus lässt sich schon ableiten, wie schwierig es ist, das allgemeine Sortiment zu erreichen. Es wird immer wieder Kataloge geben, die sich im Museum, während einer Ausstellung gut verkaufen, im Buchhandel aber mehr oder weniger wie Backsteine liegen bleiben.

Sollen wissenschaftliche Institutionen und Verlage in einer Kooperation einen sinnvollen Ansatz sehen, gibt es verschiedene Modelle zur Zusammenarbeit. Als klassisches Modell gilt: Der Verlag produziert zwei Ausgaben, eine Hardcover-Ausgabe für den Buchhandel, eine Paperback-Ausgabe für das Museum. Da der deutsche Buchhandel nach wie vor die Buchpreisbindung kennt, legitimiert die verschiedene Verarbeitungsart Hardcover und Paperback die unterschiedliche Preisgestaltung. Die Museums-Ausgabe ist erheblich preiswerter, das Verkaufsrisiko liegt beim jeweiligen Partner. Eine ebenfalls mögliche Form der Zusammenarbeit ist der Verkauf in Kommission. Dabei übernimmt der Verlag das volle Verkaufsrisiko. Der Verlag liefert dem Museum die Paperback-Ausgabe in Kommission, die Abrechnung erfolgt nach Abverkauf, Restexemplare gehen an den Verlag zurück, das Museum muss als Direktverkäufer keine Rabatte, Auslieferungs- und Rechtekosten kalkulieren und kann entsprechend günstiger verkaufen.

Der Verlag kann auch ganz auf eigenes Risiko und eigene Kosten produzieren. In diesem Fall gibt es für Buchhandel und Museum nur eine Ausgabeform mit identischem Verkaufspreis im Museum und im Buchhandel. Das

Museum erhält den üblichen Buchhandelsrabatt. Die Abrechnung erfolgt wiederum über Abverkauf. Hier nutzt das Museum nur das Marketing des Verlages.

Zahlreiche Publikationen, die in den verschiedenen Einrichtungen der Stiftung erscheinen, haben längst den Charakter von Standardwerken erreicht. Der Gesamtkatalog der Wiegendrucke ist das wichtigste Verzeichnis für die Inkunabel-Zeit. Das Jahrbuch der Stiftung Preußischer Kulturbesitz ist aus dem Handapparat der meisten wissenschaftlichen Einrichtungen und Bibliotheken überhaupt nicht mehr wegzudenken. Das Sigelverzeichnis deutscher Bibliotheken, das von der Staatsbibliothek zu Berlin herausgeben und bearbeitet wird, gehört zu den meist benutzten Nachschlagewerken im Bibliothekswesen überhaupt.

Die Stiftung und ihre Einrichtungen arbeiten mit vielen Verlagen zusammen. Die Museen und die Archive sowie die wissenschaftlichen Einrichtungen sind vor allem mit den Verlagen Gebrüder Mann, DuMont Schauberg, Prestel, Hirmer, de Gruyter, Böhlau, Wasmuth, Nicolai, Schott, C. H. Beck, von Zabern, Reimer und anderen verbunden. Die Staatsbibliothek und ihre Einrichtungen arbeiten vor allem mit den Verlagen K. G. Saur, Klostermann, Harrassowitz, Hiersemann und Reichert zusammen. Mit einem Gesamtanteil von rund 40 % der Publikationen, die im Eigenverlag erscheinen, ist die Stiftung selber nach wie vor der größte Verlag dabei. Die Qualität der Publikationen ist in den allermeisten Fällen exzellent und herausragend und entspricht dem Niveau der Gesamtarbeit der Stiftungseinrichtungen. In zahlreichen Fällen gibt es Neuauflagen oder Nachdrucke. Dabei ist es immer wieder zu beobachten, wenn eine Erstauflage von der Stiftung selber getragen und damit auch das wirtschaftliche Risiko übernommen war, dass, wenn sich ein Erfolg einstellt, es anschließend bei einem kommerziell agierenden Verlag herauskommt.

Die Veröffentlichungen des wissenschaftlichen Bibliothekswesens in Deutschland und darüber hinaus wären erheblich ärmer, wenn es nicht die vielen herausragenden Publikationen der Staatsbibliothek zu Berlin gäbe.

Das Gleiche gilt für weitere Bereiche der übrigen Publikationstätigkeit der Stiftung. Zahlreiche Ausstellungskataloge großer Veranstaltungen stellen exemplarische Leistungen dar, was vor allem die Herstellungsqualität, die typografische Gestaltung und die wissenschaftliche Kommentierung des Materials anbetrifft. In einer Reihe von Fällen sind auch die Freundeskreise der einzelnen Einrichtungen maßgeblich beteiligt, Publikationen herauszugeben und auch finanziell zu fördern. Ein absolutes Desiderat ist nach wie vor, dass nun im Anschluss an die 50-Jahres-Feier erfüllt werden sollte: Eine komplette Bibliographie aller Publikationen, an denen die Stiftung Preußischer Kulturbesitz beteiligt war oder ist.

Bernhard Fabian

Die Staatsbibliothek zu Berlin im Kreis der europäischen Nationalbibliotheken

Wer, wie ich, ein Benutzer der Staatsbibliothek seit mehr als einem halben Jahrhundert ist, sieht mit gespannter Erwartung dem Tag entgegen, an dem die Bibliothek nach ihrer gänzlichen Wiederherstellung in den Kreis der großen Bibliotheken zurückkehren kann. Sie wird dies, leider, als eine Bibliothek in zwei Häusern tun müssen. Sie bietet sich zugleich als historische und als moderne Bibliothek dar. Unvermeidlich muss sie das Kontinuum der Sammlungen an einer Stelle trennen. Es wird sich sicher erweisen, dass der jetzt vorgesehene Schnitt mit all seinen Konsequenzen im Hinblick auf die Benutzung der Bibliothek als Forschungsbibliothek eine gute Entscheidung war.

In jedem Falle wird die Zukunft der Bibliothek eine Zukunft in Europa sein. Wir werden sie als *die* Bibliothek betrachten, die vermöge ihrer Ranges und ihrer Wichtigkeit Deutschland in Europa (und auch jenseits des Kontinents) zuvörderst repräsentiert und repräsentieren muss. Sie wird dies auch können, trotz aller Verluste, die sie in ihren Beständen erlitten hat. Persönlich bedauere ich – und dies nicht zum ersten Mal –, dass sie ihre internationalen Aufgaben und Funktionen unter erschwerten Bedingungen wahrnehmen muss, weil sie eine Bezeichnung trägt, die ihrer Bedeutung nicht gerecht wird. Im Laufe ihrer Geschichte hat die Staatsbibliothek eine Reihe von Namen gehabt, aber keiner war wohl so einengend und so unzutreffend wie der heutige, der unter den für die Kultur häufig schädlichen föderalen Zwängen der Bundesrepublik zustande gekommen ist.

So selbstverständlich die Zukunftsperspektive erscheinen mag, so unvollständig ist sie. Die Staatsbibliothek ist wohl eine deutsche Bibliothek in Europa, aber sie ist auch – und darauf möchte ich hier die Aufmerksamkeit lenken – eine europäische Bibliothek in Deutschland. Das mag paradox erscheinen und fürs erste nicht einleuchtend. Denn wir sind daran gewöhnt, Bibliotheken von nationalem Zuschnitt als Institutionalisierungen nationaler Kulturen zu betrachten. Einer europäischen Bibliothek hätte demnach eine europäische Kultur zu entsprechen. Und genau dies bereitet Schwierigkeiten. Gibt es eine europäische Kultur, wie es eine französische oder deutsche gibt? Wir vermuten, dass es sie gibt, aber wer vermag uns zu sagen, wie sie beschaffen ist? Wir meinen auch, zusätzlich zu unserer nationalen eine europäische Identität zu haben, aber wer kann sie uns überzeugend definieren? Wieso dann eine europäische Bibliothek?

Man kann, so scheint mir, Entscheidendes über die großen Bibliotheken in Europa und auch über die europäische Kultur, mit der wir uns allenthalben schwer tun, erfahren, wenn man in der Geschichte zurückgeht und die mittleren Jahrzehnte des neunzehnten Jahrhunderts nicht aus dem üblichen politischen Blickwinkel, sondern aus dem etwas ungewöhnlicheren der Buch- und Bibliotheksgeschichte betrachtet. Es ist bekanntermaßen die Epoche des Nationalismus, der Formierung der Nationalstaaten, die in ihrer Rolle als Kulturstaaten mit monumentalen Institutionen die noch heute gültigen Makrostrukturen der europäischen Kulturwelt festlegten. Nicht nur die großen Museen wie der Louvre oder das Britische Museum gewannen damals ihr bleibendes Profil, sondern auch die Bibliotheken, die in ihrem nationalen Umfeld vielfach auf eine lange, ohne nachhaltige Umbrüche verlaufene Geschichte zurückblickten.

Ein Italiener leitete damals eine Neuausrichtung der Bibliotheken ein: Antonio Panizzi, der sein Land wegen revolutionärer Umtriebe verlassen musste und sich zeitlebens verfolgt fühlte. Im liberaleren England wurde er zunächst Professor für Italienisch, dann *Keeper of Printed Books* und später *Principal Librarian* in der Bibliothek des Britischen Museums (der heutigen British Library). Panizzis Leitidee war die Bibliothek, die es jedem erlaubte, selbst die schwierigsten Forschungen anzugehen (»to fathom the most intricate inquiry«, wie er sich gewählt ausdrückte). Er suchte diese Bibliothek überall auf dem Kontinent, fand sie aber nicht. Selbst Göttingen, damals das Muster der wissenschaftlichen Bibliothek, schien ihm als Vorbild nicht geeignet zu sein.

Gegen Spott, Widerspruch und Widerstand baute Panizzi die englischen Bestände der Londoner Bibliothek zu einem umfassenden Nationalarchiv gedruckter Texte aus. Dieses Archiv sollte alles enthalten, nicht nur die Werke der kanonisierten Literatur, sondern auch das populäre und das ephemere Schrifttum. Nichts erschien ihm so unbedeutsam, dass es aus der Bibliothek der Nation ausgeschlossen werden durfte. Alles trug nach seiner Ansicht dazu bei, die kulturelle Identität des Landes zu profilieren. Der unermessliche Reichtum der Londoner Bibliothek geht auf diese Entscheidung zurück.

Das eigentlich Neue aber war Panizzis Erkenntnis, dass eine Nationalliteratur, so intensiv man sie auch sammelte, ein Torso blieb, so lange sie nicht in einen größeren Zusammenhang eingebettet war. Keine Nationalliteratur stand für sich und konnte für sich stehen, denn alle befanden sich in beständigem Austausch mit anderen. Es war offenbar der Blick von außen, der Blick von einer traditionsreichen Kultur auf eine andere nicht minder traditionsreiche, der Panizzi zu dieser ebenso einfachen wie folgenreichen Überzeugung führte.

Leider gibt es keine Denkschrift von ihm zu diesen Fragen. Alles, was wir haben, ist das Ergebnis der praktischen Konsequenzen, die er daraus zog: Er umgab den Kern des Archivs der englischen Nationalliteratur sozusagen mit einem äußeren Ring von Schrifttum, in dem die anderen als angrenzend oder benachbart zu betrachtenden Nationalliteraturen repräsentiert waren. Panizzi stellte nicht Sammlungen zusammen, er baute Bibliotheken auf. Sein Prinzip für das *collecting building* war ebenso einfach wie herausfordernd anspruchsvoll: Die beste Bibliothek einer fremdem Nationalliteratur befand sich naturgemäß im Lande selbst, die zweitbeste aber sollte in London sein. Das galt nicht zuletzt für die deutschen Bestände (hauptsächlich erworben über Adolf Asher, Berlin), auf deren Akquisition er am Ende seiner Tätigkeit besonders stolz war.

Im technischen Sinne schuf Panizzi in London eine universale Großbibliothek, wie sie nirgendwo sonst existierte. Aus der kulturhistorischen und kulturpolitischen Perspektive gesehen, ist diese Bibliothek der erste moderne Versuch, ein Archiv der gedruckten Überlieferung Europas anzulegen. Er ist getragen von der Einsicht, dass der Radius, der durch ein im strikten Sinne nationales Archiv vorgegeben ist, sich als zu eng bemessen erweist, wenn es um fundamentale kulturelle Fragen geht.

Die Zeit, als sich eine europäische Kultur auf der Basis des Lateinischen als der *lingua franca* der Gelehrten formierte, gehörte im neunzehnten Jahrhundert der Vergangenheit an. In der Epoche der Nationalsprachen und der Nationalstaaten musste die europäische Kultur wiedergewonnen werden, und zwar durch den Versuch, die nationalen Textüberlieferungen an einem Ort physisch und auch symbolisch nicht nur zu vereinigen, sondern auch erkennbar zu integrieren. Dies in Vollendung erreicht zu haben, ist das bleibende Verdienst von Englands italienischem Nationalbibliothekar.

Der Prototyp der Nationalbibliothek, der sich im Zeitalter des Nationalismus herausbildete, war also sowohl eine nationale wie auch eine europäische Bibliothek. An ihm orientierten sich in der Folge praktisch alle Nationalbibliotheken des Kontinents, so dass überall nicht nur das eigene Schrifttum mit zunehmender Intensität gesammelt wurde, sondern auch die »ausländische« Literatur in beträchtlichem Umfang in den Bestandsaufbau einbezogen wurde. Auch andere große Bibliotheken folgten diesem Vorbild und versuchten, »ausländisches« Schrifttum sowohl in Form von Neuerscheinungen als auch auch retrospektiv zu erwerben. Die Arrondierung der »ausländischen« Bestände setzte sich allenthalben im zwanzigsten Jahrhundert fort.

Ich möchte Ihnen dies nicht an Beispielen erläutern, die sich aus Kopenhagen ebenso beibringen lassen wie aus Petersburg oder Budapest. Denn natürlich drängt sich die Frage auf: Was geschah in Berlin? Anfangs nicht allzu viel. In der Geschichte der deutschen Bibliotheken war die Mitte des neunzehnten Jahrhunderts eine nicht eben ereignisreiche Epoche. Stillstand, wie vielerorts, gab es in Berlin allerdings nicht. Die Königliche Bibliothek befand sich auf dem Weg zur Gelehrtenbibliothek und folgte dabei ihrer eigenen Tradition – bis sie, mit der Durchsetzung des preußischen Pflichtexemplars (1824), eine ihr bis dahin fremde Archivfunktion zu übernehmen hatte. Von einer Nationalbibliothek konnte bei der Königlichen Bibliothek natürlich nicht die Rede sein, denn die Reichsgründung lag in weiter Ferne.

Aber man scheint in Preußen darauf geachtet zu haben, was anderwärts geschah oder sich anbahnte. Dafür spricht ein ungewöhnliches Indiz. 1858 erwarb die Bibliothek ein Exemplar der ersten Folioausgabe von Shakespeares Werken, ein Kleinod der Weltliteratur wie kein zweites. Das Buch kam als Geschenk in die Bibliothek. Und dieses Geschenk wurde ihr überreicht von Wilhelm I., der in jenem Jahr die Regentschaft übernommen hatte. Was für eine Geste, meine Damen und Herren. Der Monarch dediziert seiner Bibliothek das Oeuvre eines »ausländischen« Autors. Und das in einem Augenblick, als sich erste Spannungen zwischen England und Preußen (oder besser: Deutschland) als Vorzeichen des späteren Antagonismus abzeichneten. Der Folioband war kein Gebrauchstext. Er war nicht vonnöten, weil der Bibliothek eine Shakepeare-Ausgabe fehlte. Es war ein symbolisches Geschenk und über den Facettenreichtum dieser Symbolik darf man auch heute noch spekulieren.

Nach der Reichsgründung erwies sich die Bibliothek natürlich als unzureichend. Theodor Mommsen forderte 1874 im Abgeordnetenhaus, »eine Schande von der deutschen Nation« zu nehmen. Unversehens war die Königliche Bibliothek in die Position einer Nationalbibliothek hineingewachsen, ohne ihr angesichts der veränderten Situation im europäischen Ausland (und bald auch in den Vereinigten Staaten) genügen zu können. Was immer in der Vergangenheit seinen Zweck erfüllt hatte, war nun selbstredend nicht mehr gut genug.

Preußen musste handeln, und es handelte. Als Direktor der Königlichen Bibliothek legte Richard Lepsius 1884 ein Gutachten vor, das – nach dem Vorgang Englands und Frankreichs – nun auch für Deutschland die Bibliothek eines »großen Kulturstaates« forderte. »Wie schon so oft,« forderte Lepsius, »muß Preußen an die Stelle von Deutschland treten, und diese große Aufgabe, so weit es vermag, über sich nehmen.«

Bereits ein Jahr später (1885) wurde in einem *Statut für die Königliche Bibliothek zu Berlin* ein Erwerbungsprogramm staatlicherseits vorgegeben. Danach war es ihre »Aufgabe, in möglichster Vollständigkeit die deutsche und in angemessener Auswahl auch die ausländische Literatur zu sammeln.« Diese staatliche Anordnung war in ihrer Pointierung neu. Sie ist, wenn ich recht sehe, auch einmalig in der Geschichte der europäischen Nationalbibliotheken. Panizzi musste seine europäische Konzeption gegen Widerstände durchsetzen. In Preußen war die gleiche Bibliothekskonzeption – staatlich dekretiert – Ausdruck einer aufgeklärten, europäisch orientierten Kulturpolitik.

Als »verspätete Nation« baute Deutschland seine Nationalbibliothek mit Verzögerung auf. Zum Ensemble der großen Bibliotheken Europas kam sie als eine der späteren hinzu. Dafür versuchte man, ihr auf lange Sicht eine tragfähige konzeptionelle und institutionelle Grundlage zu geben. Dass der Aufbau dieser Bibliothek nicht wirklich vollendet wurde oder vollendet werden konnte, sondern dass es später zu einer Aufspaltung von Funktionen zwischen Berlin und Leipzig kam, gehört zu den nicht eben wenigen Desastern im Geistesleben der deutschen Kulturnation. Gleichwohl – wir haben ein systematisch konzipiertes historisches Archiv gedruckter Texte, in dem die eigene Literatur im Kontext der europäischen faktisch präsent und symbolisch gegenwärtig ist, wenn auch nicht in jener vollkommenen Form und Kontinuität, die anderswo anzutreffen sind. Damit hat die Staatsbibliothek, aus ihrer Entstehungsgeschichte heraus, als die deutsche Nationalbibliothek zu gelten.

Hofmannsthal hat den ansprechenden Begriff vom »Schrift-tum als dem geistigen Raum der Nation« geprägt. Das gilt für den Bereich der Nationalkulturen, in denen die Nationalliteratur jenen Rückhalt bietet, dessen eine kollektive Identität bedarf. Vielleicht sollten wir dies auf eine größere Einheit übertragen und angesichts des Ensembles der Nationalbibliotheken, deren Radius im Widerspruch zu ihrer Bezeichnung weit über die einzelne Nation hinausgeht, auch vom »Schrifttum als dem geistigen Raum Europas« sprechen.

Seit einiger Zeit arbeitet die Literaturwissenschaft mit einem Begriff, der sich als überaus brauchbares heuristisches Instrument erweist. Es ist der Begriff der Intertextualität. Er ist umfassend angesetzt zur Kennzeichnung der zahlreiche Bezugsformen zwischen Texten jeglicher Art. Er soll vor allem aufmerksam machen auf die Präsenz eines Textes in einem anderen, wie sie etwa bei der Wiederaufnahme von Motiven, der Benutzung und Anverwandlung von Formen oder bei Ähnlichkeiten auktorialer Intentionalität zutage tritt. Was der Begriff wahrnehmbar macht, ist die fast unendliche Verflechtung, die sich in einem Kontinuum von scheinbar selbständigen Texten nachweisen läßt.

Wenn wir den geistigen Raum der europäischen Kultur in seinem integrativen Charakter verstehen wollen, sind wir, so scheint es, auf leistungsfähige Äquivalente zu diesem Begriff der Intertextualität angewiesen. Denn es geht darum, die europäische Kultur nicht fälschlicherweise als eine geschlossene Einheit zu verstehen, die sie nicht ist, sondern sie als einen fortdauernden Prozess des Austausches und der Bezugnahme zwischen den sie konstituierenden Nationalkulturen zu begreifen. Edward Said, einer der herausragenden Kulturtheoretiker der letzten Jahrzehnte, bemerkte treffend, dass die Geschichte aller Kulturen eine Geschichte kultureller Entlehnungen ist. In den historischen Beständen der traditionellen europäischen Nationalbibliotheken wird dies manifest.

Die Hüter dieser Bibliotheken halten einen Schlüssel – möglicherweise einen Hauptschlüssel – für unseren Zugang zur europäischen Kultur in Händen. Es wäre wünschenswert, dass sie von diesem Schlüssel häufiger Gebrauch machten, als sie dies bislang getan haben. Es wäre auch politisch opportun, wenn sie ihre Schätze nicht nur darböten, sondern auch in einen Bedeutungszusammenhang stellten, der die nationale und europäische Relevanz des über lange Zeit gesammelten »ausländischen« Schrifttums verdeutlichen würde. Denn was wir dringend brauchen, ist eine neue, aufschlussreiche Art des intellektuellen und institutionellen Umgangs mit der gedruckten Überlieferung Europas.

Die europäischen Nationalbibliotheken in ihrer jetzigen Ausrichtung sind bekanntlich seit einiger Zeit dabei, ein gemeinsames Internet-Portal aufzubauen, das sich vielversprechend als *The European Library* bezeichnet. Dies ist jedoch keine neue Bibliothek mit europäischen Beständen, sondern ein Internet-Zugang zu den Bestandsverzeichnissen von (bis jetzt) etwa der Hälfte der Nationalbibliotheken. Als Informationsmittel, für »jeden weltweit« zugänglich, ist dieses ›pan-europäische Unternehmen‹ außerordentlich verdienstvoll. Aber bringt es uns der Kultur Europas näher?

Der Konzeption der neuen – ausdrücklich als virtuell bezeichneten – Bibliothek liegt ein Verständnis der europäischen Kultur zugrunde, das die Nationalbibliotheken des neunzehnten Jahrhunderts hinter sich gelassen hatten. Zwar soll es, wie die Ankündigung verheißt, »eine verbesserte Interoperabilität über nationale Grenzen hinweg« geben. Aber offenbar ist jeder Nationalbibliothek künftig nur die Rolle des nationalen Zulieferers zugedacht. Das heißt: Deutsches kommt aus Deutschland, Polnisches aus Polen, Französisches aus Frankreich usw. Was wir haben werden und haben sollen, sind isolierte Informationselemente, die – in der neuen Sprache der Bibliotheken – als *content* nach Bedarf konfiguriert werden können oder müssen.

Europa wird damit zu einem Aggregat von nationalen Textkomponenten. Entsprechend gibt es auch ein neues Verständnis der Nationalbibliothek – »eine Bibliothek, die von einem Staat eingerichtet und unterhalten wird, um seine Informationen zu archivieren.« Nichts weniger, aber leider auch nichts mehr. Wir dürften im Vergleich zum neunzehnten Jahrhundert geistig ärmer werden, wenn wir es nicht schon sind.

Jean Monnet wird ein Ausspruch über die europäische Integration zugeschrieben, der zum geflügelten Wort geworden ist: »Wenn ich noch einmal anfangen könnte, dann würde ich mit der Kultur beginnen.« Es gibt leider keinen zweiten Anfang. Aber es gäbe, wenn wir wollten und uns darum bemühten, Grundlagen, auf denen man aufbauen und weiterbauen könnte. Wir haben eine Staatsbibliothek, die eine Nationalbibliothek ist, aber keine Nationalbibliothek sein darf. Ist sie nicht ein idealer Ort, an dem man auch über die Probleme der europäischen Bibliotheken und der europäischen Kultur nachdenken kann?

Ansprache anlässlich der Verleihung des Max Herrmann Preises am 10. Mai 2007

HG Merz
Entwurfsskizze zum Wiederaufbau der Staatsbibliothek
Unter den Linden

Rolf Griebel

»... im Norden Berlin, im Süden München die Führerin«: Zur Kooperationsvereinbarung zwischen der Staatsbibliothek zu Berlin und der Bayerischen Staatsbibliothek

Zu Beginn des Jahres 2006 haben die Staatsbibliothek zu Berlin Preußischer Kulturbesitz und die Bayerische Staatsbibliothek eine Kooperationsvereinbarung geschlossen. Ausgangspunkt und Basis der Kooperationsvereinbarung ist die sehr weitgehende Gemeinsamkeit in der Aufgabenstellung der beiden Institutionen: Beide nehmen als die größten Universalbibliotheken in Deutschland zentrale nationalbibliothekarische Funktionen wahr. Sie agieren als Forschungs- und Archivbibliotheken, aufgrund ihrer exzellenten historischen Sammlungen als Wahrer und Vermittler des schriftlichen Kulturerbes, auf der Grundlage ihres dichten Bestandes an internationaler hochspezialisierter Forschungsliteratur, ihrer Erschließung und ihres Bereitstellungsangebots als Dienstleistungszentren für Wissenschaft und Bildung sowie als Innovationsmotoren der Bibliotheksentwicklung. Im »Memorandum of Understanding zwischen der Bayerischen Staatsbibliothek und der Staatsbibliothek zu Berlin Preußischer Kulturbesitz über die Grundlagen ihrer Zusammenarbeit«[1] definieren die beiden Staatsbibliotheken die Kooperationsfelder und die mit der Kooperationsvereinbarung verfolgte strategische Zielsetzung.

Beide Bibliotheken, die sich in ihren Beständen und Diensten hervorragend ergänzen, wollen ihre Position durch gemeinsames Handeln sowohl im Konzert der großen europäischen Forschungsbibliotheken wie auch in Konkurrenz zu globalen kommerziellen Informationsdienstleistern wechselseitig wesentlich stärken. Sowohl im Bereich der parallel angebotenen wie der sich ergänzenden Dienste kooperieren die Bayerische Staatsbibliothek und die Staatsbibliothek zu Berlin mit dem Ziel einer arbeitsteiligen und operativ abgestimmten Leistungserstellung. Vorhandene Optimierungs- und Rationalisierungspotenziale sollen so voll ausgeschöpft werden. Beide Bibliotheken streben hinsichtlich ihrer bibliotheksstrategischen und -politischen Positionierung ein abgestimmtes und gemeinsames Handeln an, insbesondere bei der verteilten Wahrnehmung nationalbibliothekarischer Aufgaben. In allen für universale Forschungsbibliotheken typischen Arbeitsfeldern vereinbaren sie jeweils gemeinsame Arbeitsschwerpunkte. Die beiden Häuser verfolgen eine systematisch abgestimmte, hinsichtlich ihrer spezifischen Zielsetzungen und Aufgabenstellungen konzertierte Erwerbungspolitik. In Erschließungsfragen, insbesondere zur Standardisierung und Regelwerksentwicklung, streben sie eine einheitliche Position an. In Benutzungsfragen von nationaler und internationaler Bedeutung arbeiten beide Bibliotheken eng zusammen. Sie stimmen Aufbau und Implementierung neuer Services durch Informationsaustausch und wechselseitige Beratung untereinander ab. Ein wichtiges Ziel ist, die Gesamtdigitalisierung des deutschsprachigen schriftlichen Kulturerbes gemeinsam energisch voranzutreiben. Auf dem Feld der Handschriften und wertvollen historischen Bestände ist – auch im Hinblick auf Ausstellungen – eine stärkere Zusammenarbeit geplant. Im Bereich der weltweit einzigartigen Sondersammlungen sollen Dienstleistungen über gemeinsame Plattformen angeboten werden. Zudem wollen beide Häuser ihre Geschäftsprozesse durch wechselseitige Organisationsberatung und Leistungsevaluierung optimieren. In der kontinuierlichen Fortbildung ihrer Mitarbeiterinnen und Mitarbeiter ist eine gegenseitige Unterstützung, vor allem durch den Austausch von Dozenten, vorgesehen. Zur Umsetzung der Kooperationsvereinbarung finden regelmäßige, halbjährige Treffen auf Direktionsebene statt. Hier werden Themen und Projekte der gemeinsamen Arbeit festgelegt. Die operative Zusammenarbeit erfolgt bei Daueraufgaben auf der Abteilungsebene beider Bibliotheken, bei Projektaufgaben durch die Bildung von Arbeitsgruppen.

Sichtbarer Ausdruck der verstärkten Kooperation beider Häuser ist das gemeinsam herausgegebene Bibliotheksmagazin »Mitteilungen aus den Staatsbibliotheken in Berlin und München«, das 2007 – aus den »Mitteilungen aus der Staatsbibliothek zu Berlin« erwachsen – erstmals ein Jahr nach Abschluss der Kooperationsvereinbarung erschien. Das »Bibliotheksmagazin« will nicht »bei einem schlichten Nebeneinander unter einem gemeinsamen Dach bzw. einem Heftumschlag« bleiben, sondern strebt auch inhaltlich »durch integrale Beiträge« eine »Verschränkung beider Bibliotheken« an.[2] Und auch die Spezifika beider Bibliotheken sollen deutlich sichtbar werden: bei der Staatsbibliothek zu Berlin etwa die Einbindung in das Gesamtprogramm der Stiftung Preußischer Kulturbesitz, bei der Bayerischen Staatsbibliothek die im Bayerischen Hochschulgesetz verankerte Versorgungsfunktion für den Wissenschaftsstandort Bayern.

Mit dem strategischen Schulterschluss der Bayerischen Staatsbibliothek und der Staatsbibliothek zu Berlin haben sich die zwei größten deutschen wissenschaftlichen Universalbibliotheken sichtbar aufeinander zubewegt. Eines ihrer gemeinsamen zentralen strategischen Ziele, die verteilte Wahrnehmung nationalbibliothekarischer Funktionen, erforderte einen Prozess der Abklärung und Abstimmung mit der Deutschen Nationalbibliothek, hatte doch die Namensumbenennung der Deutschen Bibliothek grundlegende Fragen nach der zukünftigen Rollenverteilung und Aufgabenpositionierung der drei größten deutschen Bibliotheken aufgeworfen. Auf der Grundlage einer eingehenden, differenzierten Erörterung der gemeinsamen nationalen und internationalen Verantwortungsbereiche, der Sammlungsschwerpunkte und Zukunftsaufgaben für die regionale, nationale und internationale Literaturversorgung auf analogem und digitalem Wege haben sich die drei Häuser nicht nur auf eine Fortsetzung der seit Jahrzehnten bewährten Kooperation innerhalb des deutschen Bibliothekswesens, sondern auch auf eine verstärkte Fortführung der Zusammenarbeit bei sämtlichen Innovationsvorhaben von nationalem Charakter – etwa der Massendigitalisierung und Langzeitarchivierung – verständigt.[3] Der neue Name ändert nichts, so die einvernehmliche Feststellung, an der arbeitsteiligen Wahrnehmung nationalbibliothekarischer Aufgaben im Sinne des bewährten Modells einer Virtuellen Nationalbibliothek, das seine Leistungsfähigkeit und Reputation erst aus der gemeinschaftlichen Aufgabenwahrnehmung gewinnt. Und völliges Einverständnis bestand auch darin, dass die strategische Allianz des Dreierbundes aus Deutscher Nationalbibliothek, Staatsbibliothek zu Berlin und Bayerischer Staatsbibliothek offen für eine konstruktive Zusammenarbeit mit weiteren Partnern ist, die die Erfüllung nationalbibliothekarischer Aufgaben in ihren Zielsetzungen verankert haben.

Bei der Entscheidung für die Kooperationsvereinbarung, von der auch mit Blick auf die europäische Entwicklung des Bibliothekswesens gestaltende Impulse erwartet werden, haben beide Partner nicht verkannt, dass auch eine verstärkte Kooperation Wettbewerb nicht ausschließen kann und darf.

In der Geschichte der Beziehungen zwischen der Staatsbibliothek zu Berlin und der Bayerischen Staatsbibliothek von der Reichsgründung 1871 bis zum Ende des Zweiten Weltkriegs spielte die Frage der Vormachtstellung und des Hegemonialanspruches eine zentrale Rolle. Im Folgenden sollen in einem freilich nur sehr selektiven Rückblick nochmals einzelne Akteure zu Wort kommen.

Übertraf die Münchner Hof- und Staatsbibliothek Mitte des 19. Jahrhunderts mit ihrem Bestand von ca. 500 000 Bänden, nicht gerechnet ca. 200 000 Dubletten, die Königliche Bibliothek in Berlin mit ca. 320 000 Bänden noch bei weitem, so sollte sich das Kräfteverhältnis in der Zeit von der Reichsgründung 1871 bis zum Ausbruch des Ersten Weltkriegs deutlich verschieben.[4]

Noch im Jahr 1874 beklagte Theodor Mommsen vor dem Abgeordnetenhaus, dass sich die Königliche Bibliothek in einem »entsetzlichen Zustand« befinde und »eine der schlechtesten der jetzt vorhandenen großen Bibliotheken« sei; es sei notwendig, mit einer Neukonzeption der Bibliothek »eine Schande von der deutschen Nation zu nehmen«.[5] Das Konzept für die Königliche Bibliothek als Großbibliothek internationalen Formats entwarf Richard Lepsius – von 1873 bis 1884 ihr Direktor – in seiner Denkschrift von 1884, der »Magna Charta dieser Bibliothek« (Bernhard Fabian), die wohl den Anstoß zu dem 1885 erlassenen »Statut für die Königliche Bibliothek zu Berlin« gegeben haben dürfte. Dieses legte ihr Erwerbungsprogramm in der vielzitierten Formulierung fest, wonach es ihre Aufgabe sei, »in möglichster Vollständigkeit die deutsche und in angemessener Auswahl auch die ausländische Literatur zu sammeln«.

Der Aufschwung der Königlichen Bibliothek in den Jahrzehnten zwischen 1871 und 1914 manifestierte sich in einer beeindruckenden Bestandsentwicklung als Folge forcierter erwerbungspolitischer Anstrengungen und er wurde darin greifbar, dass sie sich zum Zentrum für alle zur Vereinheitlichung und Zusammenfassung einsetzenden Bestrebungen entwickelte. Adolf von Harnack (Amtszeit 1905–1921) verfolgte seit seinem Amtsantritt mit strategisch klarem Blick und mit entschiedener Konsequenz das Ziel, durch die Aufstockung des Erwerbungsetats und den gewaltigen Bibliotheksneubau Ernst von Ihnes – einem »Dom für die Wissenschaft« (Adolf von Harnack) – sowie durch Übernahme zentraler Aufgaben die Basis für die angestrebte Nationalbibliothek zu schaffen.[6] So vertrat Harnack 1912 in seiner Schrift »Die Benutzung der Königlichen Bibliothek und die deutsche Nationalbibliothek« entschlossen die Position: »Und zweifelhaft sollte auch niemals und nirgendwo sein, dass nur die Kgl. Bibliothek in Berlin die deutsche Nationalbibliothek sein kann [...]. Nur etwa noch an die große Hof- und Staatsbibliothek in München könnte man denken, mit deren älteren Beständen und mittelalterlichen Handschriftenschätzen keine andere deutsche Bibliothek zu wetteifern vermag. Aber sobald man die Verhältnisse ins Auge faßt, wie sie sich namentlich seit vierzig Jahren gestaltet haben [...], wird man von dieser Möglichkeit absehen müssen, ohne der besonderen nationalen und bleibenden Bedeutung Münchens zu nahe zu kommen.« An Selbstbewusstsein mangelte es auch nicht in München. Georg Leidinger schrieb 1906: »Ein herrliches Stiegenhaus führt zu den Räumen der Bibliothek, welche sich heute noch rühmen darf, die reichste und erste Deutschlands zu sein und welche ihrem alten Inhalt nach immer die erste bleiben wird, auch wenn die eine oder andere moderne Bibliothek mit reicheren Geldmitteln sie an Bändezahl überholen sollte.«

Die Gründung der Deutschen Bücherei in Leipzig bot beiden Bibliotheken hinreichend Gelegenheit, ihr grundlegendes Selbstverständnis zu reflektieren und Positionen zu beanspruchen. Adolf von Harnack kämpfte energisch gegen die Gründung der Deutschen Bücherei in Leipzig an. Berlin vermisste dabei die Unterstützung der Münchner Kollegen in der Auseinandersetzung mit den Leipziger Plänen. So monierte Paul Schwenke, Erster Direktor der Königlichen Bibliothek, in einem Schreiben vom 4. Januar 1913: »Als ich [...] leise anregte, ob nicht eine Stellungnahme zu dem Leipziger Projekt angebracht wäre, wurde von Ihnen energisch abgewinkt. Ich glaube, dass die Politik nicht ganz richtig war, man hätte den Buchhändlern wenigstens das Recht genommen, sich für ihren Plan auf bibliothekarische Kreise zu berufen. Jedenfalls waren wir hier genötigt, die Sache allein auszufechten und das um so mehr, da in der Tat hauptsächlich die Königliche Bibliothek durch die Leipziger Ansprüche berührt wurde. Die Hof- und Staatsbibliothek hat m. W. nie die Absicht gehabt, die deutsche Literatur vollständig zu sammeln. Dagegen steht das seit 1885 auf dem Programm der K. B. … «. Die Reaktion Hans Schnorr von Carolsfelds (Amtszeit 1909–1929) auf die Bestrebungen Berlins, die Königliche Bibliothek zur Nationalbibliothek zu entwickeln, verriet in einem Artikel des Zentralblatts für Bibliothekswesen (1913) bemerkenswerte Weitsicht »Vergleicht man die zu Gunsten der KB und die für unser Institut sprechenden Momente, so wird man zweifellos wenigstens zu einer Gleichstellung beider Anstalten gelangen. Das Bücherbedürfnis der gelehrten Arbeit ist im deutschen Reiche zum Glück ein so bedeutendes, dass es nie durch *eine* Sammlung wird befriedigt werden können […]. Die Verhältnisse drängen in Deutschland zu einer Verteilung der bibliothekarischen Arbeit, nicht auf eine überragende Sonderstellung Berlins mit dem alten Bestande der übrigen Bibliotheken als dem gemeinsamen Nationalgut. Die HStB hat durch ihre Mitarbeit am Auskunftsbureau, am Gesamtkatalog der Wiegendrucke und dem der Zeitschriften gezeigt, dass sie gerne zu einem gemeinsamen Zusammenarbeiten bereit ist.« Harnack antwortete auf die Übersendung des Artikels von Schnorr von Carolsfeld: »Dass die Hof- und Staatsbibliothek zu München den Kreis ihrer Sammlungen und Bibliotheksarbeit soweit ausdehnt, wie die Königliche Bibliothek zu Berlin, habe ich nicht nur niemals beanstandet, sondern wäre mir im Interesse unseres Vaterlandes eine hohe Freude«. Die Argumentation Schnorr von Carolsfelds aufgreifend ging Otto Hartig noch einen Schritt weiter: »Darum weder offen noch heimlich gegeneinander, sondern friedlich nebeneinander zum Besten des gesamten deutschen Gelehrtentums! Die Losung kann niemals heißen: hie Paris, hie die Provinz, sondern: im Norden Berlin, im Süden München die Führerin.«

Als Fritz Milkau (Amtszeit 1921 bis 1925) die Nachfolge Adolf von Harnacks übernimmt, lässt der intensive, von einem zunehmend persönlichen Ton geprägte Schriftverkehr mit dem nach wie vor tätigen Münchner Generaldirektor Schnorr von Carolsfeld auf eine sehr konstruktive Zusammenarbeit beider Bibliotheken schließen. Milkau hat als Vorsitzender des Bibliotheksausschusses der Notgemeinschaft der Wissenschaft wesentlichen Anteil daran, dass sich in der Förderpolitik der Notgemeinschaft das Prinzip der Konzentration durchsetzte, das – insbesondere bei der Beschaffung ausländischer Reihenwerke und Zeitschriften – beiden Staatsbibliotheken zugute kam.

Hugo Andres Krüß (Amtszeit 1925–1945) artikulierte den bibliothekspolitischen Anspruch der Berliner Staatsbibliothek, wie ihn insbesondere Adolf von Harnack vertreten hatte, 1928 in seiner Schrift »Die Staatsbibliothek zu Berlin als Zentralbibliothek«: »Ihre alle anderen deutschen Bibliotheken weit überragende Größe, die Universalität ihrer Bestände, ihre Lage in der Hauptstadt des Reiches wie ihre Leistungen für die Gesamtheit der deutschen wissenschaftlichen Bibliotheken geben ihr aber schon heute den Charakter der großen nationalen Zentralbibliothek, als die sie vom Ausland überall angesehen wird.« Als 1929 Georg Reismüller (Amtszeit 1929–1935) die Nachfolge von Schnorr von Carolsfeld übernahm, entwickelte sich ein enger Kontakt mit seinem Berliner Kollegen, auf dessen Anregung hin Reismüller in den Preußischen Beirat für Bibliotheksangelegenheiten berufen wurde. Im Zentrum des Dialogs standen die Notgemeinschaft und der Gesamtkatalog. Reismüllers Nachfolger Rudolf Buttmann (Amtszeit 1935–1945) beklagte in seinen Tagebüchern immer wieder die von Krüß angestrebte Zentralgewalt, so während des Bibliothekartages in Köln 1937: »Berlin überrumpelt uns, Krüß ist zu selbstherrlich.« Dass trotz gleichgeschalteter Strukturen nicht alle Anstrengungen der Berliner Bibliothek, ihre Rolle in Deutschland auszudehnen, erfolgreich waren, was ihr etwa mit Beginn des Zweiten Weltkriegs in der Zuständigkeit und Übernahme von Aufgaben in den besetzten Ländern, nicht aber mit dem Entwurf eines Reichspflichtexemplargesetzes gelang, ist wohl nicht zuletzt auch auf Buttmanns politische Einflussmöglichkeiten zurückzuführen.

Die Preußische Staatsbibliothek hat aufgrund der seit der Reichsgründung 1871 einsetzenden, nachhaltigen Aktivitäten die Bayerische Staatsbibliothek um die Wende zum 20. Jahrhundert im Hinblick auf die Bestandsgröße und bibliothekarische Unternehmungen auf nationaler Ebene überflügelt. Sie hat diese führende Position im deutschen Bibliothekswesen bis zum Zweiten Weltkrieg behauptet, ohne freilich – trotz zeitweise optimaler Voraussetzungen – die mit Macht angestrebte Rolle einer Nationalbibliothek oder Zentralbibliothek dauerhaft an sich ziehen zu können.

Die Teilung der Preußischen Staatsbibliothek als Folge des Zweiten Weltkriegs führte zu einer neuerlichen Kräfteverschiebung zwischen beiden Häusern. Die Bayerische Staatsbibliothek entwickelte sich dank des starken politischen Willens und nachhaltiger Förderung des Freistaats Bayern, die vor allem einen konsequenten, konsistenten und umfassenden Bestandsaufbau ermöglichte, in den folgenden Jahrzehnten zur bedeutendsten Universalbibliothek in der Bundesrepublik Deutschland. Mit der Vereinigung der beiden Berliner Bibliotheken 1990 bzw. 1992 hat sich die Situation erneut verändert: Die Staatsbibliothek zu Berlin und die Bayerische Staatsbibliothek nehmen wieder wie zu Beginn des 20. Jahrhunderts die ersten Ränge als größte Universalbibliotheken ein. Bereits in der Phase der Teilung verstanden sich die Staatsbibliothek zu Berlin und die Bayerische Staatsbibliothek – zusammen mit der Deutschen Bibliothek – als Nukleus der Virtuellen Nationalbibliothek. Und auch nach der Vereinigung der beiden Berliner Bibliotheken dominierte dieses Rollenverständnis und bestimmte das bibliothekspolitische Agieren beider Häuser, die auch dadurch in besonderer Weise bis in die Gegenwart miteinander verbunden waren und sind, dass Generaldirektoren und Direktoren der Bayerischen Staatsbibliothek seit den sechziger Jahren der Bibliothekskommission oder dem Beirat der Stiftung Preußischer Kulturbesitz, vielfach auch als Vorsitzende, angehörten: so Gustav Hofmann, Hans Striedl, Franz Georg Kaltwasser, Hermann Leskien und der derzeitige Amtsinhaber.

Man sollte sich in der Gegenwart der Worte Schnorr von Carolsfelds in seinem Zeitschriftenbeitrag von 1913 erinnern. »Das Bücherbedürfnis der gelehrten Arbeit ist im deutschen Reiche zum Glück ein so bedeutendes, dass es nie durch *eine* Sammlung wird befriedigt werden können. [...] Die Verhältnisse drängen in Deutschland zu einer Verteilung der bibliothekarischen Arbeit ...«. Angesichts der historisch gewachsenen Aufgabenvielfalt und -verteilung im deutschen Bibliothekswesen, angesichts der Herausforderung, die die für Deutschland erforderlichen, gemeinsam zu erbringenden bibliothekarischen Leistungen darstellen, kommt der Staatsbibliothek zu Berlin und der Bayerischen Staatsbibliothek sowie ihrer Kooperationsfähigkeit eine ganz besondere Bedeutung zu. Diese im Rahmen der 2006 geschlossenen Kooperationsvereinbarung unter Beweis zu stellen, ist nun die Aufgabe beider Institutionen.

1 http://www.bsb-muenchen.de/Kooperation_der_Bayerischen_St.1429.0.html

2 K.-D. Lehmann: »An der Zeit« Gereifte Freundschaft zwischen zwei großen Bibliotheken. In: Bibliotheksmagazin. Mitteilungen aus den Staatsbibliotheken in Berlin und München, 2, 2007, H. 1, S. 5

3 Die Deutsche Nationalbibliothek und die Staatsbibliotheken in Berlin und München definieren ihre zukünftige Wahrnehmung nationalbibliothekarischer Aufgaben. In: ZfBB 53, 2006, S. 304–305

4 Bernhard Fabian: Die Staatsbibliothek als internationale Forschungsbibliothek. In: Die Staatsbibliothek unter den Linden. Ein Kolloquium in der Staatsbibliothek zu Berlin am 11. Juni 1997. Hrsg. von Gabriele Spitzer. Frankfurt am Main 1997 (ZfBB; Sonderheft; 69), S. 49–57, (S. 50–54)

5 zit. bei Fabian, S. 51

6 Hermann Leskien: Die beiden Staatsbibliotheken. Gedanken zu Anspruch und Wahrnehmung gesamtstaatlicher Aufgaben in Berlin und München. In: Tradition und Wandel: Festschrift für Richard Land-wehrmeyer. Hrsg. von Daniela Lülfing. Berlin 1995, S. 141–155. Die folgenden Zitate sind dem Beitrag von Hermann Leskien entnommen.

oben Staatsbibliothek zu Berlin, Haus Unter den Linden, eröffnet 1914.
unten Staatsbibliothek zu Berlin, Haus Unter den Linden – Brunnenhof.

oben Staatsbibliothek zu Berlin, Haus Unter den Linden – Geisteswissenschaftlicher Lesesaal.
unten Berlin Mitte, zwei Bürgerhäuser aus dem 18. Jahrhundert, Sitz des Bildarchivs Preußischer Kulturbesitz.

oben Staatsbibliothek zu Berlin, Haus Potsdamer Straße, eröffnet 1978.
unten Getreidespeicher im Berliner Westhafen. Standort der Zeitungsabteilung der Staatsbibliothek, Magazin der Bibliothek und des Geheimen Staatsarchivs.

oben »Jugend forscht« in der Staatsbibliothek an der Potsdamer Straße.
unten Eingang zum Ibero-Amerikanischen Institut.

oben Ibero-Amerikanisches Institut. Konzert von Cantango Berlin am 9.11.2006.
unten Ibero-Amerikanisches Institut. Tagung der Gemeinschaft der Länder portugiesischer Sprache vom 22.–24.11.2006.

Dietrich Fischer-Dieskau

Wider das Vergessen: Die Musikabteilung in der Staatsbibliothek

Nun ist es schon wieder ein halbes Jahrhundert her, dass alle Kunstbegeisterten in unserem Berlin und weit darüber hinaus mit Entzücken von dem Entstehen einer Stiftung zur Erhaltung des »Preußischen Kulturbesitzes« erfuhren und sich – mit den besten Gründen – einen Widerpart zur Kultur des Vergessens erhofften, der nach den Schrecknissen durch die Nazi-Herrschaft und die Kriegsjahre nur zu notwendig erschien. Nachdem Berlin im April und Mai 1945 von den sowjetischen Truppen erobert worden war, zeigte sich das Gebäude der Preußischen Staatsbibliothek, Unter den Linden 8, zwar schwer vom Krieg gezeichnet, jedoch nicht so total zerstört wie viele Teile der Stadt. Schon 1944 trafen den Lesesaal der Musikabteilung schwere Bombenangriffe, weitere Räume am 3. Februar 1945. Mit anderen Bereichen des Berliner Bibliothekswesens waren die Bestände zum größten Teil ausgelagert worden, ganz, wie es die Bibliothèque Française nach der Besetzung Frankreichs durch deutsche Truppen 1940 fertig gebracht hatte, ihre Bestände unbeschadet in die Schlösser an der Loire zu evakuieren. Ihnen ähnlich wurden die Bestände der Preußischen Staatsbibliothek in Klöster und auf Schlösser und Herrensitze – natürlich unter größten Kalamitäten – befördert.

Es lohnt sich, einen Blick auf das Entstehen der Musiksammlung zu werfen. Beginnend mit dem »Archiv der musikalischen Kunst«, das 1824 geschaffen wurde, stark unterstützt von Carl Friedrich Zelter, dem Berliner Baumeister, Komponisten und Direktor der Singakademie. Zwei private Sammlungen standen zum Kauf, Zelter erlebte nur den Erwerb derjenigen aus Halle, denn die Behörden interessierten sich erst 1841 für die viel größere des Singakademie-Bibliothekars Poelchau. Ein ergiebiger Grundstock war nun geschaffen, mit 3000 Handschriften, 500 Musikbüchern und mehr als 1000 Musikdrucken. Deren Betreuer fand man auf Empfehlung Alexander von Humboldts, (und wenn der jemand empfahl, wurde er auch genommen) in dem weithin bekannten Musikforscher Siegfried Dehn, der Michael Glinka und Anton Rubinstein unter seinen Schülern sah. Er genoss europäischen Ruf und erfuhr einen bedeutenden Nachruf durch Ludwig Rellstab in der Neuen Berliner Musikzeitung. Bei seinem Tode hinterließ Dehn 1858 sieben Standort-Kataloge über einen Bestand, den er durch Ankäufe und Schenkungen beträchtlich erweitert hatte: so Schindlers Beethoven-Sammlung, Nachlässe von E. T. A. Hoffmann und Otto Nicolai oder die Bach-Sammlung der Sing-Akademie unter Zelter.

Unter Dehns Nachfolgern musste alles, der entstehenden Menge des Vorhandenen wegen, neu aufgestellt und katalogisiert werden. Es folgte der Münchener Franz Espagne als einer der ersten katholischen Angestellten in der Bibliothek, der als Herausgeber wenig Glück gehabt hatte. Brahms bescheinigte ihm »unglaubliche Fehlerhaftigkeit« bei der nie zustandegekommenen Schubert-Liedsammlung, die sich erst in Wien verwirklichte. Immerhin konnte sich Espagne von Meyerbeer ein Gutachten verschaffen, mit dessen Hilfe er wertvollen Zuwachs für die Sammlung errang oder anbahnte.

Nun war nach der Gründung des Deutschen Reiches 1871 das neue, der Universität würdige Fach, die Musikwissenschaft, auf den Plan getreten. Von überall her kam aus dem Land die Forderung nach einer zentralen Stelle der Sammlung, wozu sich letztlich nur Berlin mit seiner »Reichsmusikbibliothek« eignete, zumal die Planung des neuen Gebäudes dafür längst nicht mehr nur geplant war.

Dank unermüdlichen Einsatzes und guter Beziehungen zu Verlegern gelang es dem Historiker Wilhelm Altmann, dem bedrohlich aufstrebenden Leipzig den Rang abzulaufen und all jene Musikalien, die der dortige Verlag Hofmeister in seinem Musikalien-Verzeichnis versammelt hatte, nach Berlin zu ziehen. Mit Altmann betrat ein leidenschaftlich die Musik liebender Mann den Schauplatz, der ein neues Katalog-System einführte. Denn als 1908 42 000 Musikalien beisammen waren, musste ein besonderes Katalogwerk her, in dem deutlich voneinander geschieden etwa Operntitel, Liedanfänge oder Textdichter leicht zu finden waren. Nach unterschiedlich effektiven Zwischendirektoren berief man Georg Schünemann, bis dahin erfolgreicher Direktor der Berliner Hochschule für Musik und nun aus politischen Gründen entlassen, 1935 zum Leiter der Abteilung, die er durch schwierige, von der Weltwirtschaftskrise überschattete Zeiten steuerte, ihr durch den Krieg erzwungenes vorläufiges Ende aber nicht mehr erlebte. Für ihn sprang in dieser dunkelsten Zeit Peter Wackernagel in die Bresche und verlegte die Sammlungs-Leitung nach Schloss Rühstedt an der Elbe. Was in Berlin im Tresor einer Bank gegenüber dem Bibliotheksgebäude verblieben war, auch die ausgelagerten Bestände aus Rühstedt und Schönebeck, kehrte zunächst in eine notdürftige Unterkunft zurück. Für die restlichen ausgelagerten Bestände gelang es Wackernagel, zur Rückführung nach Berlin einen Erlass vom General Clay zu erwirken. Seit 1949 betreute Heinz Ramge die Autographe und Handschriften samt den 100 000 Bänden, für die es noch nicht einmal einen Katalog gab. Riesige Ordnungsarbeit war bei künstlichem Licht und gleichbleibender Kellertemperatur von 16–17 Grad Celsius zu leisten.

Bis 1962 existierte das alles unter dem Namen »Westdeutsche Bibliothek«, einem Namen, der für die in der Stadt Marburg nutz- und anwendbar gemachten verstreuten Vorräte aus der amerikanischen Besatzungszone samt

Personal und Unterbringung stand. Als 1957 endlich die Stiftung Preußischer Kulturbesitz ins Leben gerufen war, deren 50-jähriges Bestehen wir feiern, lautete der neue Name »Staatsbibliothek«, und 1965 begannen die Marburger Musikalien-Transporte nach Berlin, deren letzte Pakete Herbert Dehn und Rudolf Elvers im Gebäude des Geheimen Staatsarchivs unterbrachten. Anfeuernd für die weitere Aufbauarbeit wirkte die Gründung des Mendelssohn-Archivs. Unmöglich, hier alles aufzuzählen, was allein in diesem Teilgebiet erarbeitet wurde. Die Benutzung auch der entlegenen Materialien nahm zu und selbst die bis dahin nur in Bruchstücken vorhandenen Literatur-Bände füllten allmählich die Regale, wiewohl noch immer Lücken vorhanden sind. Alles »Preußische« hatte sich zumindest wieder vereint.

Aber die alten Probleme blieben. Mehr als dreißig Jahre lang konnte der weltberühmte Bestand nicht angemessen gepflegt werden, hatte sich mehrfach auf Reisen befunden und war oft umgeschichtet worden. Als letzte Abteilung der staatlichen Bibliotheken zog im Herbst 1978 die Musikabteilung in den Neubau von Hans Scharoun und konnte sogleich mit einer benutzungsbereiten Lesesaal-Bücherei behilflich sein. Nach der Wiedervereinigung gab es weitere Fortschritte bei der Vervollständigung, aber auch mancherlei Hemmnisse zu überwinden, die uns sicherlich auch noch in der Zukunft beschäftigen werden. Dennoch: Die lange Reise mit vielen Stationen hatte sich besonders für alle jene Musiker gelohnt, die von den Schätzen aus Vergangenheit und Gegenwart Gebrauch zu machen wissen. Viele durften und wollten sich erinnern. Möge dies das törichte Vorwärtstreiben unserer Zeit auch weiterhin erlauben.

Ad multos annos!

Günther Rühle
Die dramatischste Bibliothek
Über das Arbeiten im Zeitungsarchiv

Von den Zeitungen sagt man, sie seien die Tagebücher der Welt und die Journalisten deren Autoren. Bei den Liebhabern von Büchern, auch von Tagebüchern, stehen sie nicht hoch im Kurs. Bücher sind Konzentrate, Verarbeitungen. Zeitungen sind schnellgefertigte Sammlungen von Rohstoff. Auch richtigen Zeitungslesern ist nichts älter und überflüssiger als die Zeitung von gestern; das ganze Schwemmgut eines Tages an Gedanken, Wörtern, Taten und Untaten, an Eifer, Übereifer, Geltungs- und Schälsucht sammelt sich hier. Zeitungen sind Häfen von Geschwätz und Vermutungen, Leidenschaften und Reflexion, Chronographen von Auftrittspomp und Geltungsschwund.

Ein geliebtes Kind sind die Zeitungen in vielen Bibliotheken nicht. Trotzdem sind sie die Tagebücher der Welt und als die laufenden Chroniken der verstreichenden Zeit die lebendigsten Geschichtsbücher, die wir haben. Sie bannen den vergehenden Augenblick. Nicht nur die Fakten sind hier, in ihrer ständigen Veränderung, gesammelt, auch die Stimmungen, die Wertungen, das Erschrecken, das Erstaunen, das Ja und Nein der Kämpfe, das Lauern, das Tricksen, das Reifen der Entschlüsse, das Reagieren und Beharren, das Hineinrennen in richtige und falsche Positionen; der Geist, die Komik und die Abgründe der Zeit: all das bleibt hier gegenwärtig und offen für künftige Deutung. Die Toten sind hier nicht tot, leben und agieren noch immer, man spürt, wie die Generation zuvor die Wirklichkeit der kommenden prägt. Die tägliche Pathologie wird hier so Dokument wie das sorgfältige Vordenken und Vorbereiten der Zukunft. In den Zeitungen steigt man hinab in die abgelebten Bewegungen der Zeit, in der wir geworden sind, und trifft auf die Entwicklungen, in die wir hineinwachsen.

Die Zeitungsabteilung der Staatsbibliothek ist darum ein großes Schatzhaus. Ein großes Museum der Zeitungsgeschichte auch, aber doch zum Wenigsten. Sie ist ein imaginäres Museum, weil jede alte Zeitungsseite beim Lesen sofort die Phantasie entzündet, die Figuren wieder in ihr alten Rollen zurückkehren, man hört ihre Sprüche, sieht vor sich die Gestikulation eines Tages und spürte die Konflikte des nächsten, fühlt die Sogkraft der Ereignisse. Spielerisch oder forschend kann man nebeneinander legen: Berliner Tageblatt, Vossische, Börsen-Courier, Deutsche Allgemeine, Lokalanzeiger: und hat das Gegen- und Miteinander und in der Frankfurter Zeitung die führende Stimme von draußen und, dieses Sortiment von Anfang 1934 noch einmal zusammengeführt, sieht man den Bruch der Zeit. Die Zeitungsabteilung ist ein historisches Gewächshaus der abgelebten Zeiten, die mit jedem »Gestern« beginnen; für den passionierten Leser also ein Lusthaus, obwohl sie dafür nicht gemacht ist. Aber man kann sich hier in die Zeiten verlieren und muss sich wiederfinden, wenn man in die nüchterne, ratternde, containerverstapelte Umwelt des Westhafens hinaustritt, wo hinter feuerfesten Türen jetzt das alles labert und lauert wie einst die Getreide, die Kaffee-und Kakaosäcke.

Unersetzbar sind diese Tagebücher der Welt. Sie werden zu Fundgruben für die Archäologen, die sich Historiker nennen und die versteinerte Zeit wieder lebendig machen wollen. Die Abenteuer bestehen dann im Wiederentdecken des Vergessenen und im Erkennen des einst Missachteten. Ihr Nachleben gibt den Zeitungen neuen Wert. Der Tageswert von einst: in Ewigkeitswert verwandelt.

Mein Beispiel:

Vor etwa vierzehn Jahren, 1993, war ich mit der Herausgabe der Werke des bis heute gerühmten Berliner Kritikers Alfred Kerr beschäftigt. In seiner ins Londoner Exil geretteten Hinterlassenschaft im Kerr-Archiv in Berlin fand ich sieben oder acht Blätter aus der »Breslauer Zeitung«. Sie stammten aus den letzten Jahren des 19. Jahrhunderts und trugen alle denselben Titel: »Berliner Brief«. Briefe dieser Art waren damals und bis in die frühen Sechziger Jahre des folgenden Jahrhunderts journalistische Formen, Beobachtungen zu sammeln und plaudernd den Lesern andernorts zu vermitteln. »Plauderbriefe« stand sogar über einigen wenigen Exemplaren desselben Autors aus einer anderen Zeitung. Die Blätter hatten keinen anderen Zusammenhang als den stereotypen Titel, den Autor und die effektreiche Art seines Schreibens. Das reichte zum Antrieb, zu sehen, ob das eine kontinuierlich geführte Serie von Artikeln war, wie lange sie dauerte, was sie enthielt. Der Nachruhm Kerrs rechtfertigte allemal die Suche, die zunächst nichts anderes brachte als Enttäuschungen. Die »Breslauer Zeitung« war in keiner deutschen Bibliothek erhalten, es gab nur sporadische Zeitinseln von geretteten Ausgaben. So fuhr ich – auf dem Bahnhof in Posen beim Umsteigen noch des PC beraubt – nach Breslau. Die Hoffnung, hier noch etwas zu finden, war nicht groß. Die Stadt war in den letzten Kriegsmonaten zur Festung erklärt, der Taxichauffeur zeigte gleich noch die Landebahn, die für deutsche Flugzeuge in die belagerte Stadt gebrochen war: Wie sollte da etwas überdauern?

Ich fragte mich mühsam durch zur Universität. Zu deren Bibliothek? Und kam, jenseits der Brücke, in einen unversehrten Bau, ein Pförtner wies mich hinauf, oben erwartete mich, mit leidlichem Deutsch, ein freundlicher, blassschmaler Bibliothekar. »Zeitungen? Breslauer Zeitung?« Ich erklärte Grund und Zweck. Er führte mich in einen kleinen Raum. Da stand, in den alten eichenen Kastenschüben noch der deutsche Zeitungskatalog, in Handschriften des 19. Jahrhunderts, eine Vielfalt deutscher Publikationen anzeigend: ein Geschichtsbestand aus dem untergegangenen Schlesien sondergleichen. »Gibt es die Breslauer Zeitung?« Der Bibliothekar nickte freundlich, als ich fragte, ob man sie auch einsehen könne? »Welcher Jahrgang?« Ich wusste nicht, wann Alfred Kerr begonnen haben könnte, die Briefe aus Berlin in seine Heimatstadt Breslau zu schreiben, es gab keinen Anhalt. 1887 war er als Student nach Berlin gekommen, er fing früh an zu schreiben. Also: »1890 bitte«. Er ging ins Dunkel des Hauses, ich sah mich um: Es war der alte Lesesaal, unversehrt, dicke, hölzerne Luft, alles höchst sauber, zwei, drei polnische Deutsch-Studenten über Büchern. Er kam mit einem großen, in dicke Pappe gebundenen Zeitungsband schwer schleppend zurück. Das Unwahrscheinliche war wahr: die Originale von ehemals, das Papier gebräunt. Man kann die Empfindungen solcher – auch noch mit solcher Geschichte belasteten – Augenblicke nicht beschreiben. Ich fing an zu blättern, sah, dass die Zeitung mit drei Ausgaben täglich – wie damals üblich – erschienen war, spürte die Fragilität des Papiers, blätterte jede Seite mit beiden Händen vorsichtig um, ohne alle Splitterungen des Papiers vermeiden zu können. Einen Tag um den anderen, fünf Jahrgänge … da der erste Fund: 1.1.1895 Unterm dicken Strich »Feuilletion« – Strich – »Berliner Brief«, dann der Text. Kerrs erster Satz: »Der Berliner Westen,- diese elegante Kleinstadt, in welcher alle Leute wohnen, die etwas können, etwas sind und etwas haben und sich dreimal soviel einbilden als sie können, sind und haben – hat in dieser Woche zwei Jubelgreise gefeiert. Ludwig Pietsch und Theodor Fontane. Pietsch ist siebzig, Fontane fünfundsiebzig Jahre geworden …« Man war plötzlich mittendrin im alten Berlin. Von da an – man sah bald den Rhythmus der Veröffentlichungen – jeden Sonntag, und manchmal, wenn die Post für den Redaktionsschluss zu spät kam, zwischendurch der Brief aus Berlin. Fünf Jahre lang. Fast zweihundert Stück. Drei Reisen nach Breslau erforderte diese Suche und das Entdecken der ersten Theaterkritiken Kerrs dazu, die niemand mehr kannte. Die polnische Verwaltung zeigte sich freundlich, schleppte Band um Band herbei. Ich staunte über den Bestand, seine Verfügbarkeit. »Fotokopieren?« Jede deutsche Stelle hätte sich gewunden, »Neins!« aufgebaut, »Bei dem Papier, unmöglich!« usf. Die Polen brauchten Devisen. Es ging. Sorgfältig Formulare ausgefüllt. »Autor –Tytul wzgl.sygnatura dziela – od.str..«

Die Texte an Ort und Stelle zu lesen hätte meine Zeit überfordert. Also Listen machen, bestellen, warten, dann, nach ein paar Wochen: Pakete aus Wroclaw öffnen, die Fotokopien prüfen, lesen: Ich begriff langsam, was da bewahrt und gefunden war. Ein Stück Autorengeschichte. Ja, aber mehr: ein Stück Stadtgeschichte, ein Stück Kulturgeschichte und: ein Stück Literatur. Es war über fünf Jahre hinweg wiedererlebbare und wieder zu öffnende Zeit.

Die Frage war: Woher hatte der Schreiber Kerr seinen Stoff? Wie sich bald zeigte, aus den Zeitungen von damals. »Berliner Tageblatt«, »Vossische

Zeitung«, »Lokal-Anzeiger«, manchmal »Kleines Journal«. Er war ein Zeitungsleser und Zeitungsverwerter. Er nannte in seinen Briefen massenhaft Namen von Leuten, die man nicht mehr kannte, Vorkommnisse, die vergessen waren, die in seiner Sprache aber auflebten. Alles verlangte Kommentar. Die Kommentare waren nur zu schreiben, in dem man die Vorgänge wieder aufspürte in den Zeitungen von damals. So führte der Weg in die Berliner Staatsbibliothek, in ihre Zeitungsabteilung, die im Krieg dezimiert, trotzdem noch stattlich war. Noch residierte sie im Altbau Unter den Linden dritter Stock. Großer Lesesaal. Kerrs Texte ergaben mehr als tausend Fragen: Wer war Vilma Parlaghi? Und Anna Dubberstein? Und was waren die Alexianermißbräuche? Was der Fall Brüsewitz und was war die Sache mit dem Rechtsanwalt Fritz Friedmann, die Kerr so ausführlich behandelte? Und der Jungfrauenstreit in Berlin? Und der Konflikt mit den bestechlichen Musikkritikern? Das Aufstöbern der von Kerr gelesenen Texte, die Beantwortung der Fragen verlebendigte das Bild des Jahrzehnts, in dem Berlin aufblühte. Ich wurde ein immer wiederkehrender Gast in der Zeitungsabteilung.

Als die Ausgabe der »Berliner Briefe« (Titel: »Wo liegt Berlin?« und »Warum fließt der Rhein nicht durch Berlin?«) schließlich vorlag, hatte man eine lebendige, erheiternd-virtuos geschriebene Kulturgeschichte Berlins vom Ausgang des Jahrhunderts und einen Großstadtroman eigener Art in der Hand. Marcel Reich-Ranicki schwärmte im »Literarischen Quartett«: »Die Geschichte des deutschen Feuilletons muss umgeschrieben werden«. Das Buch wurde für einige Monate ein Bestseller. Hätte es die Zeitungsarchive in Breslau und Berlin nicht gegeben, dieses Geflecht gegenseitiger Information über das gelebte Leben, uns wäre dieses Stück heiterer Literatur, das lebendige Zeitgeschichte ist, unbekannt geblieben.

Das ist – wie gesagt – *ein* Beispiel, was aus gesammelten Zeitungen zu gewinnen ist. Seitdem bin ich oft ganze Tage im Zeitungsarchiv der Staatsbibliothek. Meine Geschichte des »Theaters in Deutschland« hat von den Zeitungsstudien dort ganz wesentlich Impuls und Anregung bekommen. Wer über Theater schreibt, braucht die Kenntnis von Situation, Umständen, Bedingungen, von Wirkung, Aufnahme und Umfeld einer Inszenierung, von der Reaktion aller Kritiker, die die Premiere sahen, um das Spektrum und die Perspektiven des Sehens zu erfahren und die Gedanken, die die Inszenierung auslöste. Theateraufführungen sind Elemente unseres bildnerischen Denkens, sie dringen ein in die Gesellschaft, bilden Bewusstsein. Die Zeitungen reflektieren diesen Prozess und belegen auch durch die Platzierung der Nachrichten und Kritiken, welchen Wert sie ihm beimessen. Da sich das neuere deutsche Theater zwischen 1889 und 1945 wesentlich in Berlin abspielte, sind die reichen Bestände der Staatsbibliothek an Berliner Blättern ein ertragreiches Studienfeld gewesen. Ich hoffe, das vorliegende Buch lässt das erkennen.

Noch die winzigste dreizeilige Meldung im Berliner Tageblatt – damals sicher von allen Lesern übersehen, als Vorgang nur des städtischen Ärgernisses wegen wahrgenommen – klärte den Streit, ob und an welchem Tag der Oberdada Baader in Berliner Dom im November 1918 jenen provozierenden Zwischenruf machte: »Was ist Christus dem gemeinen Mann?«, worauf er, da die Antwort ausblieb, rief: »Er ist ihm wurst!« Es war das wohl das erste happening an solchem Ort.

Die Arbeiten für den folgenden Band der Theatergeschichte zeigen schon die kommenden Probleme. Das Theater nach 1945 hat sich von Berlin auf viele andere Städte verlagert, die wechselnd die Führung übernahmen. Die Materialien in den Städten dort sind meist in den Stadtarchiven gelagert, oft in verstaubenden Mappen. Sie haben beschränkte Arbeitsmöglichkeiten. Gewiss hat die Zentrale Zeitungsforschung in Dortmund inzwischen nicht nur ideale Arbeitsbedingungen und Reproduktionsmöglichkeiten, sie hat auch den Umfang der Verfilmung der Zeitungen erheblich erweitert (auch die Breslauer Zeitung wäre jetzt wohl auf Film zu beziehen), Fernausleihen sind möglich (um die hohen Aufenthaltskosten in Dortmund zu vermeiden), aber die Reproduktionsmöglichkeiten selbst in den Universitätsbibliotheken beschränken unterm Andrang der Studenten den Historiker wieder auf knappe Stunden. Das zu sagen ist kein Klagen, sondern Situationsbeschreibung. Zur Nutzung und Erforschung der Zeitungsbestände gehören die entsprechenden Nutzungsmöglichkeiten.

So beschwerlich in Berlin jetzt der Weg in die neuen Räume der Zeitungsabteilung im Westhafen ist, so haben sich doch die Arbeitsbedingungen durch die Verlagerung in die großen Räume, auch die Ausstattung mit den Reproduktionsapparaten für den, der ganze Tage im Archiv zu verbringen hat, wesentlich, fast ideal gebessert. Wir finden ein kundiges, hilfsbereites Personal.

Der Chef, Joachim Zeller, ist ein ausgreifender Ordnungsmensch. Er weiß, was er gewonnen hat und was noch zu tun ist.

Desiderate? Wer von auswärts kommt, Aufenthalt und Fahrtkosten selbst bezahlen muss, für den sind Einschränkungen auf zwei Stunden am Reprinter auch weiterhin ein großes Problem, denn nur das zügige Finden und Fotokopieren kürzt die teure Aufenthaltszeit. Und wer viele Kopien mit nach Hause nehmen muss, weil er dort billiger arbeiten kann, für den sind die Kopierkosten (30 Cent pro Stück) – doch erheblich, wenn er nicht »abrechnen« kann und ohne Stipendien arbeiten muss. Nun, Desiderate wird es immer geben.

Um auf den Anfang zurückzukommen: Alfred Kerr hat seine Briefe aus Berlin bis ins Jahr 1921 fortgesetzt. In der »Königsberger Allgemeinen Zeitung«. Den bis jetzt vorliegenden Verzeichnissen nach ist die Zeitung nirgends mehr vollständig erhalten. In London fand ich vor einiger Zeit einen

Vierteljahrsband, den das Foreign Office wohl der ostpreußischen Ereignisse wegen 1914 sammelte. In den Archiven der Ost-Länder ist der Bestand an deutschen Zeitungen wohl noch nicht ermittelt. Es wäre zu wünschen. Kein anderer Journalist hat – zum Beispiel – so lange Zeit über das Leben einer Stadt berichtet wie Alfred Kerr. 1895–1921. Die Berichte zusammenzutragen, wäre auch eine Aufgabe. Nicht interessant? Schließlich hieß die Stadt: Berlin. Und die hatte zwischen 1900 und 1921 doch eine gewaltige Zeit.

Yan Xiangdong

The Construction and Services of the Digital Local History Project of National Library of China*

The construction of the Digital Local History Project

Local History and genealogy is one of the special collections in the National Library of China (NLC). Until now, there are about 6 300 titles, 120 000 volumes of thread bond Local History published before 1949, 7 000 titles, 17 000 volumes of new Local History and professional Local History published after 1949 as well as a good number of monographs relating to local history and reference materials. Both the quantity and the quality of the Local History published before 1949 take the fist place among the libraries in the world.

In the digital and network environment, the development of the digitization of the ancient local histories is a top priority of NLC. The convenient transmission and free utilization of the Local History documents will be realized through the construction of Digital Local History Project which was began in 2002.

Image database

The construction of the image database provides the primary resources for the Digital Local History Project. The quality of this database may affect the result of the whole project. As a kind of encyclopedia about a place, Local History is comprehensive and successive. Combining all the Local Histories of one place compiled in different periods, a completed serial history confluence will be formed, and integrating the Local Histories of different places, the history of the whole country can be researched. From this aspect, the construction of image database must reflect the completion and succession of the Local Histories.

The primary rule of selecting books to be digitized is choosing the local history covering broader jurisdiction continually, furthermore, the books should also be completed in contend with high printing quality, which is the basis of full text converting and the construction of full text database.

In order to keep the original style of the ancient Local History and reduce the affect of the image handling procedure as much as possible, the documents are scanned in 300dpi and saved as TIFF files, then transmitted by the networks with the format of JPEF/JP2.

Full-text Database

The construction of full text database is converting the images of the Local History into text and keeping the original style of the book. In this database, full text retrieval can be realized through searching engine.

Using international standards to unify the construction of the full text database is the key of this phase. Because ancient Local History are produced in the remote past, over long years spreading, varied editions of the same book have been formed. The styles are very complicated. For example, the illustration and text are mixed, irregular forms are inserted, modifies, annotations and punctuations can be found here and there. In order to keep the original style in the greatest extend and reducing the difficulties in operation, the original editions are returned within a limitation. We standardize some of the editions on the premise of keeping the original style as possible as we can.

The Chinese characters used in the ancient Local History is miscellaneous, there are a lot of characters with variant forms, characters not existing in the pool of modern Chinese characters, unclear ones, and the special characters just used in the names of the people, places, products, dialects, music scores, illustrations and inscriptions on bronzes and stone tablets. Facing this problem, we adopt Unicode 4.0 to unify some of the characters not existing in the pool of modern Chinese characters, and create new characters to handle the characters appearing in the people names, place names, dialects and inscriptions on bronzes and stone tablets. The characters that can not be identified we use »□« to replace the original ones. At the same time, we also apply to IRG for formal character code to reduce the using of created characters and »□«.

The construction of the knowledge databases

As the development of the method of knowledge organization, we hope to use the ontology to re-organize the contents of the Local History depending on the image database and full text database. Subject databases will be constructed to integrate and dig the knowledge to satisfy the professional needs of our patrons. Because of the comprehensiveness of the local history, multiple databases should be built to reflect the contents of the documents. Some of the databases comprise the fundamental coordinator of the knowledge space, which are called the fundamental knowledge databases, for example the time database, place database and document database etc.; another databases more popular among the patrons with strong informality and supported by abundant contents are called subject databases, for example the people database, event database, folk custom database and product database etc.

1) Fundamental knowledge databases

Because fundamental databases provide foundation for other subject databases, it is necessary to select the time, places, and documents comprising the fundamental databases.

Most of the contents of local histories are timely, time response is also a significant character of the documents themselves. Although only the Local Histories published from Ming Dynasty to the Republic Period are digitized, the contents of the documents covering a range from the remote antiquity to the Republic Period. Furthermore, different chronologies such as Heavenly Stems and Earthly Branches, reign titles of emperors are used in the Local Histories. Considering the difficulties of indexing and annotating to the documents, the time database must be standard and unified to facilitate the next step job.

Another distinct character of Local History is locality. The place names, administrative divisions, boundaries, limits of the jurisdictions, the upper jurisdiction, and the evolution of the place are involved in every record in the place database. Correct index and annotation can not be realized without a standard and unified place database.

Document database describes the outside character, edition information and the 3 levels bibliography information on the book title, volume, article title. Through this database, the connections among the knowledge databases, image database and full text database are built up as well as the links between the knowledge points and the primary documents.

2) Subject database

Considering both the characters of Local Histories and the requirements of our patrons, we plan to construct 9 subject databases on people, events, landscape, illustration, custom, product, astronomy, dialect, taxes and corvée respectively. Because there is great difference between the contents of subject databases as well as the description and the organizations of the knowledge, the result will be turned out in different ways, which are both the aporia and the key of the whole project.

Services of Digital Local History Project

The achievement of the Digital Local

By the end of 2006, 2 phases of image scan and 3 phases of full text transformation and edition returning have been completed. 4 272 titles (2 480 000 pages) of the ancient Local Histories published before 1949 collected in the Ancient Book Library of NLC have already been scanned, which covers 33 provinces and districts of China (except Hong Kong, no local history collected in NLC). 2 000 titles (over 1 240 000 pages) have been transformed into full text as well as returned to the style of original edition, covering

14 provinces and metropolitans located in North China, East China, and North West China.

Describing the contents and facilitating users to browse and search through the network are the main function of Digital Local History.

Users can search the concise catalogue of 2 834 titles of ancient Local History on Internet or internal net of NLC, and the first 20 pages of the images (JP2) are provided as well as functions of base search, advanced search, refine search, reference and browse.

The next step of Digital Local History

We will continue the construction of image database phase III and plan to scan 1 500 000 pages in 2007. At that time, the scanning of the Local Histories about every place of China collected in NLC will be finished, and the image database of the Digital Local History with the comprehensive contents and great varieties will be built up.

In 2007, we will also carry out the construction of full text database Phase IV, and plan to convert 500 000 pages into full text enriching the full text local history resources which can be used by our patrons.

Further more, a Digital Local History Reading Room will be established in NLC, and the patrons can read the bibliographies which have been compiled and all the images (in the format of JPEG) of the Local Histories here as well as retrieve the full text of more than 2 000 titles of the documents.

Depending on the digital product, we can describe the information units of the documents and re-organize them beyond the format of the Local Histories. In the next step, carrying out the construction of the knowledge database depending on image database and full text database will be our most important job in 2007.

The prospect of Digital Local History Project

We hope to fulfill two historical responsibilities by the construction of Digital Local History. The first is to protect the traditional culture and the special collection of NLC, and the second is to develop the value of the local history in varied fields including history, economy and culture through modern information technology facilitating more readers to use it beyond limitation.

The construction of the knowledge database on the base of image database and full text database has began, and an open knowledge digging platform with strong functions will be built up, which permit the patrons to allocate the data in a certain extend, and they can acquire the knowledge by digging the database using knowledge digging tools. At the same time, the knowledge digging platform is also a knowledge sharing platform, patrons can share the data and knowledge digging method on it.

At last, we also hope that the Digital Local History will enrich NLC experience in the aspects of digital library construction and help us find an appropriate way to the digitalization of ancient books.

* *Nachbemerkung der Redaktion*

In der Staatsbibliothek zu Berlin, dem Museum für Asiatische Kunst und dem Geheimen Staatsarchiv betreut die Stiftung Preußischer Kulturbesitz – sozusagen unter einem Dach – umfangreiche Sammlungen zur ostasiatischen Geschichte und Kultur. Die Besonderheiten der Sammlungen stellen hohe Anforderungen an Umgang und Benutzung – bedingt durch die verschiedenen Materialien der Sammlungsgegenstände sowie durch die Eigenheiten der Schrift und der Textualität der ostasiatischen Texte.

In Hinblick auf die Präsentation in zeitgemäßen Bild- und Textdatenbanken stoßen die uns bisher eigenen Verfahren bei der Digitalisierung und Präsentation an Grenzen. Heutige Nutzer erwarten nicht nur ein Bild eines vormodernen chinesischen Textes, sondern einen durchsuchbaren Volltext-Korpus, der den Zugang zum Inhalt der Quellen erst ermöglicht und die Vorteile des modernen Mediums erst voll ausschöpft.

In dem vorstehenden Beitrag stellt die National Library of China (NLC) am Beispiel der wichtigen Lokalchroniken ihren Lösungsansatz für die dem Material immanenten Probleme vor. Chinesische Lokalchroniken sind für die Wissenschaft die relevantesten Quellen überhaupt: Geographische Werke können auf der einen Seite wirtschaftsgeographische oder auch ökologische Fragen beantworten; auf der anderen Seite beinhalten chinesische Lokalchroniken im Verhältnis zwischen Geographie und Geschichte wesentlich mehr: Sie bieten sich als Quellen auch zu Mythen und Kulturen an und sind gleichzeitig Quellen für soziologische, soziale, sozialökonomische oder geopolitische Fragestellungen der Kulturhistoriker.

Für die Arbeit mit den ostasiatischen Sammlungen der Stiftung Preußischer Kulturbesitz sind die hier geschilderten Lösungsansätze der NCL besonders interessant, weil die Experten aus China für die Besonderheiten im Bereich der Digitalisierung und Texterschließung vorbildliche Lösungen entwickeln. Zukünftige eigene Projekte können auf den Erfahrungen der chinesischen Nationalbibliothek aufbauen, um den Nutzern ein Instrument an die Hand zu geben, das sowohl dem Material und der Schrift Rechnung trägt als auch den zeitgemäßen Zugang zu den Quellen ermöglicht.

Hartmut Weber

Digitale Einheit in fachlicher Vielfalt
Erfordernisse der Zusammenarbeit im BAM-Bereich

Beschaffen, Erschließen, Erhalten und Bereitstellung der Bücher zur Nutzung sind die zentralen Aufgaben jeder Bibliothek wie das Erfassen, Bewerten, Übernehmen, Erschließen, Erhalten und die Vorlage des Archivguts für die Nutzung die Kernaufgaben der Archive sind; mit den Begriffen Sammeln, Erhalten, Erschließen und Zeigen könnten die der Museen beschrieben werden, wobei auch dabei, wie im Falle der Archive und Bibliotheken, der eher generalisierende Blick von Außen eingenommen wird. Auf den ersten Anschein ist der Bereich der Bibliotheken, Archive und Museen, der BAM-Bereich, wie er zeitgemäß abgekürzt wird, durch einen Gleichklang wesentlicher Aufgaben gekennzeichnet. In einem berechtigten Differenzierungsbedürfnis haben die genannten Institutionen, insbesondere die eher an der Methodendiskussion beteiligten Bibliotheken und Archive, stets Wert darauf gelegt, das jeweils besondere Profil herauszuarbeiten: die unterschiedlichen Erschließungsmethoden und Ordnungsprinzipien, die sich im Fall der Archive aus dem Provenienzprinzip und der prozessgenerierten Unterlagen ergeben, das strenge Prinzip der Zuständigkeit oder das Charakteristikum des Unikats. Die Übertragung von Ordnungs- oder Erschließungsmethoden von dem einen auf den anderen Bereich ist in allen Fällen, in denen das versucht wurde, gründlich missglückt. So wurde das Trennende eher kultiviert und herausgestrichen, schon unter dem Eindruck der Herausforderung, Laien regelmäßig den Unterschied zwischen Bibliothek, Archiv und Museum erläutern zu sollen.

Ausgehend von Archiv, Bibliotheken und Museen der Stiftung Preußischer Kulturbesitz sollen im folgenden einige verallgemeinernde Überlegungen zu Gemeinsamkeiten und zur Zusammenarbeit im BAM-Bereich angestellt werden. Dabei wird freimütig eingeräumt, dass der Blickwinkel eines Archivars eingenommen wird, eines Archivars allerdings, der schon mehrere Jahre der Bibliothekskommission und dem Gesamtbeirat der Stiftung angehört.

Unter dem Dach der Stiftung Preußischer Kulturbesitz sind alle Institutionen des BAM-Bereichs vertreten. Wenngleich der Stiftungsauftrag ein gesamtstaatlicher und universalkultureller ist, untrennbar verbunden mit den Kultureinrichtungen der ehemaligen Reichs- und heutigen Bundeshauptstadt, hat die Stiftung ihre Wurzeln unverkennbar in den bedeutenden kulturellen Einrichtungen eines Staats, der aufgehört hat zu existieren. Die Staatsbibliothek zu Berlin ist Nachfolgerin der 1661 gegründeten Kurfürstlichen Bibliothek, die Staatlichen Museen gehen auf die Kunstkabinette und auf das Münzkabinett der Hohenzollern von 1618 zurück und das Geheime Staatsarchiv kann seinen Ursprung auf 1598 datieren, wenn es nicht sogar für sich in Anspruch nehmen könnte, in der Tradition der systematischen Verwaltung des herrschaftlichen Schriftguts zu stehen, die im Jahre 1282 einsetzt.

Das Archiv ist daher die älteste Einrichtung der Stiftung und von den drei genannten Institutionen des BAM-Bereichs die jüngste, die zur Stiftung kam. Erst im Jahre 1963 mutierte das »Hauptarchiv für Behördenakten« eines Staats, den es nicht mehr gab, zum Geheimen Staatsarchiv Preußischer Kulturbesitz. Aus der preußischen Zeit nahm das Archiv wenigstens das Attribut »geheim« mit, das für Archivkundige signalisiert, dass dort das zentralstaatliche Archivgut Preußens zu finden ist. Genauer gesagt umfassen die Bestände das historische Brandenburg-Preußen in seiner ganzen Entwicklung. Keine ernsthafte Forschung zu zivilen oder militärhistorischen Fragestellungen Preußens kommt an diesem Archiv vorbei, das seinen Lesesaal »Forschungssaal« nennt. Wie das Leitbild des Geheimen Staatsarchivs erkennen lässt, hat es wie die anderen Archive den Wandel vom »sekreten Aufbewahren von Herrschaftswissen« zur modernen Dienstleitungseinrichtung vollzogen. Es sieht sich als Haus der preußischen Geschichte und damit vorwiegend als historisches Archiv.

Ein »totes Archiv«, ein Archiv ohne weitere Zugänge, ist das Geheime Staatsarchiv Preußischer Kulturbesitz als »Staatsarchiv ohne Staat« aber dennoch nicht. Es ist das Archiv der Stiftung und nimmt für die Organe und Institutionen der Stiftung, mit einem Unternehmensarchiv vergleichbar, eine wichtige Querschnittsaufgabe wahr. Dies ist Herausforderung und Chance zugleich. Das Geheime Staatsarchiv trägt für eine ordnungsgemäße und wirtschaftliche Schriftgutverwaltung in den Organen und Institutionen der Stiftung Sorge und entlastet von Unterlagen, die zur Aufgabenerfüllung nicht mehr benötigt werden. Damit gewährleistet es retrospektiv den Blick auf die Stiftung als Ganzes in der Entwicklung ihres gesamtstaatlichen und universalkulturellen Auftrags.

Zweifellos kann der Blick auf das jeweils eigene Profil die Erkenntnis von Gemeinsamkeiten und gemeinsamen Interessen auch über längere Zeit verstellen. Diese liegen im BAM-Bereich zunächst einmal auf dem Feld der Erhaltung der Druckwerke, Handschriften, Archivalien oder musealen Objekte, soweit die Materialien der Informationsträger identisch sind. Charakteristisch für die Überlieferung von Kulturnationen als deren kulturelles Erbe ist, dass die Informationen in irgendeiner Form materialisiert sein müssen, um gelesen, verstanden und verarbeitet zu werden. Archivalien, Handschriften und Bücher als historische, künstlerische oder literarische Zeugnisse sind weder nur Material noch ausschließlich Information. Wie künstlerische Objekte oder sonstiges museales Kulturgut wurden und werden Archivalien, Handschriften und Bücher von Generation zu Generation tradiert. Im Gegensatz zu musealen Objekten, bei deren Präsentation auf respektvollen Abstand zum Betrachter oder auf schützende Glasscheiben geachtet wird, ist aber der Zweck der Aufbewahrung von Archiv- und von Bibliotheksgut, dieses im Grundsatz jedem Interessenten unmittelbar zugänglich zu machen. Handschriften, Bücher und Archivalien sind Kulturgut, in das man Einsicht nehmen, das in die Hand genommen werden muss, um Nutzen daraus zu ziehen. Und da jede Zeit ihre eigenen Fragen hat, wird das Kulturgut auch immer wieder zu Rate gezogen. Daher ist in der Zweckbestimmung, Archivalien, Handschriften und Druckwerke zu erhalten, um sie langfristig zugänglich zu machen, ein Zielkonflikt angelegt: Schutz und unmittelbare Zugänglichkeit von Kulturgut schließen sich gegenseitig aus. Soll das kulturelle Erbe optimal geschützt werden, darf es nicht zugänglich sein, soll es zugänglich sein, denn nur unter dieser Voraussetzung machte seine Erhaltung Sinn, kann die Überlieferung nicht optimal geschützt werden.

Die Argumentation, Kulturgut künftigen Generationen erhalten zu müssen und daher von den Interessenten Zurückhaltung, ja Verzicht zu erwarten, hat sich mit guten Gründen als nicht durchsetzbar erwiesen, zumal sie logisch auch nicht schlüssig ist. Die Archive haben in den letzten zwei Jahrzehnten einen wichtigen Paradigmenwechsel vollzogen und damit zu den Bibliotheken aufgeschlossen: den Paradigmenwechsel von Archivgut bewahrenden Einrichtungen, in denen die Erlaubnis zur Benutzung durch Dritte eher als Ausnahme gestattet wurde, zur Dienstleistungseinrichtung, in der die Benutzung von Archivgut durch Dritte als archivgesetzlich verbrieftes Jedermann-Recht nachdrücklich gefördert wird. Zugängliche Archive mit guter Servicequalität sind zum Gütesiegel eines freiheitlich demokratischen Rechtsstaats geworden – garantieren sie doch die Nachvollziehbarkeit des Handelns von Regierung und Verwaltung. Dennoch dürfen Archivalien, Handschriften und Frühdrucke durch die Nutzung nicht verbraucht werden, da sie in aller Regel einzigartig sind. Dieser Paradigmenwechsel vom Archivar oder Bibliothekar als Anwalt der unversehrten Erhaltung des Archivguts oder der Handschriften zum Anwalt der Benutzer des Kulturguts oder zumindest zum Vertreter beider Interessen in verantwortlicher Abwägung, war nur möglich, indem sich die Archive und Bibliotheken intensiv mit den Möglichkeiten und Grenzen der Erhaltung von Kulturgut auseinandersetzten, um einen Interessenausgleich im Zielkonflikt zwischen Schutz und Nutzung herbeizuführen. Die Techniken der Fotografie, der Kopie und der Mikroverfilmung konnten zum Schutz von gefährdetem Archivgut oder Bibliotheksbeständen und zur Förderung der Nutzung gleichermaßen eingesetzt werden. Die auf Kopie, Fotografie oder Mikrofilm übertragene Bildinformation eines Dokuments oder einer Buchseite erlaubte nun die ubiquitäre Nutzung von gefährdetem Schrift- oder Druckgut, ohne dass es in jedem Fall aus dem sicheren Magazin entfernt und bewegt werden musste. Und selbst wenn man Archivgut, Handschriften oder Buchseiten fotografierte oder kopierte, entstand wieder Bild(information) auf einem Informationsträger.

Dieses über Jahrhunderte bewährte Prinzip, wonach Informationsträger und Information untrennbar sind und die Erhaltung darin bestand, Informationsträger fachgerecht zu verpacken und unter den jeweils angezeigten Bedingungen zu lagern, ist nun in der digitalen Welt obsolet geworden. Von den Technik-induzierten Veränderungen, welche die Informationsgesellschaft kennzeichnen, hat keine so gravierende Auswirkungen für die Archive und für die Bibliotheken gezeitigt, wie die Möglichkeiten der Digitalisierung und die Folgen, die damit einhergehen. Die Digitalisierung hat erstmals getrennt, was bis dahin für die Archive und Bibliotheken untrennbar zusammengehörte, nämlich Informationsträger und Information, also Schriftträger und Schreibstoff. Digitale Information ist im Gegensatz zum Buch, zur Urkunde, zur Akte und selbst noch zum Mikrofilm nicht von Menschen lesbar. Sie ist nicht an einen bestimmten Träger gebunden, ist flüchtig, kann dadurch über Netze transportiert, von einem geeigneten Informationsträger auf einen anderen kopiert, verändert oder gelöscht werden. Die Informationsträger des digitalen Zeitalters sind aber nur in der Größenordnung von Jahrzehnten in der Lage, digitale Informationen zu speichern. Diese relativ kurzen Speicherzeiten übertreffen aber bei weitem die Lebensdauer der aus Hard- und Software bestehenden Systeme, mit deren Hilfe allein digitale Informationen für Menschen verständlich gemacht werden können.

Mit gutem Grund kann daher die Digitalisierung als die zweite und nachhaltigere Revolution nach der Erfindung des Buchdrucks mit beweglichen Lettern bezeichnet werden. Die Digitalisierung stellt Archive und Bibliotheken vor ganz neue Herausforderungen. Digitale Aufzeichnungen lassen sich nicht mehr erhalten, indem man die Informationsträger in Schachteln verpackt und in Regale stellt. E-government-Anwendungen in Regierung und Verwaltung, auch entsprechende Anwendungen zur Rationalisierung der Arbeitsprozesse bei der Stiftung Preußischer Kulturbesitz, erfordern ganz neue Strategien, um Bearbeitungsschritte und Entscheidungsprozesse im Entstehungszusammenhang über lange Zeiträume nachvollziehbar zu halten. Die Sicherung von digitalen Unterlagen ist daher nicht in erster Linie eine technische Herausforderung, sondern auch eine fachliche, vor allem für die nächsten Jahrzehnte. Denn auf absehbare Zeit wird ein »hybrides Chaos« herrschen, d.h. neben und parallel zu herkömmlichem Schriftgut wird es digitale Aufzeichnungen zu erfassen, zu bewerten und zu übernehmen geben.

Auf dem großen Feld der Bestandserhaltung ist daher die Zusammenarbeit im BAM-Bereich besonders effektiv und effizient. Die Konservierung und Restaurierung von Archiv- und Bibliotheksgut, aber auch von Grafik und sonstigen Objekten der Museen aus Papier oder Pergament bietet sich für eine Zusammenfassung an. Entsprechende Integrationsmodelle wie das beim Landesarchiv Baden-Württemberg eingerichtete Institut für Restaurierung und Konservierung von Archiv- und Bibliotheksgut in Ludwigsburg haben sich ebenso bewährt, wie der Hochschul-Studiengang an der Staatlichen Akademie für Bildende Künste in Stuttgart, der Diplomrestauratorinnen und -Restauratoren für Grafik, Archiv- und Bibliotheksgut ausbildet. In einer »Allianz für Bestandserhaltung«, derzeit unter der Leitung der Generaldirektorin der Staatsbibliothek zu Berlin, arbeiten Bibliotheken und Archive bundesweit eng zusammen. Ein noch engerer Schulterschluss der Institutionen der Stiftung Preußischer Kulturbesitz wäre im Bereich der Bestandserhaltung durchaus zu begrüßen. Dies gilt in besonderem Maße für die Erhaltung genuin digitaler Information. Nationale Projekte wie »nestor« oder Programme auf der Ebene der Europäischen Union wie das zur Sicherung elektronischer Aufzeichnungen im Rahmen des Document Lifecycle Management (DLM) lassen klar erkennen, dass die Herausforderungen, digitales Kulturgut über lange Zeiträume zugänglich zu halten, im kulturellen Sektor und damit im BAM-Bereich nur mit Hilfe von Kooperationsgemeinschaften geschultert werden können.

Die Erwartungen der Wissens- und Informationsgesellschaft stellen für den BAM-Bereich weitere Herausforderungen dar, die in der digitalen Welt aber auch mit neuen Chancen verbunden sind. Unsere Gesellschaft ist durch die technischen Entwicklungen der Digitalisierung im Bereich von Information und Kommunikation mehr in Bewegung gekommen als durch bisher bekannte Maßnahmen der Rationalisierung, der Modernisierung oder revolutionärer Prozesse. Dies gilt sowohl für die Informatisierung des Individuums als auch für die vom Markt getriebene Globalisierung. Das Leben des Einzelnen und das Erscheinungsbild der Gesellschaft wird dadurch in kürzerer Zeit tiefgreifender beeinflusst, als dies die Entwicklungen der Technik in den Jahrhunderten zuvor vermochte. Information ist ein Wert an sich geworden. Informationen sollen in Verbindung mit industrieller Produktion aber auch zunehmend losgelöst davon in jeder Menge und Güte frei fließen. Sie sollen in erstklassiger Qualität zielgenau und zum richtigen Zeitpunkt dort verfügbar sein, wo sie gebraucht werden. Zum Wissenspotenzial verknüpft tragen Informationen so in der Gesellschaft und ihrem Subsystem Wirtschaft in zunehmendem Maße mehr zur Wertschöpfung bei als die Herstellung von Investitions- oder Verbrauchsgütern. Nimmt man die vielfältigen Informationen und Eindrücke dazu, die in einem solchen System als Kultur so etwas wie die »Seele der Informationsgesellschaft« ausmachen, um mit Klaus-Dieter Lehmann zu sprechen, so können die Archive neben den Bibliotheken und Museen in der Architektur der Informationsgesellschaft eine ganz neue Rolle spielen. Aufgabenteilig erhalten sie verantwortlich ausgewählte und vertrauenswürdige Informationen in ihrem Kontext über lange Zeiträume und machen diese allgemein verfügbar. Damit gewährleisten sie jeweils für sich genommen, mit weitaus größerer Wirkung aber vernetzt, eine verlässliche Wissenstradition mit ihrer zeitlichen und räumlichen Ausdehnung, auf der jedes neue Wissen aufbaut.

Es wäre zu kurz gesprungen, wenn jede Institution, sei es Archiv, Bibliothek oder Museum, sei es innerhalb oder außerhalb der Stiftung Preußischer Kulturbesitz, nur eine eigenständige, am jeweiligen Profil orientierte Informationsplattform im Internet aufbaute. Um nicht falsch verstanden zu werden: Der Online-Katalog der Staatsbibliothek zu Berlin und ihre sonstigen digitalen Angebote sind ein unverzichtbares und zeitgemäßes kulturelles Werkzeug zur Erleichterung des Zugangs zu den Beständen. Mit der Sichtbarkeit von über 20% seiner Erschließungsinformationen auf der Ebene von Titelaufnahmen im Internet steht das Geheime Staatsarchiv sehr gut da. Die Museen informieren auf der Homepage eher allgemein und halten sich mit Detailinformationen zurück. Mit derartigen Angeboten erfüllen Kulturinstitutionen aber nur einen Teil der zuvor genannten Anforderungen der Informationsgesellschaft. Sie machen zwar zweckentsprechende und qualitätvolle Informationen punktgenau zu der Zeit und an dem Ort verfügbar, an dem sie verlangt werden. Sie muten den Interessenten jedoch zu, an mehreren Stellen suchen zu müssen und auch noch wissen zu sollen, welche Angebote für seine Recherche in Betracht kommen. Anzustreben ist eine horizontale Integration der Erschließungsinformationen und zentrale Zugangspunkte oder Portale, welche die Informationen bündeln. Solche mehrfach vernetzten Strukturen und die Internettechnologie sind geradezu füreinander geschaffen. Die auf beliebigen Stufen vernetzte Struktur des Internet und seine implizite Hypertexttechnologie kommt mit der Möglichkeit des Nutzers, selbstbestimmt zu navigieren und bisher unbekanntes assoziativ zu recherchieren, der offenen Funktionalität von vernetzten Erschließungsinformationen aus unterschiedlichen Quellen in besonderer Weise entgegen.

Die Institutionen unter dem Dach der Stiftung Preußischer Kulturbesitz haben aufgrund der gemeinsamen Herkunft vieler ihrer Bestände in besonderem Maße die Chance, Informationen aus ihrem BAM-Bereich integriert und vernetzt zu vermitteln. So wird im Bode-Museum die Skulptur eines preußischen Staatsmanns gezeigt, in der Alten Nationalgalerie sein Portrait, in der Staatsbibliothek stehen Monografien über ihn und möglicherweise Schriften von ihm zur Verfügung und im Geheimen Staatsarchiv sind eine Fülle von Dokumenten zugänglich, die seine Tätigkeit im Staate widerspiegeln. So reizvoll es für den interessierten Betrachter wäre, die Staatsakten mit den Spuren des Wirkens im Bode-Museum zu sehen oder für den Benutzer im Forschungssaal des Geheimen Staatsarchivs, dort auch zur Abrundung seines Bildes einen Blick auf die Skulptur oder das Portrait werfen zu können, so gute Gründe gibt es dafür, die Skulptur im Museum, das Portrait in der Galerie, die Monografien in der Bibliothek und das Archivgut im Archiv zu lassen und damit Kontext und Entstehungszusammenhänge zu respektieren, die für die Interpretation des jeweiligen Objekts unerlässlich sind. Die digitale Welt ermöglicht aber, das eine zu tun und das andere zu lassen: Jede Institution, ob Bibliothek, Archiv und Museum, kann nicht nur ihre Objekte im Kontext zugänglich machen, sondern auch die jeweiligen fachlichen Methoden der Ordnung und Erschließung anwenden; dennoch können die Informationen digital zusammengeführt und über zentrale Zugangspunkte bereitgestellt werden. Dass dies keine Zukunftsmusik ist, beweist derzeit schon eindrücklich das BAM-Portal.

Bibliotheken, Archive und Museen können heutzutage nur eine Rolle spielen, wenn sie die Schlüsseltechnologie des Internet sich zu eigen machen. Je mehr sie dabei zusammenarbeiten, je eher werden sie als Gruppe und einzeln wahrgenommen. Eine Institutionen-übergreifende Zusammenarbeit durch die Integration von Erschließungsinformationen der Bibliotheken, der Archive und der Museen in institutionellen-, regionalen- oder Fachportalen und die Zusammenfassung in übergreifenden zentralen Zugangspunkten auf nationaler oder supranationaler Ebene steigert den Mehrwert der Online-Präsenz des BAM-Bereichs noch deutlich. Wie kein anderes Medium hat das Internet die Voraussetzungen für gemeinsame grenzüberschreitende Angebote in Europa geschaffen. Die Kommission der Europäischen Union bereitet eine Europäische Digitale Bibliothek vor, bei der neben den Bibliotheksbeständen auch Archivgut und Museumsobjekte berücksichtigt werden sollen. Entsprechende Planungen einer Deutschen Digitalen Bibliothek sind auf dem Weg. Es liegt bei den Bibliotheken, Archiven und Museen, den Willen zur Kooperation in vernetzten Systemen aufzubringen. Dies müsste leicht fallen, denn die digitale Einheit erhöht ohne Abstriche am föderalen oder am jeweiligen institutionellen Profil die Visibilität und vor allem den gesellschaftlichen Nutzen.

Walter Momper
Im Geheimen Staatsarchiv 1970

Im Jahr 1969 habe ich das Examen als Diplom-Politologe mit dem Schwerpunkt Neuere Geschichte am Otto-Suhr-Institut der Freien Universität Berlin abgelegt. Einige Monate habe ich am Institut für politische Wissenschaften gearbeitet, dann hatte ich 1970 die Chance als Angestellter im Geheimen Staatsarchiv der Stiftung Preußischer Kulturbesitz an einer Publikation von Gestapoakten aus den ehemaligen preußischen Ostprovinzen mitzuarbeiten. Schwerpunktmäßig war mir die Bearbeitung der Akten aus Pommern über die Tätigkeit der Gestapo und der Widerstandsbewegung dort zugewiesen worden. Das ganze Projekt stand unter Leitung des Oberarchivrates Dr. Branig. Die Leitung des Archivs selber oblag damals dem alten Archivdirektor Dr. Zimmermann.

Hinter dem großartigen Namen Geheimes Staatsarchiv verbarg sich damals allerdings ein ziemlicher Torso. Der größte Teil der Akten war leider durch Auslagerung und deutscher Teilung in Merseburg in der DDR und für die meisten Historiker im Westen nicht zugänglich. Ich selbst hatte meine Examenarbeiten über Otto Braun und Carl Severing, den Ministerpräsidenten und den langjährigen Innenminister Preußens in der Weimarer Zeit, gemacht und wollte nun über das Thema »Die preußische SPD-Landtagsfraktion von 1918 bis 1932« promovieren, habe aber trotz wiederholter Bemühungen von der DDR nie eine Zulassung für die Benutzung der Akten des Preußischen Staatsministeriums oder einzelner Ministerien in Merseburg erhalten. Das große Gebäude des Geheimen Staatsarchivs in Dahlem hatte nur noch einen Magazinflügel, in dem die Akten verwahrt wurden, die den Krieg überdauert hatten. Überwiegend Aktensplitter und Teilüberlieferungen, kaum ein größerer geschlossener Bestand wurden verwahrt. Zwei weitere ausgebrannte Archivflügel standen noch als Ruinen da und wurden erst später wieder für die Unterbringung des Volkskundemuseums aufgebaut.

Vorhanden war aber die großartige Bibliothek des Archivs mit der Literatur zur Brandenburgisch-Preußischen Geschichte und zur Geschichte Berlins. Das war ein in den Zeiten der Teilung unschätzbarer Bestand, weil eben auch der größte Teil der Bücherbestände zur Geschichte Berlins, Brandenburgs und Preußens unzugänglich im Ostteil der Stadt waren und unter den Westberliner Bibliotheken allein die Senatsbibliothek einen wesentlichen historischen Bücherbestand verwaltete.

Das Archiv aber machte das Beste aus diesen Verhältnissen und war auch mit Personal ganz gut ausgestattet. Neuere Aktenablieferungen aus Behörden gab es kaum. Die alten Bestände waren im Wesentlichen verzeichnet, so dass viel Zeit für die eigentliche historische Forschung übrig blieb. Aus den im Hause vorhandenen Beständen wurde das herausgeholt, was die historische Forschung daraus herausziehen konnte. Die Archivbeamten trieben fast alle in ihrem jeweiligen Spezialgebiet ihre Studien voran. Oberarchivrat Dr. Branig leitete im Verbund mit anderen, die die Publikationen in ihren Archiven bearbeiteten, das Projekt für die Veröffentlichung der Gestapoakten voran. Im Archiv selbst wurde ein Bestand Rep. 90 P – Preußisches Staatsministerium – Polizei – verwahrt, der die Tätigkeit der damals neu eingerichteten Geheimen Staatspolizei von 1933 bis 1938 dokumentierte und offenbar bei Kriegsende direkt in das Archiv gelangt war.

Finanziert wurde das ganze Vorhaben von der Deutschen Forschungsgemeinschaft (DFG). Für mich war es nach dem Studium und der Zeit im Institut für politische Wissenschaften ein wahrer Genuss, jeden Tag historische Akten lesen zu können und nichts anderes tun zu müssen, als die Dinge zu erfassen und zu erforschen. Meist ging es in den Akten um die Verfolgung und Unterdrückung demokratischer Bestrebungen, Vereine, Verbände und Parteien. Natürlich nahm die Verfolgung der Kommunisten, der Sozialdemokraten und der Kirchen darin einen breiten Raum ein. Die Errichtung der ersten Konzentrationslager und der wüste Terror von SA und SS in Pommern und in anderen Provinzen spiegelte sich in den Akten wieder.

Bei der Arbeit konnte ich die vorzügliche Bibliothek des Hauses nutzen. Mit Hilfe der Staatshandbücher und der Nachschlagewerke konnte ich die Verwaltungsstruktur in den von mir bearbeiteten Provinzen gut nachvollziehen. Wenn ich mal keine Lust mehr hatte, Akten zu lesen, holte ich mir irgendein Werk aus der Bibliothek oder stöberte dort im Lesesaal oder auch im Magazin herum, um mir irgendetwas interessantes Historisches zu Gemüte zu führen. Die Kollegen waren nett und das Arbeitsklima sehr angenehm. Insbesondere mit den älteren Kollegen konnte man sich gut über Brandenburgisch-Preußische Geschichte, das Preußische Archivwesen im Besonderen und die vielen Forschungsdesiderate unterhalten, die alle nicht realisiert werden konnten, weil die Akten entweder im Krieg verbrannt waren oder es sie in die DDR verschlagen hatte und sie damit nicht zugänglich waren.

Nach einigen Monaten gab es dann Schwierigkeiten mit der Finanzierung und ich musste das Preußische Geheime Staatsarchiv zu meinem großen Bedauern verlassen. Ich habe dann bei der Historischen Kommission zu Berlin viele Jahre gearbeitet und bin insoweit der Brandenburgischen und der Berliner Geschichte treu geblieben. Die Aktenpublikation über die Gestapoakten aus den Ostprovinzen ist dann einige Jahre später auch komplettiert und ediert worden. Natürlich habe ich mich gefreut, als die Publikation herauskam und ich einen kleinen Anteil daran hatte.

Richtig gefreut habe ich mich aber, als nach der Wiedervereinigung die Akten aus Merseburg zurückkehrten und das Geheime Staatsarchiv wieder das große zentrale Archiv zur Geschichte Brandenburg-Preußens wurde. Da war ich aber schon so weit weg von der Geschichtswissenschaft und saß so tief in der Politik, dass es mir für meine wissenschaftliche Arbeit nichts mehr nützte. Immerhin hatte ich in den 70er Jahren viele Quellen für meine beabsichtigte Dissertation über die SPD-Fraktion im Preußischen Landtag bearbeitet. Vielleicht kommt noch der Tag, an dem ich so viel Zeit haben werde, dass ich zur wissenschaftlichen Arbeit meiner frühen Jahre zurückkehre – dann allerdings mit den Akten des Geheimen Staatsarchivs, mit Rep. 90 – Preußisches Staatsministerium – und all den anderen einschlägigen Repposituren, die nun in Dahlem für die Forschung, die Wissenschaft und auch für mich wieder zugänglich sind.

Christina Weiss

Hinein in das ibero-amerikanische Universum

Jorge Luis Borges, Schriftsteller, Weltbürger und eine Zeitlang Direktor der argentinischen Nationalbibliothek, hat uns in seiner berühmten Erzählung »Die Bibliothek von Babel« wunderbare Rätsel über die Welt der Bücher aufgegeben. Borges schildert die Hallen jener Bücherei zu Babel – »ausgestattet mit Regalen, rätselhaften Bänden, unerschöpflichen Treppen« – als ein eigenes Universum so unvorstellbaren Ausmaßes, dass es nur das Werk eines Gottes sein könne.

Im Falle des Ibero-Amerikanischen Instituts hat sich jener Büchergott besonders großzügig gezeigt, denn dieses Universum im Herzen Berlins besteht nicht nur aus Regalen, Bänden und Treppen, es ist zugleich ein *theatrum mundi* und ein Leuchtturm der Forschung, ist nicht nur Bibliothek, sondern auch Veranstaltungszentrum und Ort der Wissenschaft. Das Institut hat damit ein Aufgabenfeld, das weit über die Rolle einer normalen Bibliothek hinausreicht. So verwundert es nicht, dass neben vielen anderen Künstlern auch Jorge Luis Borges hier zu Gast war, und zwar im Jahre 1964.

Der 75jährige Erfolg des Ibero-Amerikanischen Instituts liegt womöglich in einem Wort verborgen, oder besser, in einem Präfix: Es handelt sich um die schlichte lateinische Präposition »inter«, die »zwischen« bedeuten kann, »inmitten von« oder aber »während«. »inter« ist eine Präposition, die Grenzen überschreitet, die Verbindungen herstellt zwischen Dingen, die verschieden oder voneinander entfernt sind. Oder die eine Gleichzeitigkeit erzeugt von Ereignissen, die auf den ersten Blick unabhängig voneinander sind. »inter« ist sozusagen ein Borges-Wort und es ist für das Ibero-Amerikanische Institut wie gemacht.

Die vielzitierte Globalisierung stellt uns alle vor große Herausforderungen. Mehr denn je brauchen wir Einrichtungen, die uns für diese Herausforderungen trainieren, die unser Denken beweglich machen, die uns Kenntnisse vom Fremden, vom Anderen vermitteln auch jenseits von Reiseführerprosa und Marktbeobachtungen. Das Ibero-Amerikanische Institut steht für eine Kultur der grenzenlosen Offenheit und Neugier im besten Humboldt'schen Sinne, für eine Völkerverständigung im Geist der Toleranz und Aufklärung. Es ist international und interkontinental, ist Mittler und Botschafter zwischen den Ländern und Kulturen.

Deshalb ist das Haus an der Potsdamer Straße längst auch ein verlässlicher und kompetenter Knotenpunkt in einem Netzwerk von Goethe-Instituten, wissenschaftlichen und kulturellen Einrichtungen weltweit, der ibero-amerikanischen, spanischen und portugiesischen Botschaften in Berlin. In diesem vielstimmigen Orchester spielt das Institut immer wieder neue Leitmotive an, sorgt für inspirierende dynamische, rhythmische und melodiöse Variationen. Und weil jeder Stillstand Rückschritt bedeutet, ist es sicher, dass das Institut auch künftig neue Partner einbeziehen und damit das Netzwerk zum Schwingen bringen wird.

Das wird ihm umso leichter fallen, als das Institut gleichzeitig eine Bühne für die Künste ebenso wie für Debatten und Dialoge ist. Es ist bemerkenswert, dass seit Bestehen dieses Hauses die Trennung zwischen Wissenschaft und Kunst aufgehoben scheint. So kann eine »Lateinamerikanische Filmnacht« ganz selbstverständlich stehen neben einer Tagung über »Venezuela am Scheideweg«. Oder das Festival »Buenos Aires – Berlin« wird ergänzt durch ein Symposion über »Urbane Erinnerungskulturen« in den beiden Metropolen. Damit ist das Institut interdisziplinäres Schaufenster lateinamerikanischer, spanischer und portugiesischer Kultur und Forum für deren kritische, wissenschaftliche Reflexion.

In dieser Vielfalt ist das Ibero-Amerikanische Institut der Stiftung Preußischer Kulturbesitz ein vorbildlicher Sachwalter jenes Zwischenreiches, das vom Wörtchen »inter« beherrscht wird. Das Haus ist wichtiges Instrument des Kulturaustauschs und damit ein politischer Berater und Moderator im Austausch Deutschlands mit der Welt. Mitten in Berlin bietet uns das Institut eine fantastische Startrampe hinüber ins ibero-amerikanische Universum. Und von dort, auch das hat uns Borges gelehrt, können wir auch den eigenen Himmel besser sehen.

Rede beim Festakt zum 75-jährigen Bestehen des Ibero-Amerikanischen Instituts am 12. Oktober 2005

Carlos Fuentes
Das Ibero-Amerikanische Institut – ein Leuchtturm der Kultur

Seit ich ganz klein war, damals in den 30er Jahren, hatte ich ein ganz spezielles Verhältnis zu unserem großen Schriftsteller Alfonso Reyes – wahrscheinlich, so sagte Jorge Luis Borges, der größte Prosaschriftsteller der spanischsprachigen Literatur im 20. Jahrhundert. Als ich ihn kennen lernte, sah er in mir ein gerade einmal zweijähriges Kind, aber später als ich siebzehn war, besuchte ich ihn oft in Cuernavaca, wohin er sich zurückgezogen hatte, um unter anderem Homer zu übersetzen. Ich war ganz jung, wohnte bei Reyes, und manchmal kam ich etwas später zurück von meinen nächtlichen Ausflügen auf den Spuren des Konsuls Malcom Lowry in »Bajo el volcán«. Als ich früh um fünf Uhr kam, sah ich, dass ein kleines Licht im Gartenhaus brannte: Es war Alfonso Reyes, der schrieb. Und ich sagte ihm: »Don Alfonso, Sie schreiben zu dieser Zeit?« »Ja«, sagt er zu mir, »ich schreibe jeden Tag von fünf bis acht, weil ich Goethes Ratschlag folge. Goethes Ratschlag an die Schriftsteller: Schöpfe den Rahm des Tages ab, schöpfe den Rahm des Tages ab. Die Aufgaben am Hof von Weimar, das Studium der Farbenlehre, Mineralogie, den Dienstmädchen nachstellen, was immer du willst, aber zuerst schöpfe den Rahm des Tages für die Literatur ab.«

Das ist ein Beispiel, das ich nie vergessen habe, das ich immer vor mir gehabt habe und das ich versucht habe umzusetzen – nicht in diesem Maße wie Don Alfonso Reyes, aber diese Erinnerung an Reyes ruft mir an diesem Abend hier in Berlin ein wunderbares Buch ins Gedächtnis, das unbedingt ins Deutsche übersetzt werden müßte, wenn dies noch nicht geschehen ist: »La trayectoria de Goethe« von Alfonso Reyes, ein fantastisches Buch über die Liebe eines Schriftstellers zu einem anderen großen Schriftsteller. Dieses Buch von Reyes über Goethe wird von der Überzeugung getragen, dass Goethe die Gemeinschaft der Kulturen und die Funktion der Paideia (παιδεια) repräsentiert, die Funktion der Bildung und Erziehung der Menschen.

Deswegen erlaube ich mir heute die Verse von Goethes Prometheus zu zitieren, die ich sehr passend finde für die Arbeit dieses Institutes, für unsere Aufgaben hier in Berlin. Goethes Prometheus sagt: »Hier sitz ich, forme Menschen nach meinem Bilde, ein Geschlecht, das mir gleich sei zu leiden, weinen, genießen und zu freuen sich und dein nicht zu achten wie ich!« Diese Idee Goethes der Gemeinschaft der Menschen, der Herausbildung der Kulturen und deren gegenseitigem Austausch bringt mich darauf, dass dieses Institut dem Gedanken jenes außergewöhnlichen, vielleicht größten Schriftstellers Deutschlands dient. Tatsächlich gibt es vieles, was die Menschen trennt, aber es sollte viel mehr geben, was uns alle vereint. Das ist eine Überlegung von Goethe und von Reyes, wie ich sie am Übergang von einem Jahrhundert in das andere gern beschwören würde.

Ich glaube, dass wir eines der schlimmsten Jahrhunderte der Geschichte verlassen haben. Die Grausamkeit hat in der Geschichte der Menschheit immer existiert, aber nie gab es solch einen brutalen Kontrast wie im 20. Jahrhundert zwischen den wissenschaftlichen und technischen Fortschritten und den moralischen und politischen Abgründen. Nie hatten die Menschen so vielfältige Möglichkeiten, größeren Wohlstand und Glückseligkeit zu erreichen, und nie haben sie dies auf solch brutale Art geopfert, mit einer Wiederholung dieses Fluches, nach dem der Mensch des Menschen Wolf ist: *homo homini lupus*. Mit Recht fragte sich ein großer deutscher Denker wie Adorno: Sind wir schon zu stark beschädigt, um eine gerechte Welt zu schaffen? Wäre es unerträglich für uns, in einer gerechten Welt zu leben? Deswegen ist Goethes Herausforderung so wichtig: Dieser Abgrund muss überbrückt werden. Man muss die Wissenschaft, die Technologie, den Fortschritt zu Geschwistern des moralischen und politischen Lebens machen. Es gibt keinen sichereren Weg dafür als den Weg der Kultur, weil die Kultur das Wissen über sich selbst und das Wissen über die anderen enthält.

Wir leben in einer globalisierten Welt, aber wir müssen uns sehr davor in Acht nehmen angesichts dessen, was ich gerade gesagt habe: Es soll keine Welt von Beziehungen nur zwischen Waren und Menschen sein, sondern zwischen Männern und Frauen als Kulturträgern. Wir stellen oft fest, dass die Waren frei zirkulieren, aber die Männer, die Frauen, die Arbeiter stoßen auf viele Hindernisse, viele Vorurteile, viele dunkle Schatten dieses Übels des 20. Jahrhunderts, des Leides, das Menschen anderen Menschen angetan haben. Wir sollten also die Menschen aus den Globalisierungsprozessen nicht ausgrenzen.

Das Ibero-Amerikanische Institut in Berlin ist eine Brücke zwischen Deutschland und dem hispano-lusitanischen Amerika. Über diese Brücke sind Berühmtheiten wie Alexander von Humboldt gegangen, dem Lateinamerika eine Reihe von Büchern und grundlegenden Essays zu verdanken hat, genau auf der Schneide zur politischen Unabhängigkeit Lateinamerikas. Dieser große deutsche Gelehrte schaffte es, unser eigenes Land zu beschreiben und verfaßte für Mexiko den wunderbaren politischen Essay über den König, der immer noch eines der Hauptwerke der Kultur meines Landes ist. Aber es gibt Dinge, die nicht so bekannt sind, und ich möchte heute gerne einen Reiseweg skizzieren: Es handelt sich um den Einfluss des deutschen Denkens in Mexiko und Lateinamerika, das über einen ganz besonderen Weg zu uns kam, und zwar über die republikanisch-spanische Emigration nach Mexiko nach der Niederlage der Republik gegen den spanischen Faschismus.

Spanien hatte sich nach dem Trauma der Niederlage von 1898 und dem Verlust der Relikte seines Imperiums in Puerto Rico und Kuba dem europäischen Einfluss geöffnet und hierbei ganz besonders dem deutschen Einfluss als einer kraftvollen Lehre, einer Forderung nach Tiefe im spanischen Denken. Es war Ortega y Gasset, der dazu den Grundstein legte. Auf diese Weise, als am Ende des Krieges 250.000 republikanische Flüchtlinge in Mexiko ankamen – dank der außerordentlichen Großherzigkeit des größten mexikanischen Präsidenten des 20. Jahrhunderts, Lázaro Cárdenas –, konnten wir, die wir das Glück hatten, die philosophisch-literaturwissenschaftliche Fakultät und die rechtswissenschaftliche Fakultät der Universidad Nacional Autónoma de México zu besuchen, erstaunlicherweise die Vorlesungen der spanischen Emigranten hören, die wiederum Träger der Lehren des deutschen Denkens waren: eines Denkens, dessen Darstellung gerade in diesen Jahren des Krieges und der unmittelbaren Nachkriegszeit so wichtig war, weil es das einseitige finstere Bild des nazistischen Deutschlands verneinte. José Gaos, der große spanische Philosoph, war der Übersetzer von Heidegger ins Spanische. Ich erinnere mich sehr gut an das Auftreten von Don José Gaos, vollkommen kahl, mit einer kleinen Brille, von großer physischer Kraft (er war in der Lage die Bucht von Acapulco zu durchschwimmen), als er uns eine außerordentliche Vorlesung hielt, in der es um den Unterschied zwischen Erde und Welt ging, den er von Heidegger ableitete. »Die Erde ist da, und wir kennen sie nur in der Tiefe«, sagte Gaos zu uns, »die Welt ist da, aber sie ist über der Erde und sie ist unser Konstrukt. Die Erde existiert immer, die Welt hängt von uns ab, die Welt müssen wir aufrecht erhalten und erschaffen, wir, die Männer und Frauen«.

Ich erinnere mich an Eduardo Nicol, auch er kahlköpfig, der uns eine außerordentliche Vorlesung über Nicolai Hartmann und seine Wertetheorie hielt: Hartmanns Axiologie als eine Theorie der einschließenden Werte und nie der ausschließenden. Ich glaube, dies war eine weitere wichtige Lektion der deutschen Philosophie für Mexiko durch die Spanier. Aus dieser Erfahrung und der Kenntnis des deutschen Denkens lernten wir, nicht um jeden Preis die Einheit anzustreben, sondern Identität durch Anerkennung der Vielfältigkeit zu leben. Inzwischen wird dies zum politischen Programm in Mexiko und ganz Lateinamerika erhoben. Vielleicht haben wir in den lateinamerikanischen Ländern zu einer Identität gefunden, jetzt ist es an der Zeit, die Vielfalt anzuerkennen: politische, ideologische, ethnische, sexuelle Vielfalt – Vielfalt jeder Art. Die Lektion, die wir aus diesen Lehren ableiteten, hat mein eigenes Denken, mein Werk geprägt: Wir sollen nie versuchen, Teile von der Wirklichkeit abzuspalten, sondern sie mit einbeziehen. Ich versuche, mir immer bewusst zu sein, dass ich Teil einer individuellen Realität, aber auch einer objektiven Realität wie auch einer kulturellen oder kollektiven Realität bin. Es ist diese Konstellation, die uns wirklich unseren Platz in der Welt zuteilt.

Ein deutscher Philosoph, viel gelesen und studiert und bewundert in dieser Zeit in Mexiko, war Edmund Husserl. Von Husserl, so glaube ich, bewahrten wir diese Erkenntnis: Wenn wir eine spirituelle Welt verloren haben, sollten wir uns bemühen, zu den natürlichen Grundlagen, den Grundlagen des Verstandes, der Natur zurückzukehren, um sie zu erneuern. Husserl verstand dies als einen Beitrag der europäischen Kultur. Er war europafreundlich und ich glaube, dass die Mexikaner, die Lateinamerikaner, als sie Husserl kennenlernten und lasen, sich an Europa annäherten.

Dank all dem was ich gerade aufgezählt habe, behielten wir mitten im Krieg – in Mexiko, in Lateinamerika – ein anderes Bild von Deutschland und von Europa. Der Einfluss der deutschsprachigen Literatur in Lateinamerika ist immens gewesen, viel größer als man es in Deutschland annimmt. Ich würde sagen, es war der größte literarische Einfluss in Lateinamerika im 20. Jahrhundert. Von Thomas Mann bzw. den Geschwistern Mann bis Döblin, bis Musil, sogar heutzutage bis Günter Grass gab es keine größeren Einflüsse in der lateinamerikanischen Prosa als diejenigen der deutschen Romanschriftsteller. Ich sollte Hermann Broch nicht vergessen, weil Broch für mich eine Entdeckung war: ein Fund, als ich neunzehn war, der mein literarisches Schaffen erleuchtete, der mich lenkte, als ich diesen wunderschönen Roman »Die Schlafwandler« las. Und als ich Broch las, merkte ich, dass der Roman der Treibsand der Wörter ist, dass sich in einem Roman alle Disziplinen, alle Strömungen und vor allem alle Stimmen treffen konnten, dass der Roman definitionsgemäß eine vielstimmige Erzählkunst war, in der nichts ausgeschlossen bleiben konnte. Dies war eine ungeheure Lektion, die ich durch Hermann Broch erfuhr.

Ich kehre kurz zurück zu Goethe und zu einer Idee, die ich für sehr wichtig für heutige Schriftsteller halte. Dies ist die Idee der *Weltliteratur* bei Goethe. Diese goethe'sche Auffassung von *Weltliteratur* sagt uns ganz deutlich, dass der Roman nicht gestorben ist und dass die Literatur noch nicht ihr letztes Wort gesprochen hat: Sie hat noch nicht ihr letztes Wort gesprochen, weil wir alle, Männer und Frauen, noch nicht unser letztes Wort gesprochen haben. An dem Tag, an dem wir es aussprechen, wird diese Welt zu Ende gehen. Das Wort aufrecht erhalten, die Literatur aufrecht erhalten, heißt demnach das Leben aufrecht erhalten. Es gibt kein Leben ohne das Erzählen vom Leben.

Das Ibero-Amerikanische Institut verbindet nicht nur Deutschland mit Lateinamerika, sondern es verbindet auch ganz Europa mit dem spanisch- und portugiesischsprachigen Lateinamerika. Lateinamerika ist ohne Europa nicht denkbar. Lateinamerika ist das westliche Ende Europas, aber ich glaube, dass Europa wiederum ohne Lateinamerika nicht begreifbar ist. Europa ist ohne Lateinamerika nicht zu verstehen, weil Lateinamerika die Auffassung hat, dass Europa nur das Beste sein kann, was Europa von sich geben kann. Wir schätzen Europa so sehr, dass wir ein Europa, welches uns das Schlechteste von sich gibt, nicht begreifen können. Wir wollen, ja wir fordern ein Europa, das uns das Beste von sich gibt. Wir wollen, wie Max Weber forderte, einen Polytheismus der Werte bilden. Wir dürfen nicht vergessen, dass wir beiderseits des Atlantiks multikulturelle Gesellschaften sind. Lateinamerika und Europa teilen sich das große mediterrane Erbe: das griechische Erbe, das lateinische Erbe, das jüdische Erbe und das arabische Erbe. Es ist, als ob es ein Meer der Erkenntnisse gäbe, das sich vom Mittelmeer zur Karibik und zum Golf von Mexiko spannt. In diesem Meer ist der Atlantik einfach eine Brücke zwischen zwei kulturellen Einzugsgebieten, dem des Mittelmeeres und dem der Karibik, wo alle Sprachen, alle Vorstellungskräfte und alle Volksstämme der Welt sich treffen, weil es auch ein indigenes Lateinamerika gibt, weil es auch ein afrikanisches Lateinamerika gibt, und auch dies ist eine Brücke für eine größere Erkenntnis darüber, was die wahrhafte Globalität darstellt, die in der Anerkennung des Anderen liegt. Wir werden nie wissen, wer wir sind, wenn wir nicht zuvor erkennen, wer nicht wie du und ich ist. Dieser multikulturelle Charakter sollte uns auf eines der zentralen Ereignisse des 21. Jahrhunderts vorbereiten, den unvermeidbaren Migrationsfluss von Süden nach Norden, von Männern und Frauen, die nicht nur Träger von Arbeitskraft sind, sondern auch von Kulturen, um eine Welt zu schaffen, die weder schwarz noch weiß noch kupferrot sein wird, es wird eine Regenbogen-Welt sein. Wir gehen auf eine Regenbogen-Welt zu, und ich glaube, dass dieses Institut ein Teil dieses Regenbogens ist, den ich mir für das 21. Jahrhundert vorstelle. Wir alle werden eine gemeinsame Kultur erleben, die multikulturell ist. Wir alle müssen unsere eigene Kultur wertschätzen, ohne die der anderen zu negieren. Wir alle sollten uns in der Kultur des Unterschiedes erkennen und sie zu unserer eigenen machen.

Was ist die Mission und die Bestimmung des Ibero-Amerikanischen Institutes in Berlin? Ein unerlässlicher Ort für die Begegnung zwischen Deutschland und Lateinamerika, aber auch zwischen dem gesamten Europa und ganz Lateinamerika. Das Ibero-Amerikanische Institut in Berlin hat mehrere Jahrzehnte als Brücke zwischen unseren Kontinenten gedient, hat die größte lateinamerikanische Bibliothek Europas gesammelt, war der Keim von Studien, Forschungen, Schöpfungen und Erkenntnissen ohne Ende. Wir alle sind verantwortlich, dieses Erbe lebendig zu halten, es zu vermehren und mit unseren Werken, unserem Leben und unserem Streben gleichzusetzen. Vor 11 Jahren, als ich das letzte Mal dieses Kulturzentrum besuchte, als noch die abscheuliche Narbe der Mauer die Stadt teilte, schrieb ich folgendes und ich will es heute wiederholen: Das Ibero-Amerikanische Institut ist der Leuchtturm unserer Kultur auf der Insel Berlin, er gibt Deutschland alles von uns. Es ist Zeit, die Insel in einen Kontinent zu verwandeln, indem wir diesem Leuchtturm alle Lichter geben, die er braucht. Es gibt keine Kultur, die isoliert lebt, das Leben ist die Berührung, die Identität erlangt man zusammen mit den anderen. Bringen wir die Lichter dieses Leuchtturms zum strahlen!

Auszüge aus der Rede des mexikanischen Schriftstellers Carlos Fuentes
bei seinem Besuch im Ibero-Amerikanischen Institut am 19. Mai 2000
Übersetzung aus dem Spanischen: Mikel A. Pérez Aboitiz

Martin Staehelin

Das Staatliche Institut für Musikforschung in neuer Blüte

Wer seit mehreren Jahren – und sei es auch aus einiger geographischer Distanz – Existenz, Gestalt und Aktivitäten des Staatlichen Instituts für Musikforschung hat verfolgen können, gerät ob der Vielfalt und Lebhaftigkeit, die heute im Institut herrscht, ins Staunen. Was, so wird man überrascht fragen, was ist aus jenem »Staatlichen Institut für deutsche Musikforschung« geworden, in das bei seiner Begründung im Jahre 1935 das Bückeburgische »Fürstliche Institut für musikwissenschaftliche Forschung«, das »Musikarchiv der deutschen Volkslieder« und die »Sammlung alter Musikinstrumente« zusammengeführt worden sind – ein Institut, das, nach ersten, teilweise durchaus wirkungskräftigen Bemühungen, allerdings bald in die Bedrängungen des Zweiten Weltkriegs und dann der schwierigen Nachkriegsjahre hineingeraten ist? Gewiß war äußerst hilfreich, dass das schwer kriegsversehrte Institut, dessen Kräfte seit 1947 zunächst weitgehend durch die Bemühungen um einen Wiederaufbau gebunden waren, im Jahre 1962, nach zwischenzeitlicher Verwaltung durch den Berliner Senat, in den Verband der Stiftung Preußischer Kulturbesitz eingegliedert werden konnte und hier wieder eine erste, eine wissenschaftliche Arbeit ermöglichende Basis fand. Freilich, ohne Probleme blieben auch die Jahre damals und in der Folge nicht und noch im letzten Jahrzehnt des 20. Jahrhunderts ergaben sich längere Phasen der Direktorenvakanz, die im Institut eine deutliche Ungewißheit seiner äußeren und inneren Ausrichtung entstehen ließen. Aber das gemeinsame Anpacken des Stiftungspräsidenten und des gegenwärtigen Institutsdirektors seit dem Jahre 1999 brachte Visionen und Konzeptionen zustande, deren Qualität sich in wunderbarer Weise an einer wahren Blüte bestätigt, die das Institut seither erlebt. Diese Blüte, die uns, weil durch ihre Nähe sehr gegenwärtig, in besonderer Weise bewusst wird, wird dazu berechtigen, im Folgenden nicht mehr von weit zurückliegenden Jahrzehnten, sondern von dem Leben und den Aktivitäten zu reden, die das Institut heute erfüllt.

Zunächst muß man sich vergegenwärtigen, dass das Berliner Institut in Gestalt und Tätigkeit von einem Musikwissenschaftlichen Institut, wie es üblicherweise und sonst nur an Universitäten besteht, abweicht. So ist der universitäre Unterricht von Studenten jedenfalls prinzipiell nicht sein Auftrag. Vielmehr nimmt es zentrale fachliche Aufgaben wahr, die oft die Möglichkeiten einzelner Universitätsinstitute übersteigen, weil sie sehr allgemeiner Art und damit auch umfangreich sind; es wird darüber noch zu reden sein. Auch die Verbindung eines Musikinstrumenten-Museums mit einem Institut ist exzeptionell, wenngleich ebenso attraktiv wie viele der reinen Institutsaufgaben. Man erkennt bereits an diesen knappen strukturellen Erläuterungen, dass das Leben des Instituts vielfach aus dem Dienst für Andere und, etwa im Museum, aus der Lust des Sehens und Hörens besteht, die ebenfalls Anderen bereitet wird.

Früheren Texten aus dem Institut glaubt man entnehmen zu können, dass man diesem wesentlich die Funktion zugeordnet hat, seine Teile und deren Aktivitäten unter ein bergendes Dach zu bringen, freilich ohne die entschiedene Absicht, die Grenzen zwischen ihnen auch zu durchbrechen. Es ist vielleicht das wichtigste Kennzeichen der jüngsten Neuorientierung des Instituts, dass dessen heute bestehende Abteilungen – also das Musikinstrumenten-Museum sowie die Abteilungen Musikgeschichte und -theorie, Musiktechnologie und Dokumentation, schließlich Akustik und Studiotechnik – aus ihrer gewissen Vereinzelung noch entschiedener als bisher herausgelöst und seither, wo immer dies möglich ist, in produktive gegenseitige Verbindung untereinander gebracht werden. Diese Bemühung um eine nachdrückliche Integration des Ganzen prägt seit einiger Zeit in fruchtbarer Weise das Wirken des ganzen Instituts, obwohl sie keineswegs immer leicht zu erreichen ist; denn die hier einzubeziehenden Kategorien des wissenschaftlichen, dabei oft sehr theoretischen Erforschens von Musik, sodann des musikalischen Hörens und der Akustik sowie schließlich der visuell-musealen Veranschaulichung musikalischer Objekte sind häufig durchaus verschieden, ja zum Teil durch extrem flüchtige Inhalte gekennzeichnet. Wie im Institut auf die Integration solcher Größen geachtet wird, soll im Folgenden beispielhaft an einigen wichtigen Aktivitäten und Unternehmungen der letzten Jahre veranschaulicht werden.

Es mag sich empfehlen, mit Hinweisen auf die Musikinstrumenten-Sammlung zu beginnen, denn die ausgestellten Stücke dieses fabelhaft reichen Museums sind dem Betrachter unmittelbar wahrnehmbar. Dass eine ganze Anzahl von ihnen, selbst wenn sie ein gewisses Alter haben, wieder spielbar gemacht sind und klingen können, erhöht ihre direkte Wirkung auf das Publikum. Freilich, ohne die Verbindung mit der vom Institut betriebenen musikhistorischen und -theoretischen Forschung würde der Einordnung der und den Erläuterungen zu den Instrumenten eine wichtige Basis fehlen. Dies gilt selbstverständlich auch für die vielen im Museum gezeigten Sonderausstellungen der letzten Jahre, etwa zur Guitarre, zur Geschichte des Hammerklaviers, zur Klarinette, zu den verschiedenen »Harmonika«-Instrumenten oder zur »Alemannischen Schule« des Geigenbaus u. a. m. Und einschließen muss man auch eine Großzahl von im Museum gebotenen Konzerten; wo es sich um ältere dargebotene Musik handelt, erfolgt natürlich eine Kombination der hier verfolgten »Historischen Aufführungspraxis« – die dem Institut und dem

Museum überhaupt ein wichtiges Anliegen ist – mit den theoretischen Einsichten, die sich aus dem Studium älterer Schriften gewinnen lassen. Wie auch immer: Der gute Besuch der Konzerte zeigt, wie wichtig den Besuchern die Mischung aus unmittelbarem musikalischem Klang und wissenschaftlicher Einordnung ist.

In gewisser Weise umgekehrt verhält sich die Situation da, wo die Musikwissenschaft des Instituts eigene, zunächst theoretische Studien in vergleichende und überprüfende Beziehung zu klanglichen Gegebenheiten setzen möchte oder muss. Dies hat sich, um nur Weniges zu nennen, etwa in den Recherchen zur vielbändigen prominenten Reihe mit der »Geschichte der Musiktheorie«, vielleicht noch unmittelbarer in den Bänden der vor kurzem angelaufenen Buchreihe »Klang und Begriff« bewährt: Es sei besonders an Befunde erinnert, bei denen eine ältere, zahlhaft bestimmte Theorie beispielsweise Schwingungs- und Stimmungssysteme regelt. Aber es gilt Ähnliches auch für Themata, wie sie das Institut in Symposien und Tagungen behandelt, etwa wenn es um die »Virtuosität« in der Musikgeschichte, ja selbst um musikalische Editionsprobleme oder um Gegenstände der Musikethnologie geht. Ja sogar die Analyse von schwieriger neuer Musik – in diesem Fall von Arnold Schönbergs Symphonischer Dichtung »Pelleas und Melisande« – ist schon der Darstellung durch verschiedene gleichzeitige Medien unterzogen worden, indem die Musik mit ihren Noten bildlich-elektronisch präsent gemacht und dazu die technische Möglichkeit geschaffen worden ist, sie an einzelnen ihrer Stellen zu hören und erklärt, verglichen sowie analysiert zu bekommen. Letztlich wird die beschriebene Symbiose fast immer in irgendeiner Weise zur Wirkung kommen, da das Hauptziel des Instituts, wie sein Name schon sagt, ja die Erforschung von Musik ist – und die Musik eben auch klingt.

Nun gibt es allerdings auch Aktivitäten in Institut und Museum, die eine »Verzahnung« der verschiedenen Felder nicht oder doch kaum zulassen, obwohl sie letzten Endes ebenfalls irgendwie auf die Musik ausgerichtet sind. Das betrifft etwa solche Gebiete, welche die Musikgeschichte dokumentieren und so auch gewissermassen kommentieren. Als bedeutendes Beispiel sei hier nur die auf sechs Bände angelegte Gesamtedition des »Briefwechsels der Wiener Schule« genannt, von der eben zwei umfangreiche Teilbände mit den Korrespondenzen von Arnold Schönberg und Alban Berg erschienen sind. Die Hunderte von Briefen, zwar gewiss Dokumente zur Musikgeschichte, verlangen aber die direkte Verbindung mit klingender Musik nur selten, da sie ja von sehr Verschiedenartigem, also auch nicht unmittelbar Kompositionsbezogenem handeln; aber ihre Texte haben nachgewiesen, aus den handschriftlichen Originalen übertragen und kommentiert werden müssen. Dieser Briefwechsel, wenn einmal in allen Bänden ediert, wird eine Pfeilerpublikation der Musikgeschichte sein und allen Interessenten bedeutende Dienste leisten.

Ähnliches gilt für die musikbibliographischen Unternehmungen des Instituts, die vorwiegend dem Nachweis von musikwissenschaftlichen Veröffentlichungen gelten – seit kurzer Zeit sogar bequem und aktuell im Internet zugänglich: Die Arbeitserleichterung, die damit auch Außenstehenden gewährt wird, ist unverkennbar und dokumentiert sich in gewaltigen Nutzerzahlen.

Man sehe dem Schreiber dieser Zeilen nach, dass er auf kurzem Raum nicht vollständig verzeichnen kann, wieviel Wichtiges und Lebenskräftiges im Berliner Institut geschaffen und vorangegetrieben wird – und dies, wie oben schon angedeutet, oft im Dienst an Anderen und zu deren Freude. Aber Vollständigkeit und Präzision ist ohnehin nicht das Hauptanliegen dieser Zeilen: Vielmehr soll an Einzelhinweisen spürbar werden, welch bedeutende Stellung in Musikleben und Musikforschung diese Institution einnimmt und in welcher Blüte sie heute steht. Das darf und soll in einem Zeitpunkt bekannt werden, da die Stiftung Preußischer Kulturbesitz ihr fünfzigjähriges Bestehen begeht und sich auf Geleistetes und Erreichtes besinnt: In dieser ihrer »Erfolgsgeschichte« nimmt auch das Staatliche Institut für Musikforschung einen festen Platz ein.

Director's Choice

Aus den Sammlungen der Stiftung ließe sich leicht eine – endlose – »Grande Parade« inszenieren. Objektiv und unbestreitbar würde die Büste der Nofretete dazugehören, der Pergamonaltar, Bilder von Rembrandt, C. D. Friedrich, Picasso und Newman. Das wäre schön und eindrucksvoll.

Die Stiftung hat sich hingegen für das persönliche Prinzip des »Director's Choice« entschieden. Die Leiter der Sammlungen und Institute wurden gebeten, mit einem besonders sprechenden, interessanten oder geliebten, wichtigen, rätselhaften, beglückenden oder Sorge bereitenden Objekt ihrer Wahl – ein Autograph, ein Bild, ein Musikinstrument, ein Buch, eine Installation, eine Skulptur, eine Zeichnung, ein Möbel, eine Vase, eine Maske – zu einem Bild der Stiftung beizutragen, dessen Subjektivität bei fortschreitender Lektüre und Betrachtung ins Objektive umschlägt.

Auswahl und Begründung finden sich auf den folgenden Seiten.

Dietrich Wildung
Leuchtendes Rot

Nicht nur die Metamorphose von Nofretetes Schwiegermutter Teje, die Entdeckung der Handschrift der Kleopatra und der Fund der hellenistisch-afrikanischen Isisstatue bei unseren Grabungen im Sudan kommen mir in den Sinn, wenn es um Objekte geht, mit denen das Ägyptische Museum in den letzten Jahren in Wissenschaft und Öffentlichkeit Aufsehen erregt hat. Es ist nicht einmal ein Werk aus dem antiken Niltal, das hier repräsentativ für die Arbeit des Museums stehen soll. Wahrlich repräsentativ, denn es hat seinen Platz an der Fassade des Alten Museums gefunden, in Friedrich Schinkels Kolonnade, und leuchtet hinaus in den Lustgarten, in die Stadt.

Maurizio Nannuccis Lichtinstallation verkündet in ihren riesigen roten Neonlettern ALL ART HAS BEEN CONTEMPORARY. Vom Künstler als eine allgemein gültige Aussage geschaffen, nicht für einen spezifischen Ort bestimmt, wartete die Lichtskulptur, in einer Berliner Galerie ausgestellt, geradezu darauf, für das Ägyptische Museum entdeckt zu werden. In einem Medium unserer Zeit verweist sie auf die Zeitlosigkeit der Kunst. Zum Lustgarten und Schlossareal orientiert, schließt ALL ART die Kunst der Welt ein und wird zum Vorboten des Humboldt-Forums.

Nofretete blickt durch die Rotunde des Alten Museums auf Nannuccis Text und findet sich in ihm, sie, die Fremde aus Afrika, aus fernen Jahrtausenden, eine Schönheit mit Migrationshintergrund, bewundert, verehrt, angenommen als Zeitgenossin.

Das Bekenntnis des Ägyptischen Museums zur Gegenwart, sein Selbstverständnis als Ort des Nachdenkens sind in Maurizio Nannuccis Arbeit zum Kunstwerk verdichtet. Nirgendwo sonst könnte ALL ART HAS BEEN CONTEMPORARY überzeugender sprechen als am Alten Museum. Kein Wunder, dass der Künstler zu einer unbefristeten Leihgabe bereit war.

Dietrich Wildung ist Direktor des Ägyptischen Museums

Maurizio Nanucci, All Art has been contemporary, 2005.

Wilfried Menghin
Sein bestes Stück

Im Herbst 1998 veröffentlichte eine Berliner Zeitung einen Artikel über den Berliner Goldhut. Illustriert war dieser mit dem Bild des Museumsdirektors, der mit zufriedener Miene den fast 75 cm langen goldenen Konus in weißen Glacéhandschuhen schräg vor dem Körper hielt. Die Bildunterschrift – Honi soit qui mal y pense – lautete: »Der Museumsdirektor und sein bestes Stück«.

Die Zweideutigkeit ausgeblendet, trifft die Bildunterschrift den Kern. In seiner 35-jährigen Museumslaufbahn hat den Direktor noch kein einzelnes Objekt so sehr beschäftigt, wie der so genannte Berliner Goldhut. Im Dezember 1995 aus dem Dunkel des Kunsthandels aufgetaucht, galt es, die Spitze der Stiftung Preußischer Kulturbesitz vom Generaldirektor über den Präsidenten bis hin zum Stiftungsrat sowie die Fachgremien zu überzeugen, dass das exzeptionelle Objekt – trotz der zweifelhaften Provenienz und dem unbekanntem Fundort – für das Museum für Vor- und Frühgeschichte erworben und für die Öffentlichkeit gesichert werden muss. Die Zustimmung war damals einhellig und der Stiftungsrat genehmigte in seiner Sitzung am 12. Dezember 1996 den Ankauf des goldenen Hutes.

Der vorzüglich erhaltene Kultgegenstand, ein aus einem Stück nahtlos papierdünn getriebener Hohlkörper mit einer regelhaft anmutenden Verzierung aus Kreisbuckeln zwischen horizontalen Treibwülsten, ist der vierte seiner Art aus der europäischen Bronzezeit. Allein seine Vollständigkeit trug zur Klärung offener Fragen bei der Interpretation der drei anderen Goldhüte bei. Was offen blieb, war die Deutung des Ornaments. Daran hatten sich am »Goldenen Hut von Schifferstadt« seit seiner Auffindung 1835 und auch bei dem 1953 entdeckten »Goldkegel von Ezelsdorf-Buch« schon Generationen von Privatgelehrten und Wissenschaftlern – unter anderem auch der Autor dieser Zeilen als Konservator am Germanischen Nationalmuseum in Nürnberg – vergeblich versucht.

Von der Überzeugung ausgehend, dass die Symbole wie Stern, Mondsichel und die Buckelscheiben im Ornament des Berliner Goldhutes astrale Bezüge haben und seinem Kanon ein mathematisches System zugrunde liegt, machte sich der Direktor schon bald nach dem Ankauf an die Arbeit. Die Dechiffrierung des Ornaments gelang nur allmählich. In nächtelangen, über Monate fesselnden Zahlenspielereien – die Mitarbeiter und viele Fachkollegen

Wilfried Menghin ist Direktor des Museums für Vor- und Frühgeschichte

hielten sich mit Kommentaren zur Euphorie des Direktors freundlicherweise zurück – stellte sich mit hoher Wahrscheinlichkeit heraus, dass im Ornament des Goldhutes ein lunisolares Kalendersystem dargestellt ist. Der sensationelle Befund, dass der Meton'sche Zyklus in Mitteleuropa schon in der Zeit um 1000 v. Chr. bekannt war, erlangt zunehmend Akzeptanz in der Wissenschaft, wiewohl die Forschungen noch lange nicht abgeschlossen sind und sich der Direktor mit seinem besten Stück bis weit über die Pensionierung hinaus beschäftigen wird.

Wie dem auch sei, mit dem Goldhut wurde nicht nur ein bedeutendes Zeugnis der europäischen Religionsgeschichte, sondern zugleich ein eindrucksvolles Zeugnis der technischen und astronomisch-kalendarischen Fähigkeiten in der Bronzezeit Alteuropas für das Museum für Vor- und Frühgeschichte erworben.

Bronzezeitlicher Zeremonienhut, Treibarbeit mit Punzornament, Gold, H. 745 mm., 10.–8. Jh. v. Chr.

Beate Salje
Ein Mann aus Sumer

Mesopotamien in Berlin. Das ist für mich nicht nur Babylon mit seinem unvergleichlich leuchtenden Ischtar-Tor und der Prozessionsstraße, das ist für mich auch das Portrait eines Mannes aus Sumer aus dem 3. Jahrtausend vor Christus. Ich habe das Gefühl, hier einem Menschen persönlich zu begegnen, auch wenn er vor 5000 Jahren gelebt hat. Das Gesicht spricht mich an mit seinem geheimnisvollen Lächeln und dem aufmerksamen Blick. Der Ausdruck innerer Ruhe überträgt sich auch auf mich als Betrachterin.

Man weiß nicht, wen dieses beeindruckende Werk aus dem südlichen Zweistromland darstellt. Es stammt aus der neusumerischen Zeit oder der III. Dynastie von Ur (ca. 2150–2000 v. Chr.). Nach einer Zeit des Umbruchs lebte im Staat Lagasch und in den Städten Uruk, Ur und Nippur die sumerische Kultur wieder auf. Tempel wurden erneuert und die tiefe Frömmigkeit in einer Zeit relativen Wohlstandes und Friedens fand ihren Ausdruck in den Portraits der Herrscher, die im Vertrauen auf die Götter lebten. Aus Lagasch und den genannten Städten sind über 30 ikonographisch vergleichbare Statuen des Herrschers Gudea und seiner Nachfahren erhalten geblieben, deren Inschriften die Weihung an die Gottheiten ausdrücken.

Für mich ist die Betrachtung dieses nur 13 cm großen Kopfes aus Kalkstein, der in einer Kopie auf meinem Schreibtisch steht, immer wieder beglückend, strahlt er doch eine heitere Gelassenheit aus, die uns in unserer schnellebigen Zeit oft fehlt. Es ist das Menschliche, das dieses Meisterwerk auszeichnet.

Beate Salje ist Direktorin des Vorderasiatischen Museums

Kopf einer Männerstatue Südmesopotamien
Fundort unbekannt,
neusumerische Zeit / III. Dynastie von Ur (ca. 2150–2000 v. Chr.)
weißer Kalkstein; Höhe 13 cm.

Andreas Scholl
Archäologie des griechischen Theaters

Warum lade ich Sie zur Betrachtung gerade dieser unlängst restaurierten Statue aus der römischen Kaiserzeit ein? Ihre nähere Untersuchung kann, so denke ich, exemplarisch veranschaulichen, was die Arbeit an einem der großen archäologischen Museen der Welt, der Berliner Antikensammlung, so faszinierend macht. Es ist, wenn man es auf eine ganz knappe Formel bringen will, die Möglichkeit, fast jeden denkbaren Aspekt antiker Kulturgeschichte an Originalen erforschen und dem Publikum in immer wieder neuen Zusammenhängen veranschaulichen zu können.

Im hier gewählten Fall ist es ein bedeutendes Zeugnis zur Archäologie des griechischen Theaters – das als ein Beispiel unter vielen für jene Facetten antiken Lebens stehen kann, die noch die kulturelle Identität unserer Gegenwart nachhaltig prägen.

Vor uns steht in voller Lebensgröße ein Schauspieler im Kostüm des Papposilen aus dem attischen Satyrspiel der Klassik. Die in der archäologischen Forschung bislang unbeachtet gebliebene Statue ist eine Bildhauerarbeit der römischen Kaiserzeit, die den ältesten und ruhigsten der Silene darstellt. Er führt im griechischen Mythos das Gefolge des Dionysos an, in dessen Kult das griechische Theater als rituelles Element entstand. Der insgesamt prächtig erhaltene Berliner Silen steht aufrecht in untersetzter, fülliger Gestalt, zottigem Bart und langem Haar, das die spitzen Ziegenohren verdeckt. Das von einem üppigen Efeukranz bekrönte Gesicht des Silens hat stark maskenhafte Züge, ohne die Mundöffnung und die überproportionierten Augen einer realen Theatermaske wiederzugeben. Bekleidet ist der Papposilen mit einem eng anliegenden, nur Kopf, Hände und die Vorderpartie der Füße freilassenden Hosenanzug aus Schaffell, dessen Wolle regelmäßig gekräuselt ist. Während uns die Schauspieler des griechischen Theaters der Klassik sonst ausschließlich in kleinformatigen Terrakotten oder Vasenbildern begegnen, tritt uns der antike Bühnendarsteller hier in seiner ganzen physischen Präsenz vor Augen.

Es gibt gute Gründe für die Annahme, dass der einzigartige Berliner Papposilen als römische Kopie aus dem 2. Jh. n. Chr. auf eine lebensgroße Schauspielerdarstellung aus dem klassischen Athen zurückgeht – vielleicht die Ehrenstatue für einen berühmten Darsteller aus der Weihung eines im Satyrspiel siegreichen Choregen (»Sponsors«) an den Theatergott Dionysos.

Zahlreiche weitere Objekte zur Geschichte des griechischen Theaters

Andreas Scholl ist Direktor der Antikensammlung

verdeutlichen, dass die Berliner Antikensammlung weit mehr ist als ein Museum zufällig in Berlin versammelter Antiken. Seit Eduard Gerhard, der bereits 1833 sein Amt als »Archäolog bei dem Museum« antrat, verstand und versteht sie sich als planvoll und gezielt angelegtes Archiv zur Sachkultur der Antike. Sie ist damit ein Forschungsinstrument und Forschungsinstitut von höchstem Wert. Dieses große Objekt-Archiv weiter systematisch für die archäologische Forschung und die interessierte Öffentlichkeit zu erschließen, ist eine der wichtigsten Aufgaben der Zukunft für die Berliner Antikensammlung.

Statue eines Schauspielers im Kostüm des Papposilen
aus dem attischen Satyrspiel
Höhe: 1,68 m; Material: pentelischer Marmor,
Gefunden in Rom am nordwestlichen Abhang des Quirinal.

Arne Effenberger
Byzantinisches Glücksspiel

Was wissen Museumsbesucher eigentlich von den Byzantinern? Das landläufig verbreitete Bild wird durch Bücher geprägt, die überwiegend Zeugnisse der Monumental- und Buchmalerei oder der Luxuskultur abbilden, wobei die Bildthemen fast immer christlich geprägt sind. Vokabeln wie »Luxus«, »Glanz«, »Kostbarkeiten«, »Glaube« und »Macht« fehlen in kaum einem Ausstellungstitel. Die Vorstellung, dass die Byzantiner permanent in der Kirche gesessen, an ihr künftiges Seelenheil gedacht, sich andächtig über ihre Ikonen gebeugt oder sich über die Erlaubtheit der Bilder den Kopf zerbrochen haben, dass ihre Kaiser nach einem streng geregelten Zeremoniell lebten und ausländische Gesandtschaften (besonders, wenn sie aus dem halbbarbarischen Westen kamen) mit allen Mitteln höfischer Prunkentfaltung einzuschüchtern suchten – all das ist richtig, aber es ist nur die halbe Wahrheit. Denn die Byzantiner waren ganz normale Menschen und sie taten Gutes und Schlechtes, konnten in einer uns durchaus vorstellbaren und gänzlich unchristlichen Weise grausam und menschenverachtend sein. Die Byzantiner waren aber auch Spielernaturen und darin unterschieden sie sich in nichts von anderen Menschen. Dafür besitzt das Museum für Byzantinische Kunst ein ganz einzigartiges Beispiel: das Kugelspiel aus dem Hippodrom von Konstantinopel, das in seinen Reliefdarstellungen den Ablauf eines Renntags schildert. Lange wurde gerätselt, wie es wohl funktioniert hat. Dies konnten wir anhand einer Gipsrekonstruktion klären. Doch die Frage »Losmaschine oder Glücksspielautomat« war damit noch nicht beantwortet. Die Lösung fand vor kurzem mein Freund, der Berliner Byzantinist Diether Roderich Reinsch, und zwar, wo man es eigentlich nicht erwarten würde, in einem juristischen Kommentar des Theodoros Balsamon, der im 12. Jahrhundert lebte. Der zerbrach sich nämlich den Kopf, was es mit den »hölzernen Pferden« für eine Bewandtnis haben könnte, die in einem Gesetz des Kaisers Justinian I. vom Jahre 534 nebst Würfelspiel verboten worden waren. Theodoros Balsam schloss sich der Meinung derjenigen Rechtsgelehrten an, die offenbar noch wussten, was in den Spielhöllen von Konstantinopel ablief und die »hölzernen Pferde« folgendermaßen erklärten (in der Übersetzung von Reinsch): »es handle sich dabei um eine hölzerne Anlage, die sich in schrägen Bahnen erhebe, die in der Mitte Löcher hätten. Die Wettparteien legten bei diesem Spiel auf den höchsten Punkt dieser Bahnen vier verschieden gefärbte Kugeln, die sie nach unten lau-

Arne Effenberger war bis 31.8.07 Direktor der Skulpturensammlung und des Museums für Byzantinische Kunst

fen ließen. Welche von den durch die Löcher laufenden Kugeln aber zuerst aus dem letzten Loch herauskomme, diese Kugel verschaffe demjenigen, der auf sie gesetzt habe, den Sieg.« Damit ist eindeutig erwiesen, dass das Kugelspiel ein solcher Wettautomat war. Es besteht zwar aus Marmor, erfüllt aber alle funktionalen Merkmale eines »hölzernen Pferds« und ist, wie Reinsch zutreffend formuliert hat, eine »Luxusausführung« in Marmor.

Kugelspiel, Konstantinopel, um 500, Prokonnesischer Marmor, H. 77 cm.

Bernd Kluge
Der Vater des Mittelalters

Aus über einer halben Million schutzbefohlener Objekte einen »Liebling« zu kreieren, ist schwer. Wenn ich es an dieser Stelle doch tun soll, dann kommt für einen Mittelalterhistoriker natürlich nur das Mittelalter in Frage. Und wenn schon Mittelalter dann am besten den Vater des Mittelalters, der zugleich auch so etwas wie der Vater Europas ist: Karl der Große.

Zu den Begebenheiten, die uns aus unserem Schulwissen noch einigermaßen im Gedächtnis geblieben sind, gehört die Kaiserkrönung Karls des Großen am Weihnachtstag des Jahres 800 in Rom. Dieses für Europa epochale Ereignis ist damals auch auf Münzen festgehalten worden. Es sind die einzigen, die uns ein Bildnis zeigen, das zugleich das einzige zeitgenössische »Porträt« Karls des Großen ist. Wie jener Mann aussah, dessen Name auch heute noch jeder kennt, wissen wir nur von den Münzen. Die schönste dieser Münzen befindet sich seit 1911 im Berliner Münzkabinett. Sie zeigt auf der Vorderseite das nach rechts gewendete Brustbild des Kaisers. Er nennt sich Imperator Augustus (erhabener Kaiser), trägt den Lorbeerkranz der antiken Cäsaren und ist mit dem Paludamentum, dem an der Schulter mit einer Spange zusammengehaltenen römischen Kaisermantel, bekleidet. Das Haar ist glatt nach vorn gekämmt und rund geschnitten, der fränkische Schnauzbart deutlich zu erkennen. Das F unter dem Kaiserbild als Abbreviatur für die Münzstätte »Franconoforde« würde Frankfurt am Main als eine auf Karl den Großen zurückgehende europäische Geldzentrale adeln – eine zwar häufig in der Numismatik vertretene, leider aber unbewiesene Annahme.

Die Rückseite zeigt ein viersäuliges Kirchengebäude, in dessen Mitte und auf dem Giebel sich ein Kreuz befindet, umgeben von der Umschrift XPICTIANA RELIGIO. Damit wird zum Ausdruck gebracht, dass das neue Kaisertum im Unterschied zu dem der Antike auf die eine, ganz Europa umspannende christliche Religion gegründet und deren Schutzherr der Kaiser ist.

Karl der Große ist nicht nur der Begründer des neuen abendländischen Kaisertums, sondern auch der Schöpfer des mittelalterlichen Münzwesens überhaupt. Der von ihm eingeführte silberne Denar (Pfennig) ist als europaweit gültige Währung der erste »Euro« gewesen. Zwölf dieser Pfennige galten einen Schilling (Solidus), 20 Schillinge (240 Pfennige) waren ein Pfund, ein System, das im Münzwesen Großbritanniens noch tausend Jahre nach Karl dem Großen in Funktion war.

Bernd Kluge ist Direktor des Münzkabinetts

Münze Karls des Großen, 800–814, Silber, 171 g, ø 20 mm.

Willibald Veit
Der mitfühlende Retter aller Notleidenden und Bedrängten.

Im Jahr 1924 erwarb die Ostasiatische Kunstsammlung die hier abgebildete 71 cm hohe chinesische Kalksteinskulptur eines Bodhisattva Avalokiteshvara, entstanden in der kurzlebigen Sui-Dynastie (581–618). Aus den Inventarbüchern und der Karteikarte geht hervor, dass das Museum sie von der international renommierten Berliner Kunsthandlung ›Glenk-Worch‹, Tiergartenstrasse 2, erworben hatte. Als Vorbesitzer kann der Kunsthistoriker, Ostasienreisende, Ostasiatika-Händler und Schriftsteller Friedrich Perzyński (1877–1962?) ausgemacht werden, der die Skulptur noch 1920 in seinem Buch »Von Chinas Göttern – Reisen in China« veröffentlicht hatte, um sie wenig später an ›Glenk-Worch‹ zu verkaufen.

Die chinesische Bezeichnung des Bodhisattva Avalokiteshvara lautet *Guanyin* – Wahrnehmer der Stimmen – oder *Guanshiyin* – Wahrnehmer der Stimmen der Welt. Er hört alle, die ihn anflehen. Reichgeschmückt hält er hier in der Linken eine Wasserflasche und ursprünglich in der angewinkelten Rechten einen Weidenzweig. In einer buddhistischen Schrift, die bereits in der Östlichen Jin Dynastie (317–420) ins Chinesische übersetzt wurde, heißt es, Buddha rate den Hilfesuchenden, *Guanyin* anzurufen und ihm Weidenzweige und reines Wasser darzubringen. Im 25. Kapitel des Lotos-Sutra, das *Guanyin* gewidmet ist, wird er als der Retter aller Notleidenden beschrieben, der u. a. vor Feuer, Wasser usw., aber auch vor Räubern und Gier schützt.

Diese Skulptur wurde mit etwa 5000 weiteren Objekten der Ostasiatischen Kunstsammlung von der sowjetischen Trophäenkommission im Sommer 1945 in die Sowjetunion verschleppt und es sollte fast ein halbes Jahrhundert vergehen, ehe sie schwer verletzt wieder zurückkehren konnte.

1977/78 hatte die Sowjetunion aus ihrer Trophäensammlung der DDR rund 45 000 Objekte des Berliner Völkerkundemuseums übergeben, die allerdings bis zur Wiedervereinigung im Depot des Leipziger Grassi Museums unter größter Geheimhaltung verwahrt wurden.

Wehmütig der eigenen Sammlung in Rußland gedenkend verfolgte ich 1992 die Rückführung dieser Sammlung aus Leipzig nach Dahlem. Zwei Jahre später, die Zuordnung der einzelnen Objekte zu ihren angestammten Abteilungen war längst abgeschlossen, begegnete ich diesem Boddhisattva schwer verletzt, ohne Füße und ohne rechte Hand auf einem Tisch liegend im Depot der Ostasiatischen Abteilung des Ethnologischen Museums. Auf Grund der

Willibald Veit ist Direktor des Museums für Asiatische Kunst fehlenden Inventarnummer war ihm noch kein Platz in einem Schrank zugewiesen worden. So schien er auf die Rückkehr in die Ostasiatische Kunstsammlung gewartet zu haben, zumal in seiner Begleitung sich noch weitere 37 verloren geglaubte Objekte befunden hatten. Die Füße fanden sich schließlich im Depot des Museums für Indische Kunst wieder.

Nach seiner rechten Hand suchen wir immer noch. Vielleicht bringe ich ihm Weidenzweige und reines Wasser dar, um die Rückkehr der »restlichen« Sammlung zu erflehen. *Guan Yin* soll nicht nur vor Feuer und Wasser, sondern auch vor Räubern und Gier schützen.

Bodhisattva Avalokiteshvara, Sui-Dynastie (581–618), Kalkstein, H. 71 cm.

Bernd Wolfgang Lindemann
Waldeinsamkeit und stille Andacht

Das nahezu quadratische Bild ist nicht Illustration einer bestimmten Episode aus dem Neuen Testament – intensive Frömmigkeit und theologisches Nachsinnen über christliche Glaubensgeheimnisse sind ihm Anlass und Zweck. In dichter Waldesatmosphäre liegt auf blumenbestandenem Boden das Christuskind, angebetet von seiner Mutter, die in mädchenhafter Anmut neben ihm kniet. Am linken Bildrand, auf felsiger Scholle, steht der Johannesknabe, der mit Schriftband (»Siehe das Lamm Gottes ...«) und Kreuz auf das Erlösungswerk Jesu hinweist. Vertikal über dem Christusknaben schwebt in einer Sterngloriole Gottvater, unter diesem die Taube des Heiligen Geistes, Strahlen hinabsendend auf das Kind. Wiederum am linken Bildrand, knapp oberhalb des Johannesknaben, ist in stiller Andacht ein Mönch gezeigt, zu sehen nur als Halbfigur, da hinter einem Felsblock kniend, der ihm als Betpult dient: Bernhard von Clairvaux, der große Zisterzienser – nicht deren Gründer, wie fälschlich oft zu lesen, sicher jedoch deren bedeutendster Theologe. In der linken unteren Bildecke steckt in einem Baumstamm eine Axt, deren Stiel der Künstler als den Ort für seine Signatur wählte. Diese Axt war es wohl, deren Einsatz wir die zahlreich im Bild herumliegenden Holzkloben schulden – womöglich dürfen wir sie auffassen als jene Axt, die an die Wurzel des Baumes gelegt wird, der nicht gute Frucht bringt (Lukas 3,9; Matthäus 3,10): Menschwerdung und Passion Christi sind Teil gesamthafter Eschatologie.

Die Weltabgeschiedenheit der Szene – dem Lebensideal der Zisterzienser übrigens in hohem Maße entsprechend, bauten sie ihre Klöster doch grundsätzlich in tiefer Waldeinsamkeit – steigert die Möglichkeit des Betrachters, die Szenerie mitempfindend anzusehen, ganz so, wie spätmittelalterliche Schriften ihm dies nahelegten, etwa die Offenbarungen der Birgitta von Schweden oder die *Nachfolge Christi* des Thomas von Kempen. Wirklichkeitsnachahmung bedeutete in der Renaissance nicht von vorneherein auch intensivierte Wiedergabe von Naturstimmungen – und das schattige Waldweben in Filippo Lippis Gemälde ist nicht Realismus, sondern bildgewordener Gedanken.

Das Bild war ursprünglich für den Altar der Kapelle im Palazzo Medici zu Florenz gemalt, doch bereits 1494 von dort entfernt. Seine mystisch, ja geradezu magisch anmutende Atmosphäre durfte dort noch weit intensiver er-

Bernd Wolfgang Lindemann ist Direktor der Gemäldegalerie

lebt werden als heute, im modernen Galerieraum: Kein Tageslicht erhellte die fensterlose Kapelle, nur das flackernde Licht der Altarkerzen warf unruhige Reflexe auf die Bildtafel.

Fra Filippo Lippi, Maria, das Kind verehrend, mit Johannesknaben und dem Hl. Bernhard, um 1459, Pappelholz, 126 x 114,7 cm.

Claus-Peter Haase
Kunst und Diplomatie

Was waren es für museumsfreundliche Zeiten, als 1912 der damalige Direktor der Islamischen Kunstabteilung an den Staatlichen Museen, Friedrich Sarre, auf seiner Durchreise in Aleppo in Syrien die komplette bemalte Holzvertäfelung eines Raumes aus einem Altstadthaus im Christenviertel kaufen konnte. Die Familie, die das Haus aufgab, verlangte für das 35 m lange und 2,50 hohe Kunstwerk die stolze Summe von über 22 000 Goldmark – wohl der Preis für einen Rubens damals –, die Wilhelm von Bode persönlich vorstreckte. 1920 veröffentlichte Sarre die für Empfangsräume in Aleppo und Damaskus typischen Malereien als früheste datierte ihrer Art, 1601 bzw. 1603. Er deutete auch eine Reihe von Motiven der Malereien, im Format von Großminiaturen sowie einigen Vignetten, mit ihrem christlichen Hintergrund. Neuere Forschungen und die Lesungen aller Inschriften wurden anlässlich einer Ausstellung 1994 und auf einem Symposium 2002 vorgestellt, 2007 erschien postum die minutiöse Dokumentation aller Ornamentsysteme in Aquarellen von Christian Ewert. Immer noch sind nicht alle Szenen gedeutet, sind die Gleichzeitigkeit aller Paneele und die Zuordnung einer Künstlersignatur unklar. Das älteste datierte Beispiel (1601–03) für arabische Wohnkultur ist das reich geschmückte Prunkstück der Berliner Sammlung.

Aber das Hauptthema der malerischen Ausschmückung ist die balancierte Sinnenfreude für den Betrachter, die Ausgewogenheit der Ornamente in komplizierten Systemen, die sich erst nach längerer Betrachtung erschließen, sowie die unaufdringliche Einfügung figürlicher Szenen, deren Sinn vieldeutig und vielseitig wirksam bleibt. Vordergründig verleugnet der christliche Besitzer, der sich in der Gründungsinschrift Isa bin Bedrus nennt, seinen Glauben nicht, aber er stellt ihn sehr dezent vor: Es gibt mehrere Vignetten von Maria mit dem Jesuskind, stets umgeben von anderen orientalischen Szenen: Ringer, Vögel, Bildnisse von Europäerinnen, epische Szenen und zauberhafte Gartenanlagen mit eleganten Springbrunnen.

Am Kopfende des zentralen Raumes sind zwei größere Paneele auf ungewöhnliche Weise als Pendants bemalt, links mit Jagdszenen, die man gemeinhin für höfisch hält, die hier aber wohl eher eine bürgerliche Jagdpartie meinen. Das rechte weckt unsere besondere Aufmerksamkeit und ist unter allen typischen syrischen Zimmerdekorationen einmalig. Dreizehn gleichgroße Personen um eine gedeckte Tafel, nach orientalischer Urväter Sitte auf

Claus-Peter Haase ist Direktor des Museums für Islamische Kunst

Aleppo-Zimmer, Malerei auf Holz, Syrien 1601–03, H. 1,85 m, Br. 0,42 m.
Detail: Das Abendmahl.

dem Boden – das kann nur die Szene von Christus mit den 12 Aposteln beim Letzten Abendmahl sein. Christus ist als ein Mensch in der Gruppe nicht besonders hervorgehoben – nur war ursprünglich sein Heiligenschein anders als die der Apostel mit einem Kreuz gefüllt, das heute als Farbschicht ausgefallen ist. So steht er als vorbildlicher Prophet auch den Muslimen würdig vor Augen.

Noch deutlicher ist die darunterliegende Szene auf eine interreligiöse Harmonisierung ausgerichtet. Ein alter Mann versucht, einem Jungen die Kehle durchzuschneiden: Die Szene gibt in steiniger Landschaft die typische Haltung des ergebenen Opfers vor seinem wild entschlossenen Gotteseiferer wieder und meint natürlich das Sohnesopfer des Erzvaters Abraham. Doch ist nicht die Version der Geschichte nach 1. Mose 22 dargestellt, denn das Ersatz-Opfertier, der Widder, hängt nicht nahebei in einer Hecke fest, sondern wird von einem Engel aus dem Himmel gereicht. Der Ablauf wird im Koran Sure 37, Vers 101–107, anders geschildert: »Und wir lösten ihn (den Sohn) mit einem gewaltigen Schlachtopfer aus.« Als Sohn wird in manchen islamischen Kommentaren mit Kenntnis des alttestamentlichen Textes Isaak, in andern Ismail, der Stammvater der Araber, genannt, wie der Koran auch nahe legt: Erst im Anschluss an die Opferszene ist von Isaaks Geburt die Rede. Dass das Opfertier als Ersatz für das Menschenopfer von Gott befohlen wird, wird in manchen Korankommentaren so ausgelegt, dass ein Engel es überbrachte – genau diese Erzählung ist hier dargestellt.

Die unterste Szene des Paneels schließlich hat am meisten Rätsel aufgegeben. Aber bereits Friedrich Sarre deutete sie auf die Geschichte von Herodes und Salome, was wir überzeugend finden, aber –: Ein als phantastischer Herrscher üppig gekleideter Mann sitzt auf einem engen Thron, ebenso phantastisch aufgeputzte Höflinge sitzen im Hintergrund. Der Herrscher hat einen Gesichtsausdruck, als wisse er, dass er gleich einen größeren Fehler begehen werde. Vor ihm tanzt ein kleines, dürres Wesen – keinesfalls eine verführerische junge Dame, deren Schleierabwurf der Mann lüstern begehren würde und für die er einen Propheten, Johannes den Täufer, zu opfern bereit wäre. Doch bei genauerem Hinschauen erkennen wir an der Figur außer dem langen Rock das halblange Wams, das in der deutlich hierarchisierten osmanischen Gesellschaft für die Tanzbuben – *köçek* – typisch war, die auf den Straßen und öffentlichen Festen bei Tänzen die Frauenrolle übernahmen.

Salome in Gestalt eines Tanzbuben – bei solcher Akkulturierung ist der Scherz offenkundig und der Auftraggeber dürfte eher an Gefühle, die Oscar Wilde und John Beardsley anklingen ließen, gedacht haben, als an die Dramatik von Richard Strauss (nach Oskar Wilde getextet und komponiert 1905). Aber wie hätten die Dramatiker von den Causerien eines osmanisch-arabischen Kunstmäzens in Aleppo wissen können, um ihren Stoff auf leichtere Schultern zu heben?

Viola König

Alexander von Humboldts Madonna auf der Mondsichel

Die Madonna auf der Mondsichel ist nicht sehr groß, sie misst lediglich 27 x 20,5 cm. Doch sie ist bemerkenswert. Einerseits ist sie eines unserer frühesten Objekte aus Mexiko und gelangte bereits im Jahre 1803 nach Berlin. Sie wurde andererseits von unserem berühmtesten Sammler erworben, Alexander von Humboldt, der sich 1803/4 in Mexiko aufhielt, am Vorabend der Unabhängigkeit Mexikos. Als Naturwissenschaftler war er von der Kunst der indianischen Federarbeit im Staate Michoacán fasziniert: »Die Indianer der Provinz Valladolid, des alten Königreichs von Michoacán, sind die gewerbfleißigsten von ganz Neu-Spanien«, schrieb er in den »Vue des Cordillères« 1810/13.

Ich habe die Madonna im Martin Gropius-Bau anlässlich der Azteken-Ausstellung 2003 näher kennen und lieben gelernt; denn dort lag sie in einer Tischvitrine, während sie in unserer ständigen Ausstellung in Dahlem immer an der Wand hängt. Aber nur in der Tischvitrine kann man um sie herum gehen, kann sie von allen Seiten betrachten. Nur so kann man die je nach Lichteinfall sich ständig ändernden, schillernden Kolibrifedern in all ihren farblichen Schattierungen von schwarz bis blau bewundern. Das Motiv der Madonna ist europäisch, doch die verwendeten tropischen Federn und die Technik des Federmosaiks sind indianisch und gehen auf die vorspanische Zeit zurück. Die Madonna ist also ein Kunstwerk, das das mestizische und synkretistische Mexiko hervorragend repräsentiert. Heute ist die Kunst der Federarbeit in Michoacán wieder zu neuem Leben erwacht; eine ganz ähnliche Madonna des Künstlers Gabriel Olay Olay war 2003 für kurze Zeit in der Sonderausstellung »Grandes Maestros del Arte Popular« im Ethnologischen Museum zu sehen. Die Neuerwerbung einer Madonna ist dennoch schwierig, denn die Federn, besonders die Kolibrifedern, sind nur schwer zu beschaffen. So bleibt Alexander von Humboldts Madonna auf der Mondsichel also ein Unikat.

Viola König ist Direktorin des Ethnologischen Museums

Die Madonna auf der Mondsichel,
Federmosaik aus Pátzcuaro, Mexiko.
Erworben 1803 von Alexander von Humboldt.

Konrad Vanja
Ein technisches Weihnachtswunder

So genannte Weihnachtsberge gehören zum adventlichen und weihnachtlichen Stubenschmuck im Erzgebirge. Sie sind, so wie sie sich im Verlaufe des 19. Jahrhunderts herausgebildet haben, eine anschauliche Verbindung von Weihnachtsgeschehen, christlicher Verkündigung und Alltagsleben in Kleinformat vor heimatlichem oder orientalischem Hintergrund. Wohl um 1820/30 wurden – vermutlich durch Glaubensflüchtlinge aus Böhmen – auch im protestantischen Erzgebirge die Krippen bekannt gemacht und mit den dort verbreiteten mechanischen Bergwerksmodellen sowie der Drechsel- und Schnitztechnik verbunden. Unter den zahlreichen Weihnachtskrippen aus der Ökumenisch-vergleichenden Sammlung »Das Evangelium in den Wohnungen der Völker«, die Gertrud Weinhold [...] zusammengetragen hatte und heute ein fester Bestandteil des Museums Europäischer Kulturen bilden, ragt der mechanische Weihnachtsberg schon alleine durch seine Größe von ca. 12 m Länge hervor. Der Erbauer war Max Vogel (1867–1943), ein gelernter Malermeister aus Neuwürschnitz bei Stollberg. Er begann um 1885 mit dem Bau seines Werkes und fügte in jahrzehntelanger Arbeit Szene um Szene dazu. Auf einer Fläche von 15 Quadratmetern werden mit 328 Figuren die wichtigsten Stationen aus dem Leben Jesu vorgeführt, von der Verkündigung und Geburt bis hin zur Passionsgeschichte.

Der mechanische Weihnachtsberg zählt mit seinen Tempelbauten, der morgenländischen Landschaft und der zum Teil südlichen Vegetation zu den »orientalischen« Bergen. Biblische Illustrationen aus dem Kreis der Nazarener bildeten die Vorlagen für die Gestaltung der Figuren. Vor allem die »Bibel in Bildern« von Julius Schnorr von Carolsfeld dienten Max Vogel als Muster zu einigen Bildkompositionen. Eine Besonderheit dieses Berges sind die eingebauten Drehpyramiden, darunter auch eine prunkvolle dreiteilige Tempelpyramide.

Von den 218 geschnitzten und 110 aus Masse bzw. Pappmaché gefertigten Figuren sind 139 beweglich. Hierfür hat Max Vogel unter dem Berg ein kleines technisches Wunderwerk, ein Spiel aus Rädern, Wellen und Hebeln, Drähten und Fäden versteckt.

1999 konnten wir den Weihnachtsberg durch den großzügigen Nachlass von Dr. Ilse Umhauer (1923–1997), einer langjährigen freien Mitarbeiterin unseres Hauses, erwerben. Vereint mit dem »Wiederentdecker« und »Retter«

Konrad Vanja ist Direktor des Museums Europäischer Kulturen

des imposanten Objekts, Karl-Heinz Fischer, werden wir den Berg vermutlich 2009/2010 als Glanzstück unseres Museums den großen und kleinen Besuchern in Dahlem wieder präsentieren können.

»Alle Jahre wieder«. Mechanischer Weihnachtsberg von Max Vogel, ab 1885.

Heinrich Schulze Altcappenberg
Das Rad des Lebens

Das »große Rad« war Teil der erstmals 1749/50 publizierten, berühmten Folge der »Carceri« und wurde, anders als die übrigen Radierungen, später kaum überarbeitet. Trotz der durchweg kompilierten Elemente ist die Situation zumindest im unteren Drittel des Bildes deutlich: Zu beiden Seiten eines ruinösen, aus schweren Quadern gebildeten, leicht angeschrägten Portikus mit geschlossener Tür setzen Bögen mit unbestimmten Widerlagern an. Rechts wird der Durchblick auf ein nächstes, unverbundenes Raumfragment aus Treppen und abschließender Mauer mit vergittertem Fenster und Balustraden freigegeben. Das ganze, vornehmlich aus Dreiecks- und Trapezformen gebildete, horizontal verspannende Bildsegment wirkt wie eingeklemmt zwischen einer gewölbten, mit kräftigen, dichten schwarzen Linien gefüllten Mauer- oder Erdkuppe am unteren Bildrand und einem monumentalen Radwerk oben, dessen vorderer Ring auf dem Gebälk des Tores lastet. Ein dysfunktionales Achsen- und Speichensystem verstrebt das monströse Gebilde. Es ruht in einem luftigen, von Wolken durchzogenen, ansonsten aber unbestimmten Raum, der sich mit dem Rad hinter dem oberen und linken Bildrand weiter ausdehnt. Verteilt in dieser surreal vermessenen Bühne bewegen sich menschliche Wesen ohne ersichtlichen Sinn, andere machen sich ohne Erfolg an morbiden technischen Geräten zu schaffen.

Das Riesenrad gibt Rätsel auf, ja mehr, es beunruhigt zutiefst. Der Kenner weiß zwar von den Wagen- und Mühlrädern, die Piranesi immer wieder gern als Sachstaffage in seine Graphiken einbindet. Viel nachhaltiger aber wirken unsere modernen Assoziationen, etwa an die gigantischen, zu Walzerklängen im Kreis drehenden Räder der Orbitalstation in Stanley Kubricks Kultfilm »2001: Odyssee im Weltraum« von 1968. Was bei Piranesi präfiguriert zu sein scheint, geht auf ein gemeinsames Drittes zurück, auf die alte, sehr weit ausfüllbare Symbolkraft des Rades. Es kann die Allegorie vom »Rad des Lebens« sein, also die Zyklen der Zeit und des Glücks versinnbildlichen. Das Rad steht auch für Macht und Ohnmacht des Individuums (»unter die Räder geraten« / »ein Rädchen im Getriebe« / »das große Rad drehen«), für Wissen und Widerstand (»Und sie dreht sich doch«), es umschreibt psychische Vorgänge in Metaphern wie »Durchdrehen« oder »Überdrehen«. Bei Piranesi aber kommt alles in diesem einen Bildmoment zum Stillstand: der eigenmächtige Welten Lauf wie die Kraft des Subjekts, in dessen Speichen zu grei-

Heinrich Schulze Altcappenberg ist Direktor des Kupferstichkabinetts

fen, um zu beschleunigen oder zu bremsen oder zu zerbrechen. Nichts läuft mehr rund, der Einklang mit dem großen Kreisen des Weltbewegers, wie ihn Dante am Schluss seiner göttlichen Komödie noch besingen konnte, ist im Zeitalter der Aufklärung verloren. Warum das »große Rad« an dieser Stelle? Es ist mein Traumbild, ein Denk- und Mahnstück sondergleichen.

Giovanni Battista Piranesi, Das große Rad, Blatt IX der Folge »Carceri d'Invenzione«, zweite, überarbeitete Auflage von 1761, 2. Ausgabe um 1765/70, Radierung, 56 x 41 cm.

Jürgen Kloosterhuis
Führungszeugnisse für Zietens Husaren

Sie kennen die Führungsinstrumente moderner Managerschulen? Wissen mit Zielvereinbarungen, Mitarbeitergesprächen und solchen zur leistungsorientierten Bezahlung Bescheid? Hier sehen Sie – aus den Beständen des Geheimen Staatsarchivs, in eher zufälliger Auswahl seines militärhistorisch passionierten Direktors aus den Papieren, die ihn derzeit beschäftigen – ein Führungsinstrument der altpreußischen Art, sehr effizient, doch aus der Mode gekommen: eine Conduitenliste des Husarenregiments von Zieten 1782. Solche Beurteilungen jedes einzelnen Offiziers waren seit Friedrich Wilhelm I. (reg. 1713–1740) von jedem Regimentschef jährlich einmal dem König vorzulegen, ebenso von den Direktoren der Verwaltungs- und Rechtssprechungsbehörden für die dort bestallten Beamten. Der so konsequent nachgehaltene Informationsfluss folgte der Maxime des Suum cuique und stärkte die Führungskompetenz der Vorgesetzten bis hin zum Monarchen. Sie kannten die Vorzüge und Schwächen ihrer Leute genau und diese wussten, dass das so war. Fast alle dieser Listen sind mittlerweile verloren gegangen. Die vorliegende vom Husarenregiment Nr. 2 ist daher als Rarität zu bezeichnen. Doch sehen wir uns die Liste einmal genauer an! Nach den Personalangaben der Offiziere hat der Regimentschef Hans Joachim von Zieten eigenhändig deren Verhalten in »Actiones und Bataillen« unisono mit »gut« bezeichnet. Auch die bohrenden Fragen der letzten Rubrik, »Wie das Comportement ist; ob sie Spieler, Debauchanten oder gute Haushalter sind«, hat der alte General für alle mit »Das Comportement ist gut, auch sind sie alle gute Wirthe« beantwortet und das Ganze dann mit seinem sorgfältig hingepinselten Namenszug beglaubigt. Spricht sein Pauschal-Urteil für das stolze Selbstbewusstsein eines gleichmäßig hochqualifizierten Offizierskorps oder blamiert es ein bereits lax gewordenes, da undifferenziert gehandhabtes Beurteilungswesen? So oder so erscheint die Conduitenliste als individuelles Dokument einer preußischen Soldatenlegende, der kein geringerer als der Bildhauer Gottfried Schadow mit seiner berühmten Statue vom »Plan schmiedenden Zieten« auf dem Wilhelmplatz die zeitlos gültige Gestalt des »Husarentums als solchem« gegeben hat (Theodor Fontane). Die Marmorausführung des Denkmals steht heute im Bodemuseum, ein Bronzeabguss wieder am angestammten Ort. Liste und Statue passen als preußischer Kulturbesitz nahtlos zusammen und bestätigen so das Ensemble von »Text und Bild«, das die Stiftung insgesamt erfüllen sollte.

Jürgen Kloosterhuis ist Direktor des Geheimen Staatsarchivs Preußischer Kulturbesitz

Zietens Cunduitenliste.

Thomas Ertelt
Carl Maria von Webers Flügel

Musikinstrumente aus dem Besitz berühmter Virtuosen und Komponisten galten schon immer als besondere Reliquien, als Zeugnisse, die den Klang und die Aura, die von ihnen ausging, über viele Generationen hinweg bewahren konnten.

Carl Maria von Webers (1786–1826) Hammerflügel aus der Werkstatt des berühmten Wiener Klavierbauers Joseph Brodmann (1771–1848) gelangte am 12. September 1889 zusammen mit dem Beethoven'schen Streichqartett (das als Dauerleihgabe des Berliner Musikinstrumenten-Museums noch heute im Beethoven-Haus in Bonn ausgestellt ist) als ›Überweisung‹ aus der Königlichen Bibliothek an die damals gerade ein Jahr junge »Sammlung alter Musikinstrumente« der Königlich akademischen Hochschule für Musik in Berlin. Webers Sohn, Max Maria von Weber, hatte das kostbare Instrument, das sein Vater 1813 auf einer Konzertreise in Wien gekauft und nach Berlin gebracht hatte, in seinem Testament 1881 Kaiser Wilhelm I. vermacht, vermutlich in Gedenken an die Uraufführung des *Freischütz* 1821 in Berlin.

Joseph Brodmann war Anfang des 19. Jahrhunderts einer der renommiertesten und innovativsten Klavierbauer Wiens. Auf ihn gehen die durchgehend dreichörige Besaitung und der laminierte Resonanzboden zurück, für dessen Erfindung er 1829 ein Patent erhielt und der besonders in Klavieren eingebaut wurde, die für den Export in tropische Länder gedacht waren. Auch Ludwig van Beethoven schätzte die Flügel Brodmanns sehr. Ignaz Bösendorfer, Brodmanns fähigster Schüler, führte nach dessen Tod die Werkstatt weiter.

Der Klaviaturumfang über sechs Oktaven, die für den Wiener Klavierbau typische, leichtgängige und schnelle Prellmechanik mit nur geringem Tastentiefgang sowie Fagottzug und Moderator unterstreichen die vielfältigen klanglichen und technischen Möglichkeiten dieses wertvollen Instruments, das noch heute in ausgewählten Museumskonzerten unter den Händen von Spezialisten der historischen Aufführungspraxis erklingt. Gerade auch im musikhistorischen Kontext zeigt uns der Brodmann-Flügel die enge Verwobenheit von Komposition und Spieler mit dem Instrumentenbau, die im Zentrum der abteilungsübergreifenden Arbeiten und Studien am Staatlichen Institut für Musikforschung steht. Nicht von ungefähr war es dieses Instrument, das mit bemerkenswerten Resultaten zu stimmungsgeschichtlichen Erkundungen am Frühwerk Beethovens herangezogen wurde.

Thomas Ertelt ist Direktor des Staatlichen Instituts für Musikforschung

Hammerflügel von Joseph Brodmann, Wien, um 1810.

Klaus-Dieter Lehmann
Berlin als universelle Weltlandschaft

Im Februar 1999 begann meine Zeit als Präsident der Stiftung Preußischer Kulturbesitz. Der Sitz des Präsidenten ist die Villa von der Heydt, eine weiße Villa, die in ihrer Noblesse, ihren baulichen Proportionen und ihren griechisch-klassizistischen Formen der Schinkel'schen Schule an das preußische Arkadien erinnert. Ich habe es immer als ein besonderes Privileg betrachtet, in diesem Haus zu arbeiten.

Ein weiteres Privileg war die Möglichkeit, aus den reichhaltigen Sammlungen der Staatlichen Museen nach geeigneten Kunstwerken zu suchen, die der Villa die ästhetische und künstlerische Note als Hauptquartier der Stiftung Preußischer Kulturbesitz geben können und gleichzeitig dem persönlichen Geschmack entsprechen.

Mein bevorzugtes Bild wurde Oskar Kokoschkas Pariser Platz, das von Anfang an gegenüber meinem Schreibtisch hängt. Es zeigt in einer unglaublichen Intensität das pulsierende und vibrierende Berlin, gleichzeitig universelle Weltlandschaft und topographisches Städteportrait. Mit dem Stakkato der Pinselführung, dem suggestiven Sog durch die eigenwillige Schräglage der Ansicht und der Intensität von Farbe und Tiefe, ist Kokoschka ein ungemein lebhafter Ausdruck quirligen Großstadtlebens gelungen. Reger Verkehr strömt durch das Brandenburger Tor. An das klassizistische Monument schließt sich das Wohnhaus von Max Liebermann an. Der Reichstag und die ihm zugeordnete Siegessäule sind zu sehen. Es ist ein unglaubliches Ereignis, ein Treibhaus der Ideen, gerade so als ob die Steine und Gebäude atmen würden. Entstanden ist es im Frühjahr 1926, gemalt wurde es aus einem Fenster des Hotel Adlon. Welch ein Unterschied zum heutigen Eindruck des Pariser Platzes, der eher einer Einfassung gleicht, wohl geordnet und touristisch korrekt.

Das Bild kam über die Dresdner Bank 1935 zur Nationalgalerie. 1944 wurde es in den Berliner Flakturm Friedrichshain ausgelagert und 1946 von der Trophäenkommission der Roten Armee als Beutekunst in die Eremitage in Leningrad, heute St. Petersburg, verbracht. 1958 beschloss das ZK der KPDSU die Teilrückgabe von Beutekunst in die DDR, bevorzugt nach Berlin und Dresden. Der Pariser Platz war dabei. So erinnert mich dieses Bild auch daran, dass noch immer viele Kunstschätze in russischen Geheimdepots liegen, um deren Rückkehr in den Kontext der ursprünglichen Sammlungen man sich in Verhandlungen stetig und nachhaltig bemühen muss.

Klaus-Dieter Lehmann ist Präsident der Stiftung Preußischer Kulturbesitz

Über das Bild hinaus war Oskar Kokoschka für mich auch deshalb immer im Mittelpunkt des Interesses, weil er zum Kreis um Paul Cassirer gehörte, einem der kreativen Köpfe in der Weimarer Zeit, Verleger und Kunsthändler, der an beiden Enden der Kerze brannte und viel für Oskar Kokoschka getan hat. Er brachte ihn zur Zeitschrift »Sturm«, die Kokoschka mit Zeichnungen entscheidend prägte, er ermutigte ihn neben dem Malen auch zum Schreiben. Es war einfach eine ungemein schöpferische, freie und sinnliche Zeit.

Oskar Kokoschka, Pariser Platz, 1926, Öl a. Lw.

Barbara Schneider-Kempf
»Hungernd nach Farben, nach Blumen, nach Vogelstimmen«

Ein breites Panorama eröffnet sich mir, wenn ich aus den großen Fenstern meines Dienstzimmers der Staatsbibliothek von Nordwest bis nach Südwest hinausblicke. Viel Himmel über Berlin, das Bundeskanzleramt, Philharmonie und Kammermusiksaal, Siegessäule und Europacenter, Wissenschaftszentrum und Emil Fahrenkamps Shell-Haus. Gleich gegenüber aber am Kulturforum liegt die St. Matthäus-Kirche und wer es einmal gehört hat, denkt es mit, wann immer er diese Kirche sieht: Hier wurde Dietrich Bonhoeffer am 15. November 1931, fünfundzwanzigjährig, in das evangelische Pfarramt ordiniert. Gute 13 Jahre später, in der Morgendämmerung des 9. April 1945, wurde er im KZ Flossenbürg in der Oberpfalz erhängt.

Die im Krieg stark zerstörte St. Matthäus-Kirche ließ sich in den fünfziger Jahren wiedererrichten; ein Hingerichteter aber bedarf des Gedenkens der Nachgeborenen, um sein Leben und seine Werke lebendig zu erhalten. Zumal es noch in den siebziger Jahren Stimmen gab, die in Dietrich Bonhoeffer nicht den verehrungswürdigen Theologen erblickten, sondern allein den Verräter. Kontakt zur feindlichen englischen Regierung aufzunehmen, sei auch einem Kirchenmann nicht gestattet. Seit Februar 2002 erinnert Dietrich Bonhoeffer, vergegenwärtigt in der Marmorbüste Alfred Hrdlickas, jeden Besucher der Staatsbibliothek. Im Foyer des Hauses wurde die Dauerleihgabe der Evangelischen Kirche in Berlin-Brandenburg zu einem Treffpunkt für Führungen und Schulungen. Die Büste eines entkleidet Gehenkten, dem Hrdlicka den Strick um den Hals legte – widerspricht dies nicht dem Trubel im Eingangsbereich der Staatsbibliothek, dem von Hans Scharoun architektonisch so konzipierten ›Ort der Begegnung‹ mit den Tausenden von Passierenden? Ganz und gar nicht. Denn Dietrich Bonhoeffer – hier 1932 mit Konfirmanden im Harz – verschloss sich nicht, er öffnete sich Menschen, jungen zumal. Die liberale Atmosphäre in der Staatsbibliothek als Ort der unvoreingenommen Wissensaneignung hätte ihm vermutlich sehr zugesagt.

Bonhoeffer und sein Nachlass sind zudem ein sehr persönlich erfahrenes Beispiel erlebter Ökumene. In meiner Sozialisation hatten evangelische Theologen nur eine geringe Resonanz erfahren. In Trier, der Bistumsstadt ganz im Westen der Republik, besuchte ich das Ursulinengymnasium, wo man mich eher mit den Versen Friedrich Spees von Langenfeld, des wohl bedeutendsten Dichters des deutschen Barock, vertraut machte. »Die ganze Welt, Herr Jesus

Barbara Schneider-Kempf ist Generaldirektorin der Staatsbibliothek

Christ, Halleluja, halleluja, / in deiner Urständ fröhlich ist, Halleluja, halleluja, / Des Himmels Heer im Himmel singt, /die Christenheit auf Erden klingt. / Jetzt grünet, was nur grünen kann, / die Bäum' zu blühen fangen an. / Es singen jetzt die Vögel all, / jetzt singt und klingt die Nachtigall.« Dort, in Trier, ist Spee 1635 verstorben, nachdem er sich bei der Pflege von verwundeten und pestkranken Soldaten angesteckt hatte. Damals klangen Gotteslob und Gottesdank noch anders: heiterer, schwelgender, barocker. Bei Bonhoeffer bricht sich ein existenzialistischer Skeptizismus Bahn, den freilich der tiefe evangelische Glauben nicht nachhaltig erschüttern kann: »Wer bin ich? Einsames Fragen treibt mit mir Spott. / Wer ich auch bin, Du kennst mich, Dein bin ich, o Gott!« Anfang Juli 1944 entstanden diese Verse, in Berlin-Tegel, im Wehrmachtsuntersuchungsgefängnis. »Umgetrieben vom Warten auf große Dinge« sollten nur noch Tage vergehen bis zum gescheiterten Attentat des 20. Juli. Die sofort einsetzende ›Säuberungswelle‹ besiegelte auch Bonhoeffers Schicksal.

Briefe und Manuskripte Dietrich Bonhoeffers, die politisch brisanten und belasteten zumal, wurden in den Kriegsjahren von Freunden und Angehörigen auf abenteuerliche Weise, im Erdreich vergraben, behütet. Die Privatbibliothek eingeschlossen sind heute fünfzig Regalmeter, so der unpassend nüchternde Terminus, auf uns überkommen. Für mich gehören diese Hinterlassenschaften eines so jung geendeten Lebens zu den bedeutendsten Zeugnissen der nationalen kulturellen Vergangenheit, die die Staatsbibliothek bewahrt. Neben die theologische Leistung tritt für mich die dichterische Kraft wie auch die persönliche Größe, in Zeiten der Angepasstheit Widerstand zu leisten.

Besonderes Interesse finden die eigenhändigen Manuskripte, die Lebenszeugnisse und der Briefwechsel Bonhoeffers mit Eltern, Verwandten und seinem Freund Eberhard Bethge immer wieder bei angloamerikanischen Forschern und Besuchern der Bibliothek. Ihnen vermittelt der Nachlass in exemplarischer Weise, dass neben der Mehrheit der Täter, Mitwisser, Mitläufer und stillen Dulder des Unrechts und des Terrors auch eine Minderheit der Couragierten existierte. Einem dieser Helden setzt die Staatsbibliothek ein kleines Denkmal, indem sie seinen Nachlass als Patrimonium der Deutschen versteht und sorgfältig hütet.

Aus dem Nachlass Dietrich Bonhoeffers in der Staatsbibliothek.

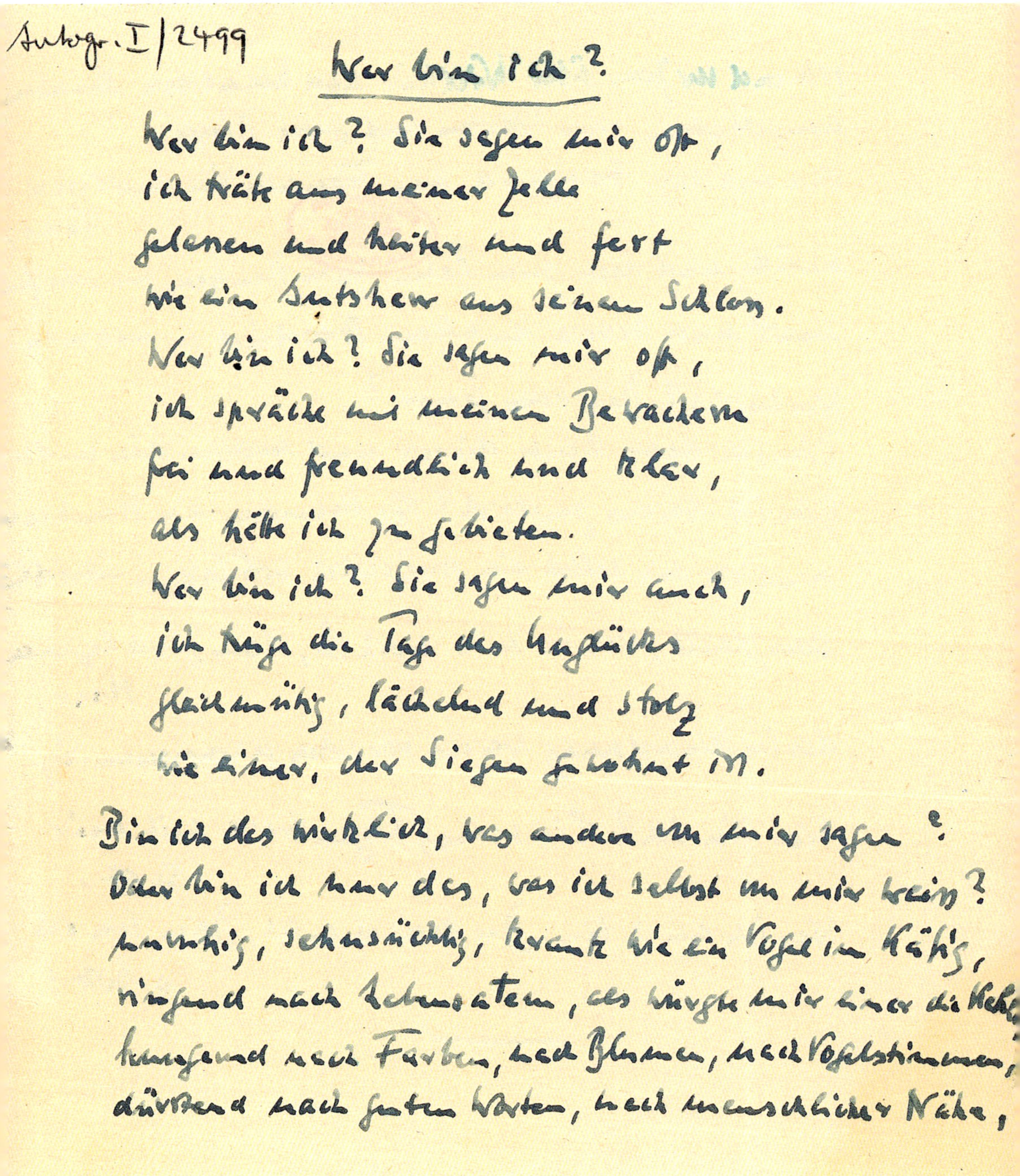

Wer bin ich?

Wer bin ich? Sie sagen mir oft,
ich träte aus meiner Zelle
gelassen und heiter und fest
wie ein Gutsherr aus seinem Schloß.
Wer bin ich? Sie sagen mir oft,
ich spräche mit meinen Bewachern
frei und freundlich und klar,
als hätte ich zu gebieten.
Wer bin ich? Sie sagen mir auch,
ich trüge die Tage des Unglücks
gleichmütig, lächelnd und stolz
wie einer, der Siegen gewohnt ist.
Bin ich das wirklich, was andere von mir sagen?
Oder bin ich nur das, was ich selbst von mir weiß?
unruhig, sehnsüchtig, krank wie ein Vogel im Käfig,
ringend nach Lebensatem, als würgte mir einer die Kehle,
hungernd nach Farben, nach Blumen, nach Vogelstimmen,
dürstend nach guten Worten, nach menschlicher Nähe,

zitternd vor Zorn über Willkür und kleinlichste Kränkung,
umgetrieben vom Warten auf große Dinge,
ohnmächtig bangend um Freunde in endloser Ferne,
müde und leer zum Beten, zum Denken, zum Schaffen,
matt und bereit von allem Abschied zu nehmen.
Wer bin ich? Der oder jener?
Bin ich denn heute dieser und morgen ein andrer?
Bin ich beides zugleich? Vor Menschen ein Heuchler
und vor mir selbst ein verächtlich wehleidiger Schwächling?
Oder gleicht, was in mir noch ist, dem geschlagenen Heer,
das in Unordnung weicht vor schon gewonnenem Sieg?
Wer bin ich? Einsames Fragen treibt mit mir Spott.
Wer ich auch bin, Du kennst mich, Dein bin ich, o Gott!

Norbert Zimmermann
Meine Begegnung mit Preußen

Im Juli 1984 kam ich nach Berlin, zur Stiftung Preußischer Kulturbesitz, mit einem Arbeitsplatz in der ehrwürdigen Villa Von der Heydt. Kraft Alter (1946 geboren) und Herkunft (westliches Rheinland) war ich bis dahin ziemlich preußenlos. Das änderte sich rasch durch die von Werner Knopp als erstem Hausherrn der 1980 bezogenen wiederhergestellten Villa sorgsam ausgesuchten Bilder in deren Beletage: Facetten der politischen und der Kulturgeschichte Preußens. Sie sind auch nach 23 Jahren für mich nicht in der Routine der Vertrautheit täglicher Begegnung unsichtbar geworden. Der resignierte, müde gewordene, traurige alte Herr, links neben der Eingangstüre im Sitzungssaal der Villa, nahm mich gefangen wie auch der Maler, Max Liebermann.

Otto Braun, der Name sagte dem preußenfernen Rheinländer nichts. Über das Bildnis geriet mir die kurze, alles in allem wohl glücklose, demokratisch republikanische Periode meines Geburtslandes ins Bewusstsein. Ich verschlang Hagen Schulzes Biographie Otto Brauns, 1977 herausgegeben von der Stiftung.

Mein Bild Otto Brauns nahm Gestalt an – der knorrige Ostpreuße, Sozialdemokrat, oft im politischen Widerstreit mit dem linksrheinischen Präsidenten des Preußischen Staatsrats, Konrad Adenauer. Und das Bildnis führt geradewegs zum Ende Preußens: Gemalt vom Präsidenten – bis Juni 1932 – der Preußischen Akademie der Künste, ein ebenso an den aufziehenden Verhältnissen Verzweifelnder; in Auftrag gegeben von der preußischen Staatsregierung anlässlich des 80. Geburtstags des Malers, gedacht als Ehrung des Ministerpräsidenten zu dessen 60. Geburtstag – der war am 28. Januar 1932. Am 20. Juli 1932, dem 85. Geburtstag des Malers, beendet der sog. Preußenschlag die Ministerpräsidentschaft Otto Brauns, der seit dem Frühjahr 1932, nach für die Demokraten verlorener Wahl, mit seiner Regierung nur noch geschäftsführend im Amt war. Preußen als ein Bollwerk gegen die Zerstörer der nachwilhelminischen Republik hatte aufgehört.

Die Sitzungen für das Porträt zogen sich noch bis in den August 1932. Dazu Max Liebermann selbst: »Aber Sie, Herr Minister, haben mich nicht nur in meiner amtlichen sondern auch in meiner künstlerischen Tätigkeit aufs wirksamste unterstützt, indem Sie Herrn Ministerpräsident Braun bewogen haben – was wohl nicht ganz leicht war -, mir zu seinem Porträt zu sitzen. Als

Norbert Zimmermann ist Vizepräsident der Stiftung Preußischer Kulturbesitz

er das letzte Mal hier war u sich die Arbeit angesehen hatte, sagte er mir, dass ich seine Bedenken gegen das Gemalt-werden von ›Künstlern‹ zerstört hätte: das Angenehmste, was er mir hätte sagen können. Auch wird er morgen wiederkommen zur ›letzten Ölung‹, wenn das Glück mir günstig ist.« (Brief Max Liebermanns an den Minister Adolf Grimme vom 2. August 1932, Geheimes Staatsarchiv Preußischer Kulturbesitz, hier zitiert nach: Matthias Eberle, Max Liebermann 1847–1935. Werkverzeichnis der Gemälde und Ölstudien, Band II, 1900–1935, München 1996, S. 1236)

Aus der Präsentationsgeschichte des Bildes: Bis zum 24. Juni 1933 hing es im preußischen Kultusministerium. Aufgefordert vom Ministerium nahm es die Nationalgalerie ins Magazin. Für Otto Braun, Adolf Grimme und für ein Werk des noch lebenden jüdischen Großbürgers Max Liebermann ist in einem preußischen Ministerium entschieden kein Platz mehr. 1937 musste es – wohl wegen des Dargestellten – aus der Sammlung entfernt und veräußert werden. 1960 – den Nationalsozialismus und Krieg hatte es, wie in seinem Schweizer Exil der Proträtierte, überlebt – konnte es für die Nationalgalerie im linksrheinischen Kunsthandel zurückerworben werden. (vgl. Eberle, a.a.O., S. 235).

Das Bildnis eines politisch nicht nur am heraufziehenden Nationalradikalismus gescheiterten und darüber zerbrochenen Mannes ist Erinnerung an ein demokratisches Intermezzo, das erst für die Nachgeborenen dauerhafte Selbstverständlichkeit wurde. Niemand konnte diese komplexe Geschichte vor dem Bild in so wenigen, eindringlichen, schmucklosen Worten skizzieren wie der vormalige Präsident Werner Knopp, wenn er die Bilder in der Beletage der Villa erläuterte. Es wird mir das denkwürdigste Werk aus den Sammlungen der Stiftung bleiben.

Max Liebermann,
Bildnis des Preußischen Ministerpräsidenten a. D. Otto Braun,
1932, Öl a. Lw.

Barbara Göbel
Netzwerke des Wissens oder »Oh wie schön ist Panama«

Eine Büchersendung aus dem Auswärtigen Amt ist eingetroffen. Ich nehme das Buch in die Hand, welches zuoberst liegt. Das Bild auf dem Buchdeckel lädt zum Reisen ein: Tropischer Urwald mit Papageien, Tukanen und exotischen Blumen, luftige Holzhäuser mit Hängematten, Frauen in der bunten Tracht der Kuna-Indianer, Männer mit einem Fischerboot, das blaue Meer … »Oh wie schön ist Panama« – Panama in Berlin?! Der Buchdeckel ziert die Neuauflage zweier musik-ethnologischer Klassiker: »Tradiciones y cantares de Panamá« (1930) von Narciso Garay und »Los instrumentos de la etnomúsica de Panamá« (1963) von Gonzalo Brenes Candanedo, die einen mit zahlreichen Fotos, Zeichnungen und Liedbeispielen anschaulich gestalteten Einblick in die traditionelle Musik Panamas liefern. Das Buch ist Teil einer Reihe historischer, folkloristischer und literarischer Werke, die aus Anlass der Übergabe des Panamakanals im Jahre 1999 herausgegeben wurde. Was ist das Besondere an diesem Buch? Das Besondere an dem Buch ist, dass es ein ganz gewöhnliches Buch des Ibero-Amerikanischen Instituts ist; ein Buch also, das nicht nur einen langen Weg hinter sich hat und einen langen Weg der Wissensvermittlung und Wissensübersetzung vor sich, sondern welches auch einen Mikrokosmos sozialer Beziehungen darstellt. Das Buch und die weiteren 30 Bände der Reihe wurden im Zusammenhang mit dem Aufenthalt von Bundesaußenminister Frank-Walter Steinmeier am 18. April 2007 in Panama übergeben und gelangten auf diese Weise vom panamaischen Außenministerium in das Ibero-Amerikanische Institut. Das Buch ist eins von Tausenden von Büchern und anderen Medien, die dieser interdisziplinär orientierten Einrichtung des wissenschaftlichen und kulturellen Austausches mit Lateinamerika, der Karibik, Spanien und Portugal im Laufe eines Jahres als Ausdruck der institutionellen Wertschätzung und emotionalen Verbundenheit geschenkt werden. Es findet Eingang in ein einzigartiges Wissensarchiv, in dem wie an fast keinem anderen Ort in der Welt Text-, Ton- und Bildquellen aus allen Ländern Lateinamerikas vorhanden sind. So hat die Bibliothek des Ibero-Amerikanischen Instituts zwar weniger Materialien zu Panama als die Nationalbibliothek Panamas (ca. 6100 Medien vs. ca. 32 000 der Nationalbibliothek); sie besitzt jedoch im Vergleich mit dieser weitaus mehr Materialien zu den Nachbarländern Panamas wie Costa Rica (ca. 8300 vs. 600), El Salvador (5900 vs. 430) und Nicaragua (ca. 4800 vs. 470). Die Wissenschaftler verschiedener

Barbara Göbel ist Direktorin des Ibero-Amerikanischen Instituts disziplinärer und kultureller Herkunft, die das Buch in Berlin nutzen werden, werden es also nicht isoliert betrachten, sondern eingebettet in ein Geflecht von unterschiedlichen Wissensspeichern aus einem breiten Spektrum an Ländern, die miteinander kombiniert zu neuen Erkenntnissen führen. Weil ein Buch im Ibero-Amerikanischen Institut aber nicht nur ein Medium der Wissensproduktion ist, sondern immer auch eins der Wissensvermittlung und der kulturellen Übersetzungen, wird der Band eine Rolle bei kulturellen oder wissenschaftlichen Veranstaltungen spielen können, die die Einrichtung mit einer Vielfalt nationaler und internationaler Partnerinstitutionen durchführt. Jüngste Beispiele sind eine Ausstellung zur Geschichte des Panama-Kanals mit Büchern, Zeitungen, Landkarten, Fotos und ein wissenschaftliches Symposium im Juni diesen Jahres zu europäischen Lateinamerika-Politiken, bei dem auch auf die Rolle Panamas eingegangen wurde. Bücher im Ibero-Amerikanischen Institut transportieren nicht nur Wissen, sondern auch wissenschaftliche, kulturelle, politische oder ökonomische Beziehungen und sie schaffen neue Beziehungen. Panama in Berlin – mehr als Tiger und Bär.

Angela Schönberger
Untergrund und Haute Couture

Im Jahr 2003 wurde für das Kunstgewerbemuseum die Modesammlung Kamer/Ruf mit Kostümen des 18. und 19. Jahrhunderts sowie Haute Couture des 20. Jahrhunderts angekauft. Eine besondere Qualität der Sammlung ist die Fülle herausragender internationaler Couture Kleider. Alle großen Modeschöpfer des 20. Jahrhunderts sind in der Sammlung vertreten. Zu meinen Lieblingskleidern zählt ein orangerotes Latzkleid mit einem kurzärmeligen Rippenpulli aus Baumwolle, das für mich den Zeitstil und das Lebensgefühl der 60er und frühen 70er Jahre besonders gut einfängt und heute wieder ganz aktuell ist.

Dieses Modell wurde von André Courrèges entworfen, der zu den innovativsten Modedesignern der 60er Jahre zählt. 1923 in Frankreich geboren arbeitete er zunächst im Atelier des spanischen Modeschöpfers Cristobal Balenciaga. Anfang der 60er Jahre gründete er in Paris sein eigenes Label. Courèges ist der Erfinder des Minirocks. Damals war der Mini das Synonym für das Lebensgefühl der 60er Jahre. Er symbolisierte die Emanzipation der Frau und ihre sexuelle Befreiung durch die Pille. Ein fundamentaler Wertewandel wurde durch die Studentenrevolution 1968 ausgelöst.

Courrèges kleidete Ikonen dieser Jahre wie Romy Schneider, Jacky Kennedy oder Claude Pompidou, die Gattin des französischen Premierministers, ein. Sein strenger, fast architektonischer Stil reduziert die Mode auf geometrische Formen wie Quadrate, Dreiecke und Trapeze und klare Farbflächen. Die Verwendung von synthetischen Stoffen, z.B. Lackleder, ist typisch für Courrèges und liegt heute ganz im Trend. Dazu entwarf Courrèges passend zu seinen Kleidern Schuhe, Stiefel und Stiefeletten. Große Brillen kamen als signifikante Accessoires hinzu.

Seine Kleider modellieren nicht den Körper, sondern sie befreien ihn von allem Beengenden, ähnlich wie dies bereits in den 20er Jahren geschehen war, als die berufstätigen Frauen mit Bubikopf und Charlestonmode erstmals in großen Scharen ihre Emanzipationswünsche zum Ausdruck brachten. Nach der erstarrenden Zeit des Etablissements der 50er Jahre wollten die Frauen in den 60er Jahren nicht mehr in einengender Gesellschaftskleidung auftreten. Sie studierten, arbeiteten, fuhren Autos. Sie forderten Bewegungsfreiheit im doppelten Sinne. Die Kleider hängen lose am Körper und zeigen viel Bein. Keine Beengung, bequem und einfach, jugendlich frisch mussten sie sein.

Angela Schönberger ist Direktorin des Kunstgewerbemuseums

Die Latzhose war ein beliebtes Kleidungsstück in der antiautoritären Studentenbewegung.

Die neuen Modestile wurden auf der Straße und im Untergrund erfunden und waren Zeichen der Zugehörigkeit zur alternativen Bewegung. Sie symbolisierten das Lebensgefühl, die Vitalität und die Aufbruchstimmung jener Zeit. Zum ersten Mal in der Geschichte fand Mode von der Straße Eingang in die Haute Couture und damit schnell gesellschaftliche Anerkennung.

Das Retrodesign unserer Tage hat den Minimalismus, verbunden mit den typisch kräftigen Farben der 60er Jahre, wiederentdeckt. Es ist ein Zitat, ohne an das Lebensgefühl der damaligen Zeit anzuknüpfen.

André Courrèges, Modell »Dolly Bird«, Paris, Frühling/Sommer 1973, Locklederimitat und Baumwolle.

Moritz Wullen
Ein »Objekt« der Weltkunstgeschichte

Das Objekt ist gesichert«, »das Objekt ist geschlossen«, »das Objekt steht nicht zum Verkauf«: Im Jargon der Dienstleistungskultur heißen Gebäude ganz frugal »Objekte«. Auf der einen Seite ist das schlimmer begrifflicher Murks, denn was ist schon dabei gewonnen, einen Gegenstand als das zu bezeichnen, was alle Gegenstände schlechterdings und ohnedies schon sind – vom Bratenwender bis hin zum Telegrafenmasten. Andererseits wird dadurch dem Direktor der Kunstbibliothek die Beantwortung der Frage nach seinem Lieblingsobjekt verhältnismäßig einfach gemacht, denn die Kunstbibliothek selbst ist sein Favorit.

Das Gebäude für sich genommen ist freilich alles andere als eine Explosion der Sinnlichkeit. Aber bei Büchern ist es nun einmal so: Wichtig an einem Buch ist erstens, was drinsteht, und zweitens, wo es steht, damit es schnell zu finden ist. Was letzteres anbetrifft, so steht die Kunstbibliothek genau da, wo in Berlin die meisten Bücher gelesen und die meisten Bilder gesehen werden, nämlich auf dem Kulturforum am Potsdamer Platz. Hier fügen sich Gemäldegalerie, Kupferstichkabinett, Kunstgewerbemuseum, Neue Nationalgalerie, Staatsbibliothek und das Ibero-Amerikanische Institut zu einem Campus der Kunst- und Literaturgelehrsamkeit, der weltweit einzigartig ist. Die Kunstbibliothek steht damit auf dem prominentesten Regal in der Mitte Berlins. Und da gehört sie auch hin. Immerhin ist sie ein jährlich um fast 10 000 Bände wachsender Forschungs- und Literaturorganismus, der von mehr als 70 Mitarbeitern, Wissenschaftlern, Bibliothekaren, Restauratoren, Buchbindern und den rührigen Servicekräften im Lesesaal mit Engagement und Hingabe genährt und gepflegt wird. Zusammen mit den Publikationen zahlloser Kunsthistoriker und Kunsthistorikerinnen von Winkelmann bis Bredekamp repräsentieren diese Menschen gleichsam das metaphysische Subjekt der Kunstgeschichte als Wissenschaft und Forschungsdisziplin. Und auch die Objekte der Kunstgeschichte befinden sich im gleichen Haus: Die Sammlung Fotografie, die Sammlung Modebild – Lipperheidische Kostümbibliothek, die Sammlung Grafikdesign, die Sammlung Buch- und Medienkunst, die Sammlung Architektur und dann freilich alle Meisterwerke der Weltkunstgeschichte in zahllosen Reproduktionen, farbig und schwarzweiß.

Die Kunstbibliothek ist damit ein Objekt der ganz besonderen Art. Physisch und metaphysisch verkörpert es wie keine andere Einrichtung unsere

Moritz Wullen ist Direktor der Kunstbibliothek

Neugier auf die immer wieder faszinierenden Entdeckungen aus der Bilderwelt. Jeden Tag hier aus- und eingehen zu dürfen, ist ein Privileg ersten Ranges. Es inspiriert, freut und ehrt zugleich.

Neubau der Kunstbibliothek der Staatlichen Museen, Kultuforum am Potsdamer Platz. Architekten: Hilmer, Sattler und Albrecht, eröffnet 1993.

Peter-Klaus Schuster
Lichtschönheit ohne Maß

Es hat keinen Titel und keine Maße! Es ist nur da und zugleich ist es nicht da! Denn es ereignet sich täglich neu, Dan Flavins Licht-Kunstwerk an der Fassade des Hamburger Bahnhofes, das letzte ausgeführte Werk Dan Flavins kurz vor seinem Tode 1996.

Es war Heiner Friedrich, Händler, Mäzen und Mitbegründer der legendären Dia Art Foundation in New York, der den Kontakt zum Künstler hergestellt hat. Im Verlauf eines aus vielen Gründen denkwürdigen Abendessens mit Heiner Friedrich im einstigen Westberlin bei ›Foffi‹ in der Fasanenstraße wurden mit dem damaligen Generaldirektor der Staatlichen Museen zu Berlin, Wolf-Dieter Dube, mögliche Ankäufe wichtiger Werke zeitgenössischer Kunst erörtert im Hinblick auf die bevorstehende Eröffnung des Hamburger Bahnhofes. Dabei entwickelte sich die Idee, Dan Flavin um eine große Arbeit für die Fassade – oder richtiger, für den dreiflügeligen Ehrenhof – des Hamburger Bahnhofes zu bitten. Die Umrisszeichnungen der Fassaden des Hamburger Bahnhofes mit allen Architekturdetails wurden Dan Flavin auf dem Krankenbett in New York durch Heiner Friedrich übermittelt.

Über den Ankauf der Arbeit hatte gemäß dem Statut der Staatlichen Museen zu Berlin die Direktorenkonferenz zu befinden. Schwer fassbar erschien diesem hochachtbaren Gremium, was sich bei seiner Sitzung am 22. November 1995 zugetragen hat. Dieter Honisch, der Direktor der Nationalgalerie, versehen mit drei Bögen einfachsten Rechenpapiers im Format DIN A 4, worauf nichts zu sehen war außer einige präzise mit blauem und grünem Farbstift vertikal gezogene Striche, plädierte für den Erwerb dieser Arbeit durch die Nationalgalerie zum Preis von DM 500 000. Dan Flavins Erläuterung zu seinen vertikalen Farbstrichen lautete lapidar: »Installation of blue and green fluorescent light specific to the building site at the Hamburger Bahnhof.« Das Kollegium der Direktorinnen und Direktoren war sprachlos.

Umso sprachmächtiger war Dieter Honisch. Mit geradezu alttestamentarischer Bildkraft verhalf er Dan Flavins ›Untitled‹, bestehend aus der vertikalen Anordnung von insgesamt 120 blauen und grünen fluoreszierenden Leuchtstoffröhren aus völlig handelsüblicher Produktion, wovon Honisch ja nur höchst abstrakte Striche in Blau und Grün vorlegen konnte, zu einer intellektuellen Erscheinungsmächtigkeit, der man sich nur schwerlich entziehen konnte: »Flavin schafft Werke, die wahrgenommen werden müssen. Und ge-

Peter-Klaus Schuster ist Generaldirektor der Staatlichen Museen zu Berlin und Direktor der Nationalgalerie

nau in diesem Erkenntnisprozess, der jeder gegenständlichen oder inhaltlichen Bedeutung überdrüssig geworden ist, entstehen Bilder, die keinerlei Begründung und keine Abhängigkeit haben, sondern nur aus sich selbst bestehen. Diese auf sich selbst zurückgeworfene Vision reiner Anschaulichkeit hat sowohl für die Betrachtung als auch für den Gegenstand neue Bedingungen geschaffen.«

»Selbst wenn wir uns darüber verständigen müssten, was es ist, was Dan Flavin schafft, so begreifen wir nicht zuletzt an seinen Eingriffen in die Architektur des Hamburger Bahnhofs die Loslösung einer Erscheinungsqualität von architektonischen Vorgaben, die der neuen Bestimmung dieses Hauses entspricht. Dieser neuen Philosophie öffnet sich das ganze Gebäude, das einen historischen Zustand darstellt, aber zugleich eine Gegenwart, die – so ungewöhnlich sie ist – an den Betrachter appelliert. Flavin definiert keine Raum, sondern die Offenheit, die sich in der Betrachtung herstellt, die Grenzüberschreitung der in der Anschauung begründeten Vorstellung.« Einstimmig hat die Direktorenkonferenz dem Ankauf von Dan Flavins ›Untitled‹ zugestimmt.

Es muss hier nicht weiter berichtet werden, welch subtiler Korrespondenz es bedurfte, unsere damalige Verwaltung davon zu überzeugen, dass die Striche auf dem Rechenpapier gemeinsam mit Dan Flavins Signatur und den aus den USA gelieferten industriellen Lampenkörpern das Werk selbst sind und mithin zum genannten Verkaufspreis zu bezahlen waren, während die Anbringung der Leuchtstoffröhren wiederum die Leistung eines Berliner Elektromeisters sein würde, der uns dafür eine eigene Rechnung ausstellen wird. Die Montage wurde ab dem 1. Juli 1996, kurz vor Eröffnung des Hamburger Bahnhofes, mit Leitern und Hubwagen in Angriff genommen und von Steve Morse, dem Assistenten von Dan Flavin, überwacht.

Am Abend, an dem Dan Flavins Arbeit erstmals in ihrer ganzen Lichtschönheit in Erscheinung trat, fiel auf der Invalidenstraße eine junge Frau, völlig gebannt von dem erstaunlich blauen Bild, glimpflich vom Fahrrad. Ein jugendlicher Passant bezeichnete den Hamburger Bahnhof tiefnächtlich angesichts seiner Verwandlung in ein geheimnisvoll strahlendes blaues Schloss als ›geile location‹. Er schuf damit die wohl szeneklassische Definition für ein Museum der Gegenwart. In der Tat wurde der Hamburger Bahnhof, dieser in der Nachfolge Schinkels stolz mit Doppelturmfassade errichtete spätklassizistische Bahnhofspalast, durch das so strenge wie strahlende Werk des Minimalisten Dan Flavin zu einer öffentlichen Marke weit über den Kreis der Liebhaber zeitgenössischer Kunst hinaus. Dan Flavins ›Untitled‹, bei Nacht das am weitesten ausgreifende Kunstwerk im öffentlichen Raum in Berlin, ist unendlich oft fotografiert wohl zum bekanntesten wie auch anonymsten Werk zeitgenössischer Kunst am Ende des 20. Jahrhunderts in Deutschland geworden.

Das in der Abenddämmerung merklich zunehmende und über Nacht weit in den Stadtraum hinaus leuchtende Blau wird am Tag überspielt vom Grün der hinter den blauen Röhren rückseitig angebrachten grünen Leuchtkörper. Mit solch permanenter Gegenwart des Lichts kündet Flavins Werk ›Untitled‹ an der Fassade des Hamburger Bahnhofes als dem Museum für Gegenwart programmatisch von der permanenten Gegenwart der Kunst. Was Maurizio Nannucci mit seiner roten Leuchtschrift im offenen Treppenhaus von Schinkels Museum am Lustgarten verbal ausspricht, ALL ART HAS BEEN CONTEMPORARY (siehe Seite 292f.), eben diese permanente Zeitgenossenschaft der Kunst verwirklicht Dan Flavin konzeptuelle Minimalskulptur in ihrem beständig leuchtenden Auftritt.

Zugleich aber wendet Dan Flavin die permanente Gegenwart der Kunst ins Spirituelle. Es ist ihre immaterielle Gegenwart, es ist das geradezu omnipräsent Ungreifbare der Kunst, das Dan Flavin, der ursprünglich Prediger hatte werden wollen, durch seine ebenso einsichtige wie unfassbare Verwandlung trivialer Neonröhren in ein sublimes Bild des Erhabenen uns vor Augen stellt. Wenn durch Nannucci in Schinkels Altem Museum, dem Gründungsbau der Staatlichen Museen zu Berlin, auch die so altehrwürdigen Werke Ägyptens und der Antike für beständig zeitgenössisch erklärt werden, demonstriert demgegenüber Dan Flavin in der Lichtgestalt zeitgenössischer Kunst am Hamburger Bahnhof, dem jüngsten Haus der Staatlichen Museen ganz ausschließlich für die Kunst der Gegenwart, nichts weniger als gerade die in einer spirituellen blauen Lichterscheinung rätselhaft entrückte Ewigkeit aller Kunst. Es ist diese immaterielle Gegenwart des Lichts, die Dan Flavin im Ehrenhof des Hamburger Bahnhofs so intensiv erfahrbar macht und die den Betrachter mitsamt seiner Vorstellungskraft suggestiv in ein zeitenthobenes Allgemeines hinwegträgt. Oder, um es nüchterner mit Dieter Honisch zu formulieren: »Flavins Schaffen besteht aus nichts anderem als aus der Kunst, aus bedeutungslosem Material Bedeutung herzustellen.«

Dan Flavin, Untitled 1996.
Blaue und grüne fluoreszierende Neonröhren.
Hamburger Bahnhof – Museum für Gegenwart Berlin.

Chronik der Stiftung Preußischer Kulturbesitz 1957–2007

1957
Der Deutsche Bundestag nimmt am 21. Februar in dritter Lesung das Gesetz zur Errichtung einer Stiftung »Preußischer Kulturbesitz« an.

Die Aufgabe der Stiftung fasst das Gesetz in einem Kernsatz zusammen (§3,Abs. 1): »Die Stiftung hat den Zweck, [...] die ihr übertragenen preußischen Kulturgüter für das deutsche Volk zu bewahren, zu pflegen und zu ergänzen, unter Beachtung der Tradition den sinnvollen Zusammenhang der Sammlungen zu erhalten und eine Auswertung dieses Kulturbesitzes für die Interessen der Allgemeinheit in Wissenschaft und Bildung und für den Kulturaustausch zwischen den Völkern zu gewährleisten.«

Am 25. Juli verkündet der Bundespräsident das Gesetz, am 6. August tritt es in Kraft.

1961
Die erste Sitzung des Stiftungsrats findet am 25. September statt – sechs Wochen nach dem Mauerbau – in einem Lesesaal der Kunstbibliothek im ehemaligen Landwehrkasino in der Jebensstraße (heute Sitz des Museums für Fotografie und der Helmut Newton Stiftung).

1962
Am 1. April wird Hans-Georg Wormit als erster Präsident der Stiftung in sein Amt eingeführt.

Der Stiftungsrat berät am 9. Juli erstmals über die künftigen Standorte für die Museen im Westteil Berlins. Am 28. September fasst er einen Grundsatzbeschluss zugunsten der Standorte Dahlem (Anschluss an den Museumsbau von Bruno Paul), südöstlicher Tiergarten (Zusammenhang mit Philharmonie und Staatsbibliothek) und Charlottenburg (im Schlossbereich).

1963
Mit dem 1. Januar übernimmt die Stiftung das Geheime Staatsarchiv, das sich seit 1954 in der Obhut des Landes Berlin befand.

Am 26. Januar eröffnet das Musikinstrumenten-Museum neue Ausstellungsräume im ehemaligen Joachimsthal'schen Gymnasium an der Bundesallee.

Ab 8. Juni zeigt – nach 25-jähriger kriegsbedingter Unterbrechung – das Kunstgewerbemuseum im Neuen Flügel des Charlottenburger Schlosses wieder eine Auswahl seiner Sammlung.

1964
Beginn der Rückführung der westlichen Teilbestände der Staatsbibliothek von Marburg nach Berlin mit der Einrichtung einer »Dienststelle Berlin« in Räumen des Geheimen Staatsarchivs.

1965
Am 9. Juni beschließt die Stiftung die Errichtung des Mies van der Rohe-Baus am Tiergarten zur gemeinsamen Unterbringung der Nationalgalerie und der Galerie des 20. Jahrhunderts. Die Grundsteinlegung findet am 22. September statt.

Der Generaldirektor der Staatsbibliothek zieht in den sog. »Bendlerblock« am Tiergarten.

1966
Am 16. April tritt nach einer Unterbrechung von fast drei Jahrzehnten die Skulpturensammlung der Staatlichen Museen in den Räumen des Bauabschnitts I der Dahlemer Museen wieder an die Öffentlichkeit.

1967
Der Neubau der Staatsbibliothek am Tiergarten nach Plänen von Hans Scharoun wird mit der Grundsteinlegung am 10. Oktober begonnen.

Am selben Tag wird das Ägyptische Museum im Stülerbau gegenüber dem Schloss Charlottenburg eröffnet.

Die Stiftung zeigt – als besonderen Dank an die Bevölkerung Nordrhein-Westfalens – in einer Ausstellung in Düsseldorf einen Querschnitt durch ihre Sammlungen.

1968
Die Neue Nationalgalerie wird am 15. September unter großer Beteiligung der Kunstfreunde des In- und Auslandes mit einer Mondrian-Ausstellung eröffnet.

Der Nachlass von Gerhard Hauptmann gelangt durch Ankauf in die Staatsbibliothek.

1970
Das Museum für Völkerkunde (heute: Ethnologisches Museum) eröffnet am 9. Mai im Neubau in Dahlem Schauräume für die Amerikanische Archäologie sowie für die Sammlungen Südasiens und der Südsee.

Gleichfalls in Dahlem wird am 21. November das durch die Kriegsereignisse stark reduzierte Museum für Ostasiatische Kunst eröffnet.

1971
Am 11. Juni werden die neuen Ausstellungsräume des Museums für Islamische Kunst in Dahlem eröffnet. Am 7. Oktober folgt das Museum für Indische Kunst, das sich als jüngste Abteilung der Staatlichen Museen zum ersten Mal der Öffentlichkeit vorstellt.

1972
Die Traglufthalle für die Bestände der Staatsbibliothek am Neubaugelände wird am 13. November durch einen Orkan zerstört. Die Bücher finden eine Notunterkunft im Reichstag.

1973
Am 10. November eröffnet die Gemäldegalerie in Dahlem ihre weltberühmte Sammlung italienischer Malerei der Renaissance.

Am 11. November werden die neuen Schauräume der Afrikanischen und der Ostasiatischen Abteilung des Museums für Völkerkunde in Dahlem eröffnet.

1975
»Weiter mit allen Ländern«(Hans-Georg Wormit): Nachdem die Stiftung zunächst vom Bund und den Ländern Baden-Württemberg, Berlin, Nordrhein-Westfalen und Schleswig-Holstein finanziell getragen wurde, treten zum 1. Januar auch die übrigen sieben Bundesländer der Stiftung bei. Ein entsprechendes Abkommen zwischen dem Bund und allen Ländern war am 18. Oktober 1974 vom Bundeskanzler und den Chefs der Landesregierungen unterzeichnet worden.

Im Zusammenhang mit Verhandlungen zwischen der Bundesregierung und der Regierung der DDR über ein Kulturabkommen wird von der DDR die »Rückgabe« derjenigen Sammlungen der Stiftung gefordert, die sich vor dem Zweiten Weltkrieg im Ostteil Berlins befanden. Die Forderung wird in den folgenden Jahren wiederholt vorgebracht und von der Stiftung jeweils als ungerechtfertigt zurückgewiesen.

1976
Das Ägyptische Museum wird um das Gebäude des Marstalls gegenüber dem Charlottenburger Schloss erweitert. Die Eröffnung – mit der Ausstellung »Nofretete-Echnaton« – findet am 9. April statt. Tags darauf eröffnet das Museum für Deutsche Volkskunde (heute: Museum Europäischer Kulturen), das seine Sammlungen seit dem Zweiten Weltkrieg nicht mehr zeigen konnte, sein neues Heim im wieder aufgebauten Magazinflügel des Geheimen Staatsarchivs (dessen Sammlungen zum überwiegenden Teil in Merseburg lagern).

Im Dezember beginnt die Wiederherstellung der Villa von der Heydt als künftiger Sitz des Präsidenten und der Hauptverwaltung der Stiftung.

1977
Mit letzten Büchertransporten im Januar ist die 1964 begonnene Rückführung der Bestände der Staatsbibliothek von Marburg nach Berlin abgeschlossen.

Die Stiftung eröffnet am 23. März ein ständiges »Schaufenster« in Bonn mit einer Ausstellung »Zimelien – Abendländische Handschriften des Mittelalters«.

Ende Juni tritt der erste Präsident der Stiftung, Staatssekretär a.D. Hans-Georg Wormit, in den Ruhestand. Sein Nachfolger wird Prof. Dr. Werner Knopp.

Am 30. Juni wird der Neubau des Ibero-Amerikanischen Instituts, das bis dahin in der Siemensvilla in Berlin-Lankwitz untergebracht war, am Tiergarten neben der im Bau befindlichen Staatsbibliothek eröffnet. Regierungsvertreter fast aller Länder Lateinamerikas nehmen an dem Festakt teil.

1978
Mit der Grundsteinlegung für das Kunstgewerbemuseum am 2. Juni beginnt die Stiftung – mit Hilfe des »Programms für Zukunftsinvestitionen« der Bundesregierung – die Bautätigkeit für die »Museen der europäischen Kunst« am Tiergarten.

Am 15. Dezember wird der Neubau der Staatsbibliothek eröffnet. Der erste »Tag der offenen Tür« am 17. Dezember findet mit 30 000 Besuchern unerwartet großes Interesse bei der Berliner Bevölkerung.

1979
Mit der Grundsteinlegung am 8. Juni beginnen die Arbeiten für den Neubau des Staatlichen Instituts für Musikforschung mit dem Musikinstrumenten-Museum in unmittelbarer Nachbarschaft der Philharmonie.

1980
Im März beziehen der Präsident und die Hauptverwaltung der Stiftung – bis dahin in einer Dahlemer Villa allzu beengt untergebracht – die nach Kriegsbeschädigungen wiederhergestellte bundeseigene Villa von der Heydt am Tiergarten, mehr im Zentrum Berlins und näher am Kulturforum.

Die Staatlichen Museen feiern ihr 150-jähriges Bestehen mit einer Jubiläumsausstellung »Bilder vom Menschen in der Kunst des Abendlandes« in der Neuen Nationalgalerie.

Im Jubiläumsjahr zeigt das Ägyptische Museum die legendäre Tutanchamun-Ausstellung, die mit 670 000 Besuchern zur bis dahin meistbesuchten Veranstaltung der Staatlichen Museen wird.

1982
Die »Pferde von San Marco« geben ein von den Staatlichen Museen betreutes, vielbewundertes Gastspiel im Martin Gropius-Bau und werden dabei vom Präsidenten der Italienischen Republik, Sandro Pertini, von Ministerpräsident Giovanni Spadolini und vom Patriarchen von Venedig, Kardinal Marco Cè, begleitet.

Das Museum für Indische Kunst zeigt seine einzigartige Sammlung zur »Kunst der Seidenstraße« mit großem Erfolg in New York.

1984
Mit einem Festakt in der Philharmonie wird am 14. Dezember der Neubau des Staatlichen Instituts für Musikforschung mit dem Musikinstrumenten-Museum eröffnet.

1985
Am 10. Mai wird das neue Kunstgewerbemuseum als erster Abschnitt der Neubauten der Stiftung für die Museen der europäischen Kunst am Tiergarten eröffnet. Das Echo auf diese verspätete Architektur der sechziger Jahre in der Öffentlichkeit ist negativ. Infolge wird für die weiteren Bauabschnitte ein erneuter Architektenwettbewerb ausgeschrieben.

1986
Das Geheime Staatsarchiv gedenkt mit einer Ausstellung in der Orangerie des Schlosses Charlottenburg des 200. Todestages Friedrichs des Großen. Es bilden sich unerwartete Besucherschlangen am Eingang.

Großes Interesse in der Öffentlichkeit findet die Stiftung auch mit der am 29.11. im Neuen Flügel des Schlosses Charlottenburg eröffneten Galerie der Romantik, mit der die Raumnot der Nationalgalerie gelindert wird.

1988
Berlin ist »Kulturstadt Europas«: Die Staatlichen Museen tragen mit »Schätzen aus dem Topkapi-Serail in Istanbul« und »Kaiser Augustus – die verlorene Republik« zwei Ereignisse von internationalem Rang und großer öffentlicher Beachtung bei.

1989
Die Öffnung der innerdeutschen Grenzen weckt auf beiden Seiten die Hoffnung, dass die durch Krieg und Kriegsfolgen willkürlich auf die beiden Stadthälften Berlins verteilten preußischen Sammlungen wieder zusammengeführt werden können. Schnell kommt es zu Arbeitskontakten zwischen den Fachleuten aus Ost und West.

1990
Am 7. Februar kommen die Direktoren der Staatlichen Museen Ost und West zum ersten Mal zu einer gemeinsamen Direktorenkonferenz zusammen.

Mit der am 3. Oktober vollzogenen deutschen Wiedervereinigung ist die Stiftung nach Art.35 Abs.5 des Einigungsvertrages Trägerin auch der im Ostteil Berlins und in Merseburg befindlichen ehemals preußischen Sammlungen.

Die beiden Generaldirektoren der Staatlichen Museen (West) und der Staatlichen Museen zu Berlin (Ost) verabschieden eine »Denkschrift zu den künftigen Standorten und zur Struktur der Staatlichen Museen zu Berlin«, die eine deutschlandweite, lang anhaltende Kontroverse – vor allem um den künftigen Standort der Gemäldegalerie – auslöst.

Die Generaldirektoren der beiden Staatsbibliotheken entwickeln das Modell einer »Bibliothek in zwei Häusern«, das in den folgenden Jahren kontrovers diskutiert wird.

1991
Die Stiftung gibt Gutachten über den Zustand der Gebäude der seit dem 3. Oktober 1990 zu ihr gehörenden Einrichtungen im Ostteil Berlins in Auftrag, um sich einen Überblick über Schäden und Mängel an der Bausubstanz zu verschaffen und den Finanzbedarf zu ermitteln.

Die Ausstellung »Rembrandt – Der Meister und seine Werkstatt«, vor der Wende für Dahlem geplant, nach der Vereinigung nun gemeinsam auf der Museumsinsel gezeigt, wird zu einem starken Motor des Zusammenwachsens der Staatlichen Museen Ost und West und zu einem großartigen Publikumserfolg.

Der Münchener Galerist und Sammler Otto van de Loo stiftet der Nationalgalerie eine bedeutende Auswahl seiner Sammlung moderner Kunst.

1992
Hans-Georg Wormit, erster Präsident der Stiftung, stirbt am 13. August.

Die Konferenz der Ministerpräsidenten der Länder beschließt am 12. März den Beitritt auch der fünf neuen Bundesländer zur Stiftung rückwirkend vom 1. Januar 1992.

Mit ersten Sanierungsmaßnahmen an den am meisten gefährdeten Gebäuden – Alte Nationalgalerie und Schloss Köpenick – wird begonnen.

Am Kulturforum beginnen die Bauarbeiten für die neue Gemäldegalerie, um deren Berechtigung es intern und bundesweit heftige Auseinandersetzung gegeben hatte.

Nach dem Fall des »Eisernen Vorhangs« kommt Bewegung in die Frage kriegsbedingt verlagerter Kulturgüter. Nach und nach werden Standorte oder Verstecke jahrzehntelang vermisster Schätze der Museen und Bibliotheken bekannt. Das Thema der Rückführung ihrer Sammlungen beschäftigt die Stiftung seitdem.

Am 1. September wird im Alten Museum die 22. Europaratsausstellung »Wikinger, Waräger, Normannen – die Skandinavier und Europa 800–1200« eröffnet.

1993

Im Alten Museum wird ab 26. Februar die Ausstellung » Die Etrusker und Europa« gezeigt.

Infolge der deutschen Wiedervereinigung werden beim Bund und bei den Ländern Modelle für die künftige Trägerschaft der Stiftung kontrovers diskutiert.

1994

Das 1991 verabschiedete Zwei-Häuser-Modell für die Staatsbibliothek sorgt erneut für interne Auseinandersetzungen und für Kontroversen in den Medien.

Heinrich Schliemanns Trojanischer Goldfund aus dem Museum für Vor- und Frühgeschichte ist inzwischen als in Moskau befindliche Beutekunst offenkundig geworden. Nach energischem Bemühen der deutschen Botschaft wird Fachleuten der Stiftung eine erste Besichtigung eingeräumt.

Im Rahmen der Museumsbauten am Kulturforum stellen sich das Kupferstichkabinett (am 29. März) und die Kunstbibliothek (am 30. Juni) mit Eröffnungsausstellungen in ihren neuen Häusern vor.

Die Nationalgalerie vereinigt in einer Neuordnung ihrer Schausammlung Ost- und Westkunst und löst damit – nach anfänglicher Zustimmung – einen heftigen Bilderstreit in der Öffentlichkeit aus.

1996

Ein neues, unbefristetes Abkommen über die gemeinsame Finanzierung der Stiftung wird am 24. Oktober von den Ministerpräsidenten der Länder, am 11. Dezember vom Bundeskanzler unterzeichnet.

Ab 16. April stellt das Moskauer Puschkin-Museum aus den dort befindlichen Beutekunstbeständen das sog. »Schliemann-Gold« aus.

Mit großer Beteiligung der Öffentlichkeit werden am 6. September im westlichen Stülerbau gegenüber dem Schloss Charlottenburg die Sammlung Berggruen »Picasso und seine Zeit« und am 1. November der »Hamburger Bahnhof – Museum für Gegenwart« mit der Sammlung Marx eröffnet.

Die Staatsbibliothek erwirbt den Nachlass des evangelischen Theologen und Widerstandskämpfers Dietrich Bonhoeffer.

1998

Mit Ablauf des Monats Januar geht Prof. Dr. Werner Knopp, Präsident der Stiftung seit 1977, in den Ruhestand. Es folgt ein fast einjähriges Patt zwischen Bund und Ländern bei der Wahl eines Nachfolgers. Interimspräsident während dieser Zeit ist Vizepräsident Norbert Zimmermann.

Mit Jahresanfang beginnt die Grundinstandsetzung der Alten Nationalgalerie und des Schlosses Köpenick.

Im März erwirbt die Staatsbibliothek den Nachlass Gustaf Gründgens'.

Am 12. Mai wird die wiedervereinigte Antikensammlung im neu eingerichteten Hauptgeschoss des Alten Museums eröffnet.

Am 12. Juni wird am Kulturforum am Tiergarten nach sechsjähriger Bauzeit das neue Haus der Gemäldegalerie mit der nach Jahrzehnten der Trennung wiedervereinigten Sammlung Alter Meister eröffnet.

Mit der Schaffung des Amtes eines Kulturstaatsministers beim Bundeskanzler geht die Zuständigkeit für die Stiftung auf Seiten des Bundes vom Bundesminister des Innern auf das neue Amt über. Erster Inhaber dieses für die Stiftung wichtigen Amtes wird Dr. Michael Naumann. Unter seinem Vorsitz beendet der Stiftungsrat das Patt um die Präsidentenwahl.

Am 23. November wird Prof. Dr. h.c. Klaus-Dieter Lehmann zum neuen, dritten Präsidenten der Stiftung gewählt.

1999

Am 1. Februar 1999 tritt Prof. Dr. h.c. Lehmann sein Amt an.

Der Masterplan für die Museumsinsel als Grundlage für alle weiteren Planungen wird am 4. Juni vom Stiftungsrat verabschiedet.

Die Grundinstandsetzung des Bodemuseums für die Skulpturengalerie mit der Frühchristlich-Byzantinischen Sammlung und für das Münzkabinett beginnt.

Die Staatsbibliothek erwirb das Manuskript von Immanuel Kants »Opus postumum«.

2000

Am 10. März wird die Museumsinsel als Weltkulturerbe ausgezeichnet. Im Oktober werden nach mehrjähriger Sanierung und grundlegender Erneuerung das Museum für Ostasiatische und das Museum für Indische Kunst in Dahlem mit zahlreichen Zuwendungen und Leihgaben wiedereröffnet.

Am 21. Dezember wird der Stiftung die Sammlung Berggruen »Picasso und seine Zeit« übereignet.

2001
Am 2. Dezember wird – als erstes Gebäude auf der Museumsinsel – die sanierte Alte Nationalgalerie wiedereröffnet. Das Ereignis hat Signalwirkung für die Zukunft der Insel. Ein Besucheransturm setzt ein.

2003
Die Bauarbeiten zur Wiederherstellung des teilzerstörten Neuen Museums auf der Museumsinsel nach Plänen des Architekten David Chipperfield – als künftiges Haus für das Ägyptische Museum und das Museum für Vor- und Frühgeschichte – werden mit einem Festakt am 24. Juni begonnen.

Am 24. Juli wird die vielbeachtete Ausstellung »Kunst in der DDR. Eine Retrospektive der Nationalgalerie« eröffnet. Der Kunstkritikerverband (AICA) wählt sie zur Ausstellung des Jahres.

2004
Ein Jahr der Neueröffnungen und großen Ausstellungen:

Das Gastspiel des New Yorker Museum of Modern Art, die »MoMA-Ausstellung«, ab 20. Februar in der Neuen Nationalgalerie, wird mit 1,15 Mio. Besuchern zu einem überwältigenden Erfolg.

Am 27. Mai wird das barocke Schloss Köpenick nach grundlegender Sanierung und Restaurierung mit ausgewählten Teilen der Sammlung des Kunstgewerbemuseums wiedereröffnet. Es zählt nach einem halben Jahr bereits 10 000 Besucher.

Am 4. Juni erblickt das von der Stiftung neu gegründete Museum für Fotografie im ehemaligen Landwehrkasino in der Jebensstraße das Licht der Welt. Es ist zugleich Sitz der Helmut Newton Stiftung, die unter dem Dach der Stiftung Preußischer Kulturbesitz das Werk des weltbekannten Fotografen betreut.

Der Hamburger Bahnhof gewinnt mit dem 21. September zusätzliche Attraktivität durch die Sammlung zeitgenössischer internationaler Kunst von Friedrich Christian Flick, die dort zunächst für sieben Jahre in einem neuen Gebäudeteil gezeigt wird. Wegen der Rolle des Großvaters von Flick in der deutschen Rüstungsindustrie im Zweiten Weltkrieg löst die Präsentation der Sammlung heftige Kontroversen in der Öffentlichkeit aus.

Am 22. Oktober kann sich das Münzkabinett nach mehrjähriger Unterbrechung durch die Sanierung des Bode-Museums wieder der Öffentlichkeit zeigen.

2005
»Königin Nofretete« zieht zusammen mit der ägyptischen Sammlung zurück auf die Museumsinsel, zunächst ins Alte Museum.

Die Staatlichen Museen zeigen in ihrem 175. Jahr Ausstellungen zu Francisco Goya, zu Pablo Picasso und zur 100. Wiederkehr der Gründung der Künstlergruppe »Die Brücke«.

2006

Für das Haus 1 der Staatsbibliothek Unter den Linden beginnt am 24. April die Zukunft mit der Grundsteinlegung zum Neubau des im Krieg zerstörten großen Lesesaals nach Plänen des Architekten HG Merz.

Am Jahresende wird unter großer Beteiligung der Öffentlichkeit das sanierte Bode-Museum mit der großartigen Sammlung europäischer Skulpturen von der Spätantike bis zum Ende des 18. Jahrhunderts wiedereröffnet.

2007

12. März: Eröffnung der Ausstellung »Merowingerzeit – Europa ohne Grenzen. Archäologie und Geschichte des 5. bis 8. Jahrhunderts« im Puschkin-Museum in Moskau als Gemeinschaftsprojekt des Museums für Vor- und Frühgeschichte der Staatlichen Museen zu Berlin, des Staatlichen Puschkin-Museums Moskau, der Eremitage St. Petersburg und des Staatlichen Historischen Museums Moskau. Die Ausstellungsstücke sind zu einem großen Teil Beutekunst-Objekte. Das außergewöhnliche Kooperationsprojekt rückt die bis heute ungelöste Frage der Rückführung von kriegsbedingt verbrachten Kulturgütern in den Fokus der Öffentlichkeit. Als zweite Station ist die Ausstellung von Juni bis September in St. Petersburg zu sehen.

8. Juni: Professor Dr. Hermann Parzinger wird vom Stiftungsrat einstimmig zum künftigen Präsidenten der Stiftung Preußischer Kulturbesitz gewählt.

27. Juni: Die Stiftung stellt auf der Museumsinsel den überarbeiteten Entwurf von David Chipperfield für die James Simon-Galerie vor.

7. September: Festakt zur 50. Wiederkehr des Gründungsjahres der Stiftung Preußischer Kulturbesitz in Anwesenheit von Bundespräsident Prof. Dr. Horst Köhler.

Die Zusammenstellung der Redaktion stützt sich im Wesentlichen auf die Jahrbücher der Stiftung, besonders auf die beiden zusammenfassenden Berichte von Peter Hofmann in den Bänden 1985 und 1997.

Ereignisse und Entwicklungen in den ehemals preußischen Sammlungen im Ostteil Berlins und in der DDR vor der Vereinigung sind, da sie nicht zum Tätigkeitsbereich der Stiftung gehörten, hier nicht berücksichtigt.

Gesichter der Stiftung

Man hätte die leitenden Damen und Herren der Stiftung bitten können, ein Porträtfoto ihrer Wahl beizusteuern; dann wäre die Reihe sicher sehr bunt, sehr unruhig geworden. Durch den Auftrag an einen Fotografen ist stattdessen eine Galerie der Gesichter entstanden, die durch ihr Gleichmaß die Individualität umso eindrucksvoller hervorbringt.

Im ethymologischen Wörterbuch steht für Gesicht: Vorderseite des Kopfes, Antlitz, Miene, auch Anblick, Ausblick, das Sehen, Vision, Erscheinung, Gesichtssinn, Augen, Äußeres, Sehvermögen.

Gesichter blicken Dich an!

Prof. Dr. Arne Effenberger,
Direktor der Skulpturensammlung und des Museums für Byzantinische Kunst (bis 31.08.2007)

Dr. Karl Werner Finger,
Direktor bei der Staatsbibliothek zu Berlin, ständiger Vertreter der Generaldirektorin

Dr. Thomas Ertelt,
Direktor des Staatlichen Instituts für Musikforschung – Preußischer Kulturbesitz

Dr. Barbara Göbel,
Direktorin des Ibero-Amerikanischen Instituts – Preußischer Kulturbesitz

Prof. Dr. Bernhard Graf,
Leiter des Instituts für Museumsforschung

Prof. Dr. Bernd Kluge,
Direktor des Münzkabinetts

Prof. Dr. Claus-Peter Haase,
Direktor des Museums für Islamische Kunst

Prof. Dr. Viola König,
Direktorin des Ethnologischen Museums

Prof. Dr. Jürgen Kloosterhuis,
Direktor des Geheimen Staatsarchivs –
Preußischer Kulturbesitz

Prof. Dr. h.c. Klaus-Dieter Lehmann,
Präsident der Stiftung Preußischer Kulturbesitz

Prof. Dr. Bernd Wolfgang Lindemann,
Direktor der Gemäldegalerie

Dr. Stefan Simon,
Direktor des Rathgen-Forschungslabors

Prof. Dr. Wilfried Menghin,
Direktor des Museums für
Vor- und Frühgeschichte

Prof. Dr. Günther Schauerte,
stellvertretender Generaldirektor der
Staatlichen Museen zu Berlin

Prof. Dr. Beate Salje,
Direktorin des Vorderasiatischen Museums

Barbara Schneider-Kempf,
Generaldirektorin der Staatsbibliothek zu Berlin –
Preußischer Kulturbesitz

Prof. Dr. Angela Schönberger,
Direktorin des Kunstgewerbemuseums

Prof. Dr. Hein-Thomas Schulze Altcappenberg,
Direktor des Kupferstichkabinetts

Prof. Dr. Andreas Scholl,
Direktor der Antikensammlung

Prof. Dr. Konrad Vanja,
Direktor des Museums Europäischer Kulturen

Prof. Dr. Peter-Klaus Schuster,
Generaldirektor der Staatlichen Museen zu Berlin – Preußischer Kulturbesitz, Direktor der Nationalgalerie

Prof. Dr. Willibald Veit,
Direktor des Museums für Asiatische Kunst

Prof. Dr. Dietrich Wildung,
Direktor des Ägyptischen Museums und
der Papyrussammlung

Dr. Moritz Wullen,
Direktor der Kunstbibliothek

Norbert Zimmermann,
Vizepräsident der Stiftung Preußischer Kulturbesitz

Stiftung Preußischer Kulturbesitz
Porträts der Sammlungen und Institute

Die Stiftung zählt zu den größten Kultureinrichtungen weltweit. Die Staatlichen Museen zu Berlin, die Staatsbibliothek zu Berlin, das Geheime Staatsarchiv Preußischer Kulturbesitz, das Ibero-Amerikanische Institut und das Staatliche Institut für Musikforschung, ursprünglich aus den Sammlungen und Archiven des preußischen Staates hervorgegangen, sind zu einem dichten Netz der kulturellen Überlieferung verknüpft.

Die organisatorische Verbundenheit der Einrichtungen hebt die übliche Trennung von Sparten und Materialien auf und begünstigt fächerübergreifende Projekte und Denkansätze. Dieses Modell ist ebenso zukunftsweisend wie traditionsgebunden und verankert im Denken von Wilhelm und Alexander von Humboldt.

Nicht Fürsten und Könige, sondern Gelehrte und Künstler gaben von Anfang an den Sammlungen Profil. Neben der Hinwendung zu Einzelwerken wie dem weltberühmten Pergamonaltar oder der Büste der Nofretete spiegeln vor allem die enzyklopädischen Ausmaße und der systematische Aufbau die Bildungsinteressen wider.

Die Bewahrung und Pflege der Sammlungen, ihr Aufbau und Ausbau sowie die fortwährende wissenschaftliche Erforschung sind die Basis für eine der Bildung und Verständigung zwischen den Völkern verpflichtete Vermittlung.

In der Stiftung manifestiert sich die gesamtstaatliche Verantwortung für Kultur in Deutschland. Der Bund und die 16 Länder tragen gemeinsam die Verantwortung, rechtlich und finanziell. Es ist gelebte Verfassungswirklichkeit.

Hauptverwaltung

Präsident
Prof. Dr. h.c. Klaus-Dieter Lehmann

Anschrift
Von-der-Heydt-Str. 16–18 10785 Berlin
Telefon +49 (0)30-2 54 63-200
Fax +49 (0)30-2 54 63-292
E-Mail: info@hv.spk-berlin.de

Internet: www.preussischer-kulturbesitz.de

Staatliche Museen zu Berlin

Mit 16 Museen, drei Forschungsinstituten und der Gipsformerei bilden die Staatlichen Museen zu Berlin ein großes Universalmuseum der Künste und Kulturen der Menschheit von der Frühzeit bis in die Gegenwart. Die Museumsinsel in der Mitte Berlins ist Geburtsstätte und Herzstück der Museen. Mit ihren stattlichen Bauten aus mehr als einem Jahrhundert wurde sie 1999 in die Liste des UNESCO-Welterbes aufgenommen.

Seit 1999 wird auf der Basis des »Masterplans Museumsinsel« die Sanierung aller fünf historischen Gebäude durchgeführt. Integrierter Bestandteil dieses Plans ist die Verbindung der historischen Häuser durch eine »Archäologische Promenade« und die Errichtung eines zentralen neuen Eingangsgebäudes, der nach dem größten Mäzen der Berliner Museen benannten James-Simon-Galerie.

Hervorgegangen aus den Kunstsammlungen der Hohenzollern, durch eine Anordnung Friedrich Wilhelms III. als öffentliche Einrichtung 1810 ins Leben gerufen, 1830 mit Karl Friedrich Schinkels Museum am Lustgarten gegenüber dem Schloss eröffnet, durch wissenschaftliches und mäzenatisches Engagement im Laufe eines Jahrhunderts zu Weltrang gebracht, gehören die Museen nach der Auflösung des Staates Preußen heute zur Stiftung Preußischer Kulturbesitz. Unter dem Dach einer gemeinsamen Generaldirektion zählen folgende Museen und Institute zu den Staatlichen Museen zu Berlin.

Generaldirektion

Generaldirektor
Prof. Dr. Peter-Klaus Schuster

Anschrift
Stauffenbergstraße 41 10785 Berlin
Telefon +49 (0)30-266-26 10
Fax +49 (0)30-266-29 92
E-Mail: generaldirektion@smb.spk-berlin.de

Internet: www.smb.museum.de

Museumsinsel

Ägyptisches Museum und Papyrussammlung

Für sein Millionenpublikum ist das Ägyptische Museum ein Ort der Begegnung mit weltberühmten Meisterwerken, mit den einzigartigen Porträts der Königsfamilie Echnatons – allen voran der Büste der Königin Nofretete – mit dem Porträtkopf der Teje, dem »Berliner Grünen Kopf«. Die künftige Präsentation dieser Sammlung von Weltruf im wieder aufgebauten Neuen Museum ist dank der Unterstützung des Kuratoriums Museumsinsel bereits seit 2005 in ihrer innovativen Konzeption in einer Probeaufstellung im Alten Museum erkennbar – allerdings noch ohne den Komplex der drei Grabkammern der Pyramidenzeit, die dann nach sieben Jahrzehnten auch endlich wieder zu sehen sein werden.

Ein wesentlicher Aspekt der Sammlung – Teile monumentaler Tempel, die für die Architektur des Niltales stehen – kann erst sichtbar werden, wenn in einigen Jahren der vierte Flügel des Pergamonmuseums entsteht, in dem das Kalabscha-Tor und Säulen des Sahurê-Tempels aufgestellt werden können.

Dass dieses Flaggschiff der Staatlichen Museen auch ein riesiges Forschungsarchiv ist, bleibt dem Publikum verborgen. 60 000 antike Handschriften aus vier Jahrtausenden und 35 000 archäologische Objekte bilden für die internationale Ägyptologie ein unerschöpfliches Reservoir historischer Quellen.

Durch seine Grabungen im Sudan leistet das Ägyptische Museum einen aktuellen Beitrag zur Bewahrung des kulturellen Welterbes.

Direktor
Prof. Dr. Dietrich Wildung

Anschrift
Bodestraße 1–3 10178 Berlin
Telefon +49 (0)30-20 90-51 10
Fax +49 (0)30-20 90-51 09
E-Mail: aemp@smb.spk-berlin.de

Besuchereingang
Altes Museum
Am Lustgarten 10178 Berlin

Telefon Information Museumsinsel
+49 (0)30-20 90-55 77

Antikensammlung

Die Antikensammlung geht auf die Kunstkammer der brandenburgischen Kurfürsten zurück. Später sammelte Friedrich d. Gr. Antiken in großem Stil. 1830 gehörte die Sammlung – zusammen mit der Gemäldegalerie und der Skulpturensammlung – zum Kernbestand des ersten öffentlichen Museums in Preußen. Durch Ausgrabungen und Fundteilungen in Griechenland und Kleinasien wuchs sie im 19. Jh. zu einer der bedeutendsten der Welt heran.

Heute ist die Antikensammlung auf der Berliner Museumsinsel in zwei Häusern mit herausragenden Exponaten vertreten: Im Alten Museum werden Kunstwerke vor allem der Griechen gezeigt, im Pergamonmuseum sind Teile antiker Architekturmonumente sowie griechische und römische Skulpturen zu sehen. Hauptanziehungspunkt des Pergamonmuseums ist der Pergamonaltar aus dem 2. Jahrhundert v. Chr. Sein Relieffries ist eines der eindrucksvollsten Werke hellenistischer Kunst. Er zeigt den Kampf der Götter mit den Giganten. Ein besonderes Highlight im Alten Museum sind die beiden Schatzkammern mit etruskischem Goldschmuck und römischen Silberschätzen.

Direktor
Prof. Dr. Andreas Scholl

Anschrift
Bodestraße 1–3 10178 Berlin
Telefon +49 (0)30-20 90-52 00
Fax +49 (0)30-20 90-52 02
E-Mail: ant@smb.spk-berlin.de

Besuchereingang
Altes Museum:
Am Lustgarten 10178 Berlin
Pergamonmuseum:
Am Kupfergraben 10178 Berlin

Telefon Information Museumsinsel
+49 (0)30-20 90-55 77

Museum für Islamische Kunst

Die erste gänzlich neu gestaltete Ausstellung des Pergamonmuseums gilt im Südflügel der Kunst der islamischen Länder vom 8. bis ins 19. Jahrhundert. Die Kunstwerke stammen aus dem weiten Gebiet von Spanien bis Indien. Schwerpunkte sind der Vordere Orient einschließlich Ägypten und Iran.

Die bildende Kunst ist in nahezu allen Sparten vom Architekturdekor über das Kunsthandwerk und den Schmuck bis hin zur Buchkunst vertreten. Hervorzuheben ist der z. T. vollständige Architekturdekor, der in verschiedenen Materialien auch räumliche Eindrücke vermittelt: die Steinfassade von Mschatta, die Grabungsfunde von Stuckwänden aus Palästen in Samarra, die bemalte Vertäfelung des Aleppo-Zimmers als Beispiel vornehmer arabischer Wohnkultur und die Wandkeramiken in verschiedenen Techniken als Gebetsnischen aus der Türkei und dem Iran.

Vom Kunsthandwerk sind fast alle Materialien vertreten: Gefäßkeramiken, Metallarbeiten, Holz- und Beinschnitzereien, Gläser, Gewebe, Teppiche. Aus der Sammlung der Buchkunst werden in Wechselausstellungen Miniaturen und arabisch-persische Kalligraphien, hauptsächlich der Moghulzeit gezeigt. Gelegentlich werden moderne Kunstwerke mit Orientbezug ausgestellt.

Direktor Prof. Dr. Claus-Peter Haase

Anschrift
Bodestraße 1–3 10178 Berlin

Telefon +49 (0) 30-20 90-54 00
Fax +49 (0) 30-20 90-54 02
E-Mail: isl@smb.spk-berlin.de

Besuchereingang
Am Kupfergraben 10117 Berlin

Telefon Information Museumsinsel
+49 (0) 30-20 90-55 77

Vorderasiatisches Museum

Das Vorderasiatische Museum ist neben dem Louvre und dem British Museum und den Museen der Herkunftsländer eines der bedeutendsten Museen orientalischer Altertümer der Welt. Einer der Hauptanziehungspunkte sind die aus Originalfunden rekonstruierten, in leuchtenden Farben gehaltenen Prachtbauten Babylons: die Prozessionsstraße, das Ischtar-Tor und die Thronsaalfassade des Königs Nebukadnezar II. Bei den bedeutenden Baudenkmalen, Reliefs und kleineren Objekten handelt es sich zumeist um Grabungsfunde aus deutschen Feldforschungen in Mesopotamien und benachbarten Regionen zu Beginn des 20. Jahrhunderts, die heute im Irak, in Syrien und in der Türkei liegen. Schwerpunkt der Ausstellung ist ein Überblick über die Kulturgeschichte Sumers, Assyriens und Babyloniens.

Funde aus Uruk geben Aufschluss über die Anfänge der Schriftentwicklung im 4. Jahrtausend v. Chr. und über die Kunst und Kultur der Sumerer. Durch Tontafeln und Siegel ist die Verbreitung der Schrift im ganzen vorderasiatischen Raum belegt.

Besondere Erwähnung verdienen auch die assyrischen Palastreliefs aus Kalchu, der zeitweiligen Hauptstadt Assyriens. Die Rekonstruktion eines neuassyrischen Palastraumes wird bestimmt durch die Abgüsse der gewaltigen Türhüter-Figuren in Gestalt von Fabelwesen.

Direktorin Prof. Dr. Beate Salje

Anschrift
Bodestraße 1–3 10178 Berlin
Telefon +49 (0) 30-20 90-53 01
Fax +49 (0) 30-20 90-53 02
E-Mail: vam@smb.spk-berlin.de

Besuchereingang
Am Kupfergraben 10117 Berlin

Telefon Information Museumsinsel
+49 (0) 30-20 90-55 77

Skulpturensammlung und Museum für Byzantinische Kunst

Die Skulpturensammlung und das Museum für Byzantinische Kunst wurden im Jahr 2000 zu einem Museum vereint.

Die Sammlung byzantinischer Kunst umfasst Werke vom 3. bis zum 15. Jahrhundert, von der Gründung des oströmischen Reiches durch Konstantin d. Gr. bis zu seiner Eroberung durch die Osmanen 1453. Die Kunstwerke des Museums stammen aus nahezu allen Gegenden des antiken Mittelmeerraumes, aus Istanbul und der Türkei, aus Rom und Italien, aus Griechenland und den Balkanländern, aus Ägypten, Nubien, Äthiopien und Nordafrika, ganz entsprechend der Ausdehnung des West- und Oströmischen Reiches und der Staaten, die das Erbe der byzantinischen Kultur angetreten haben.

Die Skulpturensammlung besitzt einen in dieser Breite einzigartigen Bestand an Bildwerken vom frühen Mittelalter bis zum ausgehenden 18. Jahrhundert aus den deutschsprachigen Ländern, aus Frankreich, Italien, aus den Niederlanden und Spanien. Besondere Schwerpunkte der Sammlung bilden Werke der spätgotischen deutschen Plastik und der Bildhauerkunst der italienischen Renaissance.

Darüber hinaus besitzt das Museum eindrucksvolle Beispiele baugebundener Plastik. Skulpturen von Andreas Schlüter und die Gruppe von sechs Feldherrnstatuen, die für den ehemaligen Wilhelmplatz geschaffen wurde, stehen für Berliner Bildhauerkunst des 17. und 18. Jahrhunderts.

Direktor
Prof. Dr. Arne Effenberger (bis 31.8.07)
Prof. Dr. Bernd Wolfgang Lindemann (seit 1.9.07)

Anschrift
Bodestraße 1–3 10178 Berlin
Telefon +49 (0) 30-20 90-56 00
Fax +49 (0) 30-20 90-56 02
E-Mail: sbm@smb.spk-berlin.de

Besuchereingang
Monbijoubrücke 10178 Berlin

Telefon Information Museumsinsel
+49 (0) 30-20 90-55 77

Münzkabinett

Das Münzkabinett ist mit 500 000 Objekten eine der größten numismatischen Sammlungen. Sie verdankt ihre Weltgeltung dem Reichtum und der Geschlossenheit der Münzserien vom Beginn der Münzprägung im 7. Jahrhundert v. Chr. in Kleinasien bis zu den Münzen und Medaillen des 21. Jahrhunderts.

Zu den bedeutendsten Beständen gehören 102 000 griechische und etwa 50 000 römische Münzen der Antike, 160 000 europäische Münzen des Mittelalters und der Neuzeit sowie 35 000 islamisch-orientalische Münzen. Die im 15. Jahrhundert entstehende Kunstform der Medaille ist mit 25 000 Stücken vertreten.

Neben den Münzen und Medaillen gehören eine Papiergeldsammlung, eine Sammlung historischer Siegel seit dem Mittelalter und Beispiele für Geldformen der Naturvölker zum Bestand. Ferner sind mehr als 15 000 Münzwerkzeuge – darunter mehr als 12 000 Stempel – von in Berlin seit dem 17. Jahrhundert geprägten Münzen und Medaillen sowie eine umfangreiche Abgusssammlung vorhanden.

Das Münzkabinett ist gleichermaßen Museum, Archiv des Münzgeldes und numismatisches Forschungsinstitut.

Direktor Prof. Dr. Bernd Kluge

Anschrift
Bodestraße 1–3 10178 Berlin
Telefon +49 (0) 30-20 90-57 00
Fax +49 (0) 30-20 90-57 02
E-Mail: mk@smb.spk-berlin.de

Besuchereingang
Monbijoubrücke 10178 Berlin

Telefon Information Museumsinsel
+49 (0) 30-20 90-55 77

Alte Nationalgalerie

Die Alte Nationalgalerie beherbergt Gemälde und Skulpturen des 19. Jahrhunderts. Als erstes Gebäude auf der Museumsinsel konnte sie nach der Grundsanierung im Dezember 2001 wieder eröffnet werden. Sie bildet zusammen mit dem Alten Museum, dem Bode-Museum, dem Neuen Museum und dem Pergamonmuseum das Ensemble der Berliner Museumsinsel und zählt mit den Meisterwerken von C. D. Friedrich bis Manet, von Schinkel bis Menzel, von Schadow bis Klinger zu den strahlenden Höhepunkten der Berliner Museumslandschaft.

Die Alte Nationalgalerie stellt neben der Neuen Nationalgalerie mit der Kunst des 20. Jahrhunderts, dem Museum Berggruen mit den Werken der Klassischen Moderne, dem Hamburger Bahnhof – Museum für Gegenwart mit der Kunst der Gegenwart und der Friedrichswerderschen Kirche, die die Skulpturen des 19. Jahrhunderts beherbergt, eine der fünf Säulen der Nationalgalerie dar. Sie gilt als umfangreiche Epochensammlung für die Kunst zwischen Französischer Revolution und Erstem Weltkrieg, zwischen Klassizismus und Sezessionen. Einzigartig ist die große Harmonie zwischen Sammlung und Gebäude des Museums. Der Rundgang durch das Haus bietet somit einen tiefen Einblick in die Kunst des 19. Jahrhunderts.

Direktor Nationalgalerie
Prof. Dr. Peter-Klaus Schuster

Leiter Alte Nationalgalerie
Dr. Bernhard Maaz

Anschrift
Bodestraße 1–3 10178 Berlin
Telefon +49 (0)30-20 90-58 01
Fax +49 (0)30-20 90-58 02
E-Mail: ang@smb.spk-berlin.de

Besuchereingang
Alte Nationalgalerie
Bodestraße 1–3 10178 Berlin

Telefon Information Museumsinsel
+49 (0)30-20 90-55 77

Friedrichswerdersche Kirche

Antikenrezeption in Motiv- und Formensprache ist ein wichtiges Merkmal der ausgestellten Bildwerke aus der Zeit vom späten 18. bis zum mittleren 19. Jahrhundert, die locker und beziehungsreich im Raum gruppiert sind, so dass sich beim Betrachter der Eindruck einer nahezu ‚landschaftlichen Heiterkeit' einstellt.

An zentraler Stelle steht der Originalgips für die Marmorgruppe der preußischen Prinzessinnen Luise und Friederike von Johann Gottfried Schadow. Den Bereich der klassizistischen Idealplastik vertreten Emil Wolffs »Badende« und Heinrich Kümmels »Fischerknabe«. Theodor Kalides »Bacchantin auf dem Panther« – ein kriegsbedingt zerstörter Torso, der auch in dieser fragmentarischen Form die revolutionäre Modernität des Werkes erkennen lässt – überschreitet bereits die Grenzen des Klassizismus zum wilhelminischen Neobarock. Bildnisbüsten bedeutender Personen der Goethezeit ergänzen die Skulpturen-Ausstellung: Immanuel Kant, Johann Wolfgang von Goethe, Wilhelm und Alexander von Humboldt und andere Personen dieser für die deutsche Geistesgeschichte so bedeutenden Zeit sind vertreten.

Im Emporengeschoss zeigt die Nationalgalerie eine Dokumentation zum Leben und Werk von Karl Friedrich Schinkel. Damit wird zugleich das Bauwerk gewürdigt: Mit der Friedrichswerderschen Kirche schuf Schinkel ein Hauptwerk der deutschen Neugotik.

Direktor Nationalgalerie
Prof. Dr. Peter-Klaus Schuster

Leiter Alte Nationalgalerie
Dr. Bernhard Maaz

Anschrift
Bodestraße 1–3 10178 Berlin

Besuchereingang
Werderscher Markt 10117 Berlin

Information +49 (0)30-208-13 23

Archipel Nationalgalerie 20./21. Jahrhundert

Neue Nationalgalerie

Die Neue Nationalgalerie beherbergt europäische und amerikanische Malerei und Plastik des 20. Jahrhunderts von der Klassischen Moderne bis zur Kunst der 1960er Jahre. Unter ihnen befinden sich Arbeiten von Munch, Kirchner, Picasso, Klee, Feininger, Dix und Kokoschka.

Neben dem Kubismus mit Werken von Picasso und Gris verfügt die Neue Nationalgalerie über bedeutende Bestände des deutschen Expressionismus mit zentralen Gemälden von Kirchner, Schmidt-Rottluff, Heckel und Nolde.

Einen weiteren Höhepunkt bilden 11 Gemälde aus verschiedenen Schaffensperioden von Max Beckmann.

Die surrealistische Malerei ist mit Künstlern wie Ernst, Dalí, Magritte und Miró vertreten. Otto Dix und George Grosz dokumentieren mit ihren Gemälden die Richtung des Verismus und der Neuen Sachlichkeit. Die Schule des Bauhauses wird durch Arbeiten ihrer Lehrer Klee, Feininger und Schlemmer dargestellt.

Neben den umfangreichen Beständen zu der europäischen Zero-Bewegung bildet die amerikanische Malerei der sechziger und siebziger Jahre mit der Farbfeldmalerei von Barnett Newman, Morris Louis, Frank Stella und Ellsworth Kelly einen Höhepunkt.

Direktor Nationalgalerie
Prof. Dr. Peter-Klaus Schuster

Leiterin Neue Nationalgalerie
Prof. Dr. Angela Schneider

Anschrift
Potsdamer Straße 50 10785 Berlin
Telefon +49 (0)30-266-26 51
Fax +49 (0)30-262-47 15
E-Mail: nng@smb.spk-berlin.de

Besuchereingang
Potsdamer Straße 50 10785 Berlin

Information Kulturforum Potsdamer Platz
+49 (0)30-266-29 51

Hamburger Bahnhof – Museum für Gegenwart

Die Ausstellung zeitgenössischer Kunst setzt sich aus Werken der Staatlichen Museen zu Berlin und aus der Berliner Privatsammlung von Erich Marx zusammen. Zudem werden seit September 2004 in wechselnden Ausstellungen Höhepunkte der Friedrich Christian Flick Collection gezeigt.

Grundstock der Sammlung Marx bilden Werke von weltbekannten Künstlern wie Andy Warhol, Cy Twombly, Robert Rauschenberg, Roy Lichtenstein, Joseph Beuys und Anselm Kiefer. Darüber hinaus gehören über 450 Zeichnungen von Beuys und nahezu 60 Blätter von Warhol zu den Beständen. Ebenso sind Werkgruppen von Malern der italienischen Transavanguardia und Vertretern der Minimal Art ausgestellt.

Der englische Künstler Richard Long sucht mit seinem »Berlin Circle« den direkten Bezug zum Ort. Ebenso ließen sich die Künstler Gerhard Merz und Dan Flavin vom Haus inspirieren. Das gesamte Erdgeschoss im westlichen Ehrenhofflügel ist Arbeiten von Beuys gewidmet. Darunter befinden sich bekannte Installationen wie »Das Ende des 20. Jahrhunderts« (1982/83), »Unschlitt/Tallow« (1977) und die aus 100 Holztafeln bestehende Arbeit »Richtkräfte« (1974/77).

Bewusst wurde auf eine historisch festgelegte Präsentation der Werke verzichtet und ein offenes, sammlungsübergreifendes Konzept gewählt, das alle von Künstlern benutzten Medien einschließt.

Direktor Nationalgalerie
Prof. Dr. Peter-Klaus Schuster

Leiter Hamburger Bahnhof – Museum für Gegenwart
Prof. Dr. Eugen Blume

Anschrift
Invalidenstraße 50/51 10557 Berlin
Telefon +49 (0)30-39 78-34 12
Fax +49 (0)30-39 78-34 13
E-Mail: hbf@smb.spk-berlin.de

Besuchereingang
Invalidenstraße 50–51 10557 Berlin

Information Hamburger Bahnhof
+49 (0)30-39 78-34 39

Museum Berggruen

Das Museum Berggruen zeigt herausragende Werke der Klassischen Moderne. Zu den Künstlern gehören vor allem Picasso, Klee, Giacometti und Matisse.

Unter dem Titel »Picasso und seine Zeit« werden auf drei Etagen Gemälde, Skulpturen und Arbeiten auf Papier gezeigt. Im Zentrum der Sammlung steht mit über 100 Exponaten das Werk Picassos.

Den zweiten Schwerpunkt der Sammlung bilden über 60 Bilder von Paul Klee. Kleinformatig und fragil zeichnen sie die poetische Welt des Malers von 1917 bis 1940. Mit über 20 Werken ist Henri Matisse vertreten, darunter mehr als ein halbes Dutzend der berühmten Scherenschnitte. Plastische Ensembles von Alberto Giacometti sowie Beispiele afrikanischer Skulptur runden den Kern der Sammlung ab.

Seit der Eröffnung des Hauses 1996 wurden kontinuierlich zusätzliche Werke angekauft, darunter das vom Museum of Modern Art in New York erworbene bedeutende Picasso-Gemälde »Häuser auf einem Hügel (Horta de Ebro)« aus dem Jahr 1909. Insgesamt 165 Arbeiten wurden im Dezember 2000 von Heinz Berggruen an die Stiftung Preußischer Kulturbesitz übereignet.

Direktor Nationalgalerie
Prof. Dr. Peter-Klaus Schuster

Leiter Museum Berggruen
Dr. Dieter Scholz

Anschrift
Schloßstraße 1   14059 Berlin
Telefon +49 (0)30-32 69-58 15
Fax +49 (0)30-32 69-58 19
E-Mail: museumberggruen@smb.spk-berlin.de

Besuchereingang
Schlossstraße 1   14059 Berlin

Sammlung Scharf-Gerstenberg

Die Sammlung Scharf-Gerstenberg, wie das Museum Berggruen aus einer Privatsammlung hervorgegangen, wird ab Frühjahr 2008 Werke der Surrealisten und ihrer Vorläufer zeigen.

Unter dem Titel »Surreale Welten« werden auf drei Etagen Gemälde, Skulpturen und Arbeiten auf Papier gezeigt. Mit über 250 Werken wird die Geschichte der Phantastischen Kunst nachgezeichnet, in deren Tradition der Surrealismus gesehen wird.

Im Zentrum der Sammlung steht die Gruppe der Künstler um André Breton, der 1924 in Paris sein »Surrealistisches Manifest« veröffentlichte. Fast alle Mitglieder der Surrealistengruppe sind mit ausgewählten Arbeiten in der Sammlung vertreten. Größere Werkgruppen gibt es insbesondere von René Magritte, Max Ernst und Hans Bellmer, jedoch auch von Wols und Paul Klee.

Zu den frühesten Zeugnissen der Phantastischen Kunst der Sammlung zählen Piranesis Darstellungen phantastischer Kerkerarchitekturen sowie die albtraumhaften Spukgestalten in Goyas Radierungen. Der französische Symbolismus des späten 19. Jahrhunderts ist mit Bildern von Odilon Redon oder Gustave Moreau ebenso vertreten wie sein deutsches Pendant in Gestalt von grafischen Zyklen Max Klingers.

Erweitert wird die Ausstellung durch ein Filmprogramm, das klassische surrealistische Filme von Luis Buñuel und Salvador Dalí ebenso umfasst wie Filme zeitgenössischer Künstler, die auf den Surrealismus Bezug nehmen oder dessen formale Mittel verwenden.

Direktor Nationalgalerie
Prof. Dr. Peter-Klaus Schuster

Leiter Sammlung Scharf-Gerstenberg
Dr. Dieter Scholz

Anschrift
Schloßstraße 70   14059 Berlin
Telefon +49 (0)30-34 35-73 15
Fax +49 (0)30-34 35-73 12

Besuchereingang
Schloßstraße 70   14059 Berlin

Kulturforum Potsdamer Platz

Gemäldegalerie

Die Gemäldegalerie besitzt eine der weltweit bedeutendsten Sammlungen europäischer Malerei. Sie bietet dem Besucher einen umfassenden Überblick über die europäische Kunst vom 13. bis zum ausgehenden 18. Jahrhundert. Wie selbstverständlich ist die altdeutsche Malerei der Spätgotik und der Renaissance durch Künstler wie Konrad Witz, Albrecht Dürer, Hans Baldung, Lucas Cranach und Hans Holbein glänzend vertreten.

Einen zweiten Schwerpunkt bildet die holländische und flämische Malerei vom 15. bis zum 17. Jahrhundert, die ihren Höhepunkt in einer Folge von 16 Gemälden Rembrandts hat.

Höchsten Rang hat auch die Sammlung der italienischen Malerei von der Frührenaissance bis zum Barock sowie die französische Kunst des 17. und 18. Jahrhunderts. Als eines der wenigen Museen auf dem europäischen Kontinent besitzt die Gemäldegalerie zudem wichtige Werke der englischen Malerei.

In der Hauptgalerie sind rund 1 000 Meisterwerke ausgestellt. Sie wird durch eine Studiengalerie im Sockelgeschoss mit etwa 400 Bildern ergänzt.

Direktor
Prof. Dr. Bernd Lindemann

Anschrift
Stauffenbergstraße 40 10785 Berlin
Telefon +49 (0)30-266-21 01
Fax +49 (0)30-266-21 03
E-Mail: gg@smb.spk-berlin.de

Besuchereingang
Matthäikirchplatz 4/6 10785 Berlin

Information Kulturforum Potsdamer Platz
+49 (0)30-266-29 51

Kunstgewerbemuseum

Das Museum besitzt zwei Standorte, am Kulturforum und in Schloss Köpenick.

Kulturforum

Das Kunstgewerbemuseum sammelt europäisches Kunsthandwerk aller nachantiken Stilepochen der Kunstgeschichte, darunter Gold- und Silberschmiedearbeiten, Glas-, Email- und Porzellangefäße, Möbel und Raumgetäfel sowie Tapisserien, Kostüme und Seidenstoffe. Schatzkunst aus bedeutenden mittelalterlichen Kirchen, darunter über 40 Werke aus dem »Welfenschatz«, zeigen den hohen Stand der Goldschmiedekunst in dieser Zeit. Für die Epoche der Renaissance steht das Repräsentationssilber der Ratsherren von Lüneburg.

Die Sammlung und Ausstellung des Museums reicht bis in die jüngste Entwicklung des industriellen Design und der Mode.

Schloss Köpenick

In dem Barockschloss zeigt das Kunstgewerbemuseum Möbel und Kunstgewerbe aus Renaissance, Barock und Rokoko. Die Auswahl der über 500 Exponate, die dem Stil des denkmalgeschützten Hauses angepasst ist, ist durch ihre ursprüngliche Funktion innerhalb der Wohn- und Repräsentationskultur des 16. bis 18. Jahrhunderts im öffentlichen, privaten und höfischen Leben bestimmt.

Zu den Höhepunkten zählen vier bemerkenswert vollständige, begehbare Zimmergetäfel.

Direktorin
Dr. Angela Schönberger

Anschrift
Tiergartenstraße 6 10785 Berlin
Telefon +49 (0)30-266-29 02
Fax +49 (0)30-266-29 47
E-Mail: kgm@smb.spk-berlin.de

Besuchereingang Kulturforum
Herbert-von-Karajan-Straße 10 10785 Berlin

Information Kulturforum Potsdamer Platz
+49 (0)30-266-29 51

Besuchereingang Schloss Köpenick
Schlossinsel 1 12557 Berlin

Information Schloss Köpenick
+49 (0)30-65 66-17 49

Kupferstichkabinett –
Sammlung der Zeichnungen und Druckgraphik

Das Kupferstichkabinett zählt mit 110 000 Zeichnungen, Aquarellen, Pastellen und Ölskizzen, rund 540 000 Grafiken und zahlreichen illustrierten Büchern zu den reichsten Kunstsammlungen in Deutschland. International gehört es zu den vier bedeutendsten Einrichtungen seiner Art. Die Sammlung umspannt 1000 Jahre Kunst-, Kultur- und Mediengeschichte. Sie reicht von kostbaren Prachthandschriften des Mittelalters bis zur Kunst der Gegenwart.

Die Geschichte des Museums geht bis in die Barockzeit zurück. Seine formelle Gründung erfolgte 1831 im Alten Museum als dritte Säule neben der Antikensammlung und der Gemäldegalerie. Besondere Schwerpunkte bilden die klassischen Schulen Europas (Botticelli, Dürer, Rembrandt, Goya), die deutsche Zeichenkunst des 19. und frühen 20. Jahrhunderts (Friedrich, Schinkel, Menzel, Kirchner, Beckmann) sowie die internationale Moderne.

Ein Museum der Grafischen Künste kann seine Kostbarkeiten aufgrund ihrer Lichtempfindlichkeit nicht permanent zeigen. Stattdessen werden Sonder- und Wechselausstellungen eingerichtet. Im Studiensaal erhält das Publikum Gelegenheit, sich Kunstwerke nach eigener Wahl vorlegen zu lassen.

Direktor
Prof. Dr. Hein-Th. Schulze Altcappenberg

Anschrift
Matthäikirchplatz 8 10785 Berlin
Telefon +49 (0) 30-266-20 02
Fax +49 (0) 30-266-29 59
E-Mail: kk@smb.spk-berlin.de

Besuchereingang
Matthäikirchplatz 6 10785 Berlin

Information Kulturforum Potsdamer Platz
+49 (0) 30-266-29 51

Kunstbibliothek

Die Kunstbibliothek ist ein bild- und kunstwissenschaftliches Kompetenzzentrum, bestehend aus einer Spezialbibliothek und bedeutenden Sondersammlungen. Die Spezialbibliothek beherbergt mit ihren rund 450 000 Bänden einen der umfangreichsten Bestände kunstgeschichtlicher Fachliteratur in Deutschland. Die Sondersammlungen dokumentieren die Geschichte der Kunst in ihrem ganzen medialen Spektrum: Sammlung Architektur, Sammlung Modebild – Lipperheidesche Kostümbibliothek, Sammlung Grafikdesign, Sammlung Fotografie – Museum für Fotografie, Sammlung Buch- und Medienkunst.

Hauptstandort der Kunstbibliothek ist das Kulturforum am Potsdamer Platz. Darüber hinaus ist sie als die koordinierende Instanz für die Handbibliotheken der Staatlichen Museen auch an allen anderen Standorten beratend aktiv: Museumsinsel, Dahlem und Charlottenburg. Neben einer Filiale auf der Museumsinsel verfügt die Kunstbibliothek mit dem Museum für Fotografie zudem über eine besondere Publikumsattraktion in der Jebensstrasse am Bahnhof Zoo. Ihre vielfältigen Ausstellungen zur Architektur-, Kunst- und Mediengeschichte sind fester Bestandteil des Veranstaltungsprogramms der Staatlichen Museen zu Berlin am Kulturforum (Ausstellungshallen, Neue Nationalgalerie) und auf der Museumsinsel (Alte Nationalgalerie, Pergamonmuseum).

Direktor
Dr. Moritz Wullen

Anschrift
Matthäikirchplatz 6 10785 Berlin
Telefon +49 (0) 30-266-20 29
Fax +49 (0) 30-266-29 58
E-Mail: auskunft.kb@smb.spk-berlin.de

Besuchereingang Kunstbibliothek
Matthäikirchplatz 6 10785 Berlin

Information Kulturforum Potsdamer Platz
+49 (0) 30-266-29 51

Standort Charlottenburg

Museum für Fotografie

Seit Juni 2004 präsentiert sich das Museum für Fotografie als eine Abteilung der Kunstbibliothek unter einem Dach mit der Helmut Newton Stiftung in der Jebensstraße 2 gegenüber dem Bahnhof Zoologischer Garten.

Ziel der Neugründung ist die Bündelung der vielfältigen musealen Aufgabenbereiche für das Medium Fotografie bei den Staatlichen Museen zu Berlin in einem Ausstellungs-, Forschungs- und Dokumentationszentrum. Schrittweise wurden seit Sommer 2004 die Räumlichkeiten für diese Zwecke umgebaut. Neben Ausstellungssälen und Archivräumen wird es einen Studien- und Lesesaal mit Präsenzbibliothek, eine Restaurierungswerkstatt und eine museumspädagogische Abteilung mit Demonstrationsfotolabor geben.

Leiter
Dr. Ludger Derenthal

Anschrift
Jebensstraße 2 10623 Berlin
Telefon +49 (0)30-31 86-48 25
Fax +49 (0)30-31 86-69 12
E-Mail: mf@smb.spk-berlin.de

Besuchereingang
Jebensstraße 2 10623 Berlin

Kasse Museum für Fotografie
+49 (0)30-31 86-48 25

Helmut Newton Stiftung

Die Helmut Newton Stiftung wurde noch von Helmut Newton selbst Ende 2003 gegründet. Zweck der Stiftung ist die Wahrung, der Schutz und die Präsentation des fotografischen Werkes von Helmut und June Newton, die seit 1970 unter dem Namen Alice Springs ein eigenes, bedeutendes Porträtwerk schuf.

Helmut Newton hat bei der Gründung eine große Anzahl von Fotopositiven auf seine Stiftung übertragen, die einen wesentlichen Bestandteil seines künstlerischen Schaffens darstellen.

Im Oktober 2003 hat die Helmut Newton Stiftung mit der Stiftung Preußischer Kulturbesitz einen Vertrag geschlossen, auf dessen Grundlage der Helmut Newton Stiftung Ausstellungsräume im ehemaligen Landwehrkasino in Berlin-Charlottenburg zur Verfügung stehen.

Nach den Wünschen von Helmut Newton soll diese Stiftung in seiner Heimatstadt Berlin kein »totes Museum« sein, sondern eine »lebendige Institution«. In wechselnden Ausstellungen werden unterschiedliche Aspekte seines vielschichtigen, innovativen und provokativen Werkes präsentiert. Überdies werden auch andere Künstler und Fotografen gezeigt und treten so mit Newtons Werk in einen Dialog.

Leiter
Dr. Matthias Harder

Anschrift
Jebensstraße 2
10623 Berlin
Telefon +49 (0)30-31 86-48 56
Fax +49 (0)30-31 86-48 55
E-Mail: info@helmut-newton-stiftung.org

Besuchereingang
Jebensstraße 2 10623 Berlin

Kasse Museum für Fotografie
+49 (0)30-31 86-48 25

Museum für Vor- und Frühgeschichte

Das Museum für Vor- und Frühgeschichte besitzt eine der größten Sammlungen zur Archäologie der Alten Welt, die einen Überblick über die Kulturgeschichte von der Steinzeit bis ins Mittelalter bieten.

Im Rundgang bilden im Stein- und Bronzezeit-Saal die Hominidenfunde aus Combe Capelle und Le Moustier, die Kunst der Eiszeit sowie die Entwicklung der alt- und mittelsteinzeitlichen Werkzeuge den Auftakt. Es folgen die Kulturen der Jungsteinzeit und der Bronzezeit, die mittels Fundkomplexen aus ganz Europa in ihrer Vielfalt dargestellt werden. Der lange Zeitraum vom 8. Jh. v. Chr. bis zum hohen Mittelalter ist ein weiterer Schwerpunkt der musealen Präsentation, in der die Kulturentwicklung bei Kelten, Germanen und in den römischen Provinzen nördlich der Alpen sowie die archäologische Ethnographie des Frühen Mittelalters anhand zahlreicher Exponate erläutert werden.

Direktor
Prof. Dr. Wilfried Menghin

Anschrift
Schloss Charlottenburg,
Langhansbau 14059 Berlin
Telefon +49 (0)30-32 67-48 10
Fax +49 (0)30-32 67-48 12
E-Mail: mvf@smb.spk-berlin.de

Besuchereingang
Schloss Charlottenburg,
Langhansbau 14059 Berlin

Kasse Museum für Vor- und Frühgeschichte
+49 (0)30-32 67-48 40

Museen Dahlem

Ethnologisches Museum

1873 wurde das Museum für Völkerkunde gegründet. 1886 bezog es ein eigenes Gebäude in der heutigen Stresemannstraße nahe dem Potsdamer Platz. Unter dem ersten Direktor Adolf Bastian wurden die Bestände durch Erwerbungen aus allen Teilen der Welt systematisch erweitert.

Während des Zweiten Weltkrieges wurde das Gebäude in der Stresemannstraße zerstört. Nach dem Krieg führte man deshalb die ausgelagerten und erhalten gebliebenen Sammlungsbestände im ehemaligen Magazingebäude in Dahlem zusammen. Bis 1970 wurden hier Erweiterungsbauten errichtet. In ihnen hat auch das Museum für Asiatische Kunst seinen Platz. Das Museum wurde am 1. Januar 2000 offiziell in Ethnologisches Museum umbenannt.

Mit 500 000 Objekten aus allen Erdteilen und großen Beständen an Tonaufnahmen, Fotodokumenten sowie Filmen gehört das Ethnologische Museum zu den größten und bedeutendsten seiner Art. Es sammelt, bewahrt und erforscht vor allem die materiellen Kulturzeugnisse vorindustrieller Gesellschaften, überwiegend aus den außereuropäischen Gebieten.

Das Museum für Völkerkunde umfasst folgende Sammlungen: Afrika, Amerikanische Archäologie, Amerikanische Ethnologie, Islamischer Orient, Ost- und Nordasien, Süd- und Südostasien, Südsee und Australien sowie Musikethnologie. Weitere Einrichtungen des Hauses sind das Junior- und das Blindenmuseum.

Direktorin
Prof. Dr. Viola König

Anschrift
Arnimallee 27 14195 Berlin
Telefon +49 (0)30-83 01-266
Fax +49 (0)30-83 01-506
E-Mail: md@smb.spk-berlin.de

Besuchereingang
Lansstraße 8 14195 Berlin

Information Museen Dahlem
+49 (0)30-83 01-438

Museum Europäischer Kulturen

Das Museum Europäischer Kulturen ging 1999 aus der Vereinigung des 110 Jahre alten Museums für Volkskunde mit der Europäischen Sammlung des Ethnologischen Museums hervor. Mit rund 270 000 Objekten beherbergt es eine der größten Sammlungen zur europäischen Kulturgeschichte. Schwerpunkt des Museums ist die europäische Alltagskultur vom 18. Jahrhundert bis zur Gegenwart.

Während des Zweiten Weltkrieges wurden rund 80 Prozent der volkskundlichen Museumsbestände vernichtet. Im Nachkriegsdeutschland hatte die politische Teilung die Entstehung von zwei volkskundlichen Museen in Berlin zur Folge. Im Ostteil wie im Westteil der Stadt veränderte sich das Profil der beiden Teilmuseen von der Beschäftigung mit der ländlichen Kultur zu einer europäisch ausgerichteten Erforschung gesellschaftlicher und kulturgeschichtlicher Themen bis zur Gegenwart.

Mit seinem Umzug im Jahr 2005 unter ein gemeinsames Dach mit dem Ethnologischen Museum und dem Museum für Asiatische Kunst hat das Museum Europäischer Kulturen seinen Diskurs durch die Beschäftigung mit den außereuropäischen Kulturen in idealer Weise erweitert.

Direktor
Prof. Dr. Konrad Vanja

Anschrift
Im Winkel 6/8 14195 Berlin
Telefon +49 (0)30-83 901-288
Fax +49 (0)30-83 901-283
E-Mail: mek@smb.spk-berlin.de

Besuchereingang
Arnimallee 25 14195 Berlin

Information Museen Dahlem
+49 (0)30-83 01-438

Museum für Asiatische Kunst

Die Kunstsammlung Süd-, Südost- und Zentralasien beherbergt eine der weltweit bedeutendsten Sammlungen von Kunstwerken des indo-asiatischen Kulturraums. Aus Indien und Pakistan stammen Skulpturen (Stein, Metall, Terrakotta) sowie feine Erzeugnisse des Kunsthandwerks und der Miniaturmalerei, Zeichnungen und Werke der zeitgenössischen Kunst. Zentralasien (Xinjiang/China) bildet mit einer großen Anzahl von Wandmalereien (al secco), Lehm-, Textil- und Holzobjekten sowie Manuskript- und Buchblättern einen Schwerpunkt der Sammlungen, seltene Objekte, die in vier Expeditionen von 1902 bis 1914 zusammengetragen wurden. Weiterhin sind Nepal, Tibet und Südostasien (hauptsächlich Thailand, Kambodscha und Indonesien) mit repräsentativen Stücken vertreten, die das reiche Kunstschaffen dieser Regionen dokumentieren.

Die im Jahre 1906 gegründete Ostasiatische Kunstsammlung präsentiert in umfassender Weise das Spektrum der Kunst Chinas, Japans und Koreas in jeweils eigenen Galerien sowie in einer Studiensammlung. Zu den Höhepunkten des zentralen Sammlungsbereichs, der Malerei und Schriftkunst, zählt die spektakuläre Neuerwerbung (1988) von über 400 chinesischen Bildern der Ming- und Qing-Dynastien (1368–1911) sowie der Moderne, mit der das Museum auf diesem Gebiet seine alte internationale Bedeutung wieder erlangte. Eines der Glanzlichter stellt die in einer eigenen Galerie präsentierte Sammlung japanischer Malerei und Lackkunst des in Berlin geborenen und in Tokyo ansässigen Kunsthändlers und Sammlers Klaus Friedrich Naumann dar.

Direktor
Prof. Dr. Willibald Veit

Anschrift
Takustraße 40 14195 Berlin
Telefon +49 (0)30-83 01-381
Fax +49 (0)30-83 01-501
E-Mail: aku@smb.spk-berlin.de

Besuchereingang
Lansstraße 8 14195 Berlin

Information Museen Dahlem
+49 (0)30-83 01-438

Institute der Staatlichen Museen zu Berlin

Institut für Museumsforschung

Das Institut für Museumsforschung ist eine bundesweit tätige Forschungs- und Dokumentationseinrichtung, deren Arbeit sich auf sammlungsübergreifende Aspekte des Museumswesens konzentriert. Es erbringt Leistungen für die Museen in Deutschland in den Bereichen Forschung, anwendungsorientierte Vermittlung und Dokumentation.

Das Institut arbeitet in Ergänzung zu den regional tätigen Museumsämtern und Fachberatungsstellen der Bundesländer. Es hat keine hoheitlichen Aufgaben im Sinne einer zentralstaatlichen Einrichtung und greift damit nicht in die Kulturhoheit der Länder ein.

Die Forschungsvorhaben werden in Kooperation mit Fachleuten aus dafür relevanten wissenschaftlichen Disziplinen durchgeführt (Sozialwissenschaften, Erziehungswissenschaft, Ingenieur- und Naturwissenschaften usw.). Die Projekte sind am Forschungsbedarf der Museen sowie an übergreifenden museumskundlichen Arbeitsfeldern und praxisrelevanten Fragestellungen orientiert.

In den letzten Jahren verlagert sich der Schwerpunkt von einer mehr nationalen zu einer europäischen bzw. internationalen Perspektive, von pragmatischen Einzellösungen zur Entwicklung von Guidelines und Standards.

Die Einführung Neuer Medien beschleunigt diese Entwicklung. Und nicht zuletzt werden auch die Museen von dem allgemeinen Strukturwandel ergriffen, wodurch neue Aufgaben für das Institut entstehen.

Leiter
Prof. Dr. Bernhard Graf

Anschrift
In der Halde 1 14195 Berlin
Telefon +49 (0)30-83 01-460
Fax +49 (0)30-83 01-504
E-Mail: ifm@smb.spk-berlin.de

Rathgen-Forschungslabor

Das Rathgen-Forschungslabor ist die Leitinstitution für konservierungswissenschaftliche, kunsttechnologische und archäometrische Belange. Es gehört zu der kleinen Gruppe von Forschungseinrichtungen in Deutschland, die materialübergreifend Untersuchungen an Museumsobjekten durchführt sowie naturwissenschaftliche Fragestellungen aus der Denkmalpflege und der Erhaltung archäologischer Stätten bearbeitet. Das Rathgen-Forschungslabor steht in der Tradition des ältesten Museumslabors der Welt, der am 1. April 1888 als Chemisches Labor der Königlichen Museen zu Berlin gegründeten Forschungs- und Entwicklungseinrichtung. Es wurde nach dessen erstem Direktor Friedrich Rathgen benannt.

In Fragen zur Erhaltung von mobilem und immobilem Kunst- und Kulturgut arbeitet das Rathgen-Forschungslabor auch in internationalen Fachgremien mit.

In seiner Funktion als konservierungswissenschaftlicher Ansprechpartner innerhalb der Staatlichen Museen zu Berlin ist das Rathgen-Forschungslabor insbesondere der Einwerbung und Durchführung langfristiger Forschungsprojekte sowie theoretisch und methodisch fundierter Dienstleistung verpflichtet.

Dafür ist das Labor mit moderner analytischer Gerätetechnik ausgestattet, u.a. für optische sowie Rasterelektronenmikroskopie, Röntgenanalytik, Spektroskopie, Chromatographie und Massenspektrometrie, radiometrische Datierung, zerstörungsfreie Ultraschalldiagnostik, sowie weitere Verfahren zur Bestimmung physiko-mechanischer Kennwerte von Materialien. Es besitzt zudem Bewitterungskammern zur Simulation bestimmter Klimabedingungen und mobile Meßsysteme zum Monitoring der physikalischen und chemischen Umgebungsbedingungen in den Sammlungen.

Direktor
Dr. Stefan Simon

Anschrift
Schloßstraße 1A 14059 Berlin
Telefon +49 (0)30-32 67-49 10
Fax +49 (0)30-32 67-49 12
E-Mail: rf-info@smb.spk-berlin.de

Gipsformerei

Die Gipsformerei ist die weltgrößte Institution dieser Art. Seit über 150 Jahren werden hier Repliken aus überwiegend Berliner, aber auch aus europäischen Museen angefertigt. Dadurch repräsentiert sie einzigartig ein Stück Kultur- und Architekturgeschichte der Berliner Museen.

Mehr als jedes andere Material eignet sich der Werkstoff Gips, Feinheiten historischer Originalobjekte wiederzugeben. Die Gipsformerei, lässt auf einzigartige Weise ein »musée imaginaire« entstehen, das von den Funden Trojas von Heinrich Schliemann über die wichtigsten Werke der klassischen Antike, wie die Laokoon-Gruppe oder den nahezu vollständigen Pergamon-Altar, zur Kunst Ägyptens mit der Büste der Königin Nofretete, dem Mittelalter mit dem Bamberger Reiter, der Renaissance, Schlüters Großen Kurfürsten, Schadows Prinzessinnengruppe bis ins frühe 20. Jahrhundert mit dem Denker von Rodin reicht.

Der umfangreiche Formenbestand umfasst derzeit 7 000 Objekte, die durch Bestandskataloge erschlossen sind. Einzigartig ist, dass dem interessierten Käufer der gesamte Formenbestand zur Anfertigung einer Replik offen steht.

Leiter
Axel Möller

Anschrift
Sophie-Charlotten-Straße 17–18 14059 Berlin
Telefon +49 (0) 30-32 67-69 10
Fax +49 (0) 30-32 67-69 12
E-Mail: gf@smb.spk-berlin.de

Zentralarchiv

Das Zentralarchiv ist eine wissenschaftliche Institution, die mit allen Sammlungen, aber auch mit den Verwaltungseinrichtungen der Staatlichen Museen zu Berlin eng verbunden ist. Das Archiv versteht sich als Stätte der Forschung und zugleich als das historische »Gedächtnis« der Museen. Mit seinen Beständen repräsentiert es sammlungsübergreifend die 175-jährige Geschichte der ehemals Königlichen, später Staatlichen Museen zu Berlin. Das Archiv betrachtet es als seine Hauptaufgabe, die ihm anvertrauten Bestände, Nachlässe und Sammlungen nach archivfachlichen Grundsätzen zu behandeln, auf Dauer aufzubewahren und zu erschließen. In Anbetracht des gestiegenen Bedarfs an kultur- und kunsthistorischer Information und Dokumentation steht das Zentralarchiv auf der Museumsinsel auch der wissenschaftlichen Öffentlichkeit mit seinen Beständen und mit Auskünften zur Verfügung.

Leiter
Dr. Jörn Grabowski

Anschrift
Bodestraße 1–3 10178 Berlin
Telefon +49 (0) 30-20 90-62 03
Fax +49 (0) 30-20 90-60 02
E-Mail: za@smb.spk-berlin.de

Staatsbibliothek zu Berlin

Als größte wissenschaftliche Universalbibliothek Deutschlands ist die Staatsbibliothek ein Zentrum der nationalen Literaturversorgung. Über 10 Millionen Bände umfasst allein ihr Druckschriftenbestand, hinzu kommen die weltbekannten Sammlungen handschriftlicher Materialien.

Das Haus Unter den Linden entwickelt sich mit seinem einzigartigen Altbestand zur historischen Forschungsbibliothek und widmet sich der Literatur sämtlicher Epochen der Vormoderne, deren Abschluss die Jahrhundertwende 19./20. Jh. markierte. Neben den historischen Druckschriften werden hier die materialbezogenen Sonderabteilungen für Handschriften, Musik, Karten, Kinder- und Jugendbücher sowie Zeitungen konzentriert.

Das Haus Potsdamer Straße entwickelt sich zur Forschungsbibliothek der Moderne. Das Profil dieses Hauses setzt dort an, wo die Zuständigkeit des Allgemeinen Lesesaals Unter den Linden endet, und präsentiert Literatur mit Bezug auf die Moderne bis zur Gegenwart; ein universaler Referenzbestand zu allen Epochen ergänzt diese Freihandliteratur. Die regionalspezifischen Sonderabteilungen für Osteuropa, den Orient und Ostasien ergänzen das Angebot.

Generaldirektion

Generaldirektorin
Barbara Schneider-Kempf

Anschrift
Potsdamer Straße 33 10785 Berlin
Telefon +49 (0)30-266-23 23
Fax +49 (0)30-266-23 19
E-Mail: generaldir@sbb.spk-berlin.de

Internet: www.staatsbibliothek-berlin.de

Haus Unter den Linden

Abteilung Historische Drucke

Die Abteilung Historische Drucke bewahrt in ihren Sammlungen seltene und kostbare historische Druckschriften für künftige Generationen. Mit rund 250 000 Bänden handelt es sich hierbei um die umfangreichsten Sammlungen dieser Art in einer deutschen Bibliothek. Mit ihrer Vielfalt spiegeln die unter buchhistorischen oder inhaltlichen Aspekten entstandenen Sondersammlungen die besondere Qualität des historischen Druckschriftenbestandes der Staatsbibliothek zu Berlin wieder.

Die Abteilung nimmt für den Zeitraum 1501 – 1912 den universalen Sammelauftrag der Preußischen Staatsbibliothek auf. In Abhängigkeit vom nationalen und internationalen Antiquariatsangebot und in Hinblick auf aktuelle Forschungstendenzen wird der Bestand kontinuierlich verdichtet. Ein wesentlicher Aspekt ist auch die Schließung der Lücken, die der Bibliothek durch Verlagerung und Vernichtung von Druckschriften während des Zweiten Weltkrieges entstanden sind.

Bei der Erschließung des Bestandes setzt die Abteilung Schwerpunkte durch die Mitarbeit an nationalen und internationalen Erschließungsprojekten, durch die Digitalisierung der Bestände sowie durch ihre Mitarbeit in einschlägigen Gremien, wie zum Beispiel der Arbeitsgemeinschaft Sammlung Deutscher Drucke oder im Consortium of European Research Libraries (CERL).

Die Erwerbungs- und Erschließungstätigkeit wird durch ein umfassendes konventionelles und digitales Informationssystem zu den Sondersammlungen sowie zum historischen Buch unter wissenschafts-, buch- und druckhistorischen Aspekten ergänzt.

Leiterin
Annette Wehmeyer

Anschrift
Unter den Linden 8 10117 Berlin
Telefon +49 (0)30-266-13 11
Fax +49 (0)30-266-17 17
E-Mail: abt.histor.drucke@sbb.spk-berlin.de

Musikabteilung

Die Musikabteilung ist heute die größte und eine der bedeutendsten Musiksammlungen Deutschlands. Schwerpunkte bilden die Autographe und (Teil-) Nachlässe zahlreicher Komponisten des deutschen Sprachraums aus dem 17. bis 19. Jahrhundert; unter anderem besitzt die Abteilung die weltweit größten und wichtigsten Sammlungen von Originalhandschriften von Johann Sebastian und Carl Philipp Emanuel Bach, Ludwig van Beethoven, Wolfgang Amadeus Mozart, Felix Mendelssohn Bartholdy und Carl Maria von Weber. Durch die Konstituierung der »Deutschen Musiksammlung« wurde die Abteilung auch zu einer zentralen Sammelstätte für bis 1945 gedruckte Musikalien. Weitere Sammelschwerpunkte liegen bei musikwissenschaftlicher Fachliteratur, Libretti und Tonträgern. Der Abteilung angeschlossen ist das 1964 gestiftete Mendelssohn-Archiv.

Die Bestände umfassen rund 67 000 Bände Musikautographe und -abschriften, 80 000 Briefe von Komponisten, Musikern und Musikwissenschaftlern, 400 Nachlässe und Teilnachlässe von Komponisten und Musikwissenschaftlern, 440 000 Musikdrucke, darunter zahlreiche Erstausgaben von Werken aus dem 19. und 20. Jahrhundert, und 85 000 Bände internationaler musikwissenschaftlicher Literatur. Weiterhin im Bestand sind 14 000 Bände Libretti, 8 000 Bildmaterialien (überwiegend Porträts von Komponisten und Musikern aus dem 19. Jahrhundert) und 40 000 Tonträger (Schallplatten, CDs).

Leiter
N. N. (komm. Prof. Dr. Eef Overgaauw)

Anschrift
Unter den Linden 8 10117 Berlin
Telefon +49 (0)30-266-17 71
Fax +49 (0)30-266-16 24
E-Mail: musikabt@sbb.spk-berlin.de

Kartenabteilung

Die Anfänge der Kartensammlung reichen bis zur Gründungszeit der Bibliothek 1661 zurück. Als kartographisches Bestandszentrum der Bundesrepublik Deutschland erwirbt, erschließt und verwaltet die Abteilung aus allen Ländern und Erdteilen: Karten, Atlanten, Globen, Ansichten, topographische Kartenwerke und kartographisches Schrifttum.

Mit der Übernahme der Kartenbestände des mit Unterstützung Alexander von Humboldts und Carl Ritters gegründeten Königlichen Kartographischen Instituts im Jahr 1859 wurde der Grundstock für eine der größten Kartensammlungen der Welt gelegt.

Bedeutende Nachlässe kamen in den folgenden Jahrzehnten hinzu, so der des belgischen Gesandten Jean Baptiste Nothomb sowie der Berliner Kartographen Heinrich und Richard Kiepert.

Im Jahr 1919 erfolgte die bedeutendste Vermehrung durch die Übernahme des Kartenarchivs des Preußischen Großen Generalstabs mit über 200 000 Karten, insbesondere den Originalen der frühen preußischen Landesaufnahmen.

Die Abteilung besitzt ca. 1 270 000 kartographische Dokumente, davon 1 045 000 Kartenblätter, darunter ca. 30 000 Handzeichnungen, 30 500 Atlanten, 35 000 kartographische Schriften, 155 000 topographische Ansichten (Stiche, Lithographien, Photographien), 200 Globen und 2 000 CD-ROMs mit Karten, Ortsverzeichnissen und so weiter.

Der jährliche Zuwachs beträgt im Durchschnitt 10 000 Karten, mehrere hundert Atlanten und kartographische Schriften.

Leiter
Wolfgang Crom

Anschrift
Unter den Linden 8 10117 Berlin
Telefon +49 (0)30-266-12 35
Fax +49 (0)30-266-13 92
E-Mail: kartenabt@sbb.spk-berlin.de

Benutzereingang
Haus Unter den Linden
Unter den Linden 8 10117 Berlin

Haus Potsdamer Straße
Potsdamer Str. 33 10785 Berlin

Kinder- und Jugendbuchabteilung

Die Staatsbibliothek besitzt mit der Kinder- und Jugendbuchabteilung eine der wenigen großen wissenschaftlichen Spezialsammlungen zur Kinder- und Jugendliteratur. Der Bestand umfasst historische und moderne Kinder- und Jugendbücher aus aller Welt, Zeitschriften, Originalillustrationen zum Kinderbuch, Bilderbogen und Plakate. Einen besonderen Schwerpunkt bildet die Sammlung alter deutscher Kinderbücher, die zu den umfangreichsten und bedeutendsten ihrer Art in Europa gehört.

Die Kinder- und Jugendbuchabteilung erwirbt historische und moderne Kinder- und Jugendliteratur aus aller Welt, wobei der Bestand an alten deutschen Kinderbüchern einen besonderen Schwerpunkt bildet. – Als Kinder- und Jugendliteratur wird die für diese Altersgruppe geschriebene, bearbeitete oder herausgegebene Literatur gesammelt. Die für Kinder und Jugendliche auch geeigneten oder von ihnen gelesenen Werke der Erwachsenenliteratur werden nicht berücksichtigt. – Die Bestände der Abteilung stehen allen Lesern zur Verfügung, die sich zu wissenschaftlichen und beruflichen Zwecken mit dem Kinder- und Jugendbuch befassen.

Der Bestand umfasst gegenwärtig mehr als 160 000 Kinder- und Jugendbücher sowie 11 000 Bände Sekundärliteratur. In der Sammlung der Originalillustrationen sind 8 000 Illustrationen von 90 Künstlern vorhanden. Darüber hinaus werden Bilderbogen und Plakate zum Kinder- und Jugendbuch gesammelt.

Leiterin
Carola Pohlmann

Anschrift
Unter den Linden 8 10117 Berlin
Telefon +49 (0)30-266-14 04
Fax +49 (0)30-266-16 65
E-Mail: kinderbuchabt@sbb.spk-berlin.de

Haus Potsdamer Straße

Abteilung Katalogsystem und Wissenschaftliche Dienste

Die Abteilung Katalogsystem und Wissenschaftliche Dienste gliedert sich in zwei große Bereiche: Der Bereich Katalogsystem ist für die Pflege und Ergänzung des Katalogsystems der Staatsbibliothek zuständig. Das Projekt Retrokonversion sorgt dafür, dass die Katalogdaten in elektronische Form überführt und in den StaBiKat gebracht werden, das Projekt Revision leistet die exakte Erfassung der vorhandenen Bestände und die Feststellung der Kriegsverluste. Zu den Aufgaben dieses Bereichs gehört auch die Koordinierung der Katalogisierung in der Staatsbibliothek insgesamt, die Bearbeitung von Grundsatzfragen des Katalogsystems, die Zusammenarbeit mit dem Gemeinsamen Bibliotheksverbund (GBV) und die Pflege und Weiterentwicklung des StaBiKat.

Der Bereich Wissenschaftliche Dienste ist für die fachliche Betreuung der Sammlungen verantwortlich. Die Fachreferentinnen und Fachreferenten sind Ansprechpartner für die Wissenschaft und vermitteln durch ein breites Veranstaltungsprogramm Kenntnisse über die Informationsressourcen der Bibliothek. Sie gestalten die Sammlungen in ihrem Fach durch Auswahl der zu erwerbenden Literatur und durch die Pflege der Freihandbestände in beiden Häusern. Um den thematischen Zugang zu den Beständen zu verbessern, beteiligt sich die Staatsbibliothek an der kooperativen Sacherschließung im deutschsprachigen Raum. Von besonderer Bedeutung sind das DFG-Sondersammelgebiet Rechtswissenschaft und die Virtuelle Fachbibliothek Recht.

Leiter
Dipl.-Phys. Günter Hädrich

Anschrift
Potsdamer Straße 33 10785 Berlin
Telefon +49 (0)30-266-23 51
Fax +49 (0)30-266-30 04
E-Mail: katalogabt@sbb.spk-berlin.de

Handschriftenabteilung

Das Sammlungspanorama der Handschriftenabteilung umfasst abendländische Handschriften, Nachlässe und Autographen, Inkunabeln und Einblattmaterialien. Zu den bekanntesten der über 18 000 mittelalterlichen und neuzeitlichen Handschriften gehören der Vergilius Augusteus, die Itala-Fragmente, der Psalter Ludwigs des Deutschen und die Bilderhandschrift des Nibelungenliedes sowie Texte von Kleist, Goethe und Fontane. Die Handschriftensammlung des Alexander Douglas, 10th Duke of Hamilton, liegt nahezu geschlossen in der Bibliothek, ebenfalls die Codices Meermanniani, der wertvollste Teil der Handschriftenbibliothek des Sir Thomas Phillipps. Neben den bedeutenden Autographensammlungen Karl August Varnhagen von Enses und Ludwig Darmstaedters sind über 1 000 Nachlässe aus Wissenschaft, Literatur und Kunst vorhanden, u. a. von Gerhart Hauptmann, den Brüdern Grimm, Georg Wilhelm Hegel, Leopold von Ranke, Max Born, Dietrich Bonhoeffer, Gustaf Gründgens sowie das Archiv des Antiquariats Martin Breslauer; als Deposita liegen die Archive des Verlags Walter de Gruyter und des Aufbau-Verlags hier. Zur bedeutenden Inkunabelsammlung gehört u.a. ein Pergamentexemplar der 42-zeiligen Gutenbergbibel. Einblattdrucke zur deutschen Geschichte und Kulturgeschichte seit dem 15. Jahrhundert, Theaterzettel, Exlibris und die Porträtsammlung bilden weitere Sammlungsbereiche. Die Zentralredaktionen der Datenbanken Manuscripta Medievalia und Gesamtkatalog der Wiegendrucke, ebenso die Zentrale des Verbundes für Nachlässe und Autographen, Kalliope, sind in der Handschriftenabteilung angesiedelt.

Leiter
Prof. Dr. Eef Overgaauw

Anschrift
Potsdamer Straße 33 10785 Berlin
Telefon +49 (0)30-266-28 40
Fax +49 (0)30-266-28 42
E-Mail: handschriftenabt@sbb.spk-berlin.de

Osteuropa-Abteilung

Die Osteuropa-Abteilung betreut eine der größten Sammlungen osteuropäischer Literatur außerhalb Osteuropas. Die Abteilung erwirbt Literatur aus Albanien, Bulgarien, Finnland, Griechenland, Georgien, Kroatien, Slowenien, Bosnien und Herzegowina, Makedonien, Serbien, Montenegro, Polen, Rumänien, Russland, dem Baltikum, Weißrussland, der Ukraine, der Tschechischen Republik, der Slowakei, Ungarn und dem Sorbischen Sprachbereich. Neben der Literatur in Originalsprachen wird auch Literatur über die Länder Osteuropas erworben und das Schrifttum der nationalen Minderheiten berücksichtigt. Der Schwerpunkt der Sammlung liegt auf den geistes- und sozialwissenschaftlichen Fächern.

Die Osteuropa-Sammlung umfasst über eine Million Bücher und jedes Jahr kommen rund 10 000 Bände hinzu. Von den insgesamt 20 000 osteuropäischen Zeitschriften und Zeitungen im Bestand werden mehr als 4 000 Titel laufend bezogen, darunter auch Parlaments- und amtliche Druckschriften. Der Zugang zu osteuropäischen elektronischen Angeboten wird fortlaufend erweitert.

Seit 1998 betreut die Osteuropa-Abteilung das Sondersammelgebiet Slawistik (Sprache, Literatur und Volkskunde) der Deutschen Forschungsgemeinschaft (DFG). Für das Sondersammelgebiet Recht wird Rechtsliteratur aus und über Osteuropa erworben.

Die zentrale Anlaufstelle für slavistikbezogene Fachinformation im Internet ist das von der DFG geförderte und in der Abteilung betreute Slavistik-Portal.

Leiter
Olaf Hamann

Anschrift
Potsdamer Straße 33 10785 Berlin
Telefon +49 (0) 30-266-30 06
Fax +49 (0) 30-266-24 04
Email: osteuropaabt@sbb.spk-berlin.de

Orientabteilung

Die Orientabteilung wurde 1919 als Orientalische Abteilung der Preußischen Staatsbibliothek gegründet. In heutiger Form entstand sie am 1.1.1992 durch die Vereinigung der Asien-Afrika-Abteilung der Deutschen Staatsbibliothek und der Orientabteilung der Staatsbibliothek Preußischer Kulturbesitz.

Ihre Aufgabe besteht in der Erwerbung und Erschließung von Literatur in asiatischen, afrikanischen und europäischen Sprachen aus und über folgende Regionen: Alter Orient und Ägypten, Islamischer Vorderer Orient von Nordafrika bis Afghanistan und Zentralasien (einschließlich der europäischen Türkei und der zeitweilig islamischen Teile Europas), Kaukasus, Afrika südlich der Sahara, Israel (sowie Hebraistik und Judentum allgemein), Südasien, Südostasien und Ozeanien (Teil des Sondersammelgebietes Ost- und Südostasien).

Dazu kommt die Verantwortung für die Erwerbung, Erschließung und Verwaltung von Handschriften und Blockdrucken aus allen Regionen Asiens und Afrikas – mit etwa 43 000 Bänden eine der bedeutendsten und am Besten erschlossenen Sammlungen orientalischer Handschriften weltweit – sowie für eine Filmothek von etwa 200 000 Handschriftenkopien. Auch die etwa 40 000 Handschriftenfragmente der »Berliner Turfansammlung« (Eigentum der Berlin-Brandenburgischen Akademie der Wissenschaften) werden von der Staatsbibliothek bibliothekarisch und konservatorisch betreut.

Leiter
Dr. Hartmut-Ortwin Feistel

Anschrift
Potsdamer Straße 33 10785 Berlin
Telefon +49 (0) 30-266-24 89
Fax +49 (0) 30-264-59 55
E-Mail: orientabt@sbb.spk-berlin.de

Ostasienabteilung

Die Ostasienabteilung besteht seit 1922 als selbständige Abteilung.

Sie ist zuständig für die Erwerbung und Erschließung von Literatur in den Sprachen Ostasiens (Chinesisch, Japanisch, Koreanisch, Mongolisch, Tibetisch, Minderheitensprachen Chinas). Darüber hinaus erwirbt die Ostasienabteilung Literatur über den ostasiatischen Raum in westlichen Sprachen.

Die Ostasienabteilung betreut den Sammelschwerpunkt Ost- und Südostasien im Rahmen des von der Deutschen Forschungsgemeinschaft geförderten Systems der überregionalen Literaturversorgung. Sie ist Leitstelle für den so genannten Blauen Leihverkehr (Fernleihverkehr für Literatur in ostasiatischen Sprachen), der über die Fachinstitute der jeweiligen Universitäten in Anspruch genommen werden kann.

Da sich die Fachrichtungen der Ostasienwissenschaften seit jeher – insbesondere aber seit der stärkeren Betonung gegenwartsbezogener Forschung – mit allen Bereichen wissenschaftlicher Studien in Bezug auf Ostasien beschäftigt haben, bezieht sich auch die bibliothekarische Sammeltätigkeit auf alle Länder dieser Region und ihre Publikationen. Hierzu gehören: Volksrepublik China (darin aufgegangen Mandschurei, Innere Mongolei, Tibet, Hongkong), Republik China (Taiwan), Macao, Mongolei, Japan, Nordkorea und Südkorea.

Die Ostasienabteilung ist gleichzeitig für die Virtuelle Fachbibliothek Ost- und Südostasien – CrossAsia – verantwortlich und bietet hier Zugriff auf zahlreiche fachrelevante kosten- und lizenzpflichtige Datenbanken, elektronische Zeitschriften und elektronische Bücher. Die Nutzung ist für registrierte Nutzer kostenfrei.

Leiter
Matthias Kaun

Anschrift
Potsdamer Straße 33 10785 Berlin
Telefon +49 (0)30-266-23 71
Fax +49 (0)30-266-36 13
Email: ostasienabt@sbb.spk-berlin.de

Westhafen

Zeitungsabteilung

Die Zeitungssammlung der Staatsbibliothek hat eine weit in die Geschichte der Bibliothek zurückreichende Tradition, auch wenn die Zeitungsabteilung als Sonderabteilung erst 1993 gegründet wurde. Durch die Einbeziehung der Zeitungen in die Pflichtexemplarregelungen Preußens im 18. und 19. Jahrhundert, besonders aber durch die intensiven und systematischen Bestandserweiterungen ab der Mitte des 19. Jahrhunderts wuchs der Zeitungsbestand der Königlichen Bibliothek in Berlin rasch zur umfangreichsten Sammlung Deutschlands an. Trotz starker kriegsbedingter Verluste gilt dies auch gegenwärtig wieder. 1997 bezog die Abteilung ihre derzeitigen Räume in dem zum Magazin umgebauten ehemaligen Getreidespeicher des Berliner Westhafens.

Neben den aus den Haupthäusern der Staatsbibliothek zusammengeführten Beständen allgemeiner Tages- und Wochenzeitungen ergänzen und erweitern die Bestandsübernahmen aus anderen Sammlungen die Zeitungssammlung der Staatsbibliothek. Zusätzlich zu den originalen Zeitungen und den Mikroformen wurde ein umfangreicher, permanent wachsender Bestand an Zeitungsinformationen in CD-ROM- und Internet-Datenbanken aufgebaut. Neben Nationallizenzen für Zeitungen bietet die Abteilung mit der »Amtspresse Preußens« die erste volltextrecherchierbare deutschsprachige Zeitungskollektion im Internet an.

Seit 1982 betreut die Staatsbibliothek Preußischer Kulturbesitz den Sammelschwerpunkt Ausländische Zeitungen von der Deutschen Forschungsgemeinschaft (DFG), der 2005 zum Sondersammelgebiet aufgewertet wurde.

Leiter
Dr. Joachim Zeller

Anschrift
Westhafenstraße 1 13353 Berlin
Telefon +49 (0)30-266-37 10
Fax +49 (0)30-266-37 99
E-Mail: zeitungsabt@sbb.spk-berlin.de

Bildarchiv
Das Bildarchiv Preußischer Kulturbesitz (bpk) ist als Mediendienstleister eine zentrale Serviceeinrichtung der Stiftung Preußischer Kulturbesitz.
Organisatorisch ist es der Staatsbibliothek zu Berlin zugeordnet. Das Bildarchiv wurde 1966 gegründet. Den Grundstock des Archivs bildete das »Historische Bildarchiv« Hermann Handke. Zu seinen Beständen gehören ca. eine Million Bilder, darunter Daguerreotypien, Talbotypien, Papierabzüge, Negative, Drucke, Stiche und Lithographien. Heute besitzt das bpk mit über 12 Millionen Fotografien zu den Themen Kunst, Kultur und Geschichte eine der größten Fotosammlungen in Europa. Im Langzeitarchiv befinden sich Nachlässe, Archive und Teilbestände zahlreicher renommierter Fotografen.
Die zeitgeschichtliche Sammlung umfasst Fotografien von ca. 1860 bis 1990 von weit über hundert Fotografen. Aufnahmen von Werken der Kunst und Kultur vieler renommierter Kultureinrichtungen bilden den zweiten Themenschwerpunkt. Ein umfangreicher Archivbestand wurde insbesondere mit Fotografien der Sammlungsbestände der Staatlichen Museen zu Berlin, der Staatsbibliothek zu Berlin sowie der anderen Institutionen der Stiftung Preußischer Kulturbesitz aufgebaut. Alle Einrichtungen der Stiftung vertritt das bpk exklusiv bei Anfragen und Bestellungen kommerzieller Nutzer. In den letzten Jahren wurden zahlreiche Kooperationsverträge mit in- und ausländischen Kunstmuseen abgeschlossen. Über die Bilddatenbank im Internet sind heute bereits über 100 000 digitalisierte Bildmotive des Archivs online recherchierbar. Professionelle Bildnutzer aus den Medien und der Wirtschaft können nach einer Registrierung die zuvor ausgewählten Bildmotive in Druckqualität aus der Bilddatenbank kostenpflichtig abrufen. Für die Nutzung haben sie ein medienspezifisches Nutzungshonorar zu bezahlen.

Leiter
Hanns-Peter Frentz

Anschrift
Märkisches Ufer 16–18 10179 Berlin
Postfach 610317 10179 Berlin
Telefon +49 (0)30-27 87 92-0
Fax +49 (0)30-27 87 92-39
E-Mail: kontakt@bpk-images.de

Internet
www.bpk-images.de

Geheimes Staatsarchiv Preußischer Kulturbesitz

Wie alle Archive wurzelt das Geheime Staatsarchiv Preußischer Kulturbesitz in archivischen Traditionen, die vom sekreten Aufbewahren von Herrschaftswissen zur modernen Auffassung von Archiven als »Häusern der Geschichte« führten, die ihre Schätze der historisch interessierten Öffentlichkeit in vielfältiger Weise anbieten. Diese Entwicklung begann für das GStA im Jahr 1282; 1963 mündete sie in die Zugehörigkeit des Dahlemer Hauses zur SPK.

Das GStA PK ist heute in einer seit der Beseitigung Preußens 1947 gewandelten Archivlandschaft zunächst für die Überlieferungen der zentralen Instanzen des ehemaligen Brandenburg-Preußens zuständig, darüber hinaus auch für bestimmte Provinzialüberlieferungen und nichtstaatliches Schriftgut. Es verwahrt gegenwärtig ca. 35 000 laufende Meter Archivalien sowie eine Dienstbibliothek mit etwa 185 000 Bänden und 200 currenten Zeitungen bzw. Zeitschriften.

Der Überlieferungs-Fülle des Archivs entspricht die Intensität seiner Benutzung. Dabei müssen alle Archivarbeiten nach wie vor von einer misslichen Magazinsituation ausgehen, die den Hauptteil der Archivalien in einem provisorisch eingerichteten Gebäude im Berliner Westhafen vorhält. Dort setzt die Bestandserhaltung Schwerpunkte auf magazintechnische Verbesserungen, kritisch geprüfte Massenentsäuerungsverfahren und einen Verbund von analogen und digitalen Reproduktionsformen. Die archivische Erschließungsroutine hat sich deutlich von den Ordnungsarbeiten auf die Verbesserung der Verzeichnungsdaten verlagert, von denen derzeit ca. 20 Prozent online stehen. Den Rahmen dafür bildet seit 2000 eine vielschichtige Archiv-Tektonik, die neben ihrer gedruckten Veröffentlichung auch das Kernstück der Website des Hauses bildet. Flankierend hat das GStA PK teils in eigener Initiative, teils in Zusammenarbeit mit anderen Archiven mittlerweile eine Reihe von sachthematischen Inventaren vorgelegt, die seine Überlieferungen mit denen anderer Archive benutzerorientiert verknüpft und damit auch das Föderale Programm der SPK bedient. In den archiveigenen Veröffentlichungsreihen werden wichtige Editionen vorangetrieben. Wissenschaftskontakte pflegt das Archiv durch eigene Auswertungsarbeiten, Kooperation mit Historischen Kommissionen und zwei Zeitschriften, die auch im Auftrag des GStA PK jährlich mehrmals erscheinen.

Eigenart und Selbstverständnis des GStA PK werden am Besten durch den aufsteigenden Wappen-Adler im Giebelfeld seines Haupthauses bekundet. Er bewacht für die SPK einen Schatz, dem sie ihre Existenz im Wesentlichen verdankt: die preußische Erinnerungskultur, die das Werden, Wirken und Sterben dieses noch immer faszinierenden Staates dokumentiert. Preußenaar und -archiv gehören genuin zur SPK, als ihr ältestes und jüngstes Teil.

Direktion

Direktor
Prof. Dr. Jürgen Kloosterhuis

Anschrift
Archivstraße 12–14 14195 Berlin
Telefon +49 (0)30-8 39 01-00
Fax +49 (0)30-8 39 01-180
E-Mail: gsta.pk@gsta.spk-berlin.de

Internet: www.gsta.spk-berlin.de

Ibero-Amerikanisches Institut

Das Ibero-Amerikanische Institut (IAI) ist eine interdisziplinär orientierte Einrichtung des wissenschaftlichen und kulturellen Austausches mit Lateinamerika, der Karibik, Spanien und Portugal. In seiner einzigartigen Verbindung aus Informations-, Forschungs- und Kulturzentrum fungiert das Institut als Koordinationsplattform für Kooperationen und als Katalysator für interkulturelle Dialoge. Das IAI wurde 1930 gegründet und ist seit 1962 Teil der Stiftung Preußischer Kulturbesitz.

Das Informationszentrum des IAI beherbergt die größte europäische Spezialbibliothek für den ibero-amerikanischen Kulturraum. Die Bestände umfassen 830 000 Bände und 29 000 Zeitschriften mit den Schwerpunkten Sozial- und Geisteswissenschaften, Geografie, Wirtschaftswissenschaften und Jura, eine umfangreiche Kartensammlung und Phonothek sowie Sondersammlungen mit Fotografien, Dias, Plakaten, Postern, Grafiken, Videos und DVDs. Darüber hinaus befinden sich im IAI etwa 300 Nachlässe von Naturreisenden, Wissenschaftlern und Schriftstellern. DFG-Förderung erhält das IAI für das Sondersammelgebiet »Ibero-Amerika« und die virtuelle Fachbibliothek »cibera« (Ibero-Amerika / Spanien / Portugal).

Im Forschungszentrum des IAI arbeiten Wissenschaftler und Wissenschaftlerinnen aus den Fächern Ethnologie, Politikwissenschaft, Bibliothekswissenschaft, Literaturwissenschaft und Kulturstudien, Geschichte sowie Sprachwissenschaft zusammen. Die interdisziplinär ausgerichtete Forschung konzentriert sich dabei auf zwei Schwerpunkte: »Die Beziehungen zwischen Europa und Lateinamerika in Vergangenheit und Gegenwart« sowie »Identitätskonstruktionen in Lateinamerika – Abgrenzungs- und Aneignungsstrategien«. Das IAI bringt drei Zeitschriften und fünf Reihen heraus. Mehr als 80 Gastwissenschaftler aus der ganzen Welt kommen im Jahr in das Institut. Einige von ihnen werden über das eigene Stipendienprogramm finanziert. Darüber hinaus koordiniert das IAI lokale und nationale Netzwerke der Lateinamerikaforschung und ist in einer Reihe internationaler wissenschaftlicher Gremien aktiv.

Das Kulturzentrum des IAI realisiert eine große Vielfalt von Veranstaltungen wie Lesungen, Vorträge, Gesprächsrunden, Tagungen, Filmvorführungen, Konzerte und Ausstellungen (etwa 130 pro Jahr). Allen Veranstaltungen gemein ist die Beschäftigung mit den Lebenswelten Lateinamerikas, der Karibik und der Iberischen Halbinsel in Gegenwart und Vergangenheit. Neben der Kulturvermittlung dient das Veranstaltungsprogramm auch dazu, die Sammlungen des Instituts und seine interdisziplinäre Forschungs- und Publikationstätigkeit einem breiten Publikum vorzustellen. In jährlichen thematischen Schwerpunkten greift das IAI zentrale Aspekte und Entwicklungen Ibero-Amerikas auf und setzt sich mit ihnen in unterschiedlichen Formaten und aus verschiedenen Perspektiven auseinander.

Direktion

Direktorin
Dr. Barbara Göbel

Anschrift
Potsdamer Straße 37 10785 Berlin
Telefon +49 (0)30-266-25 01
Fax +49 (0)30-266-25 03
E-Mail: iai@iai.spk-berlin.de

Internet: www.iai.spk-berlin.de

Staatliches Institut für Musikforschung

Das Staatliche Institut für Musikforschung (SIM) ist eine musikwissenschaftliche Forschungseinrichtung mit weitreichenden Aktivitäten. Mit seinem modernen, von Edgar Wisniewski im Geist von Hans Scharoun errichteten Gebäude am Berliner Kulturforum – zwischen Philharmonie und Sony Center – ist es ebenso ein Ort der Wissenschaft wie deren lebendiger Vermittlung an ein breites musikinteressiertes Publikum. Hierfür besitzt das Institut mit seinem repräsentativen Musikinstrumenten-Museum ein ideales Forum, das für vielfältige Veranstaltungen, vom wissenschaftlichen Symposion über Gesprächs-Konzerte mit Alter Musik auf historischen Instrumenten der Sammlung bis hin zu interaktiven Klanginstallationen, genutzt wird.

Direktion

Direktor
Dr. Thomas Ertelt

Anschrift
Tiergartenstraße 1 10785 Berlin
Telefon +49 (0)30-2 54 81-107
Fax +49 (0)30-2 54 81-172
E-Mail: sim@sim-berlin.de

Internet: www.sim-berlin.de

Musikinstrumenten-Museum

Das Musikinstrumenten-Museum beherbergt mehr als 3 500 Musikinstrumente allererster Qualität, von denen rund 900 im 1984 eröffneten, lichtdurchfluteten Neubau, der 2006 einen neuen Eingang zum Potsdamer Platz hin erhielt, zu sehen und bei zahlreichen Führungen und Konzerten der Reihe »Alte Musik – live« zu hören sind. Mit seiner breit angelegten Sammlung europäischer Musikinstrumente der Kunstmusik vom Mittelalter über das 17., 18. und 19. Jahrhundert bis hin zur Gegenwart und einem attraktiven Angebot für eine aktive Nutzung durch die Besucher ist das Musikinstrumenten-Museum das einzige in Deutschland, das umfassend alle Aspekte des europäischen Instrumentenbaus, des Instrumentalspiels und der Instrumentalmusik berücksichtigt. Eine Restaurierungswerkstatt mit modernsten technischen Einrichtungen unterstützt die wissenschaftliche Forschung im eigenen Haus.

Das Musikinstrumenten-Museum ist eng verbunden mit den Forschungs- und Publikationstätigkeiten der anderen Abteilungen des SIM sowie mit den anderen Kunstmuseen, archäologischen und ethnologischen Sammlungen der Stiftung Preußischer Kulturbesitz.

Direktorin
Prof. Dr. Conny Restle

Anschrift
Tiergartenstraße 1 10178 Berlin
Telefon +49 (0)30-2 54 81-102
Fax +49 (0)30-2 54 81-172
E-Mail: mim@sim.spk-berlin.de

Besuchereingang
Ben-Gurion-Straße 10178 Berlin

Internet
www.mim-berlin.de

Information
Telefon +49 (0)30-2 54 81-178

Musiktheorie und Musikgeschichte

In der historischen Abteilung des Instituts bilden Forschungen zur Geschichte der Musiktheorie seit langem einen Schwerpunkt, der seinen Niederschlag in mehreren renommierten Publikationsreihen findet. Musiktheoretischer und musikhistorischer Sachverstand werden mit den konkreten Untersuchungsmöglichkeiten verknüpft, die der große Bestand historischer Musikinstrumente des Hauses an die Hand gibt. Die Ergebnisse dieser Forschungen werden in der zentralen Publikationsreihe »Klang und Begriff« veröffentlicht.

Das Referat »Musikwissenschaftliche Dokumentation« ist das Herzstück der Serviceleistungen des Instituts. Eine Präsenzbibliothek mit ca. 67 000 Bänden steht auch externen Benutzern offen; ihre Sammelschwerpunkte sind Musiktheorie, Musikgeschichte, Instrumentenkunde und Systematische Musikwissenschaft. Die Datenbank »Bibliographie des Musikschrifttums online« informiert umfassend über die Forschungsliteratur zur Musik. Sie ist über das Internet weltweit frei zugänglich und wird beständig auch durch externe Beiträge von Autoren bereichert. Mit BMS online leistet das SIM zugleich einen wesentlichen Beitrag zu der Virtuellen Fachbibliothek Musikwissenschaft, dem zentralen Informationsportal für Musik und Musikwissenschaft.

Leiter
Dr. Thomas Ertelt

Anschrift
Tiergartenstraße 1 10785 Berlin
Telefon +49 (0)30-2 54 81-107
Fax +49 (0)30-2 54 81-172

Akustik und Musiktechnologie

Ein Schwerpunkt der akustischen Forschung am SIM ist die Entwicklung und Bereitstellung rechnergestützter Analysemethoden für die Instrumentenkunde. Entsprechende Aufnahmen dafür entstehen im Tonstudio des Instituts, wo spezifische Klangphänomene detailliert untersucht und dokumentiert werden.

Im Idealfall sollen derartige Untersuchungen die Beantwortung der Frage erleichtern, welche Bauteile eines Instruments original und welche Zutaten aus späterer Zeit sind.

Forschungen über die akustische Wandelbarkeit von Räumen sind möglich geworden durch die digitale Ansteuerung einer aufwendigen Mehrkanal-Anlage, die in den Konzertsaal des Instituts integriert ist. Sie wird zudem für Aufführungen und Klanginstallationen genutzt, bei denen räumliche Bewegungen von Klängen eine Rolle spielen.

Neben der akustischen Forschung befasst sich die Abteilung mit der Entwicklung multimedialer Anwendungen. Multimedia bietet der Vermittlung von Wissen über Musik und Musikinstrumente neue und faszinierende Möglichkeiten. Dies gilt insbesondere für die musikalische Analyse, mit der Integration von Text, Notenbeispielen und »beweglichen« Partituren, die mit der klingenden Musik synchronisiert sind.

Leiter
Dipl.-Ing. Hans-Reinhard Wirth

Anschrift
Tiergartenstraße 1 10785 Berlin
Telefon +49 (0) 30-2 54 81-141
Fax +49 (0) 30-2 54 81-172

Gerhard Rudolf Baum Bundesminister a. D.

Prof. Dr. Ernst Benda Bundesminister a. D.

Prof. Dr. Horst Bredekamp Professor für Kunstgeschichte an der Humboldt-Universität zu Berlin

Prof. David Chipperfield Architekt

Prof. Dr. Bernhard Fabian em. Professor der Englischen Philologie und Buchwissenschaft an der Westfälischen Wilhelms-Universität, Münster

Prof. Dr. Wolfgang Frühwald Präsident der Alexander von Humboldt-Stiftung, Bonn

Dr. h. c. Carlos Fuentes Macías
Schriftsteller, Botschafter a. D., Mexiko

Prof. Dr. h. c. mult. Dietrich Fischer-Dieskau Musiker

Dr. Rolf Griebel Generaldirektor der Bayerischen Staatsbibliothek

Professor Monika Grütters, MdB Hon. Prof. für Kultur- und Medienmanagement an der Freien Universität Berlin

Claudia Henne Kulturjournalistin, Rundfunk Berlin-Brandenburg (RBB)

Dr. Franz-Georg Kaltwasser Direktor der Bayerischen Staatsbibliothek a. D.

Dr. Norbert Lammert, MdB
Präsident des Deutschen Bundestages

Prof. Dr. h. c. Klaus-Dieter Lehmann
Präsident der Stiftung Preußischer Kulturbesitz

Prof. Dr. Dr. h. c. Christoph Markschies
Präsident der Humboldt-Universität

Prof. HG Merz Architekt

Walter Momper
Präsident des Abgeordnetenhauses von Berlin

Dr. Michael Naumann Staatsminister a. D.

Bernd Neumann, MdB
Staatsminister und Beauftragter der Bundesregierung für Kultur undMedien

June Newton Fotografin, Monaco

Prof. Dr. Dr. h. c. mult. Hermann Parzinger Präsident des Deutschen Archäologischen Instituts

Prof. Dr. Peter Raue Vorsitzender des Vereins der Freunde der Nationalgalerie

Sir Norman Rosenthal Exhibitions Secretary, Royal Academy of Arts, London

Dr. Günther Rühle Publizist, Präsident der Alfred-Kerr-Stiftung Berlin

Prof. Dr. h. c. mult. Klaus G. Saur
Vorsitzender der Geschäftsführung des Verlages Walter de Gruyter

Prof. Dr. Günter Schade
Ehem. Stellv. Generaldirektor der Staatlichen Museen zu Berlin – Preußischer Kulturbesitz

Dr. Wolfgang Schäuble, MdB
Bundesminister des Innern

Dr. Henning Schulte-Noelle
Vorsitzender des Aufsichtsrats der Allianz AG

Berhard Schulz Redakteur, Der Tagesspiegel

Prof. Dr. Martin Staehelin
Musikwissenschaftliches Seminar der Georg-August-Universität Göttingen

Prof. Dr. Christoph Stölzl Geschäftsführer der Villa Grisebach Auktionen GmbH, Hon. Prof. an der Freien Universität Berlin

Prof. Heinz Tesar Architekt

Prof. Dr. h. c. O. M. Ungers Architekt

Dr. Tessen von Heydebreck
Mitglied des Vorstands der Deutschen Bank

Prof. Dr. Hartmut Weber
Präsident des Bundesarchivs

Prof. Christina Weiss
Staatsministerin a. D., Hon. Prof. für Allgemeine und Vergleichende Literaturwissenschaft, Universität des Saarlandes

Klaus Wowereit
Regierender Bürgermeister von Berlin

Yan Xiangdong
Director of International Cooperation Division, National Library of China, Beijing

Norbert Zimmermann Vizepräsident der Stiftung Preußischer Kulturbesitz

Umschlagsabbildung

Max Burchartz, »Lotte (Auge)«, um 1927. Silbergelantinepapier. Kunstbibliothek, Sammlung Fotografie

Textteil

Ägyptisches Museum: S. 87
Anders, Jörg P.: S. 184 (bpk), 185 (bpk), 188 (bpk), 190 (bpk), 193 (bpk), 319 (bpk), 329 (bpk), 335 (bpk), 341 (bpk)

Bellin, Ines: S. 196 u.
Bildarchiv Preußischer Kulturbesitz (bpk): S. 28, 29, 30, 36 u., 39, 223 o., 338, 347, 399
BNCF (Bredekamp): S. 202, Nr. 1 u. 3
Bolk, Florian: S. 264 o. (SBB)
Bundesanstalt für Bauwesen und Raumordnung: S. 36 o.
Bundesbildstelle: S. 49, 50, 53, 128, 130, 131 o./u., 132 o./u., 133 u., 199 o.

dpa Picture – Alliance GmbH: S. 134 u., 170, 199 o.

Eckart, Pitze: S. 42, 44

Foto Hasse: S. 126
Franken, Martin: S. 325
Franz-Scarciglia, Ute: S. 327
Friedrich, Reinhard: S. 85 o./u. (AdK-Archiv), 86, 125 o., 220 o., 239 o.

Gahl, Christian: 171 o. (bpk)
Geheimes Staatsarchiv PK: S. 49, 242 o./u., 330
Görner, Reinhard: S. 172 o. (bpk), 174 o./u. (bpk), 194 u. (bpk), 240 o. (bpk), 241 o. (bpk)
Graf, Dietrich: S. 186 (bpk)

Herrenkind, Barbara: S. 202 Nr. 2, 4, 5, 7, S. 203, 204 r.
Homuth, Jürgen: S. 168 u. (bpk), 170 o. (bpk)

Ibero-Amerikanisches Institut PK: S. 265 u., 265 o./u., 343

Jacob, Stafane: S. 130 (Landesbildstelle)
Junge, Peter: S. 241 u. (SMB)

Katz, Dietmar: S. 263 u. (bpk)
Kleuker, Achim: S. 171 u. (bpk), 172 u. (bpk), 195 m. (bpk), 199 u. (bpk)

Landesbildstelle: S. 124 o., 129 o./u., 130
Laurentius, Johannes: S. 168 o. (bpk), 311
Lehnartz, Klaus: S. 50, 51 (Bundesbildstelle), 127, 128 (Bundesbildstelle)
Liepe, Jürgen: S. 305, 317, 333 (bpk)
Linke, Saturia: S. 345
Lübke&Wiedemann: S. 315

Meisse, Maximilian: S. 221, 222 u., 223 u.
Murza, Gerhard: S. 195 o. (bpk), 239 o. (bpk)
Museum für Byzantinische Kunst: S. 313

Nationalgalerie: S. 89 o., 335, 341
Niedermeiser, Georg: S. 321
Plamp, Claudia: S. 220 u. (bpk), 307
Planungsgruppe Museumsinsel: S. 96
Platow, Thomas: S. 52 (Landesbildstelle)
Profitlich, Florian: S. 167 u. (bpk), 169 o./u. (bpk), 195 u. (bpk), 197 o. (bpk), 262 u. (bpk), 263 o. (bpk), 347

Riehle, Jörg Joachim, SIM: S. 200 o./u.
Riemann, Dietmar und Marga: S. 197 u. (bpk)
Rückeis, Thilo: S. 265 o.
Ruths, Urban: S. 22, 23, 53, 362-366

Schirner, Pressebild-Agentur: S. 82
Schneider, Günter: S. 194 o.
Schroth, Christian: S. 240 u.
Sohnrey, Christa: S. 52 o.
Sondermann, Peter: S. 167 o. (bpk)
Springs, Alice: S. 219
Staatsbibliothek: S. 41, 125 u., 126 u., 127 u., 264 u.

Teßmer, Olaf M.: S. 309

Wrba, Ernst: S. 173 o./u. (bpk)

Yli-Suvanto, Toni: S. 35 o./u.

Ziehe, Jens: S. 89 u. (bpk), 98 (NG), 189 (bpk), 192 (bpk), 198 o./u. (bpk), 222 o. (bpk), 351 (bpk)

Copyright